南京水利科学研究院出版基金资助

沿海港口工程软土地基处理实用技术

丛建　徐锴　李继才　著

中国水利水电出版社
www.waterpub.com.cn
·北京·

内 容 提 要

本书从软土地基变形、承载力及稳定的计算、软土地基处理方法的选择、地基处理的设计、加固效果的检测以及港口配套构筑物的变形监测等方面进行了全面系统的介绍，与此同时还将近几年来沿海港口工程软土地基处理实践过程中发展起来的三种新技术单独进行了介绍，书中收录了诸多的工程应用实例及分析，便于读者理解和工程实际应用。全书共 10 章，内容包括我国沿海港口软土地基分布及工程特性，软土地基的变形计算，软土地基的承载力计算，软土地基的稳定性分析，沿海港口工程软土地基常用处理方法，吹填地基排水动力固结技术，软土地基组合桩加固技术，淤泥质吹填土固结技术，沿海港口工程软土地基测试技术和沿海港口工程软土地基加固典型实例。

全书围绕系统论述软土地基相关理论和实用处理方法等方面的知识，使施工技术人员、工程管理人员对沿海港口软土地基有较全面的认识，为后续类似工程提供借鉴，同时也可作为在校学生的参考书籍。

图书在版编目（CIP）数据

沿海港口工程软土地基处理实用技术 / 丛建，徐锴，李继才著. -- 北京：中国水利水电出版社，2020.11
ISBN 978-7-5170-9180-6

Ⅰ．①沿… Ⅱ．①丛… ②徐… ③李… Ⅲ．①海港—软土地基—地基处理—研究 Ⅳ．①U658.91

中国版本图书馆CIP数据核字(2020)第218742号

书　　名	**沿海港口工程软土地基处理实用技术** YANHAI GANGKOU GONGCHENG RUANTU DIJI CHULI SHIYONG JISHU
作　　者	丛　建　徐　锴　李继才　著
出版发行	中国水利水电出版社 （北京市海淀区玉渊潭南路1号D座　100038） 网址：www.waterpub.com.cn E - mail：sales@waterpub.com.cn 电话：（010）68367658（营销中心）
经　　售	北京科水图书销售中心（零售） 电话：（010）88383994、63202643、68545874 全国各地新华书店和相关出版物销售网点
排　　版	中国水利水电出版社微机排版中心
印　　刷	清淞永业（天津）印刷有限公司
规　　格	184mm×260mm　16开本　19印张　462千字
版　　次	2020年11月第1版　2020年11月第1次印刷
印　　数	0001—1000 册
定　　价	**120.00 元**

凡购买我社图书，如有缺页、倒页、脱页的，本社营销中心负责调换
版权所有·侵权必究

前　言

在沿海港口大规模建设过程中，围海吹填造陆成为解决港口建设用地的主要举措，是土地资源开发的新思路，与此同时它还可以解决航道清淤疏浚问题，也是沿海港口建设的同时促进地方经济发展的一条重要途径。要科学地进行海港工程建设，深入了解沿海水域岸边的软弱土层性状、吹填土的形成及工程性状就显得尤为必要。

我国沿海软土分布及其典型工程性质具有大致规律性和地区代表性。例如，大连湾、天津塘沽、连云港、宁波、舟山、温州、厦门、深圳、湛江、香港等地区以滨海相沉积软土为主；潟湖相沉积软土以宁波、温州为代表；弱谷相沉积软土以福州、泉州一带为典型；三角洲相以长江下游的上海地区、珠江下游的广州地区最为典型。我国沿海的软土主要有四类，即淤泥、淤泥质黏土、淤泥质粉质黏土和淤泥混砂，不同类型的软土工程性质千差万别。

吹填土是利用挖泥船在预定水域中进行清淤挖泥，然后利用高压水流将其以泥浆形式沿输送排泥管吹填到指定区域，逐步堆积、流淌和沉积形成的土。中粗砂是比较理想的吹填材料，目前对其处理方法比较完善，处理效果也较为理想。但在沿海许多地方，由于砂源紧缺和工程需要，不得不将淤泥及淤泥质土作为吹填料，这类土形成的地基具有高饱和性、弱渗透性、高压缩性、低强度以及流变性等特性，在这种地基上修筑堆场或构筑物，存在稳定性差和差异沉降过大等问题，影响工程质量和各功能区域的正常使用，常常会造成重大的经济损失。

为使广大施工技术人员和工程管理人员对沿海港口软土地基处理领域的知识有一个较为全面的了解，特编著了本书。全书对软土地基变形、承载力及稳定性计算、软土地基处理方法的选择、地基处理的设计、加固效果的检测以及港口配套构筑物的变形监测等进行了全面、系统的介绍，与此同时还对近几年来沿海港口工程软土地基处理实践过程中发展起来的3种新技术单独进行了介绍，书中收录了诸多的工程应用实例及分析，便于读者理解和工程实际应用。

本书共10章。第1章主要介绍我国沿海港口软土地基分布及工程特性；

第2章介绍软土地基的变形计算，提出吹填土地基的实用计算方法；第3章介绍软土地基的承载力计算方法；第4章介绍吹填软土地基的稳定性分析方法；第5章介绍沿海港口工程常用的几种软土地基处理方法，包括堆载预压法、真空预压法、强夯法、振冲法、CFG桩复合地基法等；第6章介绍吹填地基排水动力固结技术；第7章介绍软土地基组合桩加固技术，重点介绍"碎石桩＋CFG桩"组合型复合地基的设计计算理论；第8章介绍淤泥质吹填土固化技术；第9章介绍沿海港口工程软土地基测试技术，包括室内土工试验、原位测试和现场监测3个方面；第10章介绍沿海港口工程软土地基加固的4个典型地基处理的工程实例。全书围绕软土地基相关理论和实用处理方法等方面知识的系统论述，能够使施工技术人员、工程管理人员对沿海港口软土地基有较全面的认识，也可为后续类似工程提供借鉴。

　　本书主要由丛建、徐锴、李继才执笔，陈海波、吴志强、耿之周、占鑫杰参与了部分章节的编写，最后由丛建统稿完成。作者团队参与了国内多个沿海港口基础工程建设，本书是团队参与港口建设15年来艰苦细致的试验研究工作的总结和鉴证。同时，本书编写过程中也引用了一些书籍、论文及相关工程的勘察、设计、检测、监测报告中的部分内容及图表，在此谨向原作者表示感谢！

　　本书编写力求简明、实用、新颖，取材力图反映国内沿海港口工程建设的先进施工技术和方法，并配有大量工程实例，达到使读者能易于掌握并直接应用于工程实践的目的。虽然作者力求写好本书，但由于软土地基工程实践性较强，限于作者的水平，书中疏漏在所难免，恳请读者批评指正，提出宝贵意见。

作者
2020年6月

目 录

前言

第1章 我国沿海港口软土地基分布及工程特性 ………………………………… 1
   1.1 我国沿海港口建设情况 ……………………………………………………… 1
   1.2 沿海港口软土地基工程特性 ………………………………………………… 2
   1.3 沿海港口软土地基的加固存在的问题 ……………………………………… 8

第2章 软土地基的变形计算 …………………………………………………… 11
   2.1 吹填土地基沉降的组成 ……………………………………………………… 11
   2.2 吹填土地基沉降的实用计算方法 …………………………………………… 11
   2.3 吹填土地基工后沉降预估计算 ……………………………………………… 16
   2.4 减少软土地基工后沉降的措施 ……………………………………………… 18

第3章 软土地基的承载力计算 ………………………………………………… 19
   3.1 概述 …………………………………………………………………………… 19
   3.2 软土对结构物的土压力 ……………………………………………………… 19
   3.3 软土地基承载力确定方法 …………………………………………………… 25
   3.4 极限承载力计算 ……………………………………………………………… 27
   3.5 软土地基极限承载力计算的应用 …………………………………………… 30

第4章 软土地基的稳定性分析 ………………………………………………… 31
   4.1 软土的抗剪特性 ……………………………………………………………… 31
   4.2 软土的抗剪强度常规试验方法 ……………………………………………… 32
   4.3 软土地基的稳定性计算 ……………………………………………………… 36
   4.4 提高软土地基稳定性的措施 ………………………………………………… 43

第5章 沿海港口工程软土地基常用处理方法 ………………………………… 45
   5.1 堆载预压法 …………………………………………………………………… 45
   5.2 真空预压法 …………………………………………………………………… 65
   5.3 强夯法 ………………………………………………………………………… 79
   5.4 振冲法 ………………………………………………………………………… 89
   5.5 CFG桩复合地基法 …………………………………………………………… 116

第6章 吹填地基排水动力固结技术 …………………………………………… 140
   6.1 排水动力固结法的基本原理 ………………………………………………… 140
   6.2 真空井点降水沉降计算 ……………………………………………………… 141

6.3　排水动力固结法的设计 …… 142
6.4　排水动力固结法的施工工艺 …… 144
6.5　质量控制和效果检验 …… 147
6.6　排水动力固结法工程实例 …… 148

第7章　软土地基组合桩加固技术 …… 154
7.1　"碎石桩＋CFG桩"组合型复合地基加固法的基本原理 …… 154
7.2　"碎石桩＋CFG桩"组合型复合地基承载力和沉降计算 …… 156
7.3　"碎石桩＋CFG桩"组合型复合地基的设计 …… 158
7.4　"碎石桩＋CFG桩"组合型复合地基的施工工艺 …… 159
7.5　质量控制和效果检验 …… 160
7.6　"碎石桩＋CFG桩"组合型复合地基处理法工程实例 …… 160

第8章　淤泥质吹填土固化技术 …… 166
8.1　淤泥质土固化原理 …… 166
8.2　室内试验 …… 169
8.3　淤泥质土固化设计 …… 176
8.4　淤泥质土就地固化技术 …… 177
8.5　淤泥质土就地固化工程实例 …… 178

第9章　沿海港口工程软土地基测试技术 …… 193
9.1　室内土工试验 …… 193
9.2　软土地基加固效果检测的原位测试技术 …… 219
9.3　软土地基现场监测技术 …… 243

第10章　沿海港口工程软土地基加固典型实例 …… 272
10.1　某矿石堆场地基处理工程 …… 272
10.2　某港区成品油及化工品储运工程罐区地基 …… 278
10.3　鲅鱼圈港区大直径筒仓地基 …… 283
10.4　某港池散货堆场铁路线 …… 287

参考文献 …… 294

第1章 我国沿海港口软土地基分布及工程特性

1.1 我国沿海港口建设情况

自新中国成立以来，我国沿海港口的建设发展经历了4个阶段，即恢复发展建设期、快速发展建设期、高速高等级发展建设期和平稳发展建设期。

1949—1979年是恢复发展建设期。我国港口建设以扩建、改造老码头为主，这个阶段建设了一些深水原油码头，扩建、新建了一批万吨级以上散杂和客运码头，港口建设基本基于原港址。

1980—1999年是快速发展建设期。这个阶段随着我国改革开放的实施，对外贸易和能源、原材料运输迅猛增长，国家加大了对沿海港口建设的投入，迎来了港口发展的第一次高潮。这一时期首先在沿海14个开放城市已有港口开辟了大量新港区，如大连大窑湾、营口鲅鱼圈、青岛前湾、上海外高桥、宁波北仑等深水港区，新开发建设了锦州、唐山、黄骅、日照、钦州等港口。为突出发展重点、集中力量解决能源、外贸等关键问题，交通运输部研究提出了沿海主枢纽港布局规划，指导建设了一批专业化码头，如专业化煤炭下水码头、专业化集装箱码头、专业化矿石码头等。与此同时，也相应建设了一批为地方经济发展服务的中小港口，初步形成了我国沿海大、中、小港口相结合的港口布局。

2000—2010年是高速高等级发展建设期。这段时期，我国沿海港口建设高速发展，高等级码头及航道建设提速明显，港口吞吐量、深水泊位数均增长迅猛，沿海港口吞吐量年均增速达16.2%，2010年达54.8亿t；万吨级以上泊位增至1343个。为适应国际海上运输大型化和专业化的发展趋势，一批30万t级的专业化原油和铁矿石码头，7万t级以上的煤炭装卸码头，10万t级集装箱码头和深水航道工程相继建成并投入使用，为港口吞吐量增长提供了支撑，基本适应了我国海运运输需求。

2011年以来是平稳发展建设期。受宏观经济下行影响，出现沿海港口吞吐量增速逐步放缓，码头能力呈结构性调整、利用率不平衡性加大等问题，各港口在现有的存量基础上挖潜增效，沿海港口建设步伐随之减慢，港口建设投资规模亦呈现逐年下降趋势，如图1.1和图1.2所示。

经过多年的建设，我国沿海港口已经形成了环渤海、长江三角洲、东南沿海、珠江三角洲和西南沿海5个港口群，建成了煤炭、石油、铁矿石、集装箱、粮食、商品汽车、陆岛滚装和旅客运输等八大专业化港口运输系统。

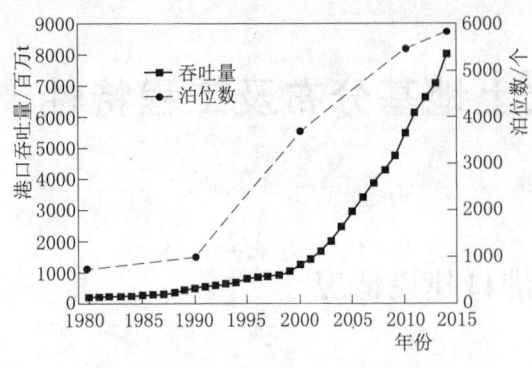
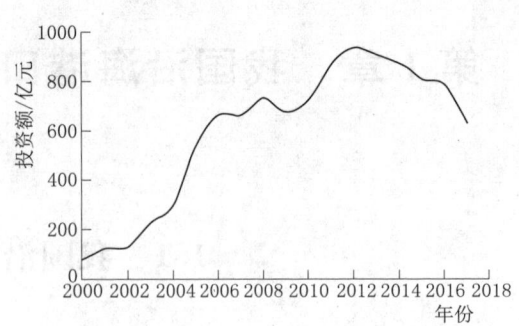

图1.1 我国沿海港口历年泊位数和吞吐量　　　图1.2 我国沿海港口建设投资规模

1.2 沿海港口软土地基工程特性

在沿海港口大规模建设过程中，围海吹填造陆成为解决港口建设用地的主要举措，是土地资源开发的新思路，与此同时，它还可以解决航道清淤疏浚问题，也是沿海港口建设的同时促进地方经济发展的一条重要途径。要科学地进行海港工程建设，需要深入了解沿海水域岸边的软弱土层性状、吹填土的形成及工程性状。吹填土和其下的软弱土层共同形成软土地基地质条件，选择合理的软土地基处理方法是快速、经济、安全、环保建设现代化海港的基本要求。

1.2.1 原状软土典型工程特性

从软土的成因类型来看，我国沿海软土分布及其典型工程性质具有大致规律性和地区代表性。如大连湾、天津塘沽、连云港、宁波、舟山、温州、厦门、深圳、湛江、香港等地区以滨海相沉积软土为主；潟湖相沉积软土以宁波、温州为代表；弱谷相沉积软土以福州、泉州一带为典型；三角洲相以长江下游的上海地区、珠江下游的广州地区最为典型。

表1.1为我国沿海地区几种典型软土的物理力学性质。从表中可看出，我国沿海的软土主要有四类，即淤泥、淤泥质黏土、淤泥质粉质黏土和淤泥混砂。

1. 淤泥

在沿海尤其是河道入海口的水底表层往往有一层孔隙比 $e>1.5$ 的黏土，液限 $\omega_L = 51\% \sim 60\%$，塑限 $\omega_P = 23\% \sim 32\%$，塑性指数 $I_P = 25 \sim 30$。天然含水量 ω 在 $56\% \sim 88\%$，大大超过其液限，所以一般呈流动状态。由于含水量高，孔隙比大，故其密度小（$\gamma = 1.48 \sim 1.67 \text{g/cm}^3$），压缩系数高（$\alpha_{1-2} = 1.53 \sim 2.19/\text{MPa}$），抗剪强度低。颗粒组成中黏粒含量占 $40\% \sim 54\%$，粉粒占 $42\% \sim 45\%$，而砂粒含量少于 10%，故透水性很低，渗透系数 k 一般小于 10^{-8}cm/s，不易排水压密。地基加固时，这层土是最难处理的。

2. 淤泥质黏土

在沿海岸边，这类土分布很广，其液限 $\omega_L = 40\% \sim 47\%$，塑限 $\omega_P = 20\% \sim 25\%$，塑性指数 $I_P = 19 \sim 24$，比上述淤泥的塑性稍低。天然含水量 ω 一般为 $42\% \sim 51\%$，稍大

1.2 沿海港口软土地基工程特性

表1.1　　　　　　我国沿海地区几种典型软土的物理力学性质

土类	地区	含水量 ω /%	密度 γ /(g/cm³)	孔隙比 e	液限 ω_L /%	塑限 ω_P /%	塑性指数 I_P	渗透系数 k 10^{-7}/(cm/s)	颗粒组成/%			压缩系数 α_{1-2} /(1/MPa)
									砂粒	粉粒	黏粒	
淤泥	天津	71	1.59	1.98	58	31	27	0.1	—	—	45	1.53
	连云港	72	1.57	2.03	53	25	28		—	—	40~50	1.83
	温岭	56	1.67	1.68	51	26	25		—	—	54	1.58
	温州	63	1.62	1.79	53	23	30					1.93
	福州	68	1.50	1.87	54	25	29	0.8				2.03
	厦门	87	1.48	2.42	60	32	28		7	45	48	1.90
	深圳	83	1.52	2.23	54	30	24	0.4	8	42	50	2.19
	湛江	88	1.49	2.39	55	28	27	0.4				2.09
淤泥质黏土	天津	46	1.76	1.30	42	21	21	1				0.91
	连云港	45	1.74	1.29	47	23	24					
	上海	50	1.73	1.40	42	22	20	6				1.24
	杭州	47	1.34		41	22	19					
	舟山	51	1.73	1.38	40	21	19	3	6	58	36	0.86
	宁波	50	1.70	1.42	45	25	20	1				0.95
	温岭	50	1.73	1.28	40	21	19		—	—	35	1.16
	福州	42	1.71	1.17	41	20	21	5				
	湛江	51	1.72	1.34	51~60	26~28	25~32					
淤泥质粉质黏土	天津	39	1.81	1.07	34	19	15					0.65
	上海	37	1.83	1.03	34	21	13	20				0.72
	杭州	35	1.84	1.02	33	18	15					
	舟山	36	1.80	1.30	34	20	14	15	4	62	34	0.65
	宁波	38	1.86		38	36						0.72
淤泥混砂	深圳(五湾)	32	1.85	0.90	34	21	13		52	15	33	0.50
	深圳(赤湾)	39	1.81	1.05	33	19	14					0.78
	湛江	41	1.78	1.14	33	20	13					

于液限,密度 $\gamma=1.70\sim1.76$ g/cm³。孔隙比 e 为1.3左右,压缩系数 $\alpha_{1-2}=1.0$/MPa,工程性质较淤泥略好。颗粒组成中黏粒含量占35%~40%,粉粒占55%~58%,而砂粒含量少于5%,渗透系数 k 一般为 10^{-7} cm/s。

3. 淤泥质粉质黏土

这类土分布在淤泥质黏土的上面或下部,液限 ω_L 约为34%,塑限 ω_P 约为20%,塑性指数 I_P 为14左右。其天然含水量 $w=35\%\sim40\%$,也稍大于液限,密度 $\gamma=1.80\sim1.86$ g/cm³,孔隙比 e 为1.05左右,压缩系数 $\alpha_{1-2}=0.7$/MPa。颗粒组成中黏粒含量约占

35%，粉粒超过60%，而砂粒含量不足5%，渗透系数$k=10^{-6}$cm/s。

4. 淤泥混砂

这类土在我国华南地区尤其是珠江口附近分布很广。表面看来，除了颗粒组成外，这种土的物理性指标与上面淤泥质粉质黏土十分相近。实际上，它们的力学性状并不一样。由于混有少量砂粒，这种土的总体表观含水量并不显得很高，但是其力学性状主要取决于填充在砂粒孔隙之间、将砂粒和砂团包围起来并使它们相互隔离开来的淤泥。因此，其强度往往接近于淤泥，甚至比上述两种淤泥质土还低。这种土特别不均匀，其中所混砂粒往往成团出现，并且其砂粒含量随着深度而增加。一直要到其砂粒含量高到足以使砂粒和砂团能够相互直接接触而组成砂粒骨架时（此时砾、砂含量已达80%左右，而黏粒含量占比不足15%，粉粒占比略多于5%），其力学性质才显著改善，但是此时已应定名为砂混淤泥而不是淤泥混砂了。

在这种土中，有时不易取得原状土样。此时，如果利用抽筒采取扰动土样，则其细颗粒往往会在抽筒往复抽动过程中被积聚在钻孔底部的地下水冲洗掉。因此，按照此法取上来的扰动土样在进行土类鉴别时，可能被定名为砂土，甚至以这样的扰动土样的天然休止角来表征其力学性质，从而导致工程事故。这种情况已经在实际工程中发生过，应引起相关人员的足够重视。

1.2.2 吹填软土工程特性

吹填土是利用挖泥船在预定水域中进行清淤挖泥，然后利用高压水流将其以泥浆形式沿输送排泥管吹填到指定区域，逐步堆积、流淌和沉积形成的土。中粗砂是比较理想的吹填材料，目前对它的处理方法比较完善，处理效果也较为理想。但在我国沿海许多地方，由于砂源紧缺和工程需要，不得不将淤泥及淤泥质土作为主要吹填料。由于吹填土是由水力吹填形成的，其成分组成和分布规律与所吹填的材料来源及吹填的水力条件有着密切的关系。

水力形成的吹填土地基具有以下工程性质。

1. 不均匀性

水力吹填的疏浚土被大量的海水悬浮液化，随输送排泥管搬运后进行沉积。排泥管的排泥口附近堆积着较大的颗粒，远离排泥口接近溢流坝或排水龙口附近，只有流淌回来的细颗粒堆积着。排泥管出口还必须随着吹填场地的情况变化而不断改变方向和位置（图1.3、图1.4），最后沉积形成的吹填土必然是淤泥与沉积的砂层交织存在，形成厚薄不均掺杂组成的吹填土。

同时，进行清淤疏浚的原港池或航道水域底部的海底沉积的土层分布不均匀、排泥管管中泥浆输送浓度、排泥管口的位置和不同性质的土颗粒的沉积方式等都会造成吹填土地基土质在整个立体空间分布上都是极其不均匀的。最后沉积形成的吹填土必然夹杂着泥皮和淤泥层，与沉积的粉细砂层交织存在，呈现厚薄不均的掺杂组合。土层中存在夹层或分层局部缺失是吹填土地基的一个典型特征。在吹填土地基处理前进行的标准贯入试验，发现吹填土地基的标贯击数N差别极大，经常有击数$N=0$的情况出现，这说明吹填土中夹杂着极软的淤泥或局部存在高浓度的有机质等。

1.2 沿海港口软土地基工程特性

图1.3 黏性土吹填淤积地貌

图1.4 砂性土吹填淤积地貌

2. 干缩性和弱渗透性

当吹填土表层为淤泥质软土时，吹填土在蒸发脱水期其体积将会发生干缩变形，表层会结硬并龟裂（图1.5），干缩结块厚度通常为4～10cm，个别区域会超过20cm。吹填砂土或粉土中夹有淤泥质土时，干缩性表现更为明显。

水力充填是在泥水的水域环境中沉积，细颗粒和粉细颗粒沉积较慢，一般都会淤积在吹填土表面，且不能形成连续的排水通道，造成其含水量高而渗透能力很差，特别是在一些低洼地区，还会形成吹填土中的积水区域，这在吹填土表面到处可见（图1.6）。吹填完成后的土体经过一段时间蒸发脱水，其表面看上去已硬结，但人在其上行走时仍会感觉松软，甚至会发生人或动物陷进土中的事故。

图1.5 吹填淤泥质土干缩龟裂

图1.6 吹填土表面的积水区域

3. 高饱和性

由于有淤泥质土夹杂在吹填砂颗粒中，其弱渗透性导致孔隙水难以排出，因此吹填土具有高饱和性。这种高饱和性靠简单的明沟排水难以奏效，一般均需要采取脱水密实措施。

对于吹填土地基，必须改变它的高饱和性，实施有效排水密实加固处理才能成为适应港口工程要求的良好地基。大面积蒸发对吹填土脱水是有效的，但其影响深度较小，且脱水时间较长，不适合目前工程进展需要。因而，采取如真空预压、堆载预压等排水固结的方法，才能降低吹填土的高饱和性，以收到较好的脱水固结的效果。

国内不少专家学者对此做了许多有益的研究,如天津城市建设学院针对天津滨海吹填土的结构特征,提出了真空预压处理吹填地基的改进技术——表层直排快速成壳技术,并取得了巨大的突破。

4. 沉降速度慢

由于水力吹填输送的疏浚清淤的细粒土粒径很小,因此在沉积过程中的沉降速度非常慢。细颗粒沉降速度常用斯托克斯公式求解,即

$$v = \frac{\rho_s - \rho_w}{18\mu} g d^2 \tag{1.1}$$

式中 v——细粒土的平均沉降速度,cm/s;

ρ_s——固态细粒土的密度,g/cm³;

ρ_w——水的密度,g/cm³;

g——地球的重力加速度,cm/s²;

μ——动力黏滞系数,cm²/s;

d——细粒土的粒径,cm。

对于粒径 $d=5\sim20\mu m$ 的细粒土,计算值是很微小的,说明吹填土粒的沉降速度很慢,且沉积时又多呈絮凝状结构(取决于黏粒片状结构特征),这也是它具有高饱和性的根源。

5. 固结时间长

吹填淤泥质土的 $I_P - \omega_L$ 关系曲线如图1.7所示,由图可知,吹填淤泥质土的液限 ω_L 与塑性指数 I_P 的试验曲线比 Casagrande 的 A-Line 曲线明显平缓得多,两者区别较大,说明在同一液限下吹填淤泥质土所对应的塑性指数比一般土要小得多。

建立吹填软土的固结系数 C_v 与孔隙比 e 之间的关系曲线,并描绘在图1.8中。将日本水俣湾和广湾两地吹填淤泥质土的代表性典型试样的指标值绘入该图中。

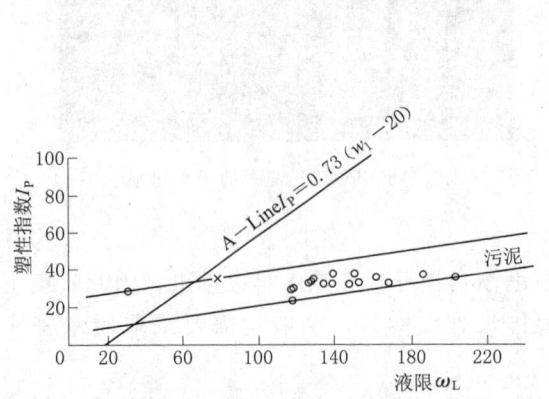

图 1.7 吹填淤泥质土的 $I_P - \omega_L$ 的关系曲线

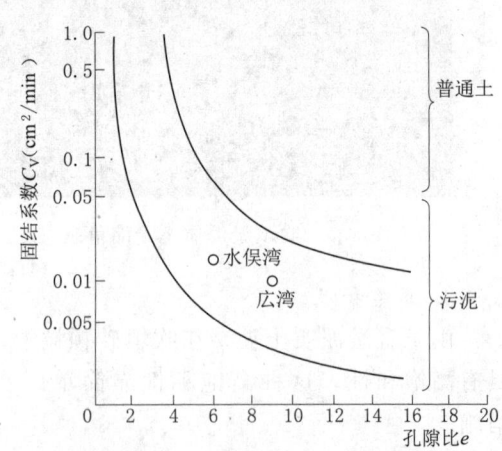

图 1.8 吹填淤泥质土的固结系数 C_v 与孔隙比 e 之间的关系曲线

从图1.8可以看出,吹填淤泥质土的固结系数 C_v 一般较小。一般砂土的初始孔隙比

$e_0 < 5$，其 $C_v \geqslant 0.05 \text{cm}^2/\text{min}$；而吹填淤泥质土的 $e_0 > 5$，其 $C_v < 0.05 \text{cm}^2/\text{min}$。由此可见，吹填淤泥质土与一般软土不同，它是一种难以固结的土。这里所讲的固结系数是指固结压力约为 0.05MPa 条件下的固结系数，详情可参阅文献 [5]。

不难想象，在自重荷载作用下，这类土的排水固结将是一个漫长的过程。

6. 高压缩性

港口工程中一般采用 100~200kPa 压力区间内对应的压缩系数 a_{1-2} 来评价土的压缩性。$a_{1-2} < 0.1/\text{MPa}$ 属低压缩性土，$0.10/\text{MPa} \leqslant a_{1-2} < 0.50/\text{MPa}$ 属中压缩性土，$a_{1-2} \geqslant 0.5/\text{MPa}$ 属高压缩性土。由表 1.1 可知，我国沿海各港口典型的原状软土的压缩系数均大于 0.50/MPa。根据相关文献资料，天津滨海地区吹填土层的压缩系数 a_{1-2} 为 0.79~0.91/MPa，温州龙湾港区吹填土层的压缩系数 a_{1-2} 为 0.66~1.55/MPa 等，这表明吹填淤泥质土层依然处于高压缩性状态。在后期使用荷载作用下，地基排水固结易发生较大的变形，地基的稳定性能差。

对港口码头工程而言，码头后方地基过大的变形将会直接影响码头自身的安全，应引起足够的重视。

7. 强度低

吹填土通过管道输送的泥浆水冲积平静后靠自重压力排出部分孔隙水而形成，具有不均匀性、弱透水性和高饱和性，故其土体十分松软，刚吹填完成的一段时间内，行人无法在其上行走，充分反映出强度低的特性。

吹填土强度低的特性与其排水固结的状态有关，即强度的增长与排水固结的程度呈正比例增长。因而，在吹填土地基加固设计及施工时，可以将孔隙比 e 的减小或标准贯入击数 N 的提高作为评价标准。

对于吹填土，需要特别说明的是，因其是靠水力通过管道输送的泥浆水冲积后靠自重排出部分孔隙水形成，一般呈松软状态，尤其是黏性土层或淤泥质土层，具备软土特性，结构性强。不扰动其结构，具有一定天然沉积结构强度；如扰动其结构，它就会软化为流塑状态甚至流动状态，其强度就很低，甚至丧失。

8. 流变性

吹填淤泥质土具有流变性，其流变规律包括以下 4 个特性。

(1) 蠕变特性。在恒定的荷载作用下变形随时间发展的特性。

(2) 流动特性（或黏滞特性）。土体的变形速率是应力的函数。

(3) 应力松弛特性。在变形稳定的情况下，应力随时间减小的特性。

(4) 长期强度特性。土体在长期荷载作用下，其强度随受荷时间的增长而改变的特性。

相对应地，可以将上述 4 种特性试验结果分别描绘成蠕变曲线、流动曲线（或黏度曲线）、应力松弛曲线和长期强度曲线，并可根据这些试验曲线寻找出它们的计算公式，作为实际应用时的依据。

吹填完成后，进行地基加固处理可以改善土体的流变性状或减小其流变性趋势，迅速提高其强度以满足工程所需要的长期强度及变形要求。

软土一般都具有固有的流变模型性质，如开尔文黏弹性推迟模型、麦克斯韦尔模型——松弛模型和弹性元件与麦克斯韦尔组合模型等。吹填淤泥质土也有类似的性状，可借助相应的模型加以探讨。所以，对于吹填淤泥质土在充分掌握其变形性质的基础上，选择一定的流变模型，进而推演一些计算公式并建立相应的理论是非常可行的途径。

由于海岸边软土及吹填土的流变性，特别是软土的蠕动变形，容易造成天然岸坡的缓慢滑动，将影响岸坡本身及其岸边建筑设施的安全。因此，对港口码头岸坡工程来说，除用常规的方法（如瑞典条分法）验算土坡整体稳定性外，还必须探索新的方法来估算土坡位移随时间的发展趋势。

1.2.3 吹填土地基的正确处置方法

吹填土地基具有很多对工程不利的特性，在利用吹填土地基进行港口码头工程建设之前应采取以下一些正确的处置方法。

1. 未经处理的吹填土不能直接用作建筑设施地基土

对于新近吹填土而言，依靠自重荷载作用下的排水固结是一个漫长的过程，甚至不可能实现自重固结。因此，要求吹填土达到一定强度进行真正的排水固结，达到满足上部建筑设施对地基的承载力和变形要求，必须对新近吹填的土体进行处理。

2. 根据吹填土的土质条件，选择合理、有效的处理方法

对于吹填土，因取土吹填的原始沉积环境不同等原因，形成的吹填土地基土质条件各不相同，有的含砂多点，有的含泥多点，又或是泥混砂、砂混泥等。土质不同，处理方法也各异。根据吹填土的土质条件，选择合理、有效的处理方法才能取得良好的加固结果。

3. 在选择了吹填土处理方法后，应先进行可行性和工艺性试验

选择了地基处理方法后，进行可行性试验，以确定所选择的处理方法能够满足上部构筑物使用要求。因为吹填土是不均匀的人工地基，同一场地上土质条件变化较大，同一种处理方法在同一场地不同区域需要根据实际土质情况进行工艺参数的调整，以确保提高施工效率和获取更大的技术经济效益。

4. 吹填土处理设计时，应将吹填土下卧软土一并考虑

围海造陆的原海底表层，一般都存在软弱土层，该土层在吹填土这一新增附加应力作用下将会发生新的固结变形。在进行吹填土处理设计时，一并考虑吹填土下卧软弱土层，上下连带处理后，才能全面保证工程使用阶段的承载力和变形要求。

5. 吹填土处理设计时，可优先考虑组合型工法

传统的堆载预压法、单一的强夯法或振冲法等加固吹填土地基固然有效，但在大面积施工难度大、周期长时，其工效就根本适应不了快速建设港口码头的需要，此时在经济、安全的前提条件下宜优先考虑组合型或复合型工法。可根据不同的土质条件，分区域使用不同的处理方法；或同一区域根据构筑物的使用要求不同，采用真空预压与振冲、振冲与堆载预压、强夯与CFG桩、振冲与CFG桩、浅层固化与桩基复合等多种组合工法。

1.3 沿海港口软土地基的加固存在的问题

由于软土所特有的不良工程特性，其地基处理是一项长久且耗资巨大的工程，并且会带来很多岩土工程问题，但这也促进了软土地基处理的研究和发展。

综合考虑工程造价的经济性和港口工程建设的进度要求，目前港口工程中常用的地基处理技术通常有：①排水固结法，如堆载预压法、真空预压法等；②动力固结法，如强夯法等；③复合地基法，如振冲法、半刚性桩法、刚性桩法；④化学加固法，如采用固化剂就地固化法等。

以上这些地基处理方法各有优缺点，同时各有自己的适用条件，如堆载预压法操作简单、经济，但是对于部分非常软的土体尤其是天然承载力很低的吹填土地基，限制了加载速度，使得工期大大延长。另外，在施工过程中始终存在地基稳定性和不均匀沉降等问题，工程质量难以控制，影响了社会效益和建设方的经济效益；塑料排水板结合真空预压法处理范围较深，尤其适用于超软土地基加固，其工期较短（一般半年左右即可），且加固成本较低，处理效果也比较明显，但其适用的土质范围比较有限，处理后地基的承载力也较小，对于承载力和变形要求较高的地基，存在明显的不足。强夯法适用于处理碎石土、砂土、低饱和度的粉土与黏性土，对于高饱和度的粉土与软塑—流塑的黏性土地基只能采用强夯置换法。复合地基法虽能缩短工期，但对于含水量较高的吹填土地基而言，由于地基土体几乎没有承载力，施工机械、材料等很难进入场地。对待这类吹填土地基，以往的做法是在吹填之后经过一段时间自然固结，待表面形成一定的硬壳再进行加固处理，这种处理方式在时间上和财力上都耗费很大。就地固化法能大大缩短工期，但其成本相对较高，处理深度和承载力提高幅度也存在一定的局限。

在港口工程建设中，软土地基处理积累了大量的实践经验，其施工工艺日渐完善，加固机理的研究也已经取得一定的成果，但是目前仍然存在许多问题，具体表现在以下几个方面。

（1）缺乏国家规范。在国家规范体系中，仅有《吹填土地基处理技术规范》（GB/T 51064—2015）对吹填土地基的勘察及常用的几种地基处理进行了规定和要求，对在处理后的地基上构筑物只能执行国家相关建筑规范对建筑基础进行桩基加固要求，而忽略了建筑物周围附属设施及其建筑环境的地基加固，导致主体承载力高、沉降慢，而附属设施承载力低、沉降快，造成了建筑主体坚固而配套设施反复维修的现象。

（2）软基处理方法不当。为了追求投资效益，港口建设单位往往想把软土地基加固成本压至最低，这样才能达到以最小的投资实现最大效益的目标。在地基加固方法的选择上，对于预算投资能省则省，能砍则砍，盲目选择造价低、时间快的地基加固方法，地基加固的效果大打折扣，最终不但加固效果不好，后期维修频繁，维护费用更高。我国北方某港口的一个散粮筒仓工程一期工程采用的是混凝土灌注桩加固的，筒仓使用一直良好。二期工程建设时，为了节约加固成本，采用了CFG桩复合地基法进行地基处理，结果因为地基处理不到位，筒仓在使用过程中发生了较大的差异沉降，仓顶粮食传输系统发生严重变形，经过反复维修后才使散粮筒仓勉强维持正常运转。

（3）对软土地基尤其是吹填土地基处理理论研究还有待完善。软土地基处理时，对加固过程中及加固后土体强度增长规律性及特性研究较多，对加固后土体再加荷变形特性及工后沉降控制与预测问题也研究的比较深入，但是在沉降计算方法仍采用传统的分层总和法，沉降修正系数根据经验或由现场试验确定，使得沉降预测值（计算值）与实测值差异较大。此外，地基处理后土体次固结沉降也是一个问题。软土和超软土，加固后土体的变形特性发生显著变化。大量实践经验表明，加固后土体的次固结特性差异显著，无法采用现行规范进行合理预估，使得合理估计土体的工后沉降难度增大，计算结果的准确性和可靠性不高。

　　这些问题反映了软土地基处理的多样性和复杂性，同时也制约了地基处理技术的发展和工程实践应用。从待处理软土地基的工程特性出发，因地制宜找出满足工程变形、承载力、工期、经济等各项综合指标要求的软土地基加固方法就显得非常必要。

第 2 章 软土地基的变形计算

2.1 吹填土地基沉降的组成

在上部荷载或自重作用下，吹填地基土体结构的初始平衡状态发生改变，为了达到新的平衡状态，土体将发生一系列的变形过程，其中孔隙中水分被挤压排出是软土发生沉降变形的主要原因。根据土体变形过程特征，吹填土地基在上部荷载作用下的沉降由三部分组成，即瞬时沉降、主固结沉降和次固结沉降。对于自重作用下的新近吹填土，其固结沉降是一个长期渐变的过程。在港口工程中，对于新近吹填土通常不单独进行瞬时沉降计算，如《吹填土地基处理技术规范》（GB/T 51064—2015）就只对吹填土层加固前的主固结压缩量和次固结压缩量的计算方法进行了规定。

1. 瞬时沉降

瞬时沉降是地基加载瞬间所产生的变形，即所加填筑料陷入软土中和地基侧向挤出（这时土的总体积保持不变）。这部分沉降量很难通过理论准确计算，也很难现场测量出来，实际工程中根据土质情况、施工方法、施工速度等因素考虑一个因侧向变形填料陷入地基引起的附加沉降经验系数，一般为 1.1~1.3，即瞬时沉降为主固结沉降的 10%~30%。根据广东珠海地区设计经验值，该值甚至可达到 1.4~1.5。

2. 主固结沉降

主固结沉降是因为地基土体在附加荷载作用下使土孔隙中的水和气（对于饱和土仅为水）排走，土颗粒被挤密所发生的沉降。主固结沉降是地表沉降的主要组成部分。

3. 次固结沉降

次固结沉降是土体中有效应力已基本不变，但在土中存在的微小超静孔隙水压力作用下，水在土粒间流动，土体发生蠕变时所产生的沉降变形。次固结沉降的体积变化速度与孔隙水从土中流出的速度以及土层厚度无关，它可通过室内土样的试验来估算。

2.2 吹填土地基沉降的实用计算方法

在荷载作用下，地基产生沉降的计算方法可分为四类，即弹性理论法、工程方法、经验方法和数值解法。弹性理论法比较严谨，对于弹性体、均质的、各向同性的半空间体，有数学精确解，但力学模型对应的本构关系很难比较好地描述实际情况，因而计算结果与实测值有比较明显的差异。在吹填土地基沉降计算中，弹性理论法主要用来计算瞬时沉降量。工程方法仍是利用弹性理论来计算地基中的附加应力，而土体的应力与应变关系则取自试验结果，该方法应用最为广泛，其结果可认为是瞬时沉降和固结沉降之和。经验方法包括经验和半经验公式，利用原位测试结果来推算实际地基的沉降。数值解法主要是有限元法、有限差分法和集总参数法等，利用计算机来完成计算。数值解法主要还是依据有关弹性理论，因而可以说它并不是一个独立的分类。

2.2.1 最终沉降量计算

软土地基在荷载作用下，将不断产生压缩变形，直至整个地基压缩稳定后，地基表面沉降停止，此时地表的沉降称为最终沉降。关于软土地基沉降量的计算方法较多，但基本都是建立在分层综合法的基础之上。港口工程中，地基最终沉降量计算常采用《吹填土地基处理技术规范》（GB/T 51064—2015）或《建筑地基基础设计规范》（GB 50007—2011）中规定的方法。

1. 《吹填土地基处理技术规范》（GB/T 51064—2015）附录 A.0.5 规定的方法

对于正常固结的地基，预压荷载作用下的最终竖向沉降量按式（2.1）计算：

$$S_{d\infty} = m_s \sum_{i=1}^{n} \frac{e_{0i} - e_{1i}}{1 + e_{0i}} h_i \tag{2.1}$$

式中 $S_{d\infty}$——地基最终沉降量设计值，mm；

m_s——经验系数，无地区经验时可取 1.0～1.3，荷载较大、地基较软时取高值；

e_{0i}——第 i 土层在平均自重压力设计值作用下压缩稳定时的孔隙比设计值，可取均值；

e_{1i}——第 i 土层在平均最终压力设计值下压缩稳定时的孔隙比设计值，可取均值；

h_i——第 i 土层厚度，mm，当土层厚度较大时宜划分若干小层；

n——计算压缩土层的分层数量。

2. 《建筑地基基础设计规范》（GB 50007—2011）第 5.3.5 节规定的方法

对于建筑物地基，最终竖向沉降量按式（2.2）计算：

$$S_{\infty} = \psi_s S' = \psi_s \sum_{i=1}^{n} \frac{p_0}{E_{si}} (z_i \overline{a_i} - z_{i-1} \overline{a_{i-1}}) \tag{2.2}$$

式中 S_{∞}——地基最终沉降量设计值，mm；

S'——分层总和法计算地基的沉降量，mm；

ψ_s——沉降计算经验系数，根据地区沉降观测资料及经验确定，也可采用表 2.1 中的数值；

n——地基沉降计算深度（即受压层）范围内所划分的土层数；

p_0——对应于荷载标准值时地基面上的附加应力，kPa；

E_{si}——地面下第 i 层土的压缩模量，按实际应力范围取值，MPa；

z_i，z_{i-1}——地基面至第 i 层土、第 $i-1$ 层土底面的距离，mm；

$\overline{a_i}$，$\overline{a_{i-1}}$——地基面计算点至第 i 层土、第 $i-1$ 层土底面范围内平均附加应力系数，可通过查表得到。

当地基为一均质土层时，用此土层的压缩模量 E_s 值可查表用内插法计算得到 ψ_s 值。若地基为多层土，E_s 为不同数值，则计算 E_s 的当量 $\overline{E_s}$ 值来查表，即将 E_s 按附加应力面积的加权平均值来查表。

2.2 吹填土地基沉降的实用计算方法

表 2.1　　　　　　　　　　　　　沉降计算经验系数 ψ_s

地基面附加应力 p_0/kPa ＼ 压缩模量 E_{si}/MPa	2.5	4.0	7.0	15.0	20.0
$p_0 = f_{ak}$	1.40	1.30	1.00	0.40	0.20
$p_0 < 0.75 f_{ak}$	1.10	1.00	0.70	0.40	0.20

应当注意的是，平均附加应力系数 $\overline{\alpha_i}$ 是指地基面计算点至第 i 层土层底面范围内全部土层的附加应力系数的平均值，而非地基中第 i 层土本身的附加应力系数。

2.2.2 地基的沉降过程计算

上节介绍了地基最终沉降量的计算方法，然而在港口工程软土地基处理工程中，对于饱和状态、层厚的软土地基其沉降稳定往往需要几十年时间，这就需要预估在施工期间和使用期间内地基的沉降量，即地基的沉降过程。其主要目的是为了确定加载的大小与预压时间、设计预留沉降，考虑相邻结构物之间的连接方式和施工顺序等。软土地基的沉降过程计算包括地基的瞬时沉降、主固结沉降和次固结沉降。

1. 瞬时沉降

根据模型试验和原型观测资料，当作用于软土地基上的压力为均布荷载时，饱和软土地基的瞬时沉降可近似地按弹性理论公式来估计，即

$$S_d = C_d pB \left(\frac{1-\mu^2}{E} \right) \tag{2.3}$$

式中　p——均布荷载；

　　　B——荷载面积宽度；

　　　C_d——考虑荷载面积形状和沉降计算点位置的系数，见表 2.2；

　　　E,μ——土的弹性模量与泊松比。

表 2.2　　　　　　半无限弹性体表面各种均布荷载面积上各点的 C_d 值

矩形长宽比	中心点	角点或边点	短边中点	长边中点	平均
1.5	1.36	0.67	0.89	0.97	1.15
2	1.52	0.76	0.98	1.12	1.30
3	1.78	0.88	1.11	1.35	1.52
5	2.10	1.05	1.27	1.68	1.83
10	2.53	1.26	1.49	2.12	2.25
100	4.00	2.00	2.20	3.60	3.70

对于港口工程新近吹填形成的地基，用这种方法来计算地基的瞬时沉降不是非常合适。为此，前人做了很多有益的研究，提出了如吹填土一维固结大变形计算等诸多计算模型，但计算过程总体来说较为复杂。工程实践中，一般是在主固结沉降基础之上乘以一个大于 1.0 的系数，或直接就不考虑该部分沉降。

2. 主固结沉降

饱和软土地基受到荷载作用产生固结的过程是土体中孔隙水逐渐排出、孔隙体积减小、孔隙水压力消散、有效应力增长等同时进行的过程。地基的主固结沉降可用分层总和法进行计算，也可用太沙基单向固结理论进行计算。单向固结是指土中的孔隙水只沿着竖直方向渗流，土的固体颗粒也只沿着竖直方向位移；在土的水平方向无渗流、无位移。这种条件相当于荷载分布面积很大，靠近地表黏性土薄层的渗流固结情况，这与港口工程中大面积堆场工程受荷状况非常相近，由于该理论计算十分简便，因此在工程中应用十分广泛。

(1) 基本假设。单向固结理论提出以下假设：土的排水和压缩仅在竖直方向发生；土层均匀，完全饱和；压缩过程中，渗透系数 k 和压缩模量 $E_s = \dfrac{1+e}{a}$ 不发生变化；附加应力一次骤加，且沿深度 z 呈均匀分布。

(2) 单向固结微分方程及其解答。单向固结微分方程为

$$\frac{\partial u}{\partial t} = C_v \frac{\partial^2 u}{\partial z^2} \tag{2.4}$$

式中　C_v——土的固结系数，cm^2/s，$C_v = \dfrac{k(1+e_m)}{0.1\gamma_w \alpha_v}$；

　　　k——土的渗透系数，cm/s；

　　　e_m——土层固结过程中的平均孔隙比；

　　　γ_w——水的容重，0.01N/cm^3；

　　　α_v——土的压缩系数，MPa^{-1}。

设饱和黏土层厚度为 $2H$，土层上、下两面为透水层，作用于土层顶面的是大面积竖直荷载，则初始条件和边界条件如下。

当 $t=0$ 和 $0 \leqslant z \leqslant 2H$ 时，$u = \sigma = \text{const}$。

$0 < t < \infty$ 和 $z = 0$ 时，$u = 0$。

$0 < t < \infty$ 和 $z = 2H$ 时，$u = 0$。

应用傅里叶级数，可求得式 (2.4) 的解为

$$u = \frac{4\sigma}{\pi} \sum_{m=1}^{\infty} \frac{1}{m} \sin \frac{m\pi z}{2H} e^{-m^2 \frac{\pi^2}{4} T_v} \tag{2.5}$$

式中　m——奇正整数，即 1、3、5、…；

　　　e——自然对数的底；

　　　σ——附加应力，不随深度变化；

　　　H——土层最大排水距离，单面排水时为土层总厚度，双面排水时为土层总厚度的一半，cm；

　　　T_v——时间因素，h，有

$$T_v = \frac{C_v}{H^2} t \tag{2.6}$$

(3) 固结度。地基在时间 t 内的沉降量为 s_t，最终沉降量为 s_∞，则反映时间 t 内地基所完成的固结程度（即固结度）为

$$U_t = \frac{s_t}{s_\infty} = \frac{\bar{\sigma}}{\sigma} = \frac{\sigma - u}{\sigma} = 1 - \frac{u}{\sigma} \tag{2.7}$$

由式（2.5），地基土层中的平均孔隙水压力为

$$u_m = \frac{1}{2H}\int_0^{2H} u\, dz = \frac{1}{2H}\int_0^{2H}\left(\frac{4\sigma}{\pi}\sum_{m=1}^\infty \frac{1}{m}\sin\frac{m\pi z}{2H}e^{-m^2\frac{\pi^2}{4}T_v}\right)dz \tag{2.8}$$

积分式（2.8），并代入式（2.7），简化后可得到地基的平均固结度为

$$U_0 = 1 - \frac{8}{\pi^2}\left(e^{-\frac{\pi^2}{4}T_v} + \frac{1}{9}e^{-\frac{9\pi^2}{4}T_v} + \cdots\right) \tag{2.9}$$

由于式（2.9）括号内级数收敛很快，实际上常取第一项计算，即

$$U_0 = 1 - \frac{8}{\pi^2}e^{-\frac{\pi^2}{4}T_v} \tag{2.10}$$

(4) 地基沉降与时间的关系。利用上述单向固结理论的解可以求出地基沉降与时间的关系，具体步骤如下。

1) 计算出地基的最终沉降量 s_∞。

2) 由地基附加应力计算附加应力比值 α 系数，有

$$\alpha = \frac{\text{排水面附加应力}}{\text{不排水面附加应力}} = \frac{\sigma_{z1}}{\sigma_{z2}} \tag{2.11}$$

3) 假定一系列地基平均固结度 U_0 与 α 值，查 T_v-U 的关系图得到时间因子 T_v。

4) 由地基土的性质指标和土层厚度，用式（2.6）计算每一 U_0 对应的时间 t。

5) 计算时间 t 内的沉降量 s_t，

$$s_t = U_0 s_\infty \tag{2.12}$$

以计算的 s_t 为纵坐标，时间 t 为横坐标，绘制 $s_t - t$ 关系曲线，则可求任意时刻 t 的沉降量。

3. 次固结沉降

许多室内试验和现场量测的结果都表明，次固结沉降的大小与时间的关系在半对数纸上接近于直线，发生于主固结完成之后，如图2.1所示。

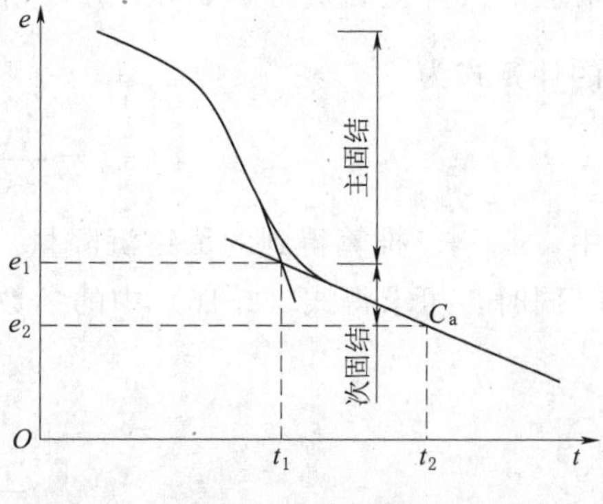

次固结引起的孔隙水压力变化可表示为

$$\Delta e = C_a \lg\frac{t_2}{t_1} \tag{2.13}$$

式中　C_a——半对数曲线上直线段的斜率，称为次固结系数（或次压缩系数）；

　　　t_1——相当于主固结到达100%的时间，由次固结曲线上延而得，如图2.1所示；

　　　t_2——需要计算的次固结时间。

图 2.1　荷载作用下的固结试验结果

因此，在 t_2 时的次固结沉降计算公式为

$$s_s = \sum_{i=1}^n \frac{h_i}{1+e_{0i}}\left(C_{ai}\lg\frac{t_2}{t_1}\right) \tag{2.14}$$

综上所述，软土地基最终沉降量 s_∞ 由瞬时沉降 s_d、主固结沉降 s_c 和次固结沉降 s_s 三部分组成。但对于大多数港口工程，在地基处理阶段沉降量计算时常常会忽略瞬时沉降和次固结沉降，因此任一时刻 t 的沉降量 s_t 的计算公式为

$$s_t = U_t s_c \tag{2.15}$$

2.3 吹填土地基工后沉降预估计算

港口工程中，通常利用分层总和法计算地基的最终沉降量，利用太沙基单向固结理论计算沉降的发生过程。但由于以下原因，常造成计算的沉降过程线与实测过程线存在较大差异：①分层总和法和太沙基单向固结理论中有不少基本假定与实际不完全符合；②分层总和法无法考虑瞬时沉降和次固结沉降，而实际工程中地基的沉降为瞬时沉降、主固结沉降和次固结沉降之和；③计算地基沉降量时，下边界值通常由压缩层的厚度来控制，并简化为不透水边界，但自然沉积的土层不都是深厚的黏土层，因而下边界的处理难免会出现与实际不符的情况。

由于上述原因，计算的地基沉降量往往与实测结果不相符合，因此利用已有的沉降观测资料推算后期沉降量（包括最终沉降量），就显得非常必要。常用的沉降推算方法包括对数曲线法（三点法）、双曲线法和星野法等。

1. 对数曲线法（三点法）

不同条件下的固结度，可用一个普遍的表达式来描述，即

$$U_t = 1 - \alpha e^{-\beta t} \tag{2.16}$$

式中　α，β——两个参数，其中 α 为不同排水条件所对应的计算常数，β 则与固结系数、排水距离等有关。

从实测沉降过程线上取荷载恒定后的三点（t_1、t_2、t_3），并使得 $t_3 - t_2 = t_2 - t_1$，三点对应的沉降量分别为 s_1、s_2、s_3，则可以根据固结度的定义 $U = \dfrac{s_t - s_d}{s_\infty - s_d}$，解得最终沉降量的计算式为

$$s_\infty = \frac{s_3(s_2 - s_1) - s_2(s_3 - s_2)}{(s_2 - s_1) - (s_3 - s_2)} \tag{2.17}$$

式中　s_∞——推算得到的最终沉降量。

同时，可求得式（2.16）中的参数分别为

$$\alpha = \frac{8}{\pi^2} \tag{2.18}$$

$$\beta = \frac{1}{t_2 - t_1} \ln \frac{s_2 - s_1}{s_3 - s_2} \tag{2.19}$$

还可求得瞬时沉降量 s_d 为

$$s_d = \frac{s_3 - s_\infty(1 - \alpha e^{-\beta t_3})}{\alpha e^{-\beta t_3}} \tag{2.20}$$

利用三点法推算最终沉降量时，为了减小误差，一般需选取 3 组不同的 t、s 值，再

取平均值，选取时应力求在规律性较好的光滑曲线上选点，t_2-t_1 的取值应尽量大些。

2. 双曲线法

采用双曲线法时，假定荷载恒定以后的实测沉降过程线近似为双曲线，即有

$$s_t = s_d + \frac{t}{\alpha+t} s \tag{2.21}$$

式中 s_t——在时间 t 时的实测沉降量，cm；

s——待定的最终沉降量，cm；

α——待定的经验系数。

为了确定式（2.21）中两个待定参数，从实测的 s-t 曲线的后段任意取两组已知的 s_1、t_1 和 s_2、t_2 值，代入式（2.21）中求解可得

$$s_\infty = \frac{t_2-t_1}{\dfrac{t_2}{s_2}-\dfrac{t_1}{s_1}} \tag{2.22}$$

$$\alpha = \frac{t_1}{s_1} s_\infty - t_1 = \frac{t_2}{s_2} s_\infty - t_2 \tag{2.23}$$

将 s_∞ 及 α 值代回式（2.21）中，便可推算任意时间 t 时的沉降 s_t。

也可以用图解法来推算最终沉降量 s_∞，即由 s-t 曲线后段的实测值分别计算出 $\dfrac{t}{s_t}$ 值，绘制 $\dfrac{t}{s_t}$-t 的关系曲线。由于曲线的后段往往近似直线，因此可将此直线的斜率视为 s_∞。

3. 星野法

星野法的沉降计算公式为：

$$s_\infty = s_d + s_t = s_d + \frac{AK\sqrt{t-t_0}}{\sqrt{1+K^2(t-t_0)}} \tag{2.24}$$

式中 s_∞——总沉降量，cm；

s_d——瞬时沉降量，cm；

s_t——随时间 t 变化的沉降量，cm；

t_0——瞬时沉降时间，h；

A，K——待定系数。

由式（2.24）可得

$$\frac{t-t_0}{(s_\infty-s_d)^2} = \frac{1}{A^2 K^2} + \frac{1}{A}(t-t_0) \tag{2.25}$$

由实测沉降过程线，假定 s_d、t_0 点绘 $\dfrac{t-t_0}{(s_\infty-s_d)^2}$-$(t-t_0)$ 曲线，该曲线截距为 $\dfrac{1}{A^2 K^2}$，斜率为 $\dfrac{1}{A^2}$。参数 A、K 确定后，可由式（2.24）计算最终沉降量。

4. 沉降预估实用方法

利用实测沉降量-时间曲线，采用双曲线经验公式预测最终沉降和工后沉降计算，其基本方法如下。

在恒载下的任何时刻相应的沉降量 s_t 可用式（2.26）所表达的双曲线方程表示，即

$$s_t = s_0 + \frac{t-t_0}{A+B(t-t_0)} \tag{2.26}$$

将式（2.26）改写为

$$\frac{\Delta t}{\Delta S} = \frac{t-t_0}{s_t-s_0} = A+B(t-t_0) \tag{2.27}$$

当 $t \to \infty$ 时，可得最终沉降量计算公式为

$$s_\infty = s_0 + \frac{1}{B} \tag{2.28}$$

式中　s_0——任选一起始时刻 t_0 对应的沉降量（恒载下）；

A，B——待定常数，可以从 t_0 后实测沉降曲线绘制的 $\frac{\Delta t}{\Delta s} - \Delta t$ 直线中获得，分别为该直线的截距和斜率。

以上各种方法的选择需要根据具体工程的实际情况确定，每种方法都有它的优点和不足，要具体问题具体分析。

2.4　减少软土地基工后沉降的措施

多个港口工程实践经验表明，沉降量越大，差异沉降往往也越大。因此，为了减小地基沉降对港口堆场及建筑物可能造成的危害，除应采取措施尽量减小差异沉降外，还应尽可能减少地基的工后沉降量。目前，对可能出现过大沉降或差异沉降的情况，通常从以下几个方面采取措施。

（1）加强对软土土性的认识。软土地基的工后沉降受多方面因素制约，譬如加固方法的正确选择要靠对被加固软土土性全面、深刻的了解，要靠对加固方法的正确认识和理解。而被加固软土特性与特征的正确反映与勘察深度、取土数量、取土质量、室内试验技术水平、资料统计水平和统计方式有关。失真的资料和试验结果将导致设计人员做出错误的决策和选择，也就选择不出合适的加固方法。

（2）选择专业、规范的施工队伍。从现场施工角度来看，加固方法选对了，但若实施过程中计划不周、用料不当、工艺粗糙、管理混乱、质量控制不严，则可能导致加固达不到预期效果，给工程留下较大的工后沉降量。

（3）根据处理对象的使用功能选择加固方式。对于港口工程软土地基，尤其是新近吹填地基，在选择地基处理方式时应根据其使用功能选择处理方法。例如，对于码头后方堆场，其允许工后沉降一般在 20~60cm，地基处理就可以选择真空预压、堆载预压以及强夯等加固方法；堆场变电所、专业库房等港口建筑物地基工后沉降一般不大于 7cm，通常就需要采用复合地基的方式进行加固；对于工后差异沉降要求特别高的构筑物，则可以通过提高复合地基中桩体的强度、刚度、加密桩间距、增加桩径等方法加强地基整体刚度和强度，以达到减小工后沉降的目的。

第3章 软土地基的承载力计算

3.1 概 述

在港口工程中,常常会遇到建造挡土墙或使用板桩墙等问题,而作用在这些建筑物上的主要荷载就是土压力。以挡土墙为例,在不同的使用条件下,结构所受的土压力性质与大小不一样。根据结构与土的相对移动情况,作用在结构上的土压力可以分为静止土压力、主动土压力和被动土压力3种。其中主动土压力值最小,被动土压力值最大,而静止土压力值处于两者之间。土压力的大小还与挡土墙后方填土的性质、挡土墙的倾斜方向、结构的刚度、地基的变形等因素有关系。因此,计算不同条件下的土压力,有很重要的理论和现实意义。

而对于浅基础而言,地基承载力则是指地基承受建筑物荷载的能力。地基在基础荷载作用下,如发生整体剪切破坏而丧失其稳定性,建筑物则有倾斜甚至倒塌的危险。因此,在软土地基的计算中还应验算地基的承载力。

3.2 软土对结构物的土压力

挡土墙土压力的大小及其分布规律受到墙体可能的移动方向、墙后填土的种类、填土的形式、墙的截面刚度和地基的变形等一系列因素影响。土的压力可分为以下3种:

(1) 主动土压力。当挡土墙受到土体的推力而发生位移时[图3.1(a)],土中发挥的剪切阻力可使土压力减小,一直到土的抗剪强度完全发挥出来,即土体已达到主动极限平衡状态,以致产生剪切破坏,形成滑动面。这时土对墙的总推力就是主动土压力,以P_a表示。

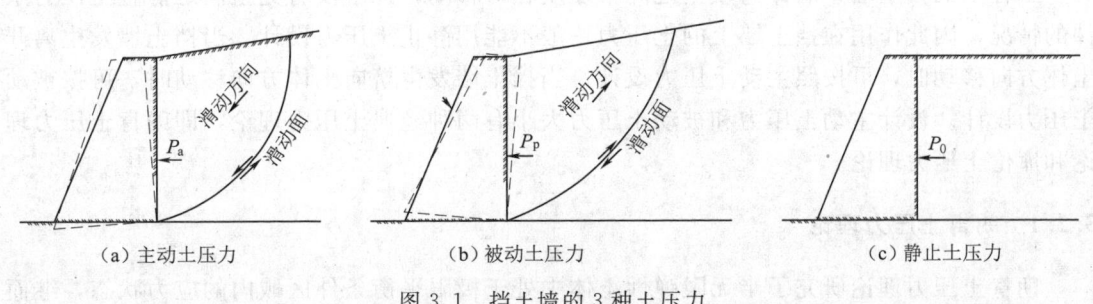

(a) 主动土压力　　　　　　　(b) 被动土压力　　　　　　　(c) 静止土压力

图3.1 挡土墙的3种土压力

(2) 被动土压力。若挡土墙受外力推向土体,使土体发生变形[图3.1(b)]时,土中发挥的剪切阻力可使土对墙的抵抗力增大,一直到土的抗剪强度完全发挥出来,即土体已达到被动极限平衡状态，以致产生剪切破坏，形成另一种滑动面。这时土对墙的总抗力就是被动土压力，以 P_p 表示。

(3) 静止土压力。当挡土墙静止不动时，土体处于弹性平衡状态，不产生位移和变形 [图 3.1 (c)]，此时作用在挡土墙垂直墙背上的土压力称为静止土压力，以 p_0 表示，总的静止土压力以 P_0 表示。

假设土体为各向同性的弹性体，土表层水平，墙背竖直、光滑，这时墙后任一单元竖直方向为大主应力 σ_1，水平方向为小主应力 σ_3，根据广义胡克定律，得到静止土压力计算公式为

$$p_0 = \sigma_3 = K_0 \sigma_1 \qquad (3.1)$$
$$\sigma_1 = \gamma z$$

式中　K_0——静止土压力系数，弹性状态下 $K_0 = \dfrac{\mu}{1-\mu}$；

　　　σ_1——土体自重产生的竖直方向应力，kPa；

　　　γ——土体容重力，kN/m^3；

　　　z——自地面以下的深度，m；

　　　μ——泊松比。

实测的静止土压力系数 K_0 随土的种类、密度、填筑方式等不同在较大范围内变化，同时还受压力的影响。设计时，墙后填土为松砂时 K_0 可取 0.4，密砂可取 0.7，黏性土可取 0.5；在超固结土或压实填土中可能大于 1。对于正常固结土，可采用下面的经验公式，即

$$K_0 = 1 - \sin\varphi' \qquad (3.2)$$

式中　φ'——土的有效内摩擦角，(°)。

由式 (3.1) 可知，地表无荷载时，作用在竖直、光滑的挡土墙墙背上的水平方向土压力 p_0 沿深度呈三角形分布，总静止土压力 P_0 大小为

$$P_0 = \frac{1}{2} \gamma H^2 K_0 \qquad (3.3)$$

式中　H——挡土墙的高度。

工程中的挡土墙，墙体与填土之间常发生相对移动，几乎没有完全满足静止土压力条件的情况，因此作用在挡土墙上的土压力一般不能用静止土压力设计。当挡土墙发生离开土体方向移动时，可按照主动土压力设计；当挡土墙发生挤向土体方向移动时，可按被动土压力设计。设计主动土压力和被动土压力大小有两种经典土压力理论，即朗肯土压力理论和库伦土压力理论。

3.2.1　朗肯土压力理论

朗肯土压力理论研究了半无限弹性土体中处于极限平衡条件区域内的应力状态，继而根据土体单元处于极限平衡状态时应力所满足的条件来建立土压力计算式。为了满足土体的极限平衡条件，朗肯在其基本理论推导中假定：挡土墙是刚性的，墙背竖直，墙后土体表面水平，墙背光滑与填土之间没有摩擦力。

1. 主动土压力

如果挡土墙背离填土方向转动或移动，随着位移量的逐渐增加，墙后填土达到极限平衡状态时，作用在墙上的土压力为主动土压力，此时某一深度 z 处放入土单元所受的竖向应力为大主应力，即 $\sigma_{1f}=\sigma_z$；水平应力为小主应力，即 $\sigma_{3f}=\sigma_x=p_a$。根据土单元的极限平衡条件，可得该处朗肯主动土压力计算式为

$$p_a = \sigma_z K_a - 2c\sqrt{K_a} \tag{3.4}$$

其中
$$K_a = \tan^2\left(45° - \frac{\varphi}{2}\right)$$

式中　K_a——朗肯主动土压力系数；
　　　c——黏聚力；
　　　φ——内摩擦角，(°)。

软黏土中存在黏聚力，使得式（3.4）计算得到的主动土压力在某一深度范围内会出现负值，即出现拉力区，拉力区的深度 z_0 为 $p_a=0$ 处的 z 值，从而有

$$z_0 = \frac{2c}{\gamma\sqrt{K_a}} \tag{3.5}$$

土体实际上是不能承受拉力的，从而作用在墙背上的主动土压力应从 z_0 处开始计算，总的主动土压力为

$$P_a = \frac{1}{2}\gamma(H-z_0)^2 K_a \tag{3.6}$$

作用点位于墙地面以上 $(H-z_0)/3$ 处。

当填土表面有均布荷载 q 时，主动土压力为

$$p_a = \gamma z K_a + q K_a - 2c\sqrt{K_a} \tag{3.7}$$

由 $p_a=0$，填土受拉区的最大深度为

$$z_0 = \frac{2c}{\gamma\sqrt{K_a}} - \frac{q}{\gamma} \tag{3.8}$$

当 $z_0 \geqslant 0$ 时，填土中存在拉力区，总的主动土压力由式（3.6）计算，作用点位于墙地面以上 $(H-z_0)/3$ 处；当 $z_0 < 0$ 时，填土中不存在拉力区，主动土压力分布呈梯形，总的主动土压力大小为

$$P_a = \frac{1}{2}\gamma H^2 K_a + q H K_a - 2cH\sqrt{K_a} \tag{3.9}$$

作用点位于梯形的形心处。

2. 被动土压力

如果墙体向着填土方向转动或移动，随着位移量逐渐增加，当墙后填土达到极限平衡状态时，作用在墙上的土压力称为被动土压力，此时某一深度 z 处的土单元所受竖向应力为小主应力，即 $\sigma_{3f}=\sigma_z$；水平应力为大主应力，即 $\sigma_{1f}=\sigma_x=p_p$。根据土单元的极限平衡条件可得该处朗肯被动土压力计算式为

$$p_p = \sigma_z K_p + 2c\sqrt{K_p} \tag{3.10}$$

式中　K_p——朗肯被动土压力系数，有

$$K_p = \tan^2\left(45° + \frac{\varphi}{2}\right)$$

作用于墙背上的被动土压力呈梯形分布,总的被动土压力大小为

$$P_p = \frac{1}{2}\gamma H^2 K_p + 2cH\sqrt{K_p} \tag{3.11}$$

作用点位于梯形的形心处。

当填土表面有均布荷载 q 时,则被动土压力为

$$p_p = \gamma z K_p + q K_p + 2c\sqrt{K_p} \tag{3.12}$$

被动土压力分布呈梯形,总的被动土压力大小为

$$P_p = \frac{1}{2}\gamma H^2 K_p + qHK_p + 2cH\sqrt{K_p} \tag{3.13}$$

作用点位于梯形的形心处。

3.2.2 库仑土压力理论

库仑土压力理论假定破坏滑动面为平面、滑动体为刚性体,以整个滑动土体上的力的平衡条件来确定土压力。库伦理论最初是针对干的均质无黏性土提出的,后来被推广到黏性土和有水的情况。由于计算概念简明,且在一定条件下较符合实际,所以这一古典理论沿用至今。

1. 主动土压力

库伦理论假定挡土墙是刚性的,墙背填土是无黏性的。当墙背受土推力前移达到某个数值时,土体中一部分有沿着某一滑动面发生整体滑动的趋势,以至达到主动极限平衡状态(图 3.2)。这时,墙背上所受的是主动土压力。

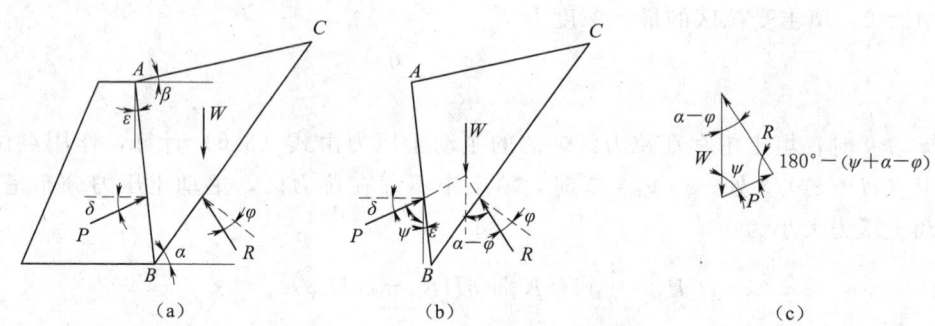

图 3.2 库仑主动土压力计算原理

库仑理论在分析主动土压力时,还有 3 个基本假定。

(1) 挡土墙受土推力前移,使三角形土楔 ABC 沿着墙背 AB 和滑动面 BC 下滑。

(2) 滑动面 BC 是一个平面(垂直于纸面)。

(3) 土楔 ABC 整个处于极限平衡状态,墙对土楔的反力 P 与墙身法线成角 δ 而向上作用,但不考虑楔体本身的变形。

取土楔 ABC 为脱离体,土楔在 3 个力作用下达到静力平衡。此时,墙背上总的库仑

土压力计算式为

$$P_a = \frac{1}{2}\gamma H^2 K_a = \frac{1}{2}\gamma H^2 \frac{\cos^2(\varphi-\varepsilon)}{\cos^2\varepsilon\cos(\varepsilon+\delta)\left[1+\sqrt{\dfrac{\sin(\varphi+\delta)\sin(\varphi-\beta)}{\cos(\delta+\varepsilon)\cos(\varepsilon-\beta)}}\right]^2} \quad (3.14)$$

式中 K_a——库仑主动土压力系数，为 φ、ε、δ、β 的函数，可查表求得；

γ，φ——填土的重度与内摩擦角；

ε——墙背与竖直线的夹角，墙背仰斜时为正值，墙背俯斜时为负值；

δ——墙摩擦角，由试验确定，港口重力式码头设计规范规定俯斜混凝土或砌体墙采用 $\dfrac{\varphi}{2} \sim \dfrac{2\varphi}{3}$，阶梯形墙采用 $\dfrac{2\varphi}{3}$，垂直的混凝土或砌体墙采用 $\dfrac{\varphi}{3} \sim \dfrac{\varphi}{2}$；

β——填土表面与水平面所成坡角。

主动土压力沿墙高按直线规律分布，沿墙高的压强为 $p_a = \gamma z K_a$。总的主动土压力方向与墙背法线成 δ 角，其作用点在墙高的 1/3 处。

对于黏性土，抗剪强度中还应包括黏聚力的贡献，因此采用库仑土压力理论对滑块体进行受力分析时，除考虑滑动块的自重 W、土体作用在破坏面上的反力 R 和墙背面摩擦力与法向反力的合力 P 外，还应考虑在墙背面黏聚力 C_w 和滑动面上黏聚力 C 的作用。当墙背后填土达到极限平衡状态时，这 5 个力构成闭合的力矢多边形，可以图解法（图 3.3）求出黏性土的土压力 P_a。

由图 3.3，黏聚力发生作用的长度分别为 BE 和 BC，墙与土间的单位黏聚力为 c_w、滑动面上的单位黏聚力强度为 c，则有 $C_w = c_w \times \overline{EB}$、$C = c_c \times \overline{BC}$，而 W 和 R 的大小和方向也可以算出，于是可作出力系多边形以求得 P 值。

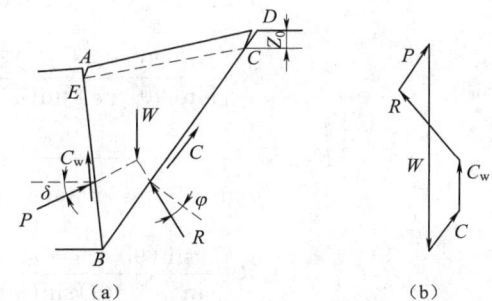

图 3.3 黏性土的主动土压力图解法

假设对多个（3~5 个）滑动面，重复计算，可得到 P 的最大值，即土压力值 P_a。

2. 被动土压力

当墙身受外力作用被推向填土，使填土达到被动的极限平衡状态时，土楔将沿着某一滑动面向上滑动。这时，土楔对于墙身移动的阻力就是土楔施加于墙身的被动土压力。

当墙后填土为无黏性土时，墙背上总的库仑被动土压力为

$$P_p = \frac{1}{2}\gamma H^2 K_p = \frac{1}{2}\gamma H^2 \frac{\cos^2(\varphi+\varepsilon)}{\cos^2\varepsilon\cos(\varepsilon-\delta)\left[1-\sqrt{\dfrac{\sin(\varphi+\delta)\sin(\varphi+\beta)}{\cos(\delta-\varepsilon)\cos(\varepsilon-\beta)}}\right]^2} \quad (3.15)$$

式中 K_p——库仑被动土压力系数；

其他参数的意义同前。

被动土压力沿墙高也按直线规律分布，沿墙高的压强为 $p_p = \gamma z K_p$。总的被动土压力方向与墙背法线成 δ 角，其作用点在墙高的 1/3 处。

当墙背后填土为黏性土时，发生被动极限平衡破坏，墙后填土中的滑动面一般为非直线滑动面。陈惠发采用塑性极限分析的方法给出一般性解答，他将主动土、被动土压力表达式写为如下通式：

$$P_p = \frac{1}{2}\gamma H^2 K_{p\gamma} + qHK_{pq} + cHK_{pc} \tag{3.16}$$

式中 $K_{p\gamma}$——土容重引起的被动土压力系数；
K_{pq}——表面超载引起的被动土压力系数；
K_{pc}——土的黏聚力引起的被动土压力系数；
q——作用在填土上的均布荷载，kPa；
c——土的黏聚力，kPa。

(1) 假定滑动面为平面时，黏性土库仑被动土压力如图 3.4 所示，土压力系数计算式为

$$K_{p\gamma} = \frac{\mu\sec\delta}{\mu\sin(90°-\varepsilon)+\tan\delta\cos(90°-\varepsilon)-\dfrac{\tan\delta\sin(\alpha^*\mu\varphi)}{\sin(90°-\varepsilon+\alpha^*\mu\varphi)}} \\ \times \left[\frac{\sin(90°-\varepsilon+\alpha^*)\sin(90°-\varepsilon+\beta)\sin(\alpha^*\mu\varphi)}{\sin(90°-\varepsilon)\sin(\alpha^*-\beta)\sin(90°-\varepsilon+\alpha^*\mu\varphi)}\right] \tag{3.17}$$

$$K_{pq} = \frac{\mu\sec\delta}{\mu\sin(90°-\varepsilon)+\tan\delta\cos(90°-\varepsilon)-\dfrac{\tan\delta\sin(\alpha^*\mu\varphi)}{\sin(90°-\varepsilon+\alpha^*\mu\varphi)}} \\ \times \left[\frac{\sin(90°-\varepsilon+\alpha^*)\sin(\alpha^*\mu\varphi)}{\sin(\alpha^*-\beta)\sin(90°-\varepsilon+\alpha^*\mu\varphi)}\right] \tag{3.18}$$

$$K_{pc} = \frac{\sec\delta}{\mu\sin(90°-\varepsilon)+\tan\delta\cos(90°-\varepsilon)-\dfrac{\tan\delta\sin(\alpha^*\mu\varphi)}{\sin(90°-\varepsilon+\alpha^*\mu\varphi)}} \\ \times \left[\frac{\cos(\alpha^*\mu\varphi)}{\sin(\alpha^*-\beta)\sin(90°-\varepsilon+\alpha^*\mu\varphi)}\right] \tag{3.19}$$

式中 α^*——使被动土压力系数达到最小值的 α；
其余符号意义同前。

(2) 假定滑动面为曲面时，图 3.5 所示对数夹层情况的极限分析结果与滑移线分析结果最接近，采用该图式分析计算库仑被动土压力。此时一般表达式仍采用式 (3.16)，而土压力系数表达式均比较复杂，一般计算时可查相关表格得到。其中 $K_{p\gamma}$ 的计算式为

$$K_{p\gamma} = \frac{\mu\sec\delta}{\mu\sin(90°-\varepsilon)+\tan\delta\cos(90°-\varepsilon)-\dfrac{\tan\delta\cos(90°-\varepsilon-\psi)}{\cos\psi}} \\ \times \left[\frac{\tan\psi\cos(\psi\pm\delta)\cos(90°-\varepsilon-\psi)}{\sin(90°-\varepsilon)\cos\delta}+\frac{\cos^2(\psi\pm\delta)}{\cos\psi\sin(90°-\varepsilon)\cos^2\delta(1+9\tan^2\delta)}\right] \\ \times\cos(90°-\varepsilon-\psi)[\pm 3\tan\delta+(\mu^3\tan\delta\cos\theta+\sin\theta)\exp(\mu^3\theta\tan\delta)] \\ +\sin(90°-\varepsilon-\psi)[1+(\mu^3\tan\delta\sin\theta-\cos\theta)\exp(\mu^3\theta\tan\delta)]$$

$$+\left[\frac{\cos(\psi+\delta)\cos(90°-\varepsilon-\psi-\theta+\beta)\cos(90°-\varepsilon-\psi-\delta)\exp(\mu^3\theta\tan\delta)}{\cos\delta\sin(90°-\varepsilon)\cos(90°-\varepsilon-\psi-\theta\mu\delta+\beta)\cos\psi}\right]$$

(3.20)

式中 ψ，θ——滑动面上滑体三角区的夹角和对数螺线区的夹角；

其余符号意义同前。

类似地，计算时取一定的 ψ、θ 值使得 K_{py} 达到极小值，即可由式（3.16）求解被动土压力。

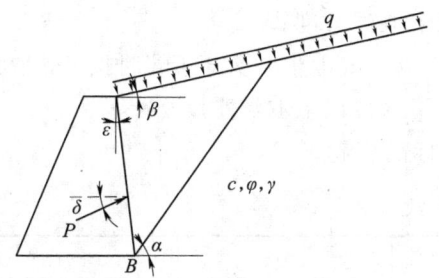
图 3.4 平面滑动面时库仑被动土压力示意图

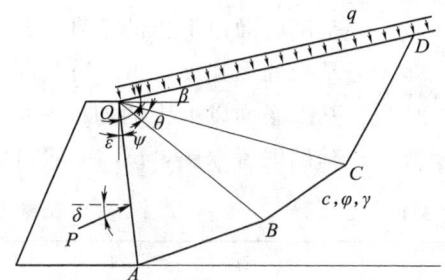
图 3.5 曲面滑动面时库仑被动土压力理论破坏面形态

3.3 软土地基承载力确定方法

地基承载力是在保证地基强度和稳定的条件下，不产生过大的沉降和不均匀沉降的地基承受荷载的能力。试验研究和工程实例均表明，由于地基承载力的不足而导致地基破坏的实质是地基土层发生了剪切破坏。地基剪切破坏的形式可分为整体剪切破坏、局部剪切和冲剪破坏 3 种。在确定港口工程构筑物地基承载力时应考虑的因素有地基的成因、土的物理力学性质、地下水、软土地基的加固方法、结构物的类型尺寸及埋深等。堆积越久的土，一般承载力也就越高，新吹填土的承载力一般要低于同类长时间沉积土。地基土的物理力学指标直接影响承载力的高低，地下水位的上升会影响地基的变形，复合地基的承载力一般要高于排水固结处理后的地基，基础埋深较大的构筑物对地基承载力的要求要低些，刚性筏板基础对地基的要求也低些。

目前，确定软土地基承载力的方法有理论公式计算法、规范查表法、载荷试验法、静力触探法和地区经验法。

1. 理论公式计算法

确定地基承载力的理论计算公式有很多，一般采用以下两种途径。

（1）用严格的解析法求解土中某点达到极限平衡状态时的静力平衡方程组，以得到地基的极限荷载。这类方法理论上较严密，但计算过程较烦琐。

（2）根据模型试验或实际地基破坏时的滑动面形状，简化为假定的滑动面，由假定滑动面上的极限平衡条件求出极限荷载，属于半经验法。其中一些常用的计算公式在下节做详细介绍。

2. 规范查表法

根据《建筑地基基础设计规范》(GB 50007—2011)，当基础宽度大于3m或埋置深度大于0.5m时，地基承载力设计值按下式计算，即

$$f_a = f_{ak} + \eta_b \gamma (b-3) + \eta_d \gamma_m (d-0.5) \tag{3.21}$$

式中 f_a——修正后的地基承载力特征值；

　　　f_{ak}——地基承载力特征值，按原位试验或工程经验综合确定；

η_b，η_d——基础宽度和埋深的地基承载力修正系数，按表3.1取值；

　　　γ——基础底面以下土的重度，地下水位以下取浮重度；

　　　b——基础底面宽度，m，当宽度小于3m时按3m取值，大于6m时按6m取值；

　　　γ_m——基础底面以上土的加权平均重度，地下水位以下取浮重度；

　　　d——基础埋置深度，m，一般自室外地面标高算起。

表3.1　　　　　　　　　　　　承　载　力　修　正　系　数

土 的 类 别		η_b	η_d
淤泥或淤泥质土		0	1.0
人工填土 $e \geqslant 0.85$ 或 $I_L \geqslant 0.85$ 的黏性土		0	1.0
红黏土	含水比 $a_w > 0.8$	0	1.2
	含水比 $a_w \leqslant 0.8$	0.15	1.4
大面积压实填土	压实系数大于0.95、黏粒含量 $\rho_c \geqslant 10\%$ 的粉土	0	1.5
	最大干密度大于 2.1t/m³ 的级配砂石	0	2.0
粉土	黏粒含量 $\rho_c \geqslant 10\%$ 的粉土	0.3	1.5
	黏粒含量 $\rho_c < 10\%$ 的粉土	0.5	2.0
$e < 0.85$ 及 $I_L < 0.85$ 的黏性土		0.3	1.6
粉砂、细砂（不包括很湿与饱和时的稍密状态）		2.0	3.0
中砂、粗砂、砾砂和碎石土		3.0	4.4

3. 载荷试验法

为了进一步了解地基的变形性能和承载能力，需进行现场原位载荷试验。确定地基土的承载力和沉降变形的理想办法是做与地基同样尺寸的载荷板试验，这显然是不现实的，而且也没有这个必要。为缩短试验时间、避免施加很大的荷载才能使地基土体产生破坏，一般都采用小尺寸的载荷板进行试验。根据载荷试验得到的试验曲线，确定地基承载力基本值的方法如下。

(1) 当曲线上有明确的比例界限时，取该比例界限所对应的荷载值。

(2) 当极限荷载小于对应比例界限荷载值的1.5倍时，取极限荷载值的1/2。

(3) 不能按上述两点确定时，可根据以往工程经验，对低压缩性土或砂土取沉降与板宽（或直径）之比为 0.01～0.015 所对应的荷载值，对中、高压缩性土可取沉降与板宽（或直径）之比为 0.02 所对应的荷载值。

4. 静力触探法

静力触探是将圆锥形的金属探头以静力方式按照一定的速率均匀压入土中，量测其贯入阻力值借以间接判定土的物理力学性质的试验。其优点是可以现场连续、迅速、较准确地直接测得土的贯入阻力指标，了解土层原始状态的物理力学性质。特别是不易钻探取样的饱和砂土和高灵敏度的软土层，以及土层竖向变化复杂而不能密集取样或测试以查明土层性质变化的情况下，静力触探具有独特的优点。

5. 地区经验法

软土分布往往有区域性，在拟建港口工程的邻近地区，常常有各种各样不同时期建设的建筑物。调查这些已有建筑物的型式、构造特点、基底压力大小、地基土层情况，以及这些建筑物是否有裂缝、倾斜和其他损坏现象，并对这些资料进行详细的分析和研究，对于确定港口工程地基土的承载力具有一定的参考价值。

3.4 极限承载力计算

影响地基极限承载力的因素很多，对港口工程软土地基而言主要有以下几个方面：①地基的破坏形式，包括整体滑动破坏、局部剪切破坏、冲剪破坏；②地基土的内摩擦角、黏聚力、容重等物理力学指标；③软土地基的处理方法，包括排水预压法、复合地基法等；④荷载作用的时间及类型等。

目前，港口工程软土地基极限承载力计算主要是参照建筑工程中极限承载力计算方法进行的，常用的有普朗德尔极限承载力计算方法和太沙基承载力计算方法。

1. 普朗德尔极限承载力计算方法

根据土体极限平衡理论，对于一无限长、底面光滑的条形荷载板置于无质量的土（$\gamma=0$）的表面上，当荷载板下的土体处于塑性平衡状态时，塑流边界为图 3.6 所示的 $d'c'bcd$，塑性区共分为 5 个区，即 1 个 I 区、2 个 II 区和 2 个 III 区。由于基底是光滑的，因此在 I 区的大主应力 σ_1 是垂直向的，破裂面与水平面成 $45°+\dfrac{\varphi}{2}$ 角，称为主动朗肯区，在 III 区的大主应力 σ_1 是水平向的，破裂面与水平面成 $45°-\dfrac{\varphi}{2}$ 角，称为被动朗肯区。在 II 区中的滑动线，一组是对数螺线，另一组是以 a' 和 a 为起点的辐射线，对数螺线的方程可表示为

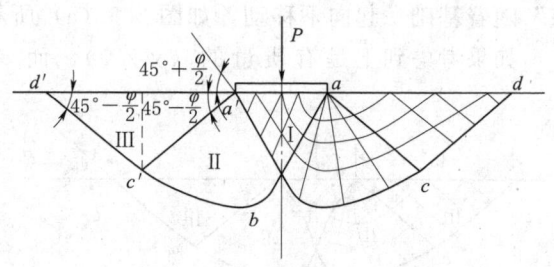

图 3.6 条形刚性板下的滑动线

$$r = r_0 \exp(\theta \tan\varphi) \tag{3.22}$$

式中 r——从起点 O 到任意点 m 的距离（图 3.7）；

r_0——沿任一所选择的轴线 On 的距离；

θ——On 与 Om 之间的夹角，任一点 m 的半径与该点的法线成 φ 角。

从而,普朗德尔得出的极限承载力理论解为

$$p_u = cN_c \tag{3.23}$$

式中　N_c——承载力系数,是仅与 φ 有关的无量纲系数 $N_c = \cot\varphi \left[\exp(\pi\tan\varphi)\tan^2\left(45° + \dfrac{\varphi}{2}\right) - 1 \right]$;

　　　c——土的黏聚力。

如果考虑到基础有埋置深度 d(图 3.8),将基底水平面以上的土重用均布超载 q 代替,莱斯纳得出的极限承载力还需加一项 qN_q,即

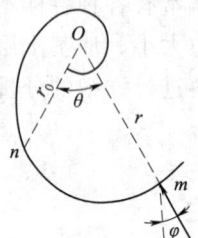

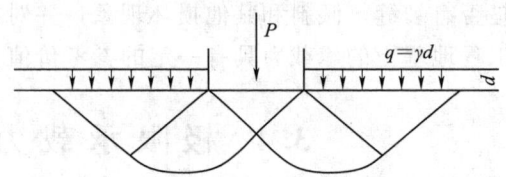

图 3.7　对数螺线　　　图 3.8　基础有埋置深度时极限承载力的计算

$$p_u = cN_c + qN_q \tag{3.24}$$

其中,$N_q = \exp(\pi\tan\varphi)\tan^2\left(45° + \dfrac{\varphi}{2}\right)$,$N_c = (N_q - 1)\cot\varphi$,也都是仅与 φ 有关的无量纲系数。

2. 太沙基承载力理论

实际上,基底往往是粗糙的,太沙基假设基底与土之间的摩擦力阻止了在基底处剪切位移的发生,因此基底以下三角楔体的土一直处于弹性平衡状态,破坏时它像一"弹性核"随着基础一起向下移动,如图 3.9(a)所示的Ⅰ区。

如果考虑到土是有质量的($\gamma \ne 0$),而 $c = 0$,$\varphi \ne 0$,以及基础荷载是作用在地表($d = 0$),则破坏时理论上的塑流边界为图 3.9(a)所示的 $abcd$ 和 $a'b c'd'$。其中Ⅱ区的滑动面一组是由对数螺线形成的曲面,另一组则是辐射向的曲面;Ⅲ区是被动朗肯区,滑动面是平面,它与水平面夹角为 $45° - \dfrac{\varphi}{2}$。为了便于推导公式,将曲面 ab 和 $a'b$ 用平面代替,并与水平面成 ψ 角,如图 3.9(b)所示,一般 $\varphi < \psi < 45° + \dfrac{\varphi}{2}$。极限承载力可以根据弹性土楔 $aa'b$ 的静力平衡条件确定。破坏时,作用于 ab 和 $a'b$ 面上的力是被动土压力,如果忽略土楔 $aa'b$ 的自重,则由作用于

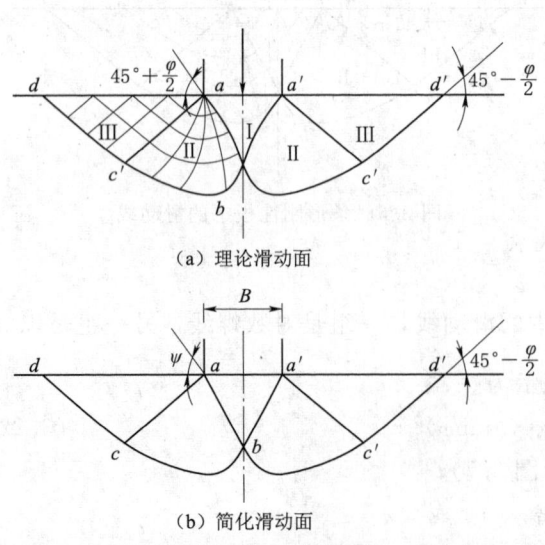

(a) 理论滑动面

(b) 简化滑动面

图 3.9　太沙基承载力理论假设的滑动面

3.4 极限承载力计算

土楔上的各力在垂直方向的静力平衡条件得

$$p_u = \frac{2E_p}{B}\cos(\psi-\varphi) \tag{3.25}$$

定义 $N_\gamma = \frac{4E_p}{\gamma B^2}\cos(\psi-\varphi)$，则有

$$p_u = \frac{1}{2}\gamma B N_\gamma \tag{3.26}$$

上列各式中，E_p 是被动土压力，ψ 角是未知的，需要用试算法确定，用不同的 ψ 角进行试算直接得出 N_γ 最小的值，N_γ 是考虑土质量影响的又一无量纲系数。

对于所有一般的情况，太沙基认为浅基础的地基极限承载力可近似地假设为分别由以下 3 种情况计算结果的总和：①土是无质量的，有黏聚力和内摩擦角，无超载，即 $\gamma=0$，$c\neq 0$，$\varphi\neq 0$，$q=0$；②土是无质量的，无黏聚力有内摩擦角，有超载，即 $\gamma=0$，$c=0$，$\varphi\neq 0$，$q\neq 0$；③土是有质量的，没有黏聚力，但有内摩擦角，无超载，即 $\gamma\neq 0$，$c=0$，$\varphi\neq 0$，$q=0$。因此，极限承载力可近似由式（3.24）和式（3.26）叠加得

$$p_u = cN_c + qN_q + \frac{1}{2}\gamma B N_\gamma \tag{3.27}$$

式中各承载力系数可由图 3.10 中的曲线查得。

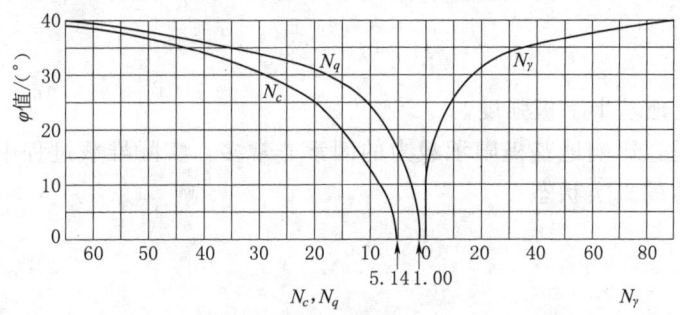

图 3.10 承载力系数 N_c、N_q、N_γ 值

对于局部剪切破坏的情况（软黏土和松砂），太沙基根据应力与应变关系的资料建议用经验的方法调整抗剪强度指标 c 和 φ，即用 $\bar{c}=\frac{2}{3}c$、$\bar{\varphi}=\arctan\left(\frac{2}{3}\tan\varphi\right)$ 代替式（3.27）中的 c 和 φ。对于这种情况，极限承载力为

$$p_u = \frac{2}{3}cN'_c + qN'_q + \frac{1}{2}\gamma B N'_\gamma \tag{3.28}$$

式中 N'_c，N'_q，N'_γ ——相应于局部剪切破坏的承载力系数。

对于方形和圆形基础的情况属于三维问题，太沙基根据一些试验资料建议按式（3.29）和式（3.30）计算。

对于宽度为 B 的正方形基础，有

$$p_u = 1.2cN_c + \gamma d N_q + 0.4\gamma B N_\gamma \tag{3.29}$$

对于直径为 B 的圆形基础，有

$$p_u = 1.2cN_c + \gamma d N_q + 0.6\gamma B N_\gamma \tag{3.30}$$

地基极限承载力计算除了上述两种方法外，常用的还有魏锡克极限承载力计算公式、斯开普敦极限承载力计算公式，有兴趣的读者可参看有关书籍。

3.5 软土地基极限承载力计算的应用

港口工程软土地基极限承载力计算的目的主要是用来估算采用堆载预压进行地基加固时的极限堆载高度，以及加固后堆场适当地使用荷载。

在采用排水固结法进行软土地基处理时，堆载极限高度的估算极为必要，因为它对确定每层土的填筑厚度、层间间歇时间等均有参考价值。地基土的极限承载力计算是利用土体的极限平衡理论来实现的，通过计算可以预估软基滑动破坏时的填土极限高度。

根据作者多年工程实践经验，建议采用日本宫川提出的经验计算方法，即

$$H_c = 5.52 \frac{c_u}{\gamma} \tag{3.31}$$

式中 c_u——软土不排水抗剪强度，通过室内试验或现场十字板强度试验获得；
γ——填土容重，一般通过室内试验获得。

对于那些物理力学指标特别差的软土地基，建议采用下面公式预估填土厚度，即

$$H_c = (\pi + 2) \frac{c_u}{\gamma} \tag{3.32}$$

式中 c_u——软土地基十字板强度。

需要说明的是，影响地基极限承载力的因素非常多，实际堆载过程中还应结合原位监测来判断地基土体的真实状态。

第 4 章 软土地基的稳定性分析

4.1 软土的抗剪特性

抗剪强度是土的重要性质之一。无论是土坡稳定性、地基承载力还是挡土墙上的土压力等，均由土的强度控制。软土地基中发生的工程事故，往往是由于对抗剪强度特性及其变化规律了解不够引起的。由于土体的不连续性、多相性、不均匀性、各向异性和非理想弹、塑性等，土的强度性质和机理极其复杂。

软土抗剪强度的表达式一般采用库伦强度定律，即

$$\tau_f = c + \sigma \tan\varphi \tag{4.1}$$

式中 τ_f——剪切破裂面上的剪应力，即土的抗剪强度，kPa；

c——土的黏聚力，kPa，对于无黏性土，$c=0$；

σ——作用于剪切面上的法向应力，kPa；

φ——土的内摩擦角，(°)。

这是一个形式十分简单的经典公式。由式（4.1）可知，土的抗剪强度与法向应力 σ、土的内摩擦角 φ 和土的黏聚力 c 三者有关。从土体自身的角度，影响土的抗剪强度的因素有以下几个方面。

（1）土粒的矿物成分。砂土中石英矿物含量多，内摩擦角 φ 大；云母矿物含量多，则内摩擦角 φ 小。矿物成分不同，表面结合水和电分子力也不同，导致黏聚力 c 也不同。土中含有的各种胶结物质增加时，黏聚力 c 增大。

（2）土的颗粒形状与级配。土的颗粒越粗，表面越粗糙，内摩擦角 φ 越大。土的级配良好，内摩擦角 φ 大；土粒均匀，内摩擦角 φ 小。

（3）土的原始密度。土的原始密度越大，土粒之间接触点多且紧密，则土粒之间的表面摩擦力和土粒之间的咬合力越大，即内摩擦角 φ 越大。土的孔隙小，接触紧密，黏聚力 c 也必然大。

（4）土的含水量。当含水量增加时，水在土粒表面形成润滑剂，使内摩擦角 φ 减小。对黏性土来说，含水量增加，将使薄膜水变厚，土粒之间的电分子力减弱，使黏聚力 c 降低。

（5）土的结构。土具有结构强度，如黏性土的结构受到扰动，则黏聚力 c 降低，这点新近吹填土表现尤为明显。

（6）孔隙水压力。孔隙水压力作用在土中的自由水上，不会使土粒之间产生内摩擦力，只有作用在土颗粒骨架上时才可能产生内摩擦强度。因此，需要在有效应力原理的基础上考虑不同排水条件下孔隙水压力消散对于土强度的影响。

对于具体的工程情况，合理地试验测定和选用土的抗剪强度指标就显得非常有意义。

4.2 软土的抗剪强度常规试验方法

土体抗剪强度指标的确定,通常采用的试验方法有直接剪切试验、三轴压缩试验、无侧限抗压强度试验和原位十字板剪切试验等,各种试验采用的仪器和方法都不一样,应根据工程实际需要、用途和土体情况选择适当的仪器和方法进行。

4.2.1 直接剪切试验

直接剪切试验是测定预定剪破面上抗剪强度的最简便和最常用的方法。主要仪器为直剪仪,分为应力控制式和应变控制式两种。前者分级施加水平剪力并测定相应的剪切位移;后者以等应变速度使试样产生剪切位移直至剪破。两者施加水平剪切荷载的方式不同:应力控制式采用砝码与杠杆分级加荷;应变控制式采用手轮连续加荷。后者优于前者。如图 4.1 (a) 所示,直剪仪主要由互相可错动的上、下两个金属盒组成。盒内壁呈圆柱形,试样高 2cm,面积 30cm²。下盒可自由移动,上盒与一固定的量力钢环相互接触,钢环的作用是测出上盒在试验时的位移,并据此换算出剪切面上的剪应力。试验时,将试验土样装入剪切盒中,并根据试验条件在试样上下两面各放一透水石(允许排水)或不透水板(不允许排水)。在透水石或不透水板顶部放一金属的传压活塞,并根据试验要求在其上施加第一级垂直压力 σ_1,通常为 100kPa。

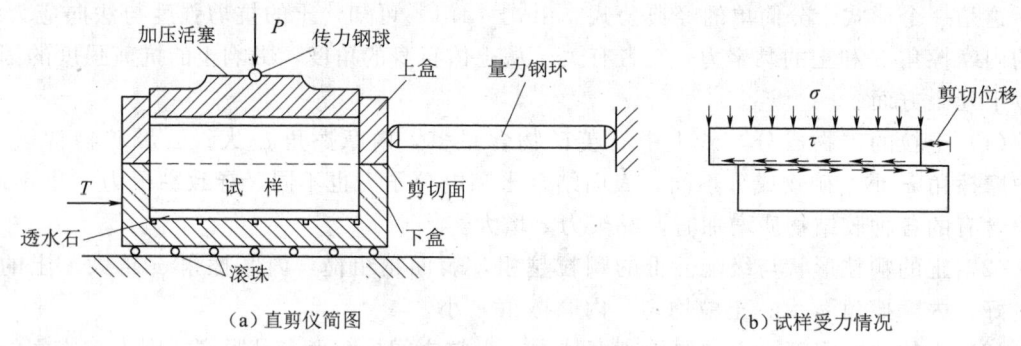

图 4.1　直接剪切试验示意图

以规定的速率对下盒逐渐施加水平推力 T,随着水平推力的施加,上下盒即沿水平接触面发生相对位移(即剪切变形)而使试样受剪切并在剪切面上产生图 4.1 (b) 所示的剪应力 τ。在施加水平推力后,测读试样的剪位移,计算相应的剪应力,并按照图 4.2 (a) 所示绘出剪应力与剪位移之间的关系曲线。以曲线的剪应力峰值作为该级法向压力下土的抗剪强度。如果剪应力不出现峰值,则按照《土工试验规程》(SL 237—1999) 规定取剪位移为 4mm 相对应的剪应力作为它的抗剪强度。更换试样,重复上述试验步骤,依次完成各级垂直压力下的剪切试验,得到各自相对应的抗剪强度值。以垂直压力为横坐标,以抗剪强度为纵坐标,绘出图 4.2 (b) 所示抗剪强度线。曲线与纵轴的截距即为黏聚力 c,曲线与水平轴的夹角即为该土样的内摩擦角 φ。

在直剪试验过程中,因为不能量测孔隙水压力,也不能控制排水,所以只能以总应力

4.2 软土的抗剪强度常规试验方法

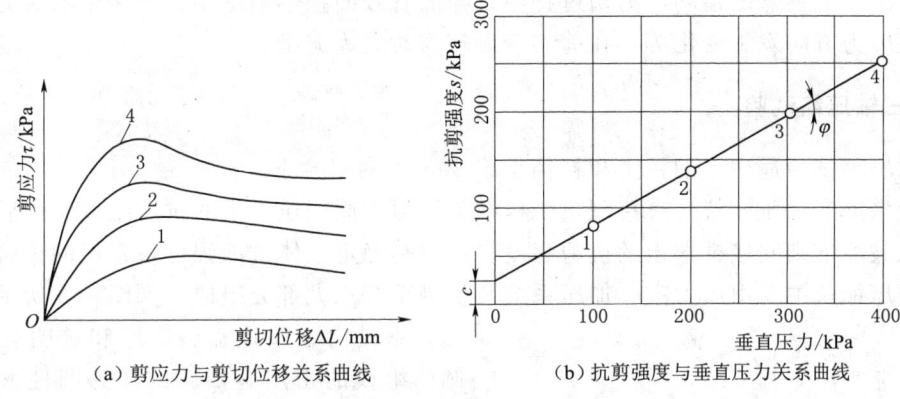

(a) 剪应力与剪切位移关系曲线 (b) 抗剪强度与垂直压力关系曲线

图 4.2 直接剪切试验曲线

法来表示土的抗剪强度。为了考虑固结程度和排水条件对抗剪强度的影响,将直剪试验分为快剪、固结快剪和慢剪 3 种试验方法。

1. 快剪(Q)

《土工试验方法标准》(GB/T 50123—1999)规定,快剪试验适用于渗透系数小于 10^{-6} cm/s 的细粒土。试验时,在试样上施加垂直压力后,拔去固定销钉,立即以 0.8mm/min 的剪切速度进行剪切,使试样在 3~5min 内剪破。试样每产生剪切位移 0.2~0.4mm 记一次测力计和位移读数,直至测力计读数出现峰值停机,记下破坏值;当剪切过程无峰值时,应剪切至剪切位移 6mm 时停机。试验所得的强度称为快剪强度,记下剪切位移为 4mm 时对应的测力计读数,并作为破坏值。相应的指标称为快剪强度指标,以 c_Q、φ_Q 表示。

2. 固结快剪(R)

固结快剪试验也适用于渗透系数小于 10^{-6} cm/s 的细粒土。试验时,在试样上施加垂直压力后,每小时测读垂直变形一次,直至固结变形稳定(变形稳定标准为变形量每小时不大于 0.005mm),再拔去固定销钉,其剪切过程与快剪试验相同。试验所得的强度称为固结快剪强度,相应的指标称为固结快剪强度指标,以 c_R、φ_R 表示。

3. 慢剪(S)

慢剪试验是对试样施加垂直压力后,待固结稳定再拔去固定销钉,以小于 0.02mm/min 的剪切速度使试样在充分排水的条件下进行剪切,这样得到的强度称为慢剪强度,其相应的指标称为慢剪强度指标,以 c_S、φ_S 表示。

3 种方法的试验结果显示,$c_Q > c_R > c_S$,而 $\varphi_Q < \varphi_R < \varphi_S$。

直剪试验的设备简单,试样的制备和安装方便,试验操作容易掌握,至今仍为工程单位广泛使用。但直剪试验得出的结果比较分散,就其主要原因有以下几点。

(1) 剪切破坏面固定为上下盒之间的水平面与实际情况不符,因为该面不一定是土样的最薄弱的面。

(2) 试验中试样的排水程度靠试验速度的"快""慢"来控制,做不到严格的排水或不排水,这一点对透水性强的土来说尤为突出,试验结果离散性非常大。

（3）由于上下盒的错动，剪切过程中试样的有效面积逐渐减小，试样中的应力分布不均匀、主应力方向发生变化等，在剪切变形较大时尤为突出。

4.2.2 三轴压缩试验

三轴压缩试验适用于细粒土和粒径小于 20mm 的粗粒土。

试验借助三轴压缩仪，直接测量试样在不同恒定周围压力下的抗剪强度，然后利用摩尔—库伦破坏准则间接推求土的抗剪强度。这也是确定土体抗剪强度最常用的试验方法。

三轴压缩仪主要由压力室、加压系统和量测系统三大部分组成。如图 4.3 所示，三轴压力室是由金属顶盖、底座和透明有机玻璃圆筒组成的密闭容器。试样为圆柱形，高度与直径之比按照《土工试验方法标准》（GB/T 50123—1999）规定采用 2～2.5。试样安装在压力室中，外用柔性橡皮膜包裹，橡皮膜扎紧在试样帽和底座上，使压力室中的水不能进入试样。试样上、下两端可根据试验需要放置透水石或不透水板。试验时，试样的排水由与顶部连通的排水阀来控制。试样底部与孔隙水压力量测系统相连接，必要时用于量测试验过程中试样内孔隙水压力的变化。试样周围压力由与压力室直接连接的压力源供给。试样轴向应力增量，由顶部试样帽直接接触的传压活塞传递（对于应变控制式三轴仪，轴向力的大小可由经过率定的量力环测定，轴向力除以试样的横断面面积后可得附加轴向压力 q，也称偏应力），使试样受剪，直至剪破。在受剪过程中同时要测读试样的轴向压缩量，以便计算轴向应变 ε。三轴是指一个竖向和两个侧向而言，由于压力室和试样均为圆柱形，因此，两个侧向（或称周围）的应力相等并成为小主应力 σ_3，而竖向（或轴向）的应力为大主应力 σ_1。在增加 σ_1 时保持 σ_3 不变，这样条件下的试验称为常规三轴压缩试验。

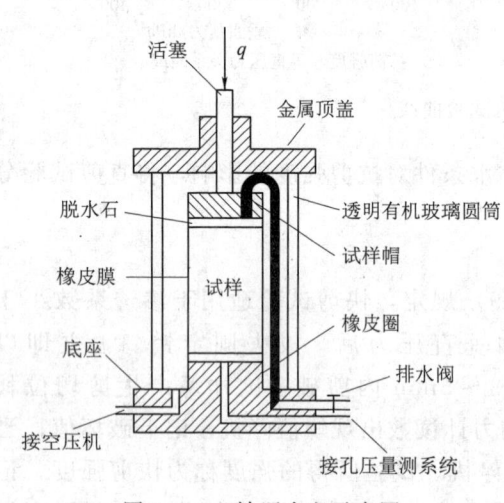

图 4.3 三轴压力室示意图

常规三轴压缩试验按照以下步骤进行。

（1）将制备好的圆柱形土样安放在压力室中，用橡皮膜封裹，避免压力室中的水进入试样。

（2）安装压力室，将压力室中充满水。使之模拟试样的天然状态，对试样施加周围压力 σ_c。（对填土，可取 0。对于地基土，当正常固结时，σ_c 的大小可取试样自重应力 p_0 的 80% 左右；当超固结时，σ_c 的大小可取试样自重应力 p_0），使其固结。

（3）施加周围应力增量 $\Delta\sigma_3$（加 $\Delta\sigma_3$ 后，是否需要固结视试验方法而定）。

（4）逐渐施加轴向应力增量 q，直至试样剪破。在施加轴向应力增量 q 的过程中，相应地测量试样的轴向变形量 Δh，并绘制轴向应力增量（即主应力差或称偏应力）（$q = \sigma_1 - \sigma_3$）与轴向应变 ε（轴向变形量与试样高度之比）的关系曲线。曲线的峰值即为欲求的破坏轴向应力增量或称破坏主应力差,此值即为破坏应力圆的直径。

(5) 采用同一种土的试样重复前述步骤3～4次,每次均改变周围应力增量$\Delta\sigma_3$的值,这样就可以得到3～4个破坏应力圆。绘出这些破坏应力圆的包线(公切线),即可求得该土的抗剪强度曲线及相应的强度指标c和φ值。

试验中某些松软土,主应力差与轴向应变的关系曲线上常常不出现峰值。对于这种情况,按照《土工试验方法标准》(GB/T 50123—1999)规定,可取轴向应变$\varepsilon=15\%$时所对应的主应力差作为极限应力圆的直径。

三轴试验根据试样的固结和排水条件不同,可分为不固结不排水剪(UU)、固结不排水剪(CU)和固结排水剪(CD)3种方法,分别对应于直剪试验的快剪、固结快剪和慢剪试验。在进行不同方法的三轴试验时,都要使试样在周围压力σ_c下固结稳定。若进行不固结不排水剪试验,则在不排水的条件下施加周围压力增量$\Delta\sigma_3$,然后在不允许有进水的条件下,逐渐施加附加轴向压力q,直至试样剪破。固结排水试验同样在周围压力增量$\Delta\sigma_3$下排水,待固结稳定后,在允许有水进出的条件下以极慢的速率对试样逐渐施加附加轴向压力q,直至试样剪破。可以看出,这里所说的固结或不固结是对周围压力增量而言,排水或不排水是对附加轴向压力而言的。

由于在三轴不排水剪试验中,可以测量试验过程中的孔隙水压力,而孔隙水压力各向是相等的,因此可以计算出试验过程中的有效大主应力σ_1'和有效小主应力σ_3'。剪破时的有效主应力可按下式计算,即

$$\sigma_{1f}'=\sigma_{1f}-u_f \tag{4.2}$$

$$\sigma_{3f}'=\sigma_{3f}-u_f \tag{4.3}$$

式中 σ_{1f}'——试样剪破时的有效大主应力,kPa;

σ_{3f}'——试样剪破时的有效小主应力,kPa;

u_f——试样剪破时的孔隙水压力,kPa。

根据σ_{1f}'和σ_{3f}'可绘制试样剪破时的有效应力圆,作剪破时的有效应力圆的公切线,即可得到以有效应力表达式表示的强度包线及相应的有效强度指标c'和φ'值。

4.2.3 无侧限抗压强度试验

无侧限抗压强度试验相当于三轴压缩试验中,周围压力$\sigma_3=0$时的不排水剪切试验,这时只有$q=\sigma_1$,因此也可以称为单轴压缩试验。这种情况下,土所能承受的最大轴向压力称为无侧限抗压强度,以q_u表示。试验时仍用圆柱状试样,可在专门的无侧限仪上进行,也可在三轴仪上进行。无侧限仪由测力仪、加压框架、升降设备组成。如图4.4所示,在施加轴向压力的过程中,相应地量测试样的轴向压缩变形,并绘制轴线压力q与轴向应变ε的关系曲线。当轴向压力与轴向应变的关系出现明显的峰值时,则以峰值最大处的最大轴向压力作为土的无侧限抗压强度q_u;当轴向压力与轴向应变的关系不出现峰值时,则取轴向应变$\varepsilon=20\%$处的轴向压力作为土的无侧限抗压强度q_u。由于$\sigma_3=0$,因此无侧限压缩试验的结果只能求得一个通过原坐标原点的极限应力圆,无法得到强度包线,仅适用于$\varphi_u=0$的饱和软土的强度试验。饱和黏土的不排水强度为

（a）试样变形情况　（b）应力与应变关系　（c）强度包线

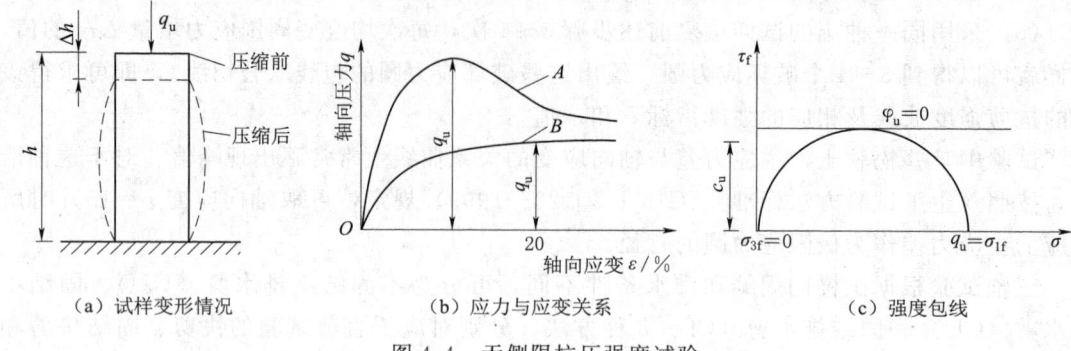

图 4.4　无侧限抗压强度试验

$$\tau_f = c_u = \frac{q_u}{2} \tag{4.4}$$

4.2.4　原位十字板剪切试验

十字板试验是一种抗剪强度的原位测试方法。这种方法适合于在现场测定饱和软黏土的原位不排水强度，可以避免软土在取土、运送及制备试样过程中对土体的扰动。软土中夹带薄层细砂、粉砂或贝壳的，用该方法测得的强度往往偏高。

十字板剪切仪主要由两片十字交叉的金属板头、扭力装置和量测设备三部分组成，如图 4.5 所示。金属板的高度与宽度之比一般为 2。十字板剪切试验可在现场钻孔内进行。试验时，先将十字板插到要进行试验的深度并静置 2～3min，再在十字板剪切仪上端的加力架上以 1°～2°/10s 的转速对其施加扭力矩，使板头内的土体与周围土体产生相对扭剪，直至剪破，测出相应的最大扭力矩。然后根据力矩平衡的条件，推算出圆柱面上土的抗剪强度。在推算强度时，作了以下两点假设：①剪破面为一圆柱面，圆柱面的直径与高度分别等于十字板板头的宽度 D 和高度 H；②圆柱面的侧面和上下两端面上的抗剪强度 τ_f 为均匀分布并相等。

图 4.5　十字板剪切仪示意图

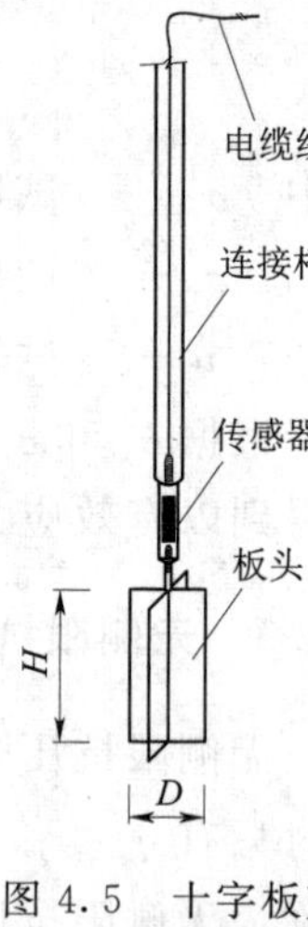

十字板测得的不排水抗剪强度由最大扭矩 M 按式（4.5）计算，即

$$\tau_f = \frac{2M}{\pi D^3\left(\frac{H}{D}+\frac{\alpha}{2}\right)} \tag{4.5}$$

式中　α——与圆柱底面的剪应力分布有关的系数，均匀分布时取 2/3，抛物线分布时取 3/5，三角形分布时取 1/2。

4.3　软土地基的稳定性计算

港口工程软土地基稳定性问题主要指堆场地基在煤炭、矿石或集装箱等荷载作用下能否保持稳定，是否发生局部或整体剪切破坏，是否会影响堆场的安全和正常使用。一部分土体相对另一部分土体发生滑动以致丧失原有稳定性的现象，即为软土地基的失稳或称滑

坡。产生滑坡的根本原因是土体内部某个面上的剪应力达到了它的抗剪强度,稳定平衡遭到破坏。评价软土地基稳定性的方法分为两大类:①建立土的本构关系,应用有限元等数值方法求出土体各处的应力和变形,然后通过间接途径来评价其稳定性;②直接与潜在滑动面相联系的方法,包括滑移场法、塑性极限分析法和静力极限平衡法等。前者可模拟土体的应力与应变关系,模拟软土地基稳定破坏发生的过程,但所需的参数较多,也不能直接建立潜在滑动面与软土地基整体稳定安全系数的联系;后者对潜在滑动面及软土地基稳定性直接评价,计算比较简便,在工程中应用广泛。本节着重介绍第 2 类计算方法。

4.3.1 静力极限平衡理论方法

静力极限平衡原理是先假定一个潜在的滑动面,然后通过对滑动面上滑动土体进行极限平衡分析,求出该滑动面上的法向应力和剪应力,并假定土体符合摩尔—库伦破坏准则,从而求出滑动面上土体的抗剪强度。而将滑动面上平均抗剪强度与平均剪应力的比值定义为该滑动面的稳定安全系数。计算多个假定滑动面,其中安全系数最小的滑动面即为最危险滑动面,对应的最小安全系数即为软土地基的整体安全稳定系数。

当土体任意一点在某一方向的平面上的剪应力达到土的抗剪强度时,该点即处于极限平衡状态(图 4.6)。所以,土的极限平衡条件为土中任意一点的剪切破坏条件。设土中任意一点的大主应力为 σ_1、小主应力为 σ_3,并将抗剪强度 $\sigma-\tau$ 关系曲线与该点的摩尔应力圆画在同一坐标图上。它们之间的关系有以下 3 种情况。

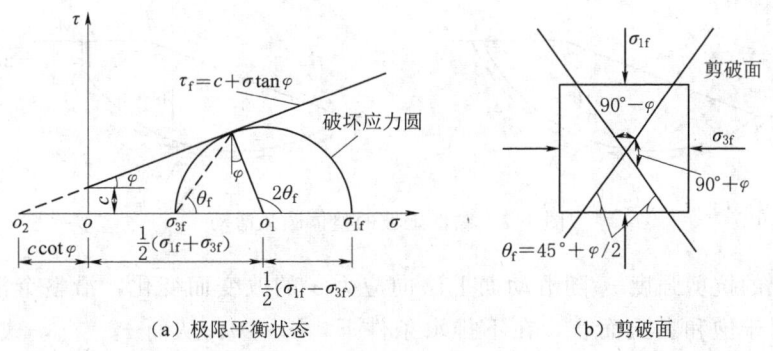

(a)极限平衡状态　　　　(b)剪破面

图 4.6　土的极限平衡条件

(1) 整个摩尔圆位于抗剪强度包线的下方,说明该点在任何平面上的剪应力都小于土所能发挥的抗剪强度($\tau<\tau_f$),因此不会发生剪切破坏。

(2) 抗剪强度包线是摩尔圆的一条割线,说明该点某些平面上的剪应力已超过了土的抗剪强度($\tau>\tau_f$),实际上这种情况是不可能存在的。

(3) 摩尔圆与抗剪强度包线相切,说明在切点代表的平面上,剪应力正好等于抗剪强度($\tau=\tau_f$),该点就处于极限平衡状态。

与抗剪强度包线相切的应力圆称为极限应力圆。根据极限应力圆与抗剪强度包线之间的集合关系,可知土体处于极限平衡状态时满足:

$$\sigma_1 = \sigma_3 \tan^2\left(45°+\frac{\varphi}{2}\right) + 2c\tan\left(45°+\frac{\varphi}{2}\right) \tag{4.6}$$

$$\sigma_3 = \sigma_1 \tan^2\left(45° - \frac{\varphi}{2}\right) - 2c \tan\left(45° - \frac{\varphi}{2}\right) \tag{4.7}$$

破坏面与最大主应力的作用面的夹角为 $45° + \frac{\varphi}{2}$。

4.3.2 整体圆弧滑动分析法

根据稳定计算的实践经验，在最危险滑动面附近，当假定的滑动面在形状上差异不大时，对软土地基整体的安全系数影响不大。因此，为了便于计算，可将软土地基破坏时的滑动面假定为一个圆柱面，在平面上的投影为一圆弧。

1. $\varphi_u = 0$ 法

如图 4.7 所示，假定圆弧滑动面上的抗滑安全系数为

$$F_s = \frac{\tau_f L' R}{Wd} \tag{4.8}$$

式中 L'——滑弧弧长，m；

W——滑动土体总重量，kN/m；

d——土体重心离滑弧圆心的水平距离，m；

R——滑弧半径，m。

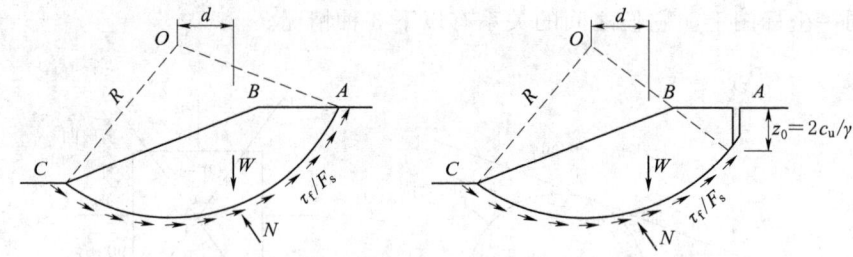

图 4.7 黏性土坡的整体圆弧滑动

一般软土的抗剪强度 τ_f 随滑动面上法向应力 σ 的改变而变化，沿整个滑动面不是一个常数。但对于饱和黏土而言，在不排水条件下，$\varphi_u = 0$，从而 $\tau_f = c_u$，式 (4.8) 可简化成

$$F_s = \frac{c_u L' R}{Wd} \tag{4.9}$$

式中 c_u——饱和黏性土的不排水强度，可以通过三轴不固结不排水试验、现场十字板剪切试验或无侧限抗压强度试验求出。

上述稳定分析方法称为 $\varphi_u = 0$ 分析法。在实际工程应用中，通常需要假定多个滑动面由式 (4.8) 或式 (4.9) 才能计算出最危险滑动面的位置及相应的最小安全系数。

2. 地基强度随深度变化时的稳定分析方法

正常固结滨海相沉积软土的强度一般随着深度的变化成正比例增加，因而，在地面某一深度 z 处的抗剪强度可表示为

$$\tau_f = \tau_0 + \lambda z \tag{4.10}$$

式中　τ_0——软土的初始抗剪强度，kPa；
　　　λ——强度沿深度的增长率，kPa/m。

根据软土地基上滑弧极限平衡状态时滑动力矩与抗滑力矩相平衡（图 4.8），可得极限状态下容许堆载 W_c 为

$$W_c = \frac{2b^2}{b-f} \times \frac{\tau_0 \theta}{\sin^2 \theta} - \frac{2b^3}{b-f}\left(\frac{\lambda \theta}{\sin^2 \theta}\cot\theta - \frac{\lambda}{\sin^2 \theta}\right) \tag{4.11}$$

由于最危险滑弧的位置使得 W_c 取得最小值，因而有

$$\left.\begin{array}{l}\dfrac{\partial W}{\partial b} = 0 \\ \dfrac{\partial W}{\partial \theta} = 0\end{array}\right\} \tag{4.12}$$

即

$$b = \frac{1}{4}\left\{3f + \frac{\tau_0 \theta}{\lambda(\theta \cot\theta - 1)} \pm \sqrt{\left[3f + \frac{\tau_0 \theta}{\lambda(\theta \cot\theta - 1)}\right]^2 - 16f\frac{\tau_0 \theta}{\lambda(\theta \cot\theta - 1)}}\right\} \tag{4.13}$$

$$b = \frac{\tau_0}{\lambda}\left(\frac{\sin^2\theta - 2\theta\sin\theta\cos\theta}{3\sin\theta\cos\theta - \theta\cos^2\theta - \theta}\right)$$

求解式（4.13），可得 b 和 θ，由式（4.11）求出容许 W_c 的最小值，则地基的安全系数为

$$F_s = \frac{W_c}{W} \tag{4.14}$$

通过假定不同的滑出点，可由上述方法求出不同的 W_c 和 W 值，得到一组稳定安全系数 F_s 值，其中最小的就是软土地基的最小稳定安全系数 $F_{s,\min}$，相应的滑弧为最危险滑弧。

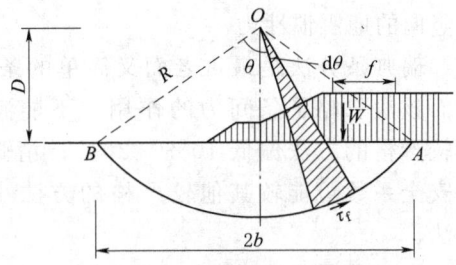

图 4.8　地基强度随深度变化时的稳定分析

4.3.3　圆弧滑动条分法

当软土的内摩擦角 $\varphi > 0$ 时，滑动面上各点的抗剪强度与该点的法向应力有关，此时就不能用上述方法进行稳定计算了。为了考虑 $\varphi > 0$ 的情况，常用条分法来求解整体安全系数。即将滑动土条分成若干条块，分析每一条块上的作用力，然后利用每一条块上的力和力矩的平衡条件，确定其安全系数；假定滑动面各点的安全系数均相同，即可确定假定滑动面上整体的抗滑稳定安全系数。同样的，通过试算多个滑动面，从中选择 F_s 的最小值和相应的最危险滑动面，可确定整体的稳定安全系数。条分法最常用的有瑞典法和毕肖普法。

1. 瑞典条分法

瑞典条分法假定滑动面为圆弧面，滑动土体为不变形的刚体，不考虑土条两侧面上的作用力，计算图式如图 4.9 所示。任一土条上作用力为：土条自重 $W_i = \gamma_i b_i h_i$，滑动面上的抗剪力 T_i 和法向力 N_i。利用土条底面法向力的平衡条件求得 N_i，然后由整个滑动面上的土体力矩平衡条件求出 F_s。具体表达式为

$$F_s = \frac{\sum(c_i l_i + W_i \cos\alpha_i \tan\varphi_i)}{\sum W_i \sin\alpha_i} \tag{4.15}$$

式中 l_i——第 i 个土条底面长度，m；

α_i——第 i 个土条底面中心和滑弧圆心连线与竖直线的夹角，(°)；

c_i，φ_i——第 i 个土条的强度指标。

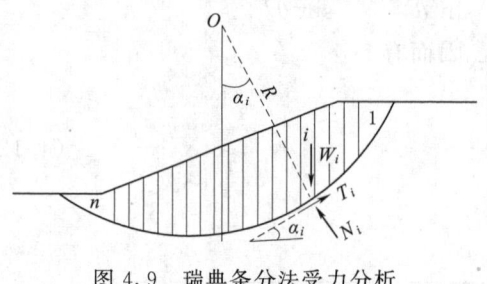

图 4.9 瑞典条分法受力分析

若滑动体由不同土层组成，而且是非均质土，在应用瑞典条分法时，应分层叠加计算土条的重量；各土条的抗剪强度指标，按滑动面所处土层位置选取相应的数值。如果滑动体顶面上作用有其他荷载，则将荷载分别加到有关的土条重量中。有地下水时，水位以下土的重量用浮容重；存在稳定渗流时，采用"代替法"，即用渗流计算得到的浸润线以下、水位以上所包围的同体积水重对滑动圆心的力矩，代替渗流力对圆心的滑动力矩，增加计算渗流对滑移体稳定影响部分。在进行地震区滑动体稳定验算时，可采用《水工建筑物抗震设计规范》（GB 51247—2018）推荐的惯性力法，即计算时在每一土条重心处加一个水平向和竖向的地震惯性力。

瑞典条分法是最古老而又简单的条分法，我国规范中建议土坡稳定分析采用该法。然而该法忽略了条间力的作用，不能满足所有静力平衡条件，所以计算安全系数比其他较严格的方法偏低 10%～20%；滑弧圆心角偏大，并且在孔隙水压力较大时，计算的安全系数可能较其他较严格的方法小一半，是一种偏于保守的稳定性安全系数计算方法。

2. 毕肖普条分法

毕肖普条分法假定滑动面为圆柱面，滑动土体为不变形的刚体，但考虑土条两侧面上的作用力，同时假定各土条两侧的切向力相互平衡，计算图式如图 4.10 所示。类似瑞典条分法推导，可得到以有效应力形式表示的假定滑动面的抗滑稳定安全系数为

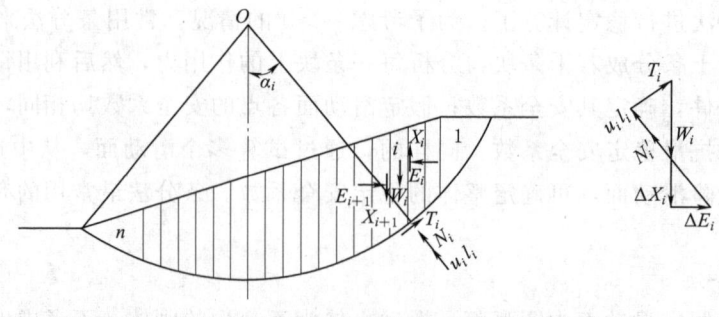

图 4.10 毕肖普条分法受力分析

4.3 软土地基的稳定性计算

$$F_s = \frac{\sum \dfrac{c_i' l_i + (W_i - u_i l_i)\tan\varphi_i'}{m_i}}{\sum W_i \sin\alpha_i} \tag{4.16}$$

$$m_i = \cos\alpha_i + \frac{\tan\varphi_i'}{F_s}\sin\alpha_i \tag{4.17}$$

式中 u_i——作用于第 i 个土条底面的孔隙水压力，kPa；

c_i'，φ_i'——第 i 个土条的有效强度指标。

求解假定滑动面的稳定安全系数 F_s 时，需要联立式（4.16）和式（4.17）进行迭代计算，一般迭代 4～5 次就能满足精度要求。

4.3.4 非圆弧滑动分析法

在工程实际中，软土地基一般并非均值黏性土，发生滑动破坏时也与光滑圆弧面有出入，一般是沿软弱土层的非圆弧滑动面。这种滑动面用一条连续的光滑曲线来代替，显然会有一定的误差。为了减小这一误差，可采用非圆弧滑动分析的方法，计算滑动体的稳定安全系数。这类常用的分析方法有复合滑动面稳定分析法、不平衡推力传递法和杨布普遍条分法。

1. 复合滑动面稳定分析法

该分析方法假定滑动面由两圆柱体和一个水平面复合组成，并改良了圆弧法假定不考虑土条界面上的切向力，采用分条法逐条推求两圆柱体对水平面上土体的推力与抗滑力，再利用水平面上土体的平衡条件，确定滑移体的稳定安全系数。分析图式如图 4.11 所示。具体表达式为

$$F_s = \frac{P_p + T}{P_a} \tag{4.18}$$

$$T = c_0 l + W \tan\varphi_0$$

式中 T——水平面上的抗滑力；

P_p——阻止土体滑动的圆柱土体（坡脚侧）对水平面上土体的抗滑力；

P_a——推动土体滑动的圆柱土体（坡顶侧）对水平面上土体的推力；

c_0，φ_0——水平面（软弱夹层）处土体的抗剪强度指标。

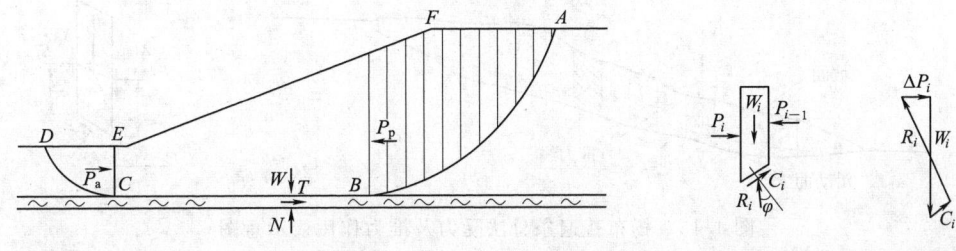

图 4.11 复合滑动面稳定分析法

为了避免选取多个滑动面进行试算，工程上常采用太沙基提出的土压力法，即将滑动体圆柱面与水平面交点定于图 4.11 中的 E 点和 F 点处，并假定 P_a 和 P_p 分别相应交界

面上的主动土压力和被动土压力,作用方向为水平方向,大小由朗肯或库伦土压力理论计算。

2. 不平衡推力传递法

不平衡推力传递法也需对滑动面上的土体分条,假定整个滑动面的安全系数相同,均为 F_s,且条间力的合力与上一土条底面相平(图 4.12)。由第 i 个土条底面力的平衡可得到

$$P_i = W_i \sin\alpha_i - \frac{1}{F_s}(c_i l_i + W_i \cos\alpha_i \tan\varphi_i) + P_{i-1}\varphi_i \tag{4.19}$$

其中传递系数式中,有

$$\varphi_i = \cos(\alpha_{i-1} - \alpha_i) - \frac{\sin(\alpha_{i-1} - \alpha_i)\tan\varphi_i}{F_s} \tag{4.20}$$

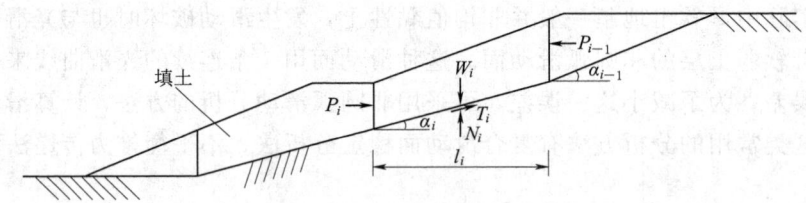

图 4.12 不平衡推力传递法

计算时先假定 F_s,然后从滑移体顶部第一条开始逐条向下推求,直至求出最后一条推力 P_n;若 P_n 不接近于 0,则需重新假定 F_s 进行试算,最终确定假定滑动面的稳定性安全系数。要注意的是,如果计算过程中任何土条的推力 $P_i < 0$,即土体处于受拉状态,则此 P_i 不再向下传递,对下一土条取 $P_{i-1} = 0$。

3. 杨布普遍条分法

杨布普遍条分法假定条间力的合力作用点为已知。分析表明,条间力的作用点位置对土坡稳定性安全系数影响不大,一般可假定其作用在土条底面以上 1/3 高度处,这些作用点的连线即为推力线,见图 4.13。对任意已知滑动面的边坡进行土条划分,由每一土条的力和力矩平衡可得

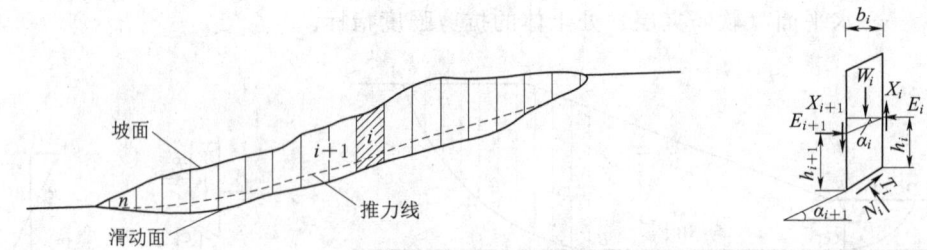

图 4.13 杨布普遍条分法受力及推力作用线示意图

$$\overline{N}_i \cos\alpha_i = W_i + X_i - \overline{T}_i \sin\alpha_i \tag{4.21}$$

$$\Delta E = \overline{N}_i \sin\alpha_i - T_i \cos\alpha_i \tag{4.22}$$

$$X_i b_i = -E_i b_i \tan\alpha_i + h_i \Delta E_i \tag{4.23}$$

由安全系数的定义和摩尔—库伦破坏准则有

$$\overline{T}_i = \frac{c_i b_i \sec\alpha_i + \overline{N}_i \tan\varphi_i}{F_s} \quad (4.24)$$

由式（4.21）和式（4.24）可解得

$$\overline{T}_i = \frac{1}{F_s} \frac{c_i b_i + (W_i + \Delta X_i)\tan\varphi_i}{m_i} \quad (4.25)$$

其中

$$m_i = \cos\alpha_i + \frac{\tan\varphi_i}{F_s}\sin\alpha_i \quad (4.26)$$

又因各土条应满足 $\sum \Delta E_i = 0$，可得

$$F_s = \frac{\sum \dfrac{c_i b_i + (W_i + \Delta X_i)\tan\varphi_i}{m_i \cos\alpha_i}}{\sum (W_i + \Delta X_i)\tan\alpha_i} \quad (4.27)$$

杨布普遍条分法计算过程中，需要采用迭代法，同时计算出安全系数 F_s、侧向条间力 X_i 和 E_i。具体步骤如下。

(1) 假定 $\sum \Delta X_i = 0$，由式（4.27）迭代计算安全系数：即先假定 F_s，由式（4.26）求出 m_i 再代入式（4.27）求出新的 F_s 值；若该 F_s 值与假定值相差较大，则以该 F_s 值为假定值重新迭代计算，直至 F_s 计算值与假定值相接近为止。

(2) 由迭代确定的 F_s 值算出每一土条的 $\overline{T}_i$，代入式（4.21）和式（4.22）求出每一土条 ΔE_i，进而求出每一土条侧面的 E_i，再由式（4.23）求出每一土条侧面的 X_i，从而求出值 ΔX_i。

(3) 由新求出的 ΔX_i 值重复步骤（1），求出 F_s 的第二次近似值。

(4) 重复（2）、（3），直到 F_s 值收敛于给定的容许误差值以内。

杨布普遍条分法基本可以满足所用静力平衡条件，是"严格"方法之一；但其推力线必须满足条间力的合理性要求（即土条间不产生拉力和不产生剪切破坏），在某些情况下，其计算结果有可能不收敛。

以上介绍了几种稳定性安全系数的计算方法，对于实际工程应根据具体的工程特点综合分析，选择合理的计算方法。

4.4 提高软土地基稳定性的措施

引起软土地基稳定性破坏的根本原因是由于土体内部某个面上的剪应力达到它的抗剪强度，稳定性平衡遭到破坏。而剪应力达到抗剪强度的原因有两个方面，一方面上覆荷载使软土地基内部产生较大的剪应力，另一方面是在某些外力作用下（如地震）使土体本身抗剪强度减小。由此可见，为了有效地防止软土地基失稳，除了在设计时认真仔细地进行稳定性分析得出合理的加载断面外，还应采取相应的工程措施，加强工程管理，以消除某些不利因素的影响。

提高软土地基稳定性的工程措施有以下几个方面。

（1）排水。排水是提高软土地基稳定性最主要的方法。港口工程堆场地基进行加固时需要设置好横向及竖向的排水体，以便在堆场使用荷载作用下进一步排水固结以提高地基的稳定性安全系数。堆场面层做好后，还应保持堆场表面排水沟渠的畅通。

（2）加筋、增强。在进行软土地基加固时，常采用在软土表面铺设土工格栅或土工布的方式，增强地基的抗滑稳定性；必要时还需通过在软土地基中设置竖向增强体，如碎石桩、水泥搅拌桩、CFG 桩等，形成复合地基，增强地基的安全稳定性。

（3）削坡、减载。在满足生产要求的条件下，尽可能降低堆场初期堆载高度、减小堆载断面的坡比。如我国北方某港口一个矿石堆场工程，场地新近吹填形成，根据稳定计算结果，堆场部分区域初期堆载高度仅为 6～12m，而没有一次性全部堆到 14m 的设计标高，确保了堆场使用期间的安全稳定性。

第 5 章 沿海港口工程软土地基常用处理方法

地基处理是指人为地改良地基土体的力学性能以增加其稳定性所采取的措施和方法。很久以前人们就掌握了利用诸如打木桩等来改变地基土体性能的技术，近 60 年来尤其是近 40 年来地基处理研究发展迅速，甚至有些工艺方法得到了飞速发展。在我国沿海港口建设过程中，逐渐形成了具有行业特色的软土地基处理技术。本章着重介绍实际工程中采用较多的堆载预压法、真空预压法、强夯法、振冲法和 CFG 桩复合地基法，诸如排水动力固结、组合桩加固及淤泥质软土的固化等地基处理新技术将分别在后面几章进行介绍。

5.1 堆载预压法

我国沿海港口工程发展用地主要依靠吹填造陆，场地总会存在连片的软土集中区域，尤其是在每个规划区吹填到最后都会形成一定面积的淤泥集中区域。吹填形成的淤泥区土体的特点是含水率大、压缩性高、强度低、渗透性差，淤泥深度 3.0~16.0m 不等，在这种软土地基上进行工程建设，采用有效的加固措施是必要的；否则，会产生后期生产过程中地基失稳等工程问题和工后沉降过大等工程质量问题。对于吹填土淤泥区地基，采用堆载预压法不失为一个经济的处理方式。大量的工程实例表明，由于堆载预压法的施工工艺简单、造价低，只要设计得当、认真施工、预压时间充裕，这一方法就可以达到比较理想的处理效果。

5.1.1 堆载预压法的基本原理

堆载预压法是堆载预压排水固结法的简称，该方法是在上部荷载作用之前，对地基施加荷载预压，同时采取一些措施加速土中水的排出，促使土体空隙减小，逐渐固结，从而达到提高软土地基承载能力、减小工后沉降的目的。

在围海造陆形成的矿石堆场、煤炭堆场等大面积软基加固工程，往往是以解决承载力不足和地基稳定性差为主要目的，有稍大的工后沉降可以通过使用期的调整和维修予以解决，并不影响使用安全，在工期上又允许有较长时间进行预压。从降低工程造价考虑，这类工程设计的预压荷载一般等于实际工作荷载，即采用等载预压排水固结法。

堆载预压方法适用于饱和软土、吹填土、松散粉土以及新沉积土的地基处理，对存在连续薄砂层（或透镜体）的地基处理效果特别好。应用范围包括堆场、仓库、罐体及其他轻型建筑物地基的处理。

堆载预压法加固软土地基的原理：在实际工作荷载之前，依据排水固结原理，将相等或大于设计的荷载堆积在地基上，使软土内孔隙水缓慢排出，逐渐固结，有效应力不断增加；地基在压密变形过程中，承载力得到提高，同时减小了地基工后沉降。地基经过堆载预压后，应完成大部分（>80%）或绝大部分（>90%~95%）的沉降；预压完成后卸去预压荷载时，地基会有少许回弹。交付使用后，地基承受使用荷载再次沉降，若预压荷载设计合理、预压时间充裕，工后沉降量将很小，能够满足工后沉降要求。

采用堆载预压方法时，由于软土（如淤泥）的渗透系数较小，在附加应力作用下排水能力一般较低，因而固结速度非常缓慢、时间长。按太沙基一维固结理论，固结时间与排水距离的平方成正比。为了加快排水速度，缩短土体固结的时间，在软土地基处理设计方案中一般都要设置水平向排水垫层和竖向排水体，如图5.1所示。水平向排水垫层常采用砂垫层或碎石垫层，竖向排水体常采用袋装砂井或塑料排水板。当软土层靠近地表、较薄且施工时间较长时可在地表铺设一定厚度的砂垫层而不设竖向排水体。

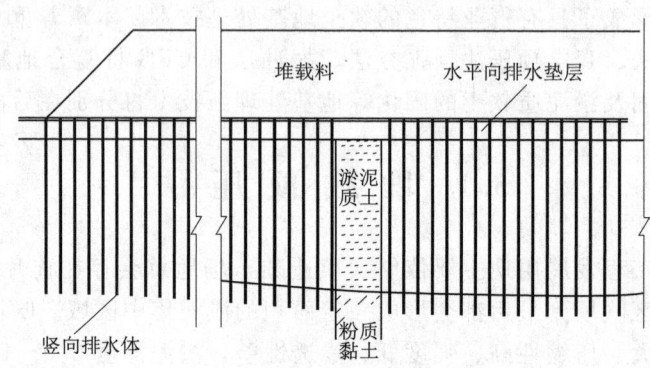

图5.1　堆载预压排水体结构

5.1.2　堆载预压法的设计

堆载预压法主要包括预压荷载和地基排水两部分的设计，即根据后期使用荷载的大小，以及地基土的性质和工期要求，合理地设计预压系统和排水系统。预压系统设计包括荷载的填筑方法、速度与超载高度、预压时间，以及地基稳定性、工后沉降的控制措施等。排水系统设计包括确定地基水平向垫层的厚度；竖向排水体的直径、间距、深度和排列方式等。合理的方案设计可使之在地基加固施工过程中，通过逐步增加预压荷载，加速地基的沉降，有序地完成设计规定的施工期沉降，达到增长土体强度、保证地基稳定、实现加速排水固结、减少工后沉降的目的。常规设计内容包括：①选择竖向排水体；②确定其尺寸、间距、排列方式和深度；③确定预压荷载大小、范围、速率和预压时间；④计算地基固结度和强度增长；⑤进行稳定性和变形计算。

5.1.2.1　堆载预压法设计流程图

由于建设规模和性质、地基土层厚度和土的物理力学性质等不完全相同，在进行软土地基加固设计时要对设计内容中各项因素进行充分的调查研究，并在此基础之上拟定几种软土地基加固方案，进行技术和经济比较，综合、客观、科学地予以评价，以确定最优的软土地基加固实施方案。设计流程如图5.2所示。

5.1.2.2　设计资料的收集

（1）地基使用荷载大小和变形（包括变形模量、工后沉降及差异沉降等）要求。

（2）工程地质资料。工程地质钻孔平面布置图及地层柱状图、土工试验等资料的收

5.1 堆载预压法

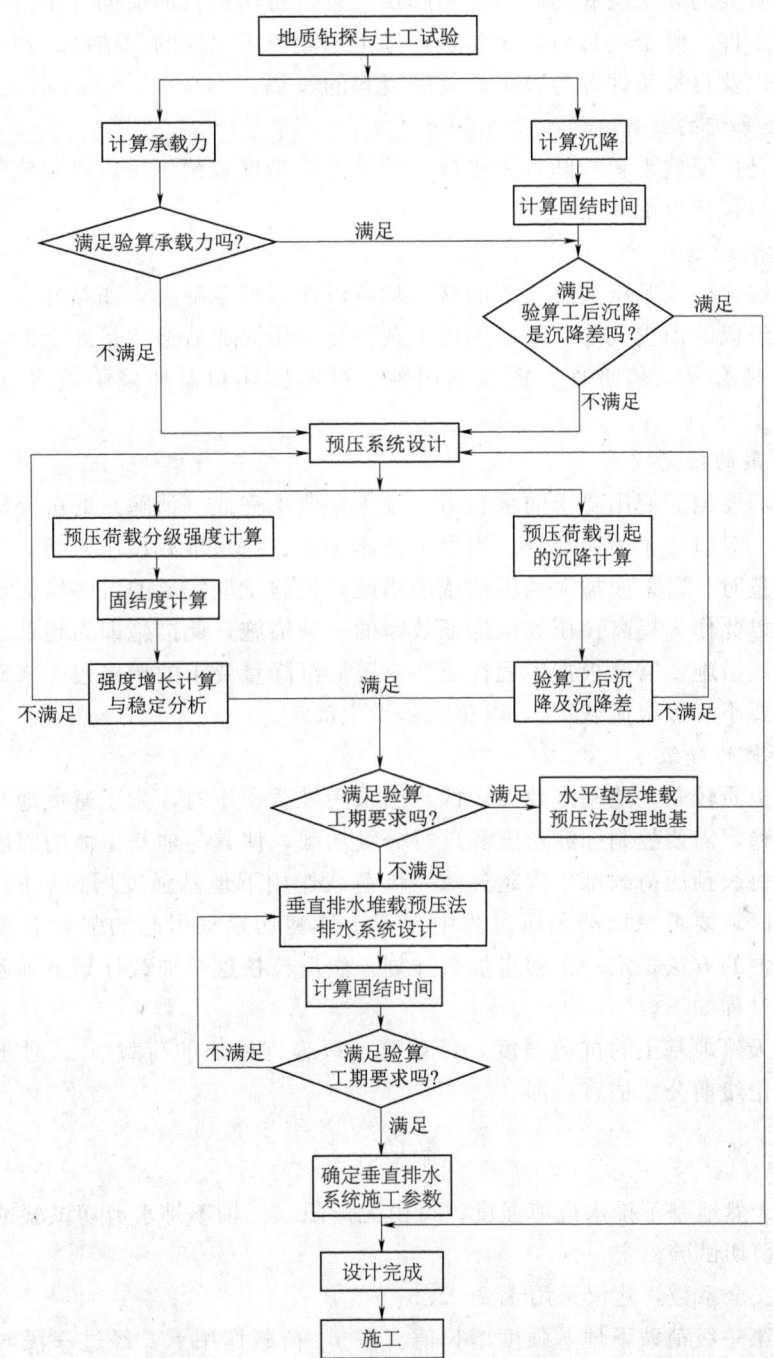

图 5.2 堆载预压设计流程框图

集。对软土除要掌握常规土的物理力学指标外,还要注意与土体固结性能有关的土性指标,如土的成因、层理、砂夹层,地下水及其补给情况,应力历史与应力水平,现场实测固结系数,先期固结压力,十字板强度指标,软土层底硬面的倾斜度及起伏状态等,以及与地基稳定性有关的软土层底的倾斜度和起伏状态,盲沟和古河道的分布情况等。

(3) 施工条件。整个项目对工期要求、施工期内要求完成的固结度、预压荷载材料来源与供应情况以及自然条件等与施工相关的资料的收集。

5.1.2.3　预压系统的设计

预压系统是促使软土颗粒间自由水排出的动力,是堆载预压法得以实施的基础。预压系统的设计内容包括以下几项。

1. 堆载材料的选择

原则上能够保证地基压实度要求的材料均可以作为堆载材料,如黏性土、粉性土、中粗砂以及开山形成的山皮土等。港口工程堆载料在预压完成后通常是卸走的,这就要求在堆载材料选择时需要从经济性、重复利用性、可操作性和对环境影响等几方面来综合考虑。

2. 预压荷载的确定

预压荷载需要根据使用要求的承载力、施工期要求完成(消除)的沉降量和土的性质等因素确定,一般应等于使用荷载。当为了加速固结、缩短堆载预压时间,或为了进一步减小工后沉降量时,常采用加大预压荷载的措施,使施工期完成的沉降量大于使用期将发生的沉降量,以此作为提高预压效果保证效率的一项措施,此措施即为超载预压。是否需要采取超载预压措施,需要根据工程性质、对工后沉降量要求的严格程度来确定,同时要考虑预压荷载要小于极限荷载 P_u,以免地基发生滑动。

3. 预压荷载的分级

由于软基土质较软,地基承载力较低,当采用堆载预压时,为了避免地基因发生过大塑性变形而失稳,需要控制加载速度和进行分级加载,使其与地基土体的强度增长速度相适应。填筑的每级预压荷载都不应超过前一级荷载作用下地基强度增长后的允许承载力。计算强度增长时,要考虑加载预压过程中由于土体剪切蠕动引起的强度衰减。具体计算时,可先用简便的方法拟定一个初步加载计划,然后校核这一加载计划下地基的稳定性和沉降量。计算过程如下。

(1) 利用天然地基土的抗剪强度,计算第一级容许施加的荷载 p_1。对于长条梯形荷载,可根据费伦纽斯公式估算,即

$$p_1 = \frac{5.52 c_u}{K} \tag{5.1}$$

式中　c_u——天然地基不排水抗剪强度,可由无侧限、三轴不排水剪切试验或原位十字板剪切试验测定;

K——安全系数,建议采用 1.2~1.5。

(2) 计算第一级荷载下地基强度增长值。在 p_1 荷载作用下,经过一段时间预压地基的强度会提高,提高以后的强度为 c_{u1},即

$$c_{u1} = \eta(c_u + \Delta c_u') \tag{5.2}$$

式中　$\Delta c_u'$——p_1 作用下,地基因固结而增长的抗剪强度,它和土层的固结度有关,通常取固结度为 70% 的强度;

η——考虑剪切蠕动的强度折减系数。

(3) 计算 p_1 作用下,地基能达到承担下一级荷载要求的固结度及所需要的时间。所需时间可根据固结度与时间的关系曲线确定。这一步计算的目的在于确定第一级荷载间歇的时间,亦即第二级荷载开始施加时间。

(4) 根据第(2)步计算所得的地基强度 c_{u1} 计算第二级所能施加的荷载 p_2。p_2 可近似地按下式计算,即

$$p_2 = \frac{5.52 c_{u1}}{K} \tag{5.3}$$

同样,计算 p_2 作用下地基固结度达到 70% 时的强度及所需要的时间,然后计算第三级所能施加的荷载,依次类推,可计算出以后各级荷载及间歇时间。至此可确定初步加载计划。

(5) 在确定初步加载计划后,应进行每一级荷载下地基的稳定性验算。如稳定性不满足要求,则应调整加荷计划。

(6) 计算地基填筑期间的沉降量和预压期间的沉降量。这一计算的目的在于确定预压荷载卸除的时间;校核地基在预压荷载下是否能完成设计要求的沉降量;工后沉降是否满足质量控制标准。然而必须指出,由于软土的不均匀性和取用参数的误差都会影响计算的准确性,因此还需要根据沉降观测数据校核计算值,并依据实测值推算工后沉降。

5.1.2.4 排水系统设计

排水系统是土颗粒间自由水能够顺利排走、地基迅速固结的保证。排水系统包括作为水平向排水的排水垫层和设于其间的盲沟,以及排水垫层外侧排水沟。对于较厚的软土层,必须采用竖向排水体来缩短排水的路径,加快排水速度,以保证加固地基的效果。具体的排水系统应根据地基的土质情况、软土层的厚度及堆载的高度等确定设计。

1. 排水垫层

(1) 排水垫层的材料。排水垫层的材料一般为含泥量少的中粗砂、无纺土工布等,它们能同时起到一定的反滤作用。在一些砂源缺乏的地方,也可用粒径小于 10cm 的碎石渣作为排水垫层。淤泥质土层表面铺设排水垫层时,为了防止垫层与淤泥混合影响排水效果,可先在淤泥表面铺设 1~2 层有纺土工布,起隔离、传力均匀和加筋的作用。

(2) 排水垫层的面积与厚度。砂垫层是堆载预压设计中最常用的排水垫层,它的主要功能是将软基在附加应力作用下排出的水沿水平方向引出加固区,同时兼有应力扩散层的作用。因而,排水砂垫层的铺设面积应大于加固的外轮廓面积,设计时通常外扩 1m,砂垫层要求渗透系数不小于 5×10^{-3} cm/s,含泥量小于 5%。砂垫层的厚度随铺设方法和地基表层情况而定,一般为 40~100cm,同时还应考虑满足一定的承载力要求。

2. 竖向排水体

(1) 材料。目前工程上最为常用的竖向排水体是塑料排水板。普通砂井和袋装砂井这两种方式由于施工用砂量大、对砂的质量要求高、施工质量不易保证以及砂源紧张等,有逐渐被塑料排水板(带)代替的趋势。

国内通常使用的是滤套缝合式和滤套黏合式排水板,断面形式多为口琴式,仅个别厂家生产城墙式。国产塑料排水板的主要性能见表 5.1。

表 5.1 国产塑料排水板主要性能统计表

项　目		单位	A 型	B 型	C 型	条　件
纵向通水量		cm³/s	≥15	≥25	≥40	侧压力 350kPa
滤膜渗透系数		cm/s	≥5×10⁻⁴			试件在水中浸泡 24h
滤膜等效孔径		μm	<75			以 O_{98} 计
复合体抗拉强度		kN/10cm	≥1.0	≥1.3	≥1.5	延伸率 10%
滤膜抗拉强度	纵向干态	N/cm	≥15	≥25	≥30	延伸率 10%
	横向湿态	N/cm	≥10	≥20	≥25	延伸 15%时,试件在水中浸泡 24h
外形尺寸	宽度	mm	100±2			
	厚度	mm	5.6+0.5	4.0+0.5	4.5+0.5	
适宜打设深度		m	<15	<25	<35	

在选择排水板时,应根据设计要求,考虑加固土层的深度及工程性质,选择相应规格的塑料排水板。考虑到我国塑料排水板目前生产的实际情况,要严格遵守排水板的验收检验制度,以保证所用排水板的质量。塑料排水板应全面满足我国行业标准《塑料排水板质量检验标准》(JTJ/T 257—96)以及《塑料排水板施工规程》(JTJ/T 256—96)的要求,其中最主要的是纵向通水率和横向湿态强度。

(2) 平面布置。竖向排水板一般按照正三角形或正方形布置,排水板的间距 d 取 0.8~1.5m。具体布置和间距应根据允许加固时间的长短、土质情况和工程费用等确定。等效排水圆柱体的直径 d_e 为

当三角形布置时,有

$$d_e = 1.05d \tag{5.4}$$

当正方形布置时,有

$$d_e = 1.13d \tag{5.5}$$

(3) 塑料排水板换算直径。国内大量的室内及现场试验研究结果表明,常使用断面为 100mm×4mm 的塑料排水板,其排水加固地基的效果与直径 7cm 的袋装砂井排水加固效果相同,因而可折合成直径 7cm 的砂井进行设计。也可按照下式计算塑料排水板的换算直径 d_w,即

$$d_w = \alpha \frac{2(a+b)}{\pi} \tag{5.6}$$

式中　α——换算系数,无试验资料时可取 0.75~1.00;
　　　a——塑料排水板的宽度,mm;
　　　b——塑料排水板的厚度,mm。

(4) 竖向排水板的打设深度。竖向排水板的打设深度一般应达拟加固软土层的层底,若软土层较厚,排水板应打到压缩层底部的位置。以稳定控制为目的的工程,排水板打设深度必须穿过最危险滑动面以下至少 2m 处。

3. 盲沟、集水井及排水沟

为了让排水垫层中的水能够尽快顺畅地排到加固区外,最好在排水垫层地下间隔设置

盲沟。盲沟可选用塑料盲沟，也可用传统的砂碎石盲沟。盲沟的坡度一般为1/1000，与设在加固区外的排水沟连通。

在单块堆载面积较大，盲沟设置费用较高的情况下，可考虑布设集水井来进行强排。集水井可采用底部包裹反滤材料的混凝土预制管，直径为1.0～1.2m，管底埋设于排水垫层底部下1.0～1.5m。

5.1.2.5 固结度计算

地基总的固结度U按下式计算，即

$$U = 1 - U_r(1 - U_z) \tag{5.7}$$

式中 U_z——竖向固结度；

U_r——水平向或径向固结度。

1. 竖向固结度深度U_z的计算

对于工程问题，取太沙基瞬间加荷条件下，竖向平均固结度理论公式（2.9）的第一项已有足够的精度，即

$$U_z(t) = 1 - \frac{8}{\pi^2} e^{-\frac{\pi^2 T_v}{4}} \tag{5.8}$$

$$T_v = \frac{C_v}{H^2} t \tag{5.9}$$

式中 T_v——时间因素；

C_v——土的固结系数，cm²/s；

H——竖向排水距离，cm；

t——时间，s。

2. 水平向（径向）固结度U_r的计算

水平向（径向）固结度计算方法有两类：一类是按照巴隆（Barren）提出的不考虑井阻和涂抹作用的理想井的计算方法，另一类是由谢康和提出的同时考虑井阻和涂抹作用的非理想井的固结计算方法。对于断面小、井阻比大于15的竖向排水体（如塑料排水板），加固深度大于15m时，井阻和涂抹作用的影响比较大，地基固结的效果可能会降低10%～15%，故应考虑井阻与涂抹作用的影响，宜按非理想井的情况进行固结计算；反之，可按理想井设计计算。当采用套管挤压的方式施工时，对含薄砂夹层的土层应考虑涂抹影响。

（1）按理想井计算。

1）预压荷载为瞬时施加的情况。总平均固结度$\overline{U}$按式（5.7）计算，竖向平均固结度$\overline{U}_z$按式（5.8）计算，水平向（或径向）平均固结度$\overline{U}_r$按式（5.10）计算，即

$$\overline{U}_r(t) = 1 - e^{-\frac{8T}{F(n)}} \tag{5.10}$$

2）预压荷载为分级施加的情况。按照改进的高木俊介方法计算，等速多级加载时修正的平均固结度可按式（5.11）计算，即

$$U_{rzt} = \sum_{n=1}^{n} \frac{q_n}{\sum \Delta p} \left[(t_n - t_{n-1}) - \frac{\alpha}{\beta} e^{-\beta t} (e^{\beta t_n} - e^{\beta t_{n-1}}) \right] \tag{5.11}$$

式中 t——所求固结度的历时;

t_n, t_{n-1}——第 n 级等速加载终点和始点的时间（从零点记起），当计算某一级等速加荷过程中时间 t 的固结度时，t_n 改为 t;

α, β——计算参数，可从一般地基手册中查到。

(2) 按非理想井计算。

1) 同时考虑井阻和涂抹作用的固结计算。谢康和（1987）给出了理论解。地基中任一深度 z 处瞬时径竖向排水组合的固结度为

$$U_{rz} = 1 - a e^{-\beta_{rz} t} \tag{5.12}$$

其中：
$$a = \frac{8}{\pi^2}$$

$$\beta_{rz} = \frac{\pi^2 C_v}{4H^2} + \frac{8C_h}{(F' + \pi G)d_e^2}$$

$$F' = \ln \frac{n'}{s} + \frac{K_h}{K_s} \ln s - \frac{3}{4}$$

$$n' = \frac{d_e}{d_w}$$

$$s = \frac{d_s}{d_w}$$

式中 G——井阻因子;

n'——井径比;

d_w——竖向排水体直径，塑料排水板为折算直径;

s——涂抹比;

d_s——排水井涂抹层直径;

K_h, K_s——地基土、涂抹层和排水板渗透系数。

2) 同时考虑井阻和涂抹作用分级施加预压荷载的固结计算。工程上一般为分级加载，结合上述固结理论，应用式（5.11）可得分级加载的地基平均固结度，但 β 由式（5.13）计算，即

$$\beta = \frac{\pi^2 C_v}{4H^2} + \frac{8C_h}{(F + J + \pi G)d_e^2} \tag{5.13}$$

式中 H——固结土层竖向排水最长的渗透路径;

J——涂抹因子，$J = \ln s(K_s - K_{s-1})$;

F——井径比因子，$F = \ln n' - 3/4$。

3. 竖向排水体未打穿软土层时的固结度计算

若软土层较厚，竖向排水板未能打穿软土层。设竖向排水板打设深度为 L，压缩层范围内软土层未设置竖向排水板层的厚度为 H，在荷载作用下地基平均固结度 $\overline{U}$ 可采用下述方法计算：排水体区平均固结度 $\overline{U}_{rz}$ 采用式（5.12）计算；未设排水板区域平均固结度 $\overline{U}_z$ 采用一维固结理论计算，计算时将排水体底面视为排水面。整个软土层平均固结度 $\overline{U}$ 采用下式计算，即

$$\overline{U} = \lambda \overline{U_{rz}} + (1-\lambda)\overline{U_z} \tag{5.14}$$

式中 λ——竖向排水体深度与软土层总厚度的比值，$\lambda = L/(L+H)$。

5.1.2.6 排水预压地基抗剪强度增长计算

在预压荷载作用下，地基土体发生排水固结，地基中某点某时刻的抗剪强度可以表示为

$$\tau_{ft} = \tau_{f0} + \Delta\tau_{fc} - \Delta\tau_{fs} \tag{5.15}$$

式中 τ_{ft}——地基中某点某时刻的抗剪强度，kPa；

τ_{f0}——地基中某点初始抗剪强度，可用十字板或无侧限抗剪强度或三轴不排水剪切试验确定，kPa；

$\Delta\tau_{fc}$——由于固结而产生的抗剪强度增量，kPa；

$\Delta\tau_{fs}$——由于剪切蠕动及其他因素引起的抗剪强度衰减量，kPa。

如果加载速率控制得当，有充分的时间让孔隙水压力消散，一方面可使 $\Delta\tau_{fc}$ 增长，另一方面也可减少 $\Delta\tau_{fs}$，从而使得 $\Delta\tau_{fc} - \Delta\tau_{fs}$ 成为正值；反之，则可能成为负值。

目前常用预估抗剪强度增长的方法有以下几种。

1. 有效应力法

由于剪切蠕动所引起的强度衰减部分 $\Delta\tau_{fs}$ 目前尚难确定，式（5.15）可改写成

$$\tau_{ft} = \eta(\tau_{f0} + \Delta\tau_{fc}) \tag{5.16}$$

式中 η——考虑剪切蠕变及其他因素对强度影响的一个综合折减系数，它与地基土在附加应力作用下可能产生的强度衰减有关，一般取 0.75~0.90。

抗剪强度增量 $\Delta\tau_{fc}$ 的估算公式为

$$\Delta\tau_{fc} = KU_t \Delta\sigma_1 \tag{5.17}$$

其中 $$K = \sin\varphi' \cos\varphi'/(1+\sin\varphi')$$

式中 φ'——土体有效内摩擦角；

$\Delta\sigma_1$——荷载引起的地基中某点的最大主应力增量，kPa；

U_t——地基中某一点的固结度，为简便计算，常用平均固结度代替。

2. 有效固结压力法

对于正常固结饱和软土，其抗剪强度为

$$\tau_f = \sigma'_c \tan\varphi_u \tag{5.18}$$

式中 σ'_c——有效固结应力，kPa；

φ_u——由固结不排水试验测得的内摩擦角，也可根据天然地基十字板剪切试验值与测点土自重应力的比值确定。

因固结而增长的强度可表示为

$$\Delta\tau_{fc} = \Delta\sigma_1 \tan\varphi_u = \Delta\sigma_z U_t \tan\varphi_u \tag{5.19}$$

式中 $\Delta\tau_{fc}$——由于固结而产生的抗剪强度增量，kPa；

$\Delta\sigma_z$——预压荷载引起的该点的附加竖向应力，kPa。

3. 含水率法

含水率法计算公式为

第5章 沿海港口工程软土地基常用处理方法

$$\tau_f = \tau_0 \exp\frac{w_0 - w}{C_f} \tag{5.20}$$

式中 τ_0——天然地基抗剪强度，kPa；

w_0——天然含水率，%；

w——任意时刻的含水率，%；

C_f——剪损状态下的压缩系数，近似于一般固结试验中的压缩系数 C_c。

5.1.2.7 地基稳定性计算

采用堆载预压法加固软土地基，需要验算分级堆载预压施工期间地基稳定性以及运营期的地基稳定性。此外，还需根据施工监测到的地基异常动态及时验算地基稳定性。通过稳定性分析可以解决以下问题。

(1) 地基在天然抗剪强度下的最大堆载。

(2) 预压过程中各级荷载下地基的稳定性。

(3) 最大允许预压荷载。

(4) 合理的堆载计划。

堆载预压法中的稳定性计算，通常采用圆弧滑动面法。假定预压荷载连同软土地基为同一圆弧破裂面滑动，计算作用在该圆弧滑动面上总的抗滑力矩和总滑动力矩，或者计算作用在该滑动面上各点的总抗滑力和总滑动力，求其整体滑动稳定性安全系数。当软土层均匀且较厚时，工程上常采用瑞典条分法按照圆弧滑动面计算。

需要说明的是，当土层中夹有薄的软弱夹层时，滑弧往往会沿着软弱夹层的界面滑动，在这种条件下滑动面不是圆弧，就需要用复式滑动或折线滑动面验算地基的稳定性。另外，堆载预压法中软土地基稳定性计算可采用总应力法或有效应力法，一般情况下采用总应力法计算的居多。对于软土层厚，施工历时较长，地基在上部荷载作用下发生固结的情况，宜采用固结有效应力法，也可采用有效应力法；软土层较薄的地基可采用 $\varphi_u = 0$ 法。若计算得到的安全系数不满足规范要求，必须返回修改预压计划，改变竖向排水体的布置，直到满足规范要求为止。

5.1.2.8 沉降量及工后沉降计算

1. 最终沉降量理论计算法

排水预压固结法加固软土地基的目的就是使地基在等于或大于实际工作荷载的预压作用下完成预计发生沉降的绝大部分，因而在设计阶段要计算设计荷载作用下可能发生的总沉降量、地基加固施工期可能完成的沉降量、地基运营期还可能发生的工后沉降量。

一般情况下，软土地基的总沉降量（也称最终沉降量）s 由瞬时沉降 s_d、主固结沉降量 s_c 和次固结沉降量 s_s 三部分组成，可按照下式计算，即

$$s = s_d + s_c + s_s \tag{5.21}$$

瞬时沉降量是地基所加荷载作用后产生的变形，即所加填筑料陷入软土中和地基侧向挤出（这时土的总体积保持不变）。这部分沉降量很难通过理论公式准确计算，也很难现场测量出来，实际工程中根据土质情况、施工方法、施工速度等因素考虑一个因侧向变形填料陷入地基引起的附加沉降经验系数，一般为 1.1～1.3，即瞬时沉降为主固结沉降的 10%～30%。

主固结沉降是由于预压荷载作用使土中孔隙中的水和气（对于饱和土仅为水）排走，土颗粒被挤密所发生的沉降。主固结沉降量的计算，目前广泛采用的方法是以无侧向变形条件下的压缩量计算公式为基础的分层总和法。该法按照压缩曲线所取坐标不同，分为 e-p 曲线法和 e-$\lg p$ 曲线法，分别由式（5.22）和式（5.23）计算。

$$s_c = \sum_{i=1}^{n} s_i = \sum_{i=1}^{n} \frac{e_{1i} - e_{2i}}{1 + e_{1i}} H_i \tag{5.22}$$

式中　s_i——第 i 层沉降量；

　　　e_{1i}——第 i 层 p_1 压力下孔隙比；

　　　e_{2i}——第 i 层 p_2 压力下孔隙比；

　　　H_i——第 i 层地基分层厚度。

$$s_c = \sum_{i=1}^{n} s_i = \sum_{i=1}^{n} \frac{H_i}{1 + e_{0i}} C_{ci} \lg\left(\frac{p_{0i} + \Delta p_i}{p_{0i}}\right) \tag{5.23}$$

式中　e_{0i}——第 i 层初始孔隙比；

　　　C_{ci}——第 i 层现场压缩指数；

　　　p_{0i}——第 i 层平均自重应力；

　　　Δp_i——第 i 层应力增加值。

次固结沉降指在孔隙水压力消散后，土骨架在持续荷载作用下发生蠕变所产生的变形，在港口堆场地基工程中可不作计算。

2. 三点法推算最终沉降量

从实测沉降过程线上取荷载恒定后的三点（t_1、t_2、t_3），并使得 $t_3 - t_2 = t_2 - t_1$，三点对应的沉降量分别为 s_1、s_2、s_3，则可以推算出最终沉降量为

$$s_\infty = \frac{s_3(s_2 - s_1) - s_2(s_3 - s_2)}{(s_2 - s_1) - (s_3 - s_2)} \tag{5.24}$$

利用三点法推算最终沉降量时，为了减小误差，一般需选取 3 组不同的（t、s）值，再取平均值，选取时应力求在规律性较好的光滑曲线上选点，$t_2 - t_1$ 的取值应尽量大些。

3. 工后沉降量（残余沉降量）计算

在计算出总沉降量后，可算出设计使用荷载作用下的沉降，也可算出地基在使用荷载作用下的工后沉降或称残余沉降，即

$$s_g = s_e + s_d + s_c + s_s - U s_{cd} \tag{5.25}$$

式中　s_g——工后沉降量；

　　　s_e——预压荷载卸除后的地基回弹量；

　　　U——施工期间地基完成的平均固结度；

　　　s_{cd}——设计使用荷载作用下的沉降量。

如果计算的 s_g 超过设计规定值，就要返回重新考虑预压的荷载量、预压分级及预压时间，必要时返回重新布置排水系统。

5.1.3　堆载预压法的施工工艺

要保证堆载预压法的排水固结效果，从施工的角度分析，需要做好 3 个环节的工作，

即铺设水平排水垫、设置竖向排水体及施加预压荷载。每个环节的工艺都有其特殊要求，它关系到用该法加固软土地基的成败。

5.1.3.1 堆载预压法施工流程

堆载预压法（含竖向排水体）的施工流程如下：

(1) 清理整平场地。

(2) 排水沟施工排水垫层施工。

(3) 打设竖向排水体。

(4) 预压荷载填筑。

(5) 卸载。

普通砂井、袋装砂井和塑料排水板3种竖向排水体中，普通砂井已经不常用，袋装砂井亦有被塑料排水板代替的趋势，为此这里着重介绍塑料排水板堆载预压法的施工工艺，袋装砂井等排水堆载预压的施工工艺类似。

5.1.3.2 水平排水垫层的施工工艺

为保证地基排出的水能迅速地排到加固区外，而不淤积在加固场地内影响地基加固效果，需在铺设排水垫层之前，在加固区域周边开挖排水沟。加固区内最好设有盲沟，并使之与排水垫层相接。堆载预压法中的垫层是指地基上设置的砂垫层、砂砾垫层或碎石垫层等，起水平排水作用，其质量的好坏直接关系到加固效果和预压时间的长短。

1. 排水垫层材料的选择

排水垫层材料一般采用透水性好的砂料，其渗透系数一般不低于 5×10^{-3} cm/s，同时能起到一定的反滤作用，避免土颗粒深入垫层的孔隙中阻塞排水通道，减小垫层的渗透性。为保证垫层本身的渗透性，一般以采用级配良好的中粗砂为宜，其含泥量不超过5%。若中粗砂来源比较困难，也可因地制宜地选用符合要求的其他材料。

2. 排水垫层的厚度

排水垫层的厚度首先要满足土层渗入垫层的渗流水能够及时地排出去，其次能够起到持力层的作用。根据需要和工程实践经验，一般厚度以 30~50cm 为宜；当原地基表层较软时，垫层厚度可增大到 80~100cm。

3. 排水垫层的施工

排水垫层目前常用的施工方法有以下几种。

(1) 当地基表面具有一定厚度的硬壳层时，其承载力较好，能满足一般运输设备作业需求，一般采用机械分堆摊铺法，即先堆成若干砂堆，然后采用机械或人工摊铺。

(2) 当硬壳层的承载力不足时，一般采用顺序推进摊铺法。

(3) 当软土地基表面很软时，如新沉积或新吹填不久的超软地基，首先要改善地基的持力条件，使施工人员和轻型运输工具能够在其上作业。常采用以下工程措施：地表铺设荆笆；地表铺设土工聚合物后再在其上铺设排水垫层；采用人工或轻便机械顺序推进铺设。

不论采用何种施工方法，在排水垫层的施工过程中都应避免对软土表层扰动过大，以免造成砂和淤泥混合，影响垫层的排水效果。另外，在铺设砂垫层之前，应清除干净竖向排水体顶面的淤泥或其他杂物，以利于竖向排水体排水。

4. 排水垫层施工注意事项

(1) 所用材料宜用中粗砂、砂砾、碎(卵)石等材料,且需控制好含泥量和最大粒径。

(2) 地下水位高于地面表层时,施工前宜采用排水或降水措施,使地基表面保持无水状态。

(3) 铺设垫层时,必须避免扰动加固区外侧软弱土层的表面。

(4) 垫层底面应铺设在同一高程上,分段施工时接头处应做成斜坡,每层错开 0.5~1.0m。

(5) 严格控制垫层虚铺厚度和设计要求的压实度。

5.1.3.3 竖向排水体的施工工艺

竖向排水体在工程上应用有以下几种:30~50cm 直径的普通砂井;7~12cm 直径的袋装砂井;塑料排水板。因塑料排水板具有工厂化生产、施工过程可控等优势,目前已有取代砂井排水体的趋势,故这里仅阐述塑料排水板的施工。

1. 塑料排水板材料的检验

塑料排水板作为竖向排水通道的排水材料,其本身的质量在排水固结法加固软土地基中至关重要。针对我国塑料排水板的生产和应用状况,结合我国现行行业标准《塑料排水板质量检验标准》(JTJ/T 257—96),应制定严格的塑料排水板验收制度和检验方法,并按批量在施工现场随机抽样进行排水板的外观检查和由有资质的检验单位进行性能检验。

2. 塑料排水板的施工

用插板机将塑料排水板打入土中,形成垂直排水通道,可代替常用的排水砂井(图 5.3 和图 5.4)。采用塑料排水板透水性好,适应地基变形能力强,可确保排水效果,且打设时对地基扰动小、施工方便。塑料排水板的施工顺序包括:定位;塑料排水板通过导管从管靴穿出;塑料排水板与桩尖连接并紧贴管靴;对准点位;插入塑料排水板;拔管;剪断塑料排水板等。表 5.2 为几种国产插板机的主要性能。

图 5.3 履带式插板机

图 5.4 轨道式插板机

3. 施工注意事项

(1) 塑料排水板打设前要准确就位,整平机身,导管在打设过程中倾斜度不大于 2°。

(2) 塑料排水板打入过程中要确保滤膜不破损,防止淤泥进入板芯而堵塞输出通道,影响排水效果。

表 5.2　　几种国产插板机性能表

性能 \ 型号	SSD-20	ILJ-16	QDS-22	QM-02
行进方式	宽履带	步履（液压）	双底盘轨道	（门架）轨道
打入方式	振动	振动	振动	振动
拔出方式	卷拔+振动	卷拔	卷拔	卷拔+振动
振动锤功率/kW	30	30	10	17
激振力/kW	150	80～160	70	80
最大打设深度/m	20	15	22	15
打设效率/(m/台班)	1500	1500	2000	1000
整机重/kN	345	150	120	180
接地压力/kPa	10	50	11	23

（3）桩尖平端与导管靴配合要适当，避免错缝，防止打设过程中淤泥进入导管，增大对塑料排水板的阻力，甚至将板带出。

（4）拔管过程中发现回带超过 2m 时，应进行补打。

（5）塑料排水板需接长时，应采用滤膜内平搭接的连接方式，并保证有足够的搭接强度，避免断带，搭接长度应不小于 20cm。

5.1.3.4 预压荷载施工

1. 堆载预压材料的选择

在进行堆载预压的材料选择时，一般以经济性和后续可利用性作为主要参考指标，通常以散粒料为主，如石料、砂、山皮土等。在堆填料资源相对丰富地区，可以优先考虑选取较为经济的开山土石料（图 5.5），一方面运距短、成本低，另一方面堆填料可作为后期堆场强夯的回填料使用。堆填料资源紧张时，也可结合工程实际因地制宜地选择堆填料，如我国北方某矿石堆场地基堆载预压加固时，则在简易堆场之上直接选择矿粉作为堆填料（图 5.6），在实现堆载预压的加固目标的同时节约了堆填料二次倒运的费用。

图 5.5　开山土石堆填料

图 5.6　矿粉堆填料

2. 堆载料的施工

大面积施工时，通常采用自卸汽车与推土机联合作业。对于超软地基的堆载预压，第一级荷载宜采用轻型机械或人工作业（图5.7）。堆载料施工要求按照设计要求的厚度进行分层填筑。当加载面积较大时可分段施工，接头部分应做成斜坡，每层接头错开1.0～2.0m（图5.8）。

图5.7　堆载填筑施工图（一）　　　　　　图5.8　堆载填筑施工图（二）

3. 施工注意事项

（1）堆载面积要足够。堆载的顶面积不小于拟加固区域的面积，堆载的底面积也应适当扩大，以保证加固范围内的地基得到均匀加固。

（2）堆载要严格控制加荷速率和加载厚度，保证各级荷载下地基的稳定性，同时要避免部分区域集中堆载而引起地基的局部破坏。

（3）加载过程中，根据沉降、孔隙水压力及水平位移等监测数据及时调整加载计划。

5.1.4　质量控制和效果检验

5.1.4.1　堆载预压施工过程的监测

地基在堆载预压过程中和荷载预压期间的固结、强度、沉降变化等实测数据，不仅是发展理论和评价地基处理效果的依据，同时也可预防因设计和施工不完善而引起的意外工程事故。堆载预压法进行地基处理中行之有效的监测项目有沉降观测、孔隙水压力观测、深层水平位移观测等。

1. 沉降观测

在地基加固中，土体因加固发生的地表沉降量是判断加固效果最直观、最有说服力的数据，也是最容易测到、最容易测准的物理量。沉降观测内容包括荷载作用范围内地基总的沉降量、荷载作用范围外地面沉降或隆起量、深层土体的分层沉降及沉降速率等。

沉降观测结果有以下用途：

（1）松软地基加固的主要目的之一是增加土体的密实度，以减少某荷载作用下地基的沉降量和不均匀沉降量。而加固中地基沉降量的大小往往可以直观地反映出经过加固，地基土体密实度的提高程度和原地基压缩性的降低程度，为判断未来地基使用期间的工后沉降和差异沉降的大小提供依据。

（2）松软地基加固的另一个主要目的是增加土体的强度或承载力，而地基强度的提高也可以从地基固结的程度来反映土体强度的提高、稳定性的增强。从被加固地基实测的沉降过程线可以推算出最终沉降量,并换算成地基的固结度,再按照有效固结压力法计算得到强度的增长量,从而得到地基强度或承载力的提高值,为判断加固后地基强度或承载力是否满足使用要求提供依据。

(3) 沉降观测的结果还可以表现为沉降速率的形式,按照沉降速率的大小可以作为被加固软基在加固过程中稳定性的判断依据之一,成为动态监测地基的有力手段。此外,从沉降过程线或沉降速率随时间的收敛过程中也能得到地基终止加固的判断依据,可以科学地指导施工。

(4) 通过分层沉降的观测资料可分析和研究各土层的压缩性,确定沉降计算中土层的压缩深度。

(5) 荷载外地面的沉降资料可以分析沉降的影响范围,以确定对邻近建筑物的影响。

2. 孔隙水压力观测

孔隙水压力观测的目的就是为了弄清楚土中有效应力增长变化的情况,根据测点孔隙水压力-时间变化曲线,可以反算土的固结系数,推算测点不同时间的固结度,从而推算强度增长,并确定下一级荷载施加的时间和大小。根据孔隙水压力和荷载关系曲线可判断测点是否达到屈服状态,因而可控制加载速率。

孔隙水压力观测结果可以有以下用途:

(1) 判断堆载预压地基固结程度。通过对地基中孔隙水压力的监测,计算某深度土体的固结度,依据的是式(5.26),即

$$\overline{U} = \frac{\sigma'}{\sigma} = \frac{\sigma - u}{\sigma} = 1 - \frac{u}{\sigma} \tag{5.26}$$

式中 σ——测点在上部荷载作用下产生的总附加应力;

σ'——测点有效应力增长值;

u——测点在上部荷载作用下孔隙水压力增长值。

(2) 推算地基强度增长。根据孔隙水压力监测值可计算超静孔压值,求得有效应力,并据此推求强度的增长。根据孔隙水压力-荷载关系曲线可判断该点是否达到屈服状态,据此确定下一级施加荷载的大小和加荷速率。

3. 深层水平位移观测

在上部预压荷载作用下,深层土体会发生侧向挤出变形。深层水平位移观测的目的主要有两方面,即被加固土体自身的安全和加固对邻近构筑物的不良影响。根据深层土体水平位移变化情况,可以判断地基或堆填体自身的稳定性,决定安全的加荷速率。

5.1.4.2 堆载预压施工质量的控制

1. 地基破坏前的变形特征

地基变形是判别地基破坏的重要指标。软土地基一旦接近破坏,其变形量就急剧增加,故根据变形量的大小可大致判别破坏的预兆。在堆载的情况下,地基破坏前有以下特征:

(1) 堆载顶部和斜面出现微小裂缝。

(2) 堆载中部区域或边缘局部区域沉降量急剧增加。

(3) 堆载坡脚附近的水平位移向预压区外侧急剧增加。

(4) 堆载坡脚附近地面隆起。

(5) 停止加载后，堆载坡脚的水平位移和坡脚附近地面隆起继续增大，地基内孔隙水压力也继续增长。

2. 地基加载速率的控制标准

(1) 堆载预压区最大沉降速率小于 30mm/d。

(2) 堆载坡脚最大深层水平位移小于 10mm/d。

(3) 孔隙水压力增长值与预压荷载所产生应力的比值小于 0.6。

以上控制标准利于快速加载，但对监测人员的素质要求较高，实际工程中还应结合被加固地基的土质情况来设定稳定性安全控制标准。

3. 卸载标准

港口工程地基进行堆载预压设计时，卸载通常按照按以下标准实施：

(1) 堆载预压区平均固结度超过 90%。

(2) 被加固地基工后沉降量小于 200～300mm（或满足设计要求）。

4. 施工质量控制措施

(1) 垫层施工要求严格按照设计图纸实施，重点控制好垫层铺设的厚度和含泥量（小于 5%）。

(2) 竖向排水体的施工要求参照设计图纸，一般要求打穿淤泥层，排水体顶部应与水平排水垫层连接良好，以保证竖向排水通畅。

(3) 应选用抗拉强度高、延伸率低的土工织物，施工时应平整，保证搭接宽度和连接强度。

(4) 堆载的填筑要严格执行稳定性标准，按照设计图纸要求的填筑厚度和时间间隔进行施工。

5.1.4.3 堆载预压加固效果的检验

港口工程堆载预压地基达到设计卸载标准后，按照设计要求分级卸载。达到设计的最终卸载面后，应对预压的地基土体进行原位试验和室内土工试验。

(1) 原位试验可采用十字板剪切、标准贯入、重型动力触探、静力触探等进行，检验深度应不小于设计处理深度。原位试验和室内土工试验，应在卸载 3～5d 后进行。检验数量按每个处理分区不少于 6 个点进行检测，对于堆载斜坡处应增加检验数量。

(2) 堆载预压处理后的地基承载力应根据载荷试验确定。检验数量按每个处理分区不少于 3 个点进行检测。

5.1.5 堆载预压法工程实例

5.1.5.1 工程概况

某港口一片新吹填形成的淤泥区，面积约 9.2 万 m²，场区主要加固土层为两层，即淤泥层、淤泥混砂层，其物理力学性质见表 5.3。

5.1.5.2 方案设计

1. 排水系统设计

场地设计施工分区如图 5.9 所示。竖向排水体采用 B 型板，间距 1.0m，呈正方形布

表 5.3　　　　　　　　　加固土层的物理力学指标

土层	含水率 /%	容重 /(kN/m³)	孔隙比 e	压缩系数 α_{v1-2} /MPa^{-1}	渗透系数/(10^{-6}cm/s)		固结系数 C_v /(10^{-3}cm²/s)
					k_v	k_h	
淤泥	64.6	16.2	1.715	0.67	15.64	1.40	0.80
淤泥混砂	49.3	17.6	1.283	1.38	1.54	0.13	5.57

置。水平排水先铺设 0.6～0.8m 含泥量大于 5% 的砂土,排水板打设完毕清除泥块后再在上面铺设 0.2m 含泥量小于 5% 的中粗砂。集水井及盲沟设计如图 5.10 所示。

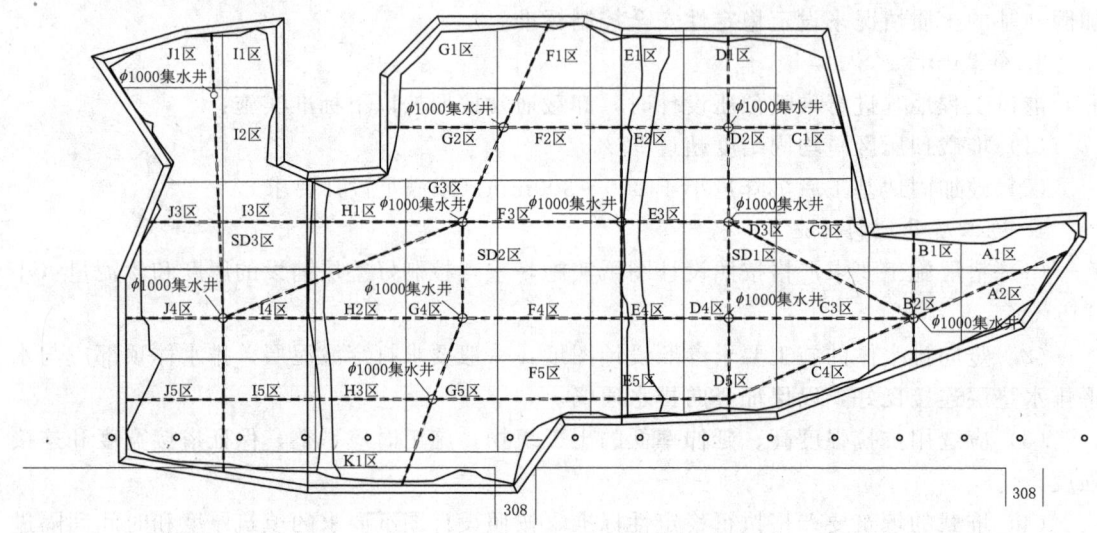

图 5.9　堆载预压设计施工分区图

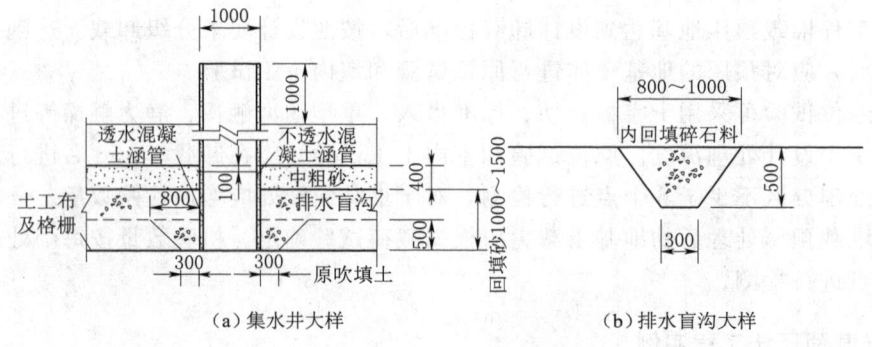

图 5.10　集水井及盲沟设计图

2. 加载设计

堆载预压结构断面设计如图 5.11 所示,加载计划如图 5.12 所示。实际加载和间歇时间根据现场监测结果进行调整。

5.1.5.3　效果及评价

该工程进行沉降、孔压和水平位移的监测。

5.1 堆载预压法

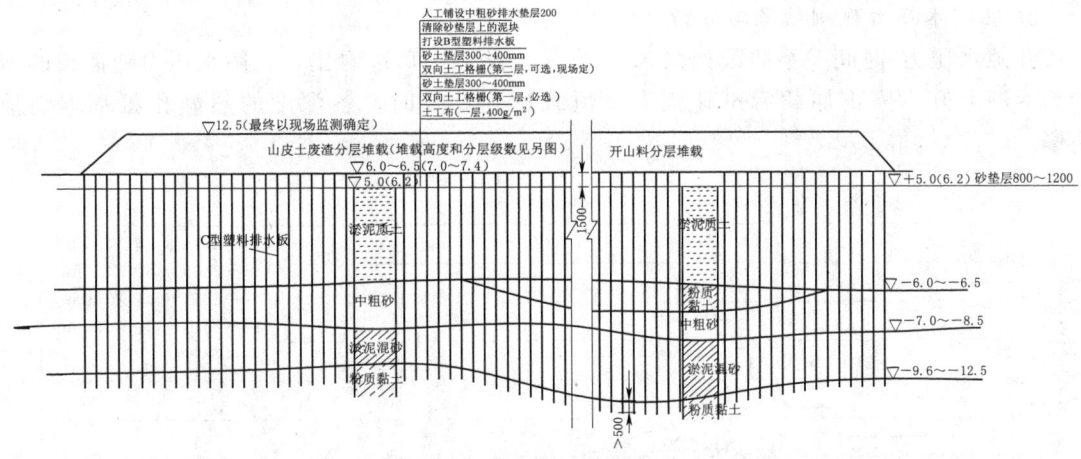

图 5.11 堆载预压结构断面

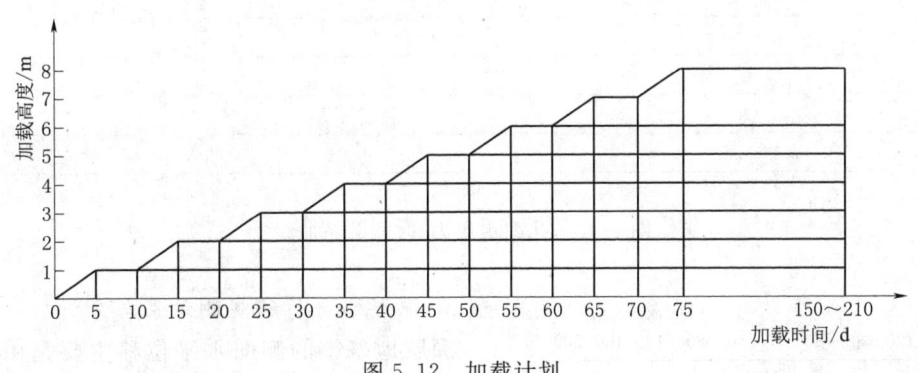

图 5.12 加载计划

1. 沉降观测结果与分析

各设计分区沉降统计及最终沉降量计算列于表 5.4 中。可以看出，恒载期间各区的沉降速率随时间呈递减收敛趋势，但各区平均沉降速率仍较大，三点法推算的工后沉降均接近或大于 200cm。

表 5.4　　　　　　　　各设计分区沉降及最终沉降量计算表

施工分区	SD1 区	SD2 区	SD3 区
区域最大沉降/mm	2722	2331	1728
区域最小沉降/mm	1769	1044	594
区域平均沉降/mm	1836	1897	1283
加载期沉降速率/(mm/d)	9.3	12.2	9.8
恒载期一/(mm/d)	5.8	7.5	5.0
恒载期二/(mm/d)	2.9	5.1	3.0
恒载期三/(mm/d)	1.9	3.2	1.8
推算最终沉降/mm	2065	2229	1462
推算剩余沉降/mm	229	332	179
计算平均固结度/%	88.9	85.1	87.7

2. 孔隙水压力观测结果与分析

孔隙水压力-时间关系曲线如图5.13所示。从图中可以看出，孔隙水压力随荷载的增加而逐渐上升，停止加载后迅速消散。恒载达到90d时，各深度的超静孔压基本消散完毕。

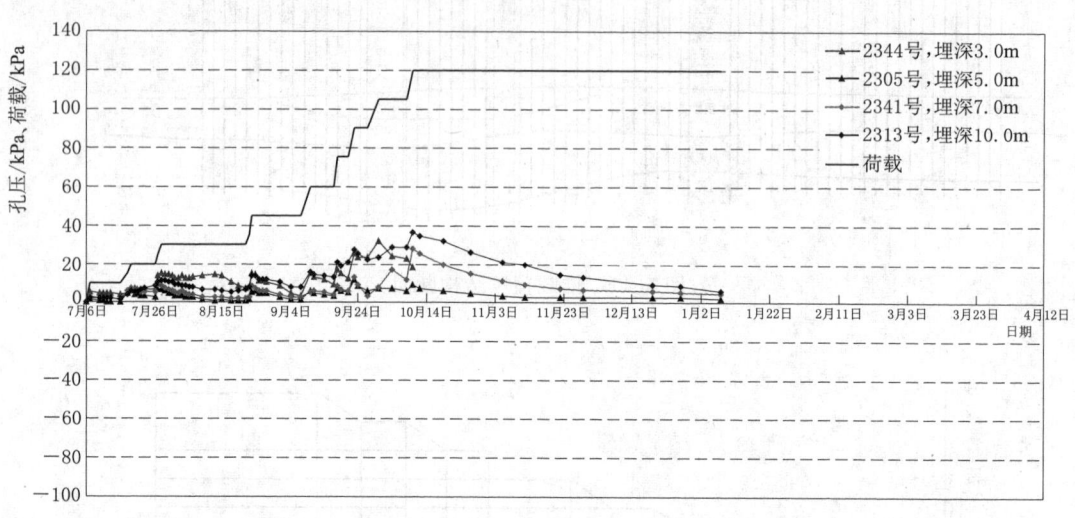

图 5.13 孔隙水压力-时间关系曲线

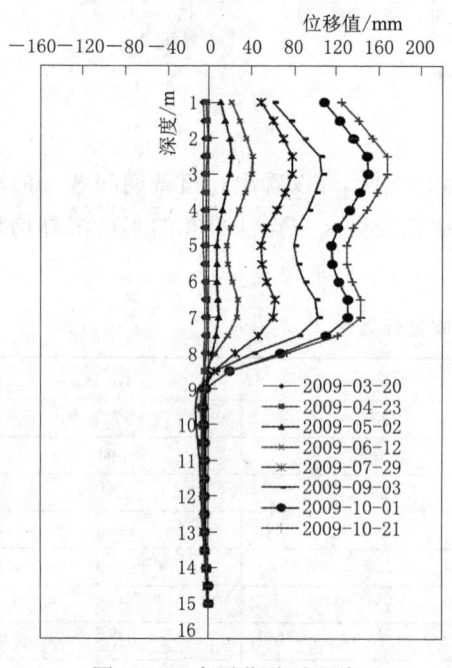

图 5.14 水平位移时程线

3. 深层水平位移观测结果与分析

深层地基土的侧向水平位移主要是由于软土地基在外荷作用下尚未固结之前所发生的侧向挤出。由图5.14所示的深层水平位移时程线可知，加载初期水平位移变化较小，随着荷载的增加，深层水平位移急剧增加，停止加载后位移速率减小并趋于稳定。深层水平位移最大值为168mm，发生在地表下2.5m处。

4. 加固效果评价

加载过程中，土体中超静孔隙水压力未超过监测控制标准，但深层水平位移和沉降值较大，经过90d的恒载预压后堆载预压区的沉降速率仍较大，土体固结速率小于计算值。根据监测结果，建议延长恒载预压的时间。后因铁路线施工，部分预压区提前卸载并进行了二次加固，卸载土体堆填至未卸载区域进行超载预压，以加快相关区域的固结。

5.2 真空预压法

5.2.1 真空预压法的基本原理

真空预压法加固软土地基时，在地基上施加的不是实际重物，而是把大气作为荷载。在抽气前，薄膜内外都受大气压力作用，土体孔隙中的气体与地下水面以上都处于大气压力状态。抽气后，薄膜内砂垫层中的气体首先被抽出，其压力下降，薄膜内外形成压力差，使薄膜紧贴于砂垫层上，这个压力差称为"真空度"，也就是真空预压法提供的附加应力。

由太沙基有效应力原理可知，土体强度的增长、固结的产生都以有效应力的变化为前提。只有土体有效应力发生了变化，土体的变形才会发生，强度才会有变化，排水固结法加固软土地基的基本原理也基于此。真空预压法与堆载预压法同属于排水固结法，但两者加固机理是不一样的，表5.5对两者的不同之处进行了比较。

表 5.5　　　　　　　　　真空预压与堆载预压对比

堆 载 预 压	真 空 预 压
(1) 根据有效应力原理，增加总应力，孔隙水压力消散而使有效应力增加	(1) 根据有效应力原理，总应力不变，孔隙水压力减小而使有效应力增加
(2) 加载过程中，一方面土体强度提高，另一方面剪应力在增大。当剪应力达到土体抗剪强度时，土体会发生剪切破坏	(2) 预压过程中，有效应力增量是各向相等的，剪应力不变，不会引起土体的剪切破坏
(3) 加载过程中需要控制加载速率，避免发生剪切破坏，使地基失稳	(3) 不必控制加载速率，可连续抽真空至最大真空度，因而可缩短预压时间
(4) 预压过程中，预压区周围土体发生向外的侧向变形	(4) 预压过程中，预压区周围土体产生指向预压区的侧向变形
(5) 非等向应力增量下的固结而获得强度增长	(5) 等向应力增量下固结而使土强度增长
(6) 附加应力大小沿深度方向不变，有效影响的深度取决于附加应力的大小和分布	(6) 真空往下传递有一定的衰减，实测真空度沿深度的衰减为 0.8~2.0kPa/m

真空预压地基固结是在负压条件下进行的，工程经验和室内试验及理论分析均表明，真空预压法加固软土地基与堆载预压相比，除侧向变形方向不同外，地基土体固结特性无明显差异，固结过程符合负压下固结理论。因此，真空预压法中竖向排水体间距、排列方式、深度的确定、土体固结沉降的计算一般均采用与堆载预压基本相同的方法进行。

5.2.2 真空预压法的设计与计算

5.2.2.1 真空预压法设计流程

真空预压设计实际上就是合理安排排水系统和加压系统关系的过程，使软土地基在真空荷载作用下发生排水固结、产生固结沉降，同时在这一过程中地基土的强度得到增长，以满足构筑物在使用期对地基变形和稳定性的要求；也可以缩短固结沉降发生的时间，以满足构筑物的施工工期要求。

真空预压设计时，需要了解构筑物对地基土的强度、变形（或承载力、沉降）的具体要求，施工工期要求，以及造价等问题后，按照图 5.15 所示流程进行设计。

5.2.2.2 真空预压法的设计计算

真空预压设计要达到的目的主要有以下 3 个：①真空预压加固过程中要先消除一部分沉降，使建筑物基础的剩余沉降量小于允许值，这就要分别计算出在使用荷载和加固荷载作用下地基发生的沉降量及在规定时间内希望消除的沉降量；②加固后的强度增长需要满足建筑物对地基的稳定性和承载力的要求；③达到预期的固结度所需要的时间应满足工期要求。

真空预压与堆载预压法同属排水固结法，其加固软土地基的着眼点基本相同，所以其设计计算思路与方法与堆载预压法是一致的，只不过在某些方面稍有不同而已。

1. 固结度的计算

地基的固结度计算过程可参见本书 5.1.2.5 节。

2. 强度增长的预估

地基的强度增长计算过程可参见本书 5.1.2.6 节。

在堆载预压法地基剪切强度增长计算时，考虑剪切蠕变及其他因素对强度的影响，需要考虑一个 0.75~0.90 的综合折减系数；而进行真空预压地基强度增长时，通常需要增加一个 1.2~1.6 的综合影响系数。

3. 沉降计算

地基的沉降计算过程可参见本书 5.1.2.8 节。

与堆载预压不同，由于真空预压周围土体产生指向预压区的侧向变形，因此按单向压缩分层总和法计算所得的固结沉降应乘上一个小于 1.0 的经验系数方可得到最终的沉降值。该经验系数可取 0.8~0.9。

5.2.2.3 真空预压常规设计参数选取

1. 膜内真空度

真空预压效果与密封膜内所能达到的真空度大小关系极大。根据国内多年的工程施工经验，结合现有的施工工艺和设备，膜下真空度要求大于 80kPa。

2. 加固区要求达到的平均固结度

一般可采用 85% 的固结度，如工期许可也可采用更大些的设计固结度标准。

3. 竖向排水体的尺寸与间距

竖向排水体的尺寸与间距直接关系到地基的固结度与预压时间，需要根据土的性质、上部结构要求以及工期等通过计算确定。对塑料排水板而言，间距一般可在 0.8~1.5m

5.2 真空预压法

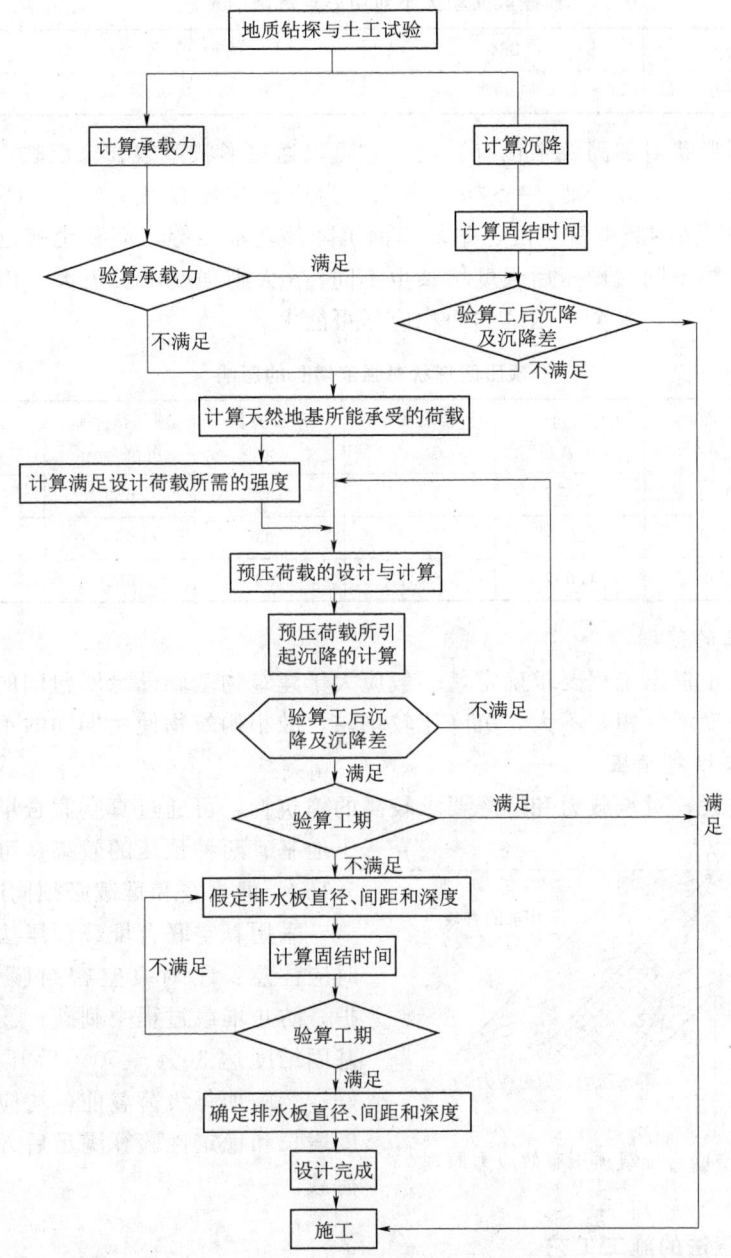

图 5.15 真空预压法设计流程框图

范围选用,深度应根据软土层的厚度,设计要求在预压期间完成的沉降量和拟建构筑物地基的稳定性的要求,通过计算确定。

4. 预压区的面积和形状

真空预压的效果与预压区面积大小及长宽比有关。实测资料表明,预压区面积越大,加固效果越明显。目前最大单块加固面积已经大于 20000m²。表 5.6 为天津新港现场预压试验的实测结果。

表 5.6　　　　　　　预压区面积大小对中心点沉降的影响

预压区面积/m²	264	1250	3000
中心点沉降/cm	50	57	74~80

预压区平面形状对加固效果也有影响，它可以通过形状系数 β 来反映，如预压区面积为 S，长宽比为 $n=A/B$，则 $\beta=S/n$。表 5.7 为连云港某工程 3 个形状不同的预压效果的比较。3 个预压区的膜下真空度、平均膜面沉降都基本相等，面积也接近，由于各区的长宽比和形状系数不同，预压后强度增长也不同，β 大则强度增长也大，因此预压区形状应尽可能接近正方形，单个预压区的面积应尽可能大。

表 5.7　　　　　　　预压区形状对强度增长的影响

预压区	预压面积 S/m^2	长宽比 $n=A/B$	形状系数 β/m^2	预压天数 /d	预压区平均沉降/mm	预压区平均强度增量/kPa
D	5033	3.677	1369	122	688	9.0
E	6570	1.233	5328	103	650	13.3
F	6298	1.062	5931	109	652	15.7

5. 真空预压的范围

预压区的大小根据工程要求确定，一般应大于建筑物基础外缘所包围的范围，以保证基础范围土的强度增量相差不大，沉降比较均匀，减小构筑物使用期间的不均匀沉降。

6. 真空联合堆载预压

对于荷载较大，对承载力和沉降要求较高的建筑物，可通过真空联合堆载预压加固软土地基。两种预压的效果是可以叠加的（图 5.16），但真空和堆载必须同时作用。

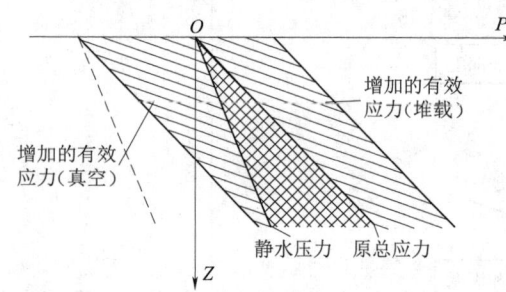

图 5.16　真空联合堆载预压有效应力原理

采用真空联合堆载预压法时，施加堆载时应注意：①对真空密封膜上下应进行保护，防止堆载过程中刺破；②当真空预压地基固结度达 30%~50% 后开始堆载效果较好；③施加每级荷载前，均应在固结度、强度增长和稳定性验算满足后方可施加下一级荷载。

5.2.3　真空预压法的施工工艺

5.2.3.1　真空预压法的施工顺序

真空预压施工工艺包括排水系统、抽真空系统和密封系统三方面的施工工艺，其基本工艺流程如图 5.17 所示。

5.2.3.2　排水系统

排水系统包括水平向和竖向两个系统，前者一般指砂垫层，后者一般指垂直排水通道，即塑料排水板或袋装砂井。设置排水系统前需要进行场地平整。

5.2 真空预压法

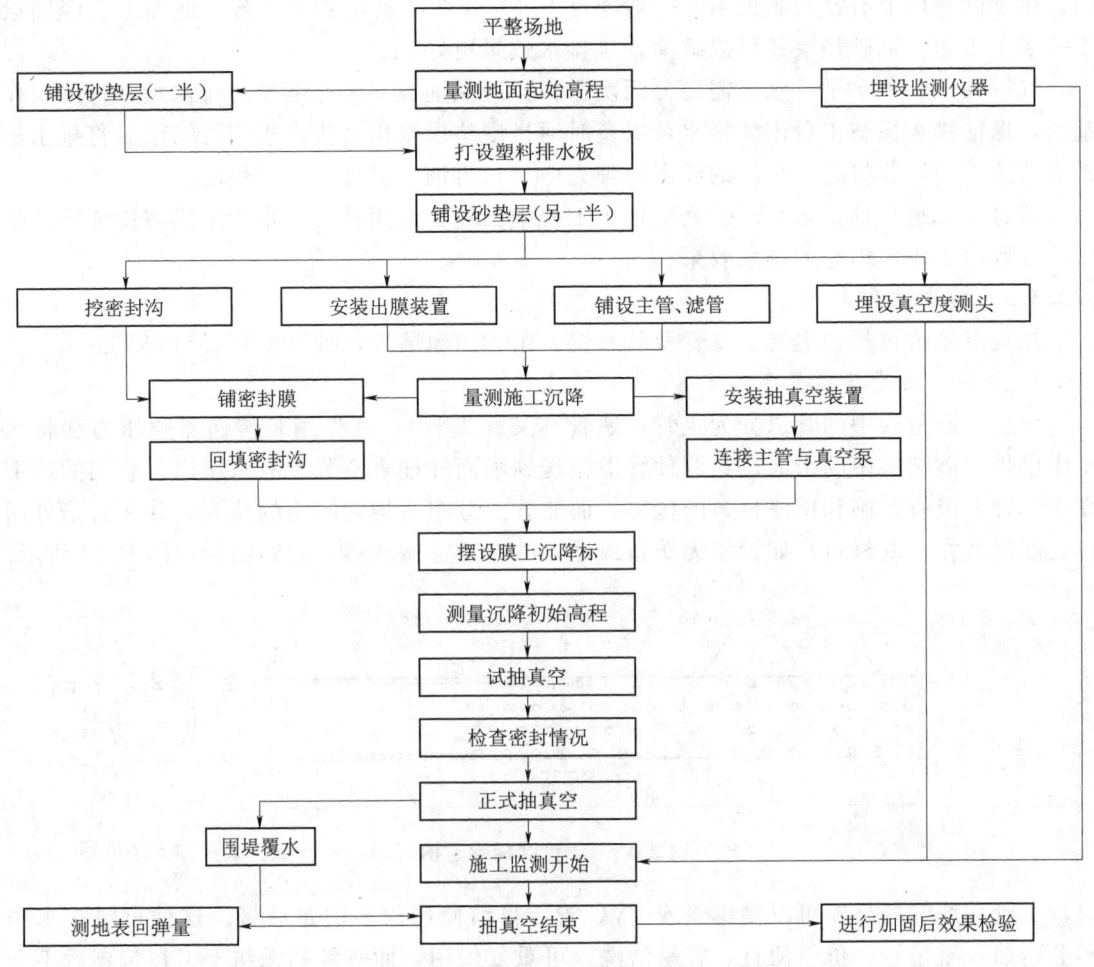

图 5.17 真空预压法施工工艺流程框图

1. 场地平整

施工前对于欲加固的场地先进行平整。若是方形场地,要做到中间略高、四周稍低;若为条形场地,则需中间略高、两侧稍低。这样做便于后续塑料排水板的施工与砂垫层的铺设,同时因为真空预压后中间的沉降要大于周边沉降,抬高后利于滤管与主管内水的排出。场地整平坡度设置与主管和滤管的布置有关,它与水平向排水的方向是相关的。一般预先"找平"的厚度为30～50cm、坡度有1‰～2‰就行了。

2. 垂直排水系统

目前垂直排水通道应用较多的是塑料排水板,按照设计的打设间距、深度进行施工。塑料排水板的质量及施工要求与堆载预压法中一样。需要强调的是,真空预压法中塑料排水板的通水量一般要求大于$50cm^3/s$,滤膜的渗透系数大于$10^{-3}cm/s$,隔土性O_{98}可放宽到不大于$100\mu m$,以提高通水性和减少堵塞。

3. 水平排水系统

真空预压中的水平排水系统一般采用砂垫层,其主要起水平排水和传递真空度的作用。由于砂垫层上有密封膜铺盖，一般厚度有40cm就能满足要求。若原地面上已经铺设了一层土工布，则砂垫层还可以减薄，且排水效果更好。

真空预压法中水平排水层需要分两次进行，即先铺设一半厚度作为排水板施打的工作基层，保证排水板施工后土体排水可以及时通过砂垫层排出；排水板施打结束后将排水板板头清洗干净，并将施工带出的淤泥处理完毕后，再铺设另外一半砂垫层。

随着砂源越来越紧张，部分真空预压工程中已经尝试用软式透水管来代替传统的砂垫层，并取得了较为理想的排水效果。

5.2.3.3 抽真空系统

抽真空系统包括：主管、滤管及其布置，主管出膜装置，抽真空装置与安装。

1. 主管、滤管及其布置

埋置于砂垫层中的管道分为主管和滤管（又称支管），其作用是传递真空压力和将从土中已排至砂垫层中的水通过这两种管道输送到膜面外抽真空装置的水箱内。它们的区别在于主管上没有孔洞和反滤材料的包裹；而滤管上分布有均匀间距的孔洞，并在管子外面包裹起反滤作用的材料，如针织无纺布或尼龙纱布加棕榈皮等，滤管结构如图5.18所示。

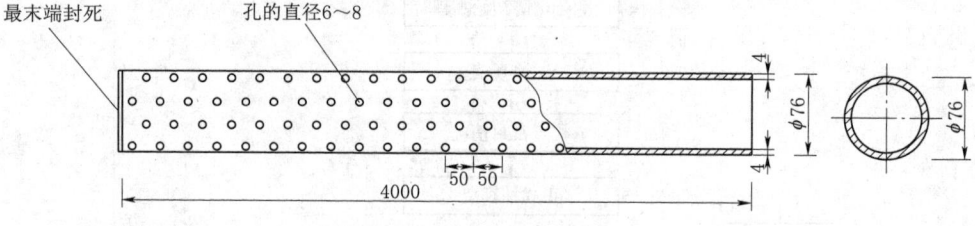

图5.18 滤管结构示意图

主管和滤管的材料可以是钢管或PVC管，目前使用较多的是后者。这种材料在水中不会锈蚀，重量轻，价格便宜，容易清洗，可重复使用，而被针刺无纺土工布包裹后不会黏连；相比之下，钢管质量大，价格高，易受海水腐蚀，与针刺无纺土工布联合使用后会起反应而黏连于钢管上，难以剥离，不便再次使用，但它强度高，不易损坏。一般在同一个工程中应统一使用一种管材，便于管理。

所用的PVC管的规格大都是3in（76mm），主管、滤管一般直径相同，主要便于现场连接。管壁厚3.5～4.0mm，要求能承受400kPa的压力，它的单根长度大多数为4m。当主管或滤管的每段设计长度超过4.0m时，可用二通或四通加以连接，二通和四通的结构分别如图5.19和图5.20所示。在主管的端部与滤管相连接时，应采用三通连接（图5.21）。二通一般用螺纹钢丝橡胶软管制成，长度在300mm左右，它的内径稍大于主管和滤管的外径。连接时如果间隙太大，则应在管壁上用布或其他材料加以衬垫，达到密封的目的，同时在连接处用10号或12号铅丝扎牢。主管与滤管之间用三通或四通来连接，三通或四通均用3in（76mm）钢管制成。三通或四通与各管之间也是用二通来连接。钢丝橡胶软管的连接使整个管路系统性能良好地适应地面的不均匀变形情况。

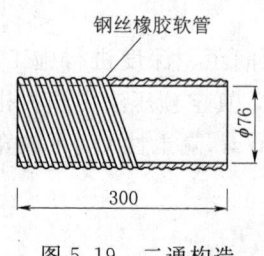

图5.19 二通构造

5.2 真空预压法

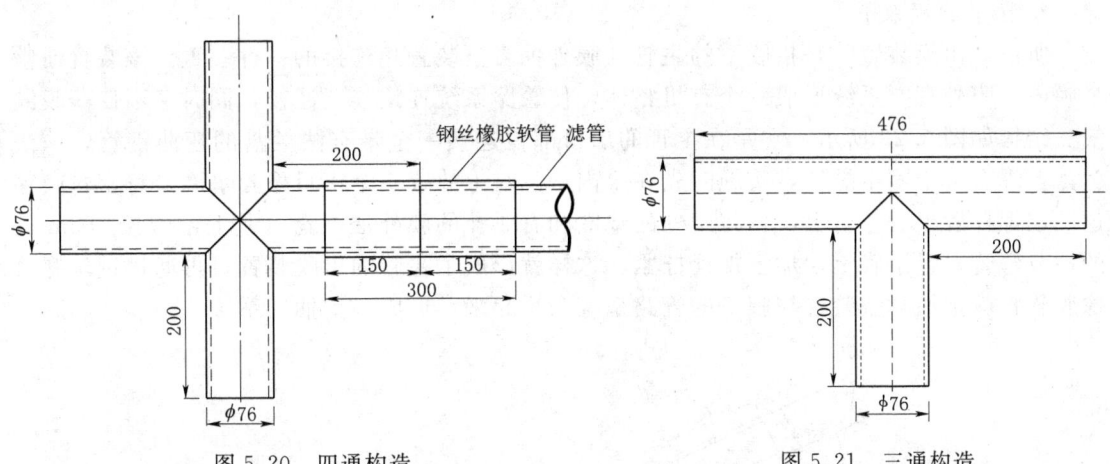

图 5.20 四通构造　　　　　　　　图 5.21 三通构造

表 5.8 中列出了几种不同主管、滤管的分岔布置方式对气流、水流发生的局部能量损失系数，从表中可以看出，不同的主管、滤管连接方式其能量损失是相差很大的，羽毛状滤管布置的能量损失系数为 0.5，它仅仅是梳齿状滤管布置的 1/3。

表 5.8　　　　　　　　　　　不同连接方式下局部能量损失系数表

名　称	简　图	局部能量损失系数
斜分岔		0.05
		0.15
		0.5
		3
直角分岔		0.1
		1.5

一般滤管的间距为 4～6m，主管的间距为 12～16m，当真空泵的数量较多时，主管间距可缩短到 8～10m。

2. 主管出膜装置

所谓"出膜装置"是指膜下的主管与膜外抽真空装置相连接的一种装置。该装置使整个膜内、膜外真空系统形成一个有机整体，使管路系统连接连续通畅，同时又不使薄膜漏气。结构如图 5.22 所示，它是在主管的出口部位连接一个带有法兰盘的弯曲钢管，该法兰盘上焊有 4 个固定螺杆，实施时先在膜内法兰盘上放置一个密封橡胶垫圈，将密封膜穿过固定螺杆置于法兰盘上，再将膜外的垫圈和有 4 孔的膜外法兰盘（其上已焊接 65cm 长的一节弯管）置于膜上，加上螺栓拧紧，这样就形成了主管的出膜装置，再通过钢丝螺纹橡胶软管就把抽真空装置与膜下的管路系统联系起来，形成一个抽气系统。

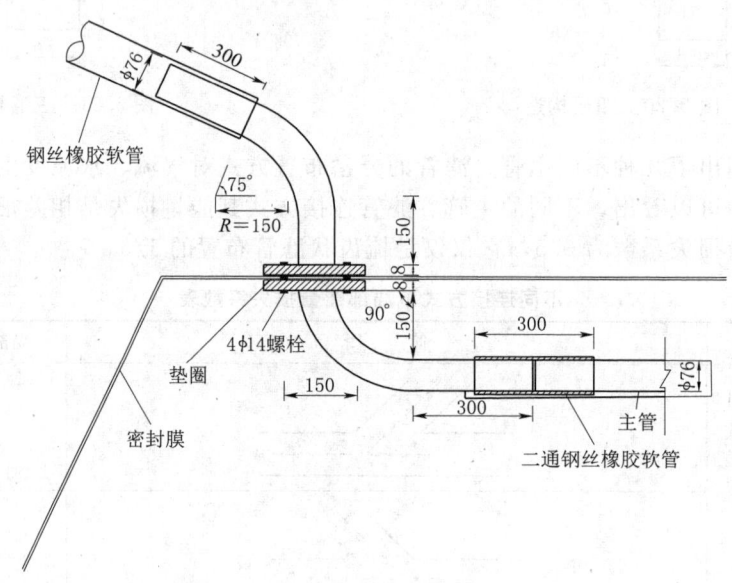

图 5.22 主管出膜装置

3. 抽真空装置与安装

抽真空装置一般由离心泵、射流喷嘴、循环水箱组成，如图 5.23 所示。

抽真空装置的好坏直接决定真空预压加固的成败和效果。这一装置的成功应用是我国科技工作者对软基加固方法的突出贡献，也使这种方法的国内水平远高于国外。

我国研制的抽真空泵的工作原理：将水箱装满水，开动离心泵，水箱中的水通过管被打泵打入喷嘴，这时水的压力、流速都很大，在喷射水流的带动下，在喷嘴周围的真空吸管内形成负压区，在橡胶管内的气体随之被吸走，形成一定真空，由此逐步延伸到加固区内。

在整个装置中，离心泵是国家定型的清水泵产品，注意不要让水箱内的杂草和泥沙进入泵内就可以正常工作。而形成真空的射流喷嘴和真空吸管则是整个抽真空装置的关键，其制造的材料可以是耐磨的钢材、铸铁或玻璃钢。抽真空装置空载时，真空压力一般应达到 97kPa 以上，方可认为达到标准；否则要从构建尺寸、安装上找原因，进行重新调试或调换构件。

5.2 真空预压法

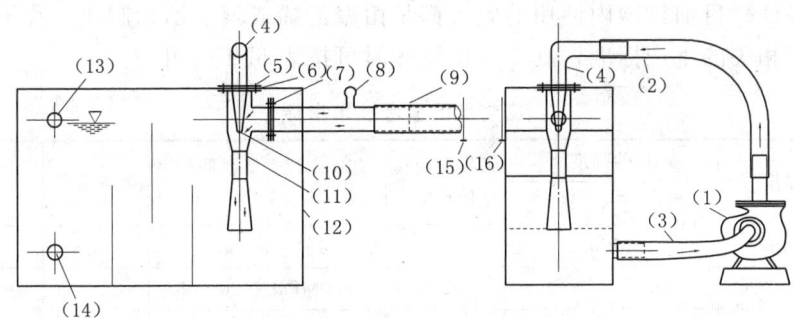

编号	名称	规格	备注	编号	名称	规格	备注
(1)	离心泵	3BA-9	7.5kW	(9)	连接橡胶软管	φ3.0in (76mm)	钢丝软管
(2)	钢丝软管	φ2.5in (64mm)		(10)	射流喷嘴		
(3)	钢丝软管	φ3.0in (76mm)		(11)	真空吸管		
(4)	连接软管	φ2.5in (64mm)	带法兰盘	(12)	水箱		
(5)	连接螺栓	M16	6对	(13)	溢流口		
(6)	密封胶圈	厚度5mm	橡胶	(14)	出水口		与泵连接
(7)	连接螺栓	M16	6对	(15)	止回阀	φ3.0in (76mm)	1个
(8)	真空表	0~-0.1	MPa	(16)	截止阀	φ3.0in (76mm)	1个

图 5.23 抽真空装置工作原理

循环水箱的作用就是不断供水给离心泵,接受从加固场地抽出的水。当水量太多时,水会从溢流口排出。

抽真空装置的安装可与挖沟铺膜同时进行。在主管出膜装置安装完毕后,用钢丝橡胶软管把它与抽真空装置连接起来,连接的地方都是用10号铅丝扎牢,不能有漏气。最好在该软管的中段安设两个阀门,一个止回阀,一个截止阀,其规格都是直径为3in (76mm) 的。在靠近抽真空的一侧安装截止阀,在靠主管出膜装置的一侧安装止回阀。工作期间截止阀是开启的,只有当抽真空装置检修时才将其关闭,以保证膜下真空度不致迅速下降。止回阀主要是抽真空装置在抽水时不致使水倒流,安装时注意止回阀内阀门的位置,不要装歪装反。另外,注意在抽真空装置的离心泵开启之前,在循环水箱内装满清洁的水,并在橡胶管道内灌满水,在检查连接管道的几个部分是否漏水之后,再通电机,着重看看装置在空载时真空压力能否达到 97kPa 以上。

整个抽真空装置的安装高程在允许的情况下应尽量降低,尤其是循环水箱,最好能使水箱的高度的一半与膜面平齐,这样有利于膜下抽出的水排出,节省能量;同时也有益于从溢流口流出的水顺畅地流到膜面上,变成预压荷载。

在其他条件相同的情况下,抽真空装置每 600~1000m² 布置一台。

5.2.3.4 密封系统

密封系统包括密封膜、密封沟、土体深层密封和加固地表裂缝的密封等。

1. 密封膜

密封膜在真空预压加固中起着关键作用,近年来随着材料工业的进步和发展使得该加固方法在大面积上能得以成功应用。密封膜应具有重量轻、强度大、韧性好、抗老化、耐腐蚀等基本特征。目前，国内使用的膜大都是由聚乙烯或聚氯乙烯制成，我国对这两种膜也已经制定了相关的生产标准，真空预压设计时可按表5.9选用。

表5.9　　　　　　　　　　　　密封膜的参考技术指标

项目	厚度	拉伸强度		纵横向断裂伸长率	直角撕裂强度（纵向）	低温伸长率（纵、横向）	渗透系数	检测方法
		纵向	横向					
单位	mm	MPa		%	—	%	cm/s	—
标准	0.14±0.02	≥18.5	≥16.5	≥220	≥4.0MPa	20～45	—	没注明
建议指标	0.12～0.14	≥15	≥15	≥200	≥80N/mm	20～45	≤10^{-11}	按SL/T 235—1999要求进行

现场所用膜一般事先在工厂预先进行加工，将条状的薄膜通过热黏的方法拼接成大块的。现在工厂的黏结工艺都能满足施工要求，拼接处强度高、气密性好，能拼成几万平方米的一块。加固面积较大时，可先拼成2～3块，留下几道缝在现场用PVC胶黏结。

密封膜在铺设时应注意以下几点：

(1) 在加工时膜的大小应考虑埋入密封沟的部分，并留有足够的余地。

(2) 一般用砂垫层做水平排水垫层时，为保证密封效果，密封膜应铺两层；若用小碎石做水平排水垫层时，可在小碎石上先铺一层针刺无纺土工布（250g/m² 即可），然后再铺上塑料薄膜，土工布搭接稍大些，要有20cm宽，以防止漏垫。

(3) 铺设时，膜不宜拉得太紧，每边比图纸尺寸要放出几米。铺设自一边开始，几层一道依顺序同时由近及远铺设。

(4) 现场黏结时，应保持黏结部位清洁，黏结要自下而上沿黏缝后退进行，在缝下垫一块2m长的条形木板，上胶后要用力压紧；然后将木板抽出后移，依次沿缝向后黏结；注意黏结部位不能马上受力。

(5) 膜埋入密封沟时，注意不要被石头、草或树根等戳破。

(6) 在膜上放置沉降标时，应在标下垫一层土工布或软草席等，注意放平压重，以防戳破薄膜。

(7) 膜铺好后进行抽气时千万别急于将抽出的水放到膜上，而应在头几天安排专人穿布底鞋或软底鞋在膜上进行地毯式的巡查，以便发现膜刺破的地方及时进行修补。一般在抽气后膜就紧紧贴于砂垫层上，头几天里是砂垫层由松散不稳定的结构变到相对稳定结构的过程。在这个过程中，砂垫层里的尖利物有可能将薄膜戳破，打设的排水板有可能露出顶破薄膜，砂垫层在有的地方可能局部发生塌陷，造成该处有一较大孔洞，也会使薄膜撕破等。另外，膜本身的砂眼也是漏气的渠道，也应逐一检查，发现后用小块薄膜将其粘贴补好。所以，抽真空前几天的检查是一项十分必要的工作。

(8) 当采取堆载或自堆载预压与真空预压联合加固时，要等膜上进行过全面检查、密封性有了保证后才能进行。而且此时膜上还要先铺上一层土工布才能进行堆载。

2. 密封沟

加固区周边的密封方式有好多种，最常见的是采用密封沟，其典型断面如图5.24所示。

密封沟的深度在1.0～1.5m之间。当被加固的表层土黏粒含量较高、渗透性较差时，取较小值；反之，沟要挖深些。沟的宽度主要由挖掘的方式和铺膜决定，采用机械挖沟时可以挖得窄些，但也得方便人工铺膜的操作才行。一般最小为60cm，人工挖掘时最小为70cm。挖沟时，还需注意土层中植物的根系和动物的孔洞，若发现孔洞，则沟的深度和宽度都应大些，因为这些孔洞往往是漏气的主要通道。沿海小动物的孔洞一般不超过1.2m深。

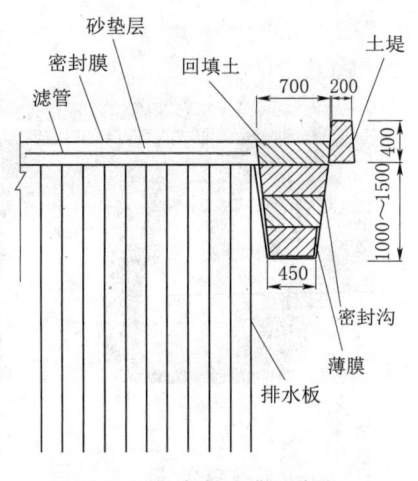

图 5.24 密封沟典型断面

沟挖好后将膜放入沟中，应注意将膜紧贴沟的内壁，并将膜放至沟底，然后分层回填。尤其注意的是底部第一层填土一定要将膜压好，在每一层填土上给予压实，最后将剩余的土在沟边堆成挡水的小堤，为膜上后期覆水创造条件。这当中要特别留心在有真空度测头和孔压测头导线引出的地方，既要密封好，又不能将导线弄断或弄破皮。

3. 土体深层密封

当被加固的地层表面以下3～5m的地方，存在厚度不大（如2～3m）的透水层或强透水层，在应用真空预压加固表层或透水层以下的软土层时，就得考虑对该透水层进行密封处理。

对该透水层的密封处理目前应用较多的是采用深层搅拌法，即在加固区四周打一圈黏土搅拌桩或水泥搅拌桩，桩体相互搭接，形成隔水帷幕，把透水层切断，以保证加固区的气密性。

4. 加固过程中地表裂缝的密封

真空预压加固软土地基时，加固区外的土体是向加固区移动的，因而加固区外地表会产生一些裂缝。这些裂缝随加固过程的进行，一方面裂缝宽度不断扩大并向下延伸，另一方面裂缝会逐渐向加固区四周扩散。这些裂缝发展到一定的深度，会成为漏气的通道，使膜下真空度下降，因此必须采取措施予以密封。通常的做法是拌制一定稠度的黏土浆灌到裂缝中，泥浆会在重力和真空吸力的作用下向裂缝深处填补，泥浆会慢慢充填于裂缝中达到密封效果，如图5.25所示。

5.2.4 质量控制和效果检验

5.2.4.1 真空预压施工过程的监测

在真空预压加固中，它的荷载是靠降低膜下大气压力来实现的，它与常规的堆载不同，真空荷载具有很大的可变性，膜下漏气、临时停电等均可直接影响真空预压的效果，因此真空预压过程中真空度的监测就必不可少了。另外，加固过程中地基发生的垂直沉降和水平位移也是十分重要的，加固中何时达到了设计要求、加固能否停止，都得靠对沉降等观测资料分析研究后才能确定。因此，进行真空预压过程中各项监测是必不可少的重要环节。

图 5.25 真空预压施工

1. 膜下真空度监测

膜下真空度监测需要在膜下安装真空度测头。真空度测头膜下部分与主管用三通连接，采用真空出膜装置穿过真空膜，膜上可采用 $\phi 6mm$ 钢管与真空表连接。膜下真空度测头一般每 $600\sim 800m^2$ 布置 1 个，但不得少于 5 个（四角及中心各 1 个）。

抽气开始一周，每隔 2h 测读一次，以便能准确测出真空压力上升过程线和有利于检查密封情况；当真空压力达到设计要求后，可每 $4\sim 6h$ 测读一次。

2. 孔隙水压力观测

真空预压加固过程中，土体在加荷时不会出现稳定问题，故加固时不需分级加荷，因此真空预压过程中监测孔隙水压力的主要目的就是为了弄清楚土中有效应力发展变化的情况与过程。

3. 沉降观测

沉降分为两部分，即施工期沉降和抽气膜面沉降。施工期沉降主要是指排水板打设、砂垫层铺设、滤管安装期间的沉降；抽气膜面沉降是抽气期间通过安装在薄膜面上的沉降标测得的沉降。

通过沉降的监测，可以判断膜面沉降速率，计算土体平均固结度，确定停止抽真空的时间。

4. 深层水平位移观测

在真空荷载作用下，深层土体会发生向加固区的侧向变形。深层水平位移观测的目的主要是监测加固对邻近构筑物的不良影响。

另外，还可根据需要进行地下水位、深层土体分层沉降、不同深度土体和排水板中真空度等监测。

5.2.4.2 真空预压施工质量的控制

1. 确保供电正常

电力供应连续不断是保证抽真空装置连续工作的必要条件，因此现场安装设备前，要弄清楚电源的供应方式和供应能力，必要时采用双回路供电方式。

2. 保证密封效果

随着加固过程的进行，地基将发生连续不断的变形，它包括垂直和水平两个方向上的变形。因此，在加固区周围的地方和覆盖于加固区上的薄膜都会出现各种偶然情况，如地面产生裂缝、薄膜被拉破或被异物刺破等，这些都会引起漏气，导致真空度下降，因此现场应及时对相关情况作出正确的处置，以保证密封效果。

3. 建立严格的值班制度

现场中自抽真空开始就必须有人进行连续不断的值班，除对上述情况进行检查和处理外，对现场原型观测如真空度、孔隙水压力、沉降、水平位移的变化也得做好详细记录。

5.2.4.3 真空预压加固效果的检验

港口工程真空预压地基达到设计卸载标准后，应对预压的地基土体进行室内土工试验和现场原位试验。

（1）在加固区的同一地点，于加固前、后的钻孔取土，进行室内土样试验分析，测定土性的变化，并做比较。测定的项目主要有含水量、密度、孔隙比、压缩性指标等。

（2）原位试验可采用十字板剪切、平板载荷试验等进行，检验深度应不小于设计处理深度。原位试验和室内土工试验应在卸载3~5d后进行。十字板剪切试验要求每个处理分区不少于6个点，静载荷试验不少于3个点。

5.2.5 真空预压法工程实例

5.2.5.1 工程概况

温州某港区堆场地基吹填形成，场区主要加固土层为浅层吹填淤泥层及其下的原状滨海相淤泥质土层。表5.10和表5.11分别为吹填淤泥层和滨海相淤泥质土层的土体物理力学参数。

由表5.10，新近吹填土含水量超过130%，含沙量小于5%，孔隙比大于2.3，无法测定压缩系数等力学指标，属于典型的超高含水量的软土。表5.11中海相淤泥质的物理力学性能指标则为温州地区典型海相淤泥质软土。

表5.10 吹填淤泥层土体物理力学指标

含水量w/%	土粒相对密度G_s	湿密度/(kN/m³)	孔隙比e	液限ω_L/%	塑限ω_P/%	粒径组成/%		
						>0.075	0.075~0.005	<0.005
130.0~167.7	2.72~2.74	12.6~14.5	2.38~4.61	49.6~53.1	23.4~24.4	3.3	58.0	38.7

表5.11 滨海相淤泥质土层土体物理力学指标

层号	土名	埋深/m	含水量w/%	容重/(kN/m³)	孔隙比e	塑性指数I_P	液性指数I_L	压缩系数/MPa⁻¹	压缩模量/MPa
①	淤泥质黏土	1.3	40.8	18.2	1.125	22.2	0.68	0.76	2.90
②-1	含细砂淤泥	5.8	43.0	18.1	1.158	17.2	1.21	0.95	2.45
②-2	淤泥	25.3	60.6	16.4	1.688	25.2	1.30	1.55	1.78
③	淤泥质黏土	35.9	39.1	18.4	1.068	18.1	0.87	0.66	3.30

5.2.5.2 施工方案

设计要求处理后地基承载力特征值$f_{sk} \geq 80 \text{kPa}$。该工程采用真空预压法对吹填层及其下的滨海相淤泥质土层进行加固。施工方案如下：

(1) 在处理区域铺设一层 200g/m² 的编织土工布,再用毛竹(直径为 3~5cm)纵横双向间距约 50cm 交叉布设竹排,交叉处用扎带扎牢。

(2) 在竹排垫层上铺设厚度约 40cm 的砂垫层,然后采用轻型轨道或门架插板机打设 B 型塑料排水板,正方形布置,打设深度 7m,间距 0.8m,相邻四根排水板中间人工插设一根长度为 3m 的短板,板头露出泥面约 30cm,然后在砂垫层内埋设直径为 50mm 的透水式软管作为水平排水支管,采用专用接头与直径 76mm 的 PVC 排水主管连接。

(3) 在砂垫层上依次铺设一层土工布和两层真空密封膜。

(4) 通过出膜装置连通主管与抽真空装置,开始抽真空。真空泵每 600m² 布置一台,要求膜下真空度不低于 85kPa,吹填土层平均固结度不低于 85%。

5.2.5.3 效果及评价

1. 膜下真空度

膜下及排水板内深度 2.0m、4.0m、6.0m 处真空度监测结果如图 5.26 所示。

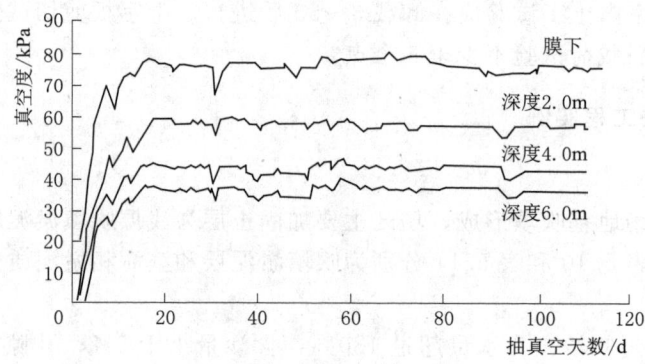

图 5.26 真空压力实测时程线

从实测结果可看出:

(1) 膜下真空度在开泵一周左右时间即达到 80kPa,而深层真空压力的上升过程相对较长,在 4.0m、6.0m 处开泵近 20d 荷载才趋于稳定。

(2) 真空压力随深度的增加而递减,吹填层内衰减幅度要大于原状土。

2. 土中孔隙水压力

真空预压过程中,地基土体不同深度的孔隙水压力监测结果如图 5.27 所示。埋深 2.0m 的测头位于吹填层内,埋深 4.0m 的测头位于吹填面与原海底淤泥层交界处,埋深 6.0m 的测头则位于原状淤泥中。由于新近吹填淤泥结构尚不稳定,颗粒间尚未形成贯通的排水通道,而原海底淤泥结构稳定,因此在真空压力下海相淤泥固结效果比吹填土效果好,固结速度快。

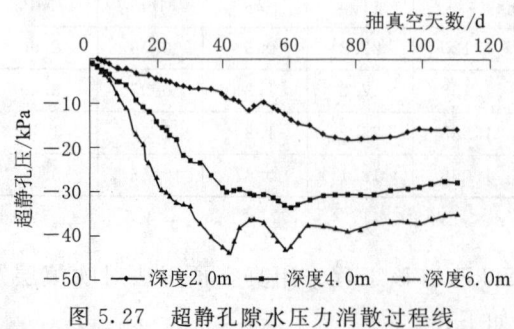

图 5.27 超静孔隙水压力消散过程线

3. 沉降

土体分层沉降及膜面沉降监测结果如图 5.28 所示。由图可知,深度 0.29m 与深度

2.30m之间的吹填淤泥层压缩量超过整个土层压缩量的65%,要远远大于原状海相淤泥质土。

4. 现场十字板剪切试验

抽真空120d后,进行了两组现场十字板剪切试验,试验结果如图5.29所示。根据试验结果,0~2.0m深度内平均抗剪强度为33.45kPa,由经验公式 $f=3.14c_u$ 推求0~2.0m土层的承载力特征值为105.0kPa;2~6m深度范围内土体平均强度为45.2kPa,相应土层的平均承载力约为140kPa,达到设计地基承载力要求。

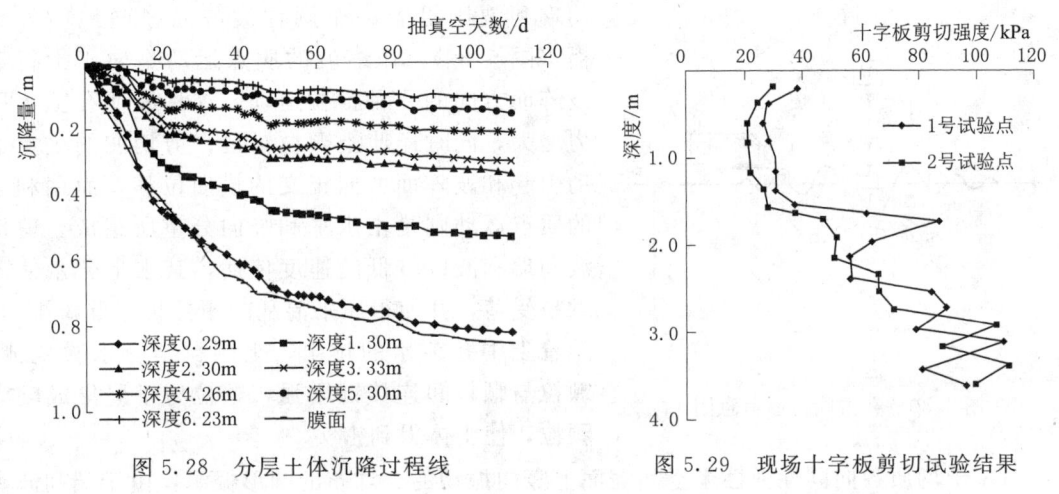

图5.28 分层土体沉降过程线　　图5.29 现场十字板剪切试验结果

5.3 强 夯 法

强夯法处理地基技术是1969年由法国Menard技术公司首先创用的,它通过将100~600kN的重锤提升8~40m自由落下给地基土体施加很大的冲击能,在地基中出现的冲击波和动应力,可提高地基土的强度、降低压缩性、改善砂土的抗液化条件、消除湿陷性黄土的湿陷性等。同时,夯击能还可以提高土层的均匀程度,减少将来可能出现的差异沉降。该法自诞生以来,以其施工经济易行、效果显著、设备简单、质量容易控制、适用范围广、施工周期短等突出优点而得到普遍应用。

强夯法在多年的工程实践中已被证实是一种好的地基加固方法,但目前仍未形成一套成熟的理论和设计计算方法,实际应用中更多的是依赖相关人员的工程经验。

5.3.1 强夯法加固地基的基本原理

5.3.1.1 强夯地基强度提高过程

地基经过强夯后,地基土体强度提高过程可分为以下4个阶段:

(1) 夯击能强制原土体中的气体排出、孔隙水压力上升、空隙变小,使得土体压缩或振密。

(2) 在重复冲击荷载作用下,土体结构破坏或液化,此时土体强度降低或抗剪强度丧失。

(3) 排水固结压密。此阶段土颗粒间渗透性将发生变化,这是由于土中裂缝的存在,或者土体已接近液化,部分弱结合水变成自由水排出土体,土体强度得到恢复和提高。

(4) 触变的恢复并伴随固结压密。强夯施工结束后,在一段时间内部分自由水又逐渐变成薄膜水,土体强度得到进一步提高。

5.3.1.2 夯击能的传递机理

夯击能在半空间表面上传递的能量由压缩波、剪切波和瑞利波联合传播。其中压缩波和剪切波沿着一个半球波阵面径向地向外传播,而瑞利波则沿着一个圆柱波阵面径向地向外传播(图 5.30)。压缩波的质点运动是属于平行于波阵面方向的一种推拉运动,这种波使孔隙水压力增大,同时还使土颗粒错位;剪切波的质点运动引起和波阵面方向正交的横向位移;而瑞利波的质点运动则是由水平和竖向分量所组成。剪切波和瑞利波以较低的速度传播,其水平分量使土颗粒受剪,并使得原来混乱的颗粒状态重新排列,随着土中孔隙水的排出,土颗粒结合水膜变薄,颗粒与颗粒间连接键增强,颗粒易于聚集成较大颗粒,使土体得到密实。

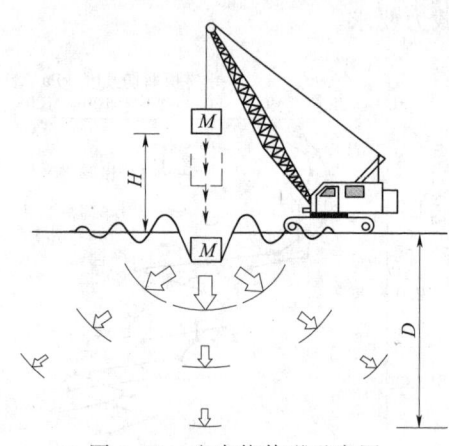

图 5.30 夯击能传递示意图

对位于均质各向同性弹性半空间表面上竖向振动的、均布的圆形振源,由于瑞利波占了来自竖向振动总输入能量的 2/3,以及瑞利波随距离的增加而衰减要比压缩波和剪切波慢得多,对位于或接近地面的地基土,瑞利波的竖向分量起到松动的作用。因此,实际工程中常通过增加低能量普夯的方法来进行处理。

5.3.1.3 夯击能作用下土中孔隙水压力变化规律

对于黏性土,一方面夯击瞬间强夯冲击荷载主要由土体中自由水承担,使得土中孔隙水压力急剧上升;另一方面冲击能量使土体中形成大量裂隙,形成良好的排水通道。随着自由水沿排水通道排出,土中孔隙水压力逐渐消失,土颗粒就重新组合,这时土中液体流动又恢复到正常状态。

由于夯点成网格布置,夯击能相互叠加,因此在夯点周围就产生了垂直破裂面,夯坑周围就出现冒气冒水现象。

对砂性土,自由水排水通道发达,夯击产生的超静孔压迅速消散,很难监测到完整的孔隙水压力消散过程线。

5.3.1.4 强夯的时间效应

在强夯后,土体结构被破坏强度有较为明显的下降,随着时间的推移,强度又逐渐恢复并提高,这种强度变化称为强夯的时间效应。饱和黏性土强夯过程中产生的孔隙水压力消散比较慢,其强度恢复和增长时间较长,非黏性土则相对要短得多。在进行强夯设计和加固效果检测时,需要考虑黏性土的时间效应问题。

5.3.2 强夯法的设计

采用强夯法进行软土地基加固设计时,一定要根据加固场地的地质条件和工程使用要求，正确选用合适的强夯参数，才能达到有效而经济的目的。

强夯参数包括单点夯击能（锤重×落距）、最佳夯击能、夯击遍数、相邻两次夯击的间歇时间、夯点布置及加固范围等。

5.3.2.1 单点夯击能的确定

单点夯击能根据有效加固土层的厚度，通过现场试夯或地区经验确定。

强夯的有效加固深度可按梅那公式确定，即

$$H = \alpha \sqrt{\frac{Wh}{10}} \tag{5.27}$$

式中 H——有效加固深度，m；

W——锤重，kN；

h——落距，m；

α——系数，其值为 0.5~0.8，可由试验或地区经验确定。

在缺少试验资料或经验时，强夯有效加固深度可按表 5.12 进行预估。

表 5.12 强夯有效加固深度

单点夯击能 /(kN·m)	颗粒直径	
	碎石土、砂土等粗颗粒土/m	粉土、粉质黏土等细颗粒土/m
1000	4.0~5.0	3.0~4.0
2000	5.0~6.0	4.0~5.0
3000	6.0~7.0	5.0~6.0
4000	7.0~8.0	6.0~7.0
5000	8.0~8.5	7.0~7.5
6000	8.5~9.0	7.5~8.0
8000	4.0~5.0	8.0~8.5
10000	4.0~5.0	8.5~9.0

单点夯击能就是锤重×落距。强夯锤的质量宜为 100~600kN，其底面宜采用圆形。

5.3.2.2 最佳夯击能的确定

土体在连续的夯击下，地基中产生的超静孔隙水压力会迅速上升，当地基中的孔隙水压力达到土的自重压力时的夯击能称为最佳夯击能。黏性土中，由于孔隙水压力消散慢，当夯击能逐渐增大时，孔隙水压力也相应叠加，因此可通过孔隙水压力的叠加值来确定最佳夯击能；砂性土中，孔隙水压力消散较快，孔隙水压力不能随夯击能的增加而叠加，可采用单次夯击后超静孔隙水压力值趋于恒定时的夯击能作为最佳夯击能。

在工程实践中，还可以采用有效压缩率指标来确定最佳夯击能。单点夯击过程中，土体沉降速率通常会有一个由大到小再由小到大的变化，夯坑周边土体在经过多次夯击后也可能有隆起。有效压缩率即为夯坑体积减去周边隆起体积后与夯坑体积的比值，当这个指标最小时，相应的夯击能即为最佳夯击能。图 5.31 所示为某工程强夯试验区最佳夯击能试验曲线。

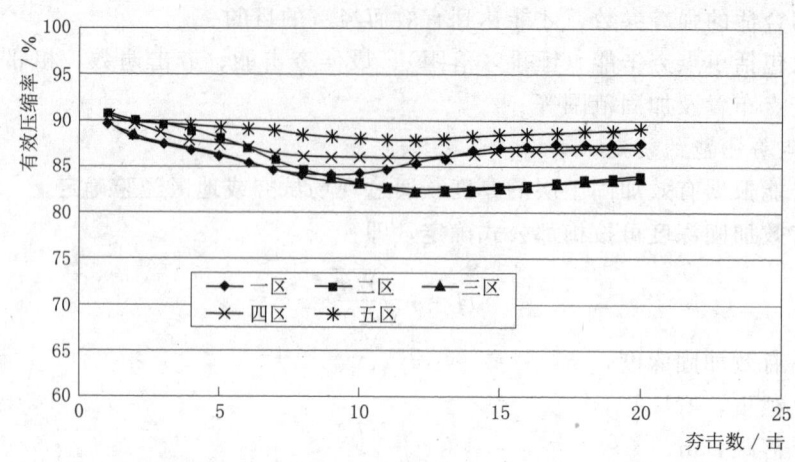

图 5.31 最佳夯击能试验曲线

5.3.2.3 夯击遍数的确定

根据国内外文献记述，点夯夯击遍数一般为 1~8 遍，对于粗颗粒土夯击遍数可少些，而对于细颗粒土特别是淤泥质土夯击遍数要多些。作者在进行营口港堆场地基强夯设计时，就采用 2~3 遍点夯结合 1 遍低能量搭接普夯的方式。

5.3.2.4 相邻两次夯击的间歇时间的确定

间歇时间就是指相邻夯击两遍之间的间歇时间。在夯击能的作用下，土体中会产生超静孔隙水压力，夯击完成后，孔隙水压力会逐渐消散，消散达到一定程度后即可进行新的夯击作业。

试验发现，对于软黏土，超静孔隙水压力的峰值会出现在夯击完成后的瞬间，超静孔隙水压力会产生叠加，故当每遍的总夯击能越大，则孔隙水压力消散的时间就越长，其间歇时间不宜少于 2~3 周；而对于砂性土，超静孔隙水压力的峰值会出现在夯击完成后的瞬间，超静孔隙水压力消散很快不会产生叠加，其间歇时间很短，可以连续作业。

5.3.2.5 夯点的布置

夯点位置可根据基础底面的形状，采用等边三角形、等腰三角形或正方形布置。第一遍夯击点间距可取夯锤直径的 2.5~5.6 倍，第二遍夯点位于第一遍夯点之间。以后的各遍夯击点间距可适当减小。对处理深度较深或单点夯击能较大的工程，第一遍夯点的间距宜适当增大。

5.3.2.6 加固范围的确定

强夯处理的范围应大于建构物基础范围，每遍超出基础外缘宽度宜为基础下设计处理深度的 1/2~2/3，且不应小于 3m；对可液化地基，基础边缘的处理宽度不宜小于 5m。

5.3.3 强夯的施工

5.3.3.1 施工设备

强夯施工设备包括夯锤、起重机和脱钩装置三部分（图 5.32）。

1. 夯锤

目前常用的夯锤材质为铸钢，如条件有限也可用钢板壳内灌注混凝土制作。夯锤重量

(a) 不带支腿设备　　　　　　　　(b) 带支腿设备

图 5.32　强夯施工设备

与欲加固的土层深度和落距有关，如果后两项已定，则可根据式（5.27）来确定夯锤的重量。

夯锤的底面积与加固土的性质有关，锤底静接地压力值宜为 25～80kPa，单点夯击能高时取高值，单点夯击能低时取低值，对细颗粒土取低值，对以置换为主的强夯取高值 80kPa。

夯锤应对称设置 4 个上下贯通的排气孔，孔径为 300～400mm。

2. 起重机

国内强夯工程目前所采用的起重设备基本为履带式起重机，最大起重能力可达 1000kN。强夯施工时应根据起重重量和提升高度来选择起重机的型号和配置支腿。

3. 脱钩装置

当锤重超出吊机卷扬机的能力时，就不能使用单缆锤施工工艺。此时只有利用滑轮组并借助脱钩装置来起落夯锤。

常用的脱钩装置为利用吊机上副卷扬机的钢丝吊起锁卡焊合件，使重锤自由下落。工程实践中常采用高度索来实现这一目的。

5.3.3.2　强夯法施工流程

强夯法的施工流程如下：

（1）清理并整平场地。

（2）放出第一遍夯点位置，并测量场地高程。

（3）起重机就位，夯锤置于夯点位上。

（4）测量夯前锤顶高程。

（5）将夯锤起吊到预定高程，开启脱钩装置，夯锤脱钩自由下落，放下吊钩，测量锤顶高程；若发现因坑底倾斜而造成夯锤歪斜时，应及时将坑底整平。

（6）重复步骤（5），按照设计规定的夯击次数及标准控制，完成一个夯点的夯击；当夯坑过深，出现提锤困难且夯坑周边无明显隆起时，可将夯坑填平，继续夯击。

（7）换夯点，重复（3）～（6），完成第一遍全部夯点的夯击。

（8）推土机推平夯坑，并测量场地高程。

（9）在规定的间歇时间后，按上述步骤逐次完成全部夯击遍数。

（10）最后采用低能量满夯，将场地表层松土夯实，并测量夯后的场地高程。

5.3.3.3 强夯法施工注意事项

1. 垫层

当场地表层土软弱时，可采用铺填 0.5～1.5m 厚度的块石土、山皮土（工程实践证明不宜铺单一级配的砂土）或碎石。这样做的目的是在表层形成硬层、可以支撑起重设备，确保机械通行、施工，防止夯击效率的降低。过厚的垫层也会降低被加固土层的夯击效率，故垫层也不宜太厚。

当地下水位过高时，宜采用人工降低地下水位或铺填垫层相结合的措施，这样可加大地下水位和表层的距离。强夯施工前宜将地下水位降至夯击面 2～3m。

2. 强夯的工序

大面积施工前，应根据设计初步确定的参数进行试夯，不应少于 3 个点，再根据试夯结果确定最终强夯施工参数。强夯施工应按照设计的工序进行夯击和间歇。每遍点夯完成后，当夯坑无积水时可立即就地推平夯坑，有积水时应及时抽排并在下遍点夯前填平夯坑。

3. 终夯标准

（1）设计固定夯击数时，按照设计要求进行。

（2）以最后两击平均夯沉量作为控制标准时，宜满足表 5.13 的要求。

表 5.13　　　　　　　　　强夯最后两击平均夯沉量

单点夯击能 $E/(kN \cdot m)$	最后两击平均夯沉量/mm，不大于
$E<4000$	50
$4000 \leqslant E<6000$	100
$6000 \leqslant E<8000$	150
$8000 \leqslant E<12000$	200
$E \geqslant 12000$	通过试验确定

4. 强夯施工安全检查

（1）强夯施工前，应查明施工影响范围内的地下构筑物和地下管线的位置，并采取必要的保护措施。

（2）当强夯施工所引起的振动和侧向挤压对邻近构筑物可能产生不利影响时，应设置检测点，并应采取挖隔震沟等措施。

（3）强夯起重设备应与夯锤重和提升距离匹配，履带式起重机应在杆端部设置辅助门架或采取其他安全措施，防止起落锤时机架倾覆。

（4）强夯施工时，为防止飞石伤人，现场工作人员应戴安全帽，另外夯击时所有人员应退到安全线以外。

5.3.4 质量控制和效果检验

5.3.4.1 强夯施工过程的监测

强夯施工过程中应进行以下监测工作：

（1）强夯施工前，应检查夯锤质量和落距，以确保单点夯击能符合设计要求。

（2）在每一遍夯击前，应对夯点放线进行复核，夯完后检查夯坑位置，发现偏差及漏夯应及时纠正。

（3）按照设计要求，检查每个夯点的夯击次数、每击夯沉量、最后两击平均夯沉量和总夯沉量、夯点施工起止时间等，确保施工记录准确、及时。

（4）施工过程中，应对各项施工参数和施工情况进行详细记录。如存在成片的夯点达不到设计要求时，应会同设计做详细研究，必要时可进行强夯方案调整。

（5）重要或地质条件比较复杂的工程，强夯施工过程中可以采用夯坑周边隆起观测、孔隙水压力观测、深层水平位移观测等监测措施。

5.3.4.2 强夯加固效果的检验

港口工程强夯地基处理效果检验包括以下内容。

1. 强夯地基的均匀性检验

可采用标准贯入试验、重型动力触探试验或静力触探试验等原位测试以及室内土工试验。检验深度应不小于设计处理深度。原位试验和室内土工试验，应在施工结束后间隔一定时间进行，对于碎石土和砂性土地基间隔时间为7～14d，粉土和黏性土地基间隔时间为14～28d。检验数量根据场地的复杂程度和建构物的重要性确定，对于简单的堆场地基可按1000～2500m^2检测1个点，对于复杂的堆场或建构物地基每500m^2不少于1个点，且每个评价单元不少于3个点。

2. 强夯地基承载力检验

地基承载力检验可采用载荷试验进行。强夯处理后的地基承载力检验间隔时间与强夯地基均匀性检验间隔时间一致。载荷试验的数量也根据场地的复杂程度和建构物的重要性确定，对于简单的堆场地基可根据区域经验以原位测试的方法代替，对于复杂的堆场或建构物地基不应少于3个点。

检测结果的评价，应考虑夯点和夯间位置的差异性。

5.3.5 强夯法工程实例

5.3.5.1 工程概况

我国北方某港口集装箱泊位后方堆场纵深约780m，总面积达220万m^2。大部分陆域利用港池、航道、调头区疏浚土吹填形成，为海域吹填区。区域内规划主要为集装箱重箱堆场，地基承载力不小于150kPa，工后残余沉降小于30cm。

由加固前地基勘察报告，在15m的勘探深度内，地基土层自上而下可分为4层：第一层粉质黏土夹砂，主要由黏性土和砂土等组成，两者呈混杂状分布，砂土中混有较多黏性土团块，并以黏土为主，呈松散状态，该层为人工吹填形成，层厚为0.8～8.9m；第二层淤泥质粉质黏土,黑色,饱和,流塑,高压缩性,稍有光泽,中等干强度,中等韧性,具有腥臭味,含贝壳,层厚0.7~4.1m;第三层中细砂,灰~灰黑色,湿,中密状态,颗粒级配良好,呈浑圆状,层厚0.7~7.1m;第四层粉质黏土,黄褐色,饱和,软塑~可塑,中等压缩性,稍有光泽,高干强度,中等韧性,含铁质结核,层厚0.9~4.7m。其中粉质黏土夹砂层和淤泥质粉质黏土层为主要加固土层,其物理力学指标见表5.14。

表5.14　　　　　　　　　加固土层的物理力学指标

土　层	厚度/m	含水率/%	容重/(kN/m³)	孔隙比 e	压缩系数 $a_{v1\text{-}2}$/MPa^{-1}	固结系数 C_v/(10^{-3}cm²/s)
粉质黏土混砂	6.5	38.1	17.5	1.110	0.90	0.67
淤泥质粉质黏土	2.5	52.3	16.8	1.440	1.19	0.80

5.3.5.2 方案设计

吹填黏土试验区设置5个试验小区,单点总夯击能由各区单点最佳夯击能试验确定,夯击击数为10~14击,起吊设备为50t履带式吊机,夯锤重20t,夯锤底面积4.5m²。试验区的主要试验参数见表5.15,其中的夯击能是根据图5.31最佳夯击能试验曲线确定的。

表5.15　　　　　　　　　试验区的主要试验参数

试验分区	方案Ⅰ	方案Ⅱ	方案Ⅲ	方案Ⅳ	方案Ⅴ
锤重/kN	200	200	200	200	200
落距/m	10.0	15.0	10.0	15.0	12.5
夯击能/(kN·m)	2000	3000	2000	3000	2500
夯点间距	5×5m（中间插点）	5×5m（中间插点）	6×6m（中间插点）	6×6m（中间插点）	5×5m（中间插点）
夯点布置/(点/100m²)	8.0	8.0	5.6	5.6	8.0
满夯能量/(kN·m)	1000	1000	1500	1500	1000
夯击遍数	2	2	2	2	2
单点夯击 n	10	12	14	12	12
满夯击数 n	2	2	3	3	2
垫层厚度/cm	100	120	150	120	120

5.3.5.3 效果及评价

1. 强夯过程监测结果

(1) 地表沉降。各方案最后两击的单击夯沉量均小于6cm,各试验区夯沉量统计见表5.16。

由表5.16可以看出,方案Ⅱ、Ⅴ具有相同的垫层厚度及夯点布置,夯击能与夯沉量基本成正比,夯击能提高500kN·m,夯沉量增加17cm（即41%）;方案Ⅱ、Ⅳ具有相同的单点夯击能和垫层厚度,但前者比后者的夯点间距要小,夯区沉降要大13.7%。

5.3 强 夯 法

表 5.16　　　　　　　　　　　各试验区夯沉量　　　　　　　　　　单位：cm

测试区域	方案Ⅰ	方案Ⅱ	方案Ⅲ	方案Ⅳ	方案Ⅴ
第一遍	32	37	43	31	16
第二遍	14	13	12	12	18
满夯	8	8	8	8	7
总计	54	58	63	51	41

（2）孔隙水压力。各试验方案实测孔压变化规律类似。图 5.33 所示为方案Ⅱ条件下强夯施工时土体实测孔隙水压力。第一遍点夯时，埋设在淤泥质粉质黏土层（埋深 6.5m）中的孔压测头所产生的最大超静孔压为 68.7kPa，经过 1d 时间就基本消散完毕；埋设在粉质黏土团块砂混土层（埋深 4.5m）的孔压测头也产生 52.3kPa 的超静孔压，经过 4h 便基本消散；8.5m 处测头产生的超静孔压只有 22.3kPa，表明土体表层所施加的夯击能对该层土体的影响已经不是非常明显。

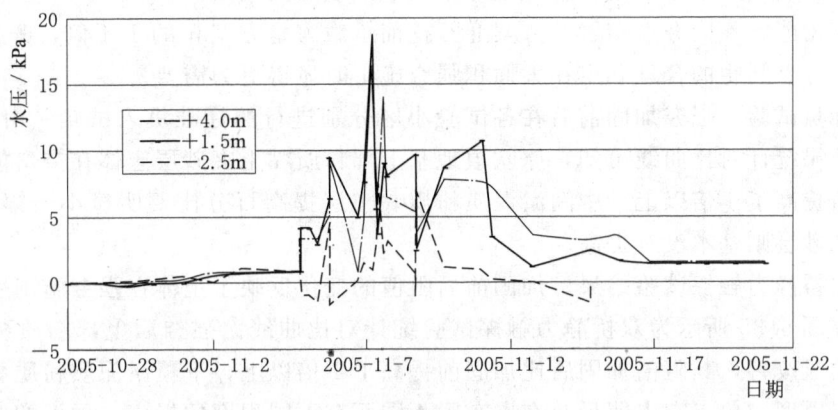

图 5.33　孔隙水压力时程线

（3）深层水平位移。方案Ⅱ、Ⅲ两区的深层土侧向水平位移发展情形类似。由表 5.17 可知，距夯点中心 5.6m 处侧向水平位移影响深度均在 10m 左右，所不同的是最大水平位移发生深度不一致；在距夯点中心 6.5m 处，影响深度也达 7.0～8.0m，但其位移最大值只有距夯点 5.6m 处的 10%～35%。可见，垫层厚度越大其最大水平侧向位移发生深度越浅，夯点间距越大对远距离的土体深层水平位移影响越小，因此大面积强夯施工时垫层厚度以不大于 1.2m、夯点布置 5.6～8.0 点/100m² 为宜。

表 5.17　　　　　　　各测试点深层土体侧向位移统计表

测试区域	测点位置	水平位移最大影响深度/m	最大侧向位移/mm	最大侧向位移发生深度/m
方案Ⅱ	距夯点 5.6m	10.5	101.7	4.0
	距夯点 6.5m	8.0	35.7	5.6
方案Ⅲ	距夯点 5.6m	9.5	156.2	2.5
	距夯点 6.5m	7.5	14.0	4.5

2. 强夯地基检测结果

（1）静载试验。强夯施工结束 20d 后，进行了浅层静载荷试验，载荷板尺寸为 1.0m×1.0m，试验结果见表 5.18。

表 5.18　　　　　　　　　　　　地基静载试验结果

项目	方案Ⅰ		方案Ⅱ		方案Ⅲ		方案Ⅳ		方案Ⅴ	
	开挖前	开挖后	开挖前	开挖后	开挖前	开挖后	开挖前	开挖后	开挖前	开挖后
0.015s/d 之 $[R_{SP}]$/kPa	204	271	332	317	138	127	235	186	326	282
开挖前后承载力百分比/%	132.8		95.5		92.0		79.1		86.5	

夯点布置相同，单点夯击能之比 1∶1.5∶1.25，回填土厚度比为 1∶1.2∶1.2，实测回填土表层承载力之比为 1∶1.63∶1.60，回填垫层开挖后承载力之比为 1∶1.17∶1.04。由此可见，夯击能越大对垫层下面土体加固效果越好，回填土垫层越厚对夯击能的消耗越大。因此，在满足正常施工的前提下应尽量减小回填层的厚度。

相同夯击能、不同夯点布置的方案Ⅱ开挖前承载力是方案Ⅳ的 1.4 倍，开挖后为 1.7 倍。可见，夯点间距的合理确定在大面积强夯施工时显得更为需要。

（2）标贯试验。强夯加固前后在各试验小区分别进行的标准贯入试验。由图 5.34 所示的试验结果统计对比曲线可知，原吹填地基上部粉质黏土夹砂层土体在夯击能作用下标贯击数均值提高了 1 倍以上，中间淤泥质粉质黏土层提高百分比要明显小于第一层土体，而底部中细砂层则基本没有提高。

（3）双桥静力触探试验结果。加固前后阻值的变化反映了土体在强夯施工后的密实度变化情况。图 5.35 所示为双桥静力触探试验统计对比曲线。强夯后上部粉质黏土夹砂层的土质有明显改善，其阻值加固后比加固前提高了 1 倍以上，下覆淤泥质粉质黏土层也根据回填垫层厚度、单点夯击能量及夯点布置不同而有不同程度的提高，再下的中细砂层则无改变，这说明强夯影响深度仅达到上部 8～9m。

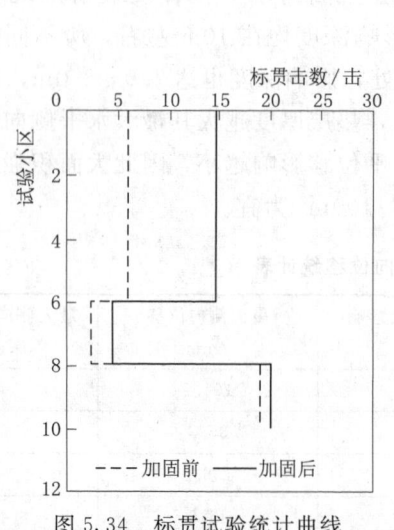

图 5.34　标贯试验统计曲线

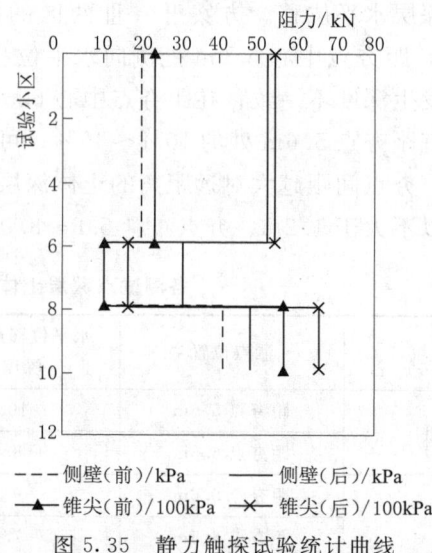

图 5.35　静力触探试验统计曲线

3. 强夯地基效果评价

监测和检测结果表明，该工程吹填黏性土地基采用 2500～3000kN·m 的夯击能、5.6～8 点/100m² 的夯点布置、回填土垫层厚度控制在 1.2m 内的强夯加固方案可满足的承载力 150kPa 的设计要求。2000～3000kN·m 夯击能在地基土中引起的孔压消散在 3d 左右，第二遍点夯后的间歇期应大于第一遍。夯后地基上部粉质黏土夹砂层标贯击数及静力触探阻值均提高 1 倍以上，下覆淤泥质粉质黏土层也有所提高，但幅度不大，强夯影响深度仅达到上部 8～9m。

5.4 振 冲 法

利用振动和水冲加固土体的方法称为振冲法（vibroflotation）。振冲法最早是用来振密松砂地基的，由德国的 S. Steuerman 在 1936 年提出。在英、美称为"vibroflotation"，我国称它为"振冲水冲法"，简称"振冲法"。1937 年振冲法首次用于处理柏林一幢建筑物 7.5m 深的松砂地基，使该砂基的密实度由 40% 提高到 80%，承载力提高了 1 倍。后来这一方法在英国、日本等多个国家应用，应用范围也从最初的砂基加固推广到垃圾、碎砖瓦、粉煤灰和黏性土地基的加固。1977 年振冲法引进我国后即获得迅速的推广，大量用于土建、水利、冶金和交通等工程。例如，官厅水库下游坝基松砂加密、南京船舶修造厂船体车间淤泥软基的处理、南通天生港电厂烟囱厂房的粉细砂地基振密等应用均取得了很好的处理效果和良好的经济效益。

近年来，振冲法先后在青岛港黄岛港区、营口港鲅鱼圈港区、唐山港曹妃甸港区、上海港洋山港区等多个港口工程中进行了应用。

5.4.1 振冲法加固地基的基本原理

振冲法在应用方面积累了丰富的实践经验，对振冲加固地基土体的机理也有了初步认识。对于砂性土地基，振冲一方面使砂颗粒振动密实，另一方面填料会使振点之间土体挤压密实，以提高地基土的抗液化能力和减小地基沉降变形；对于黏性土或其他杂填土地基，通过填充碎石、砂砾等散粒体材料形成振冲碎石桩复合地基，以提高地基的整体承载力和减小变形。

5.4.1.1 加固砂性土地基的原理

对于砂性土地基，一方面依靠振冲器的强力振动使饱和砂层发生液化，颗粒重新排列，孔隙减小；另一方面依靠振冲器的水平振动力，在加填料的情况下还通过填料使砂层挤压加密。所以，这一方法又称为振冲密实法（vibrocopaction）。

1. 振密作用

在振冲器的重复水平振动和侧向挤密作用下，砂土的结构逐渐破坏，孔隙水迅速增大，地基土体特别是松散砂土的颗粒会重新排列，体积缩小，表现为振冲过程中地面下陷。振冲器工作过程中，根据其在周围地基土产生的振动加速度以及挤密效果从振冲器侧壁向外可以分为 4 个区域，如图 5.36 所示。

流态区：当振动加速度为 (1.0～1.5)g 时，紧贴振冲器侧壁，砂土受到较强的振动

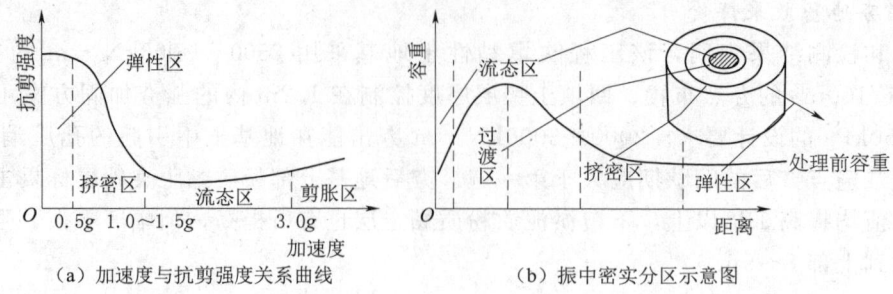

图 5.36 砂土对振动的理想化反应

并受高压水冲击，土体处于流体状态，土颗粒有时联结，有时不联结。

过渡区和挤密区：砂土经受振动，振动加速度超过 0.5g 时，砂土结构开始逐渐破坏，但土颗粒仍保持联结，能够通过土骨架传递振动应力，并使砂土变密，形成新的密实结构的土。

弹性区：该区位于最外端，砂土受到的振动小，土体处于弹性变形状态，不能获得显著加密。

值得注意的是，当振动加速度超过 3.0g 时，砂土则会发生剪胀，此时砂土不但不会发生密实，反而会由密变松，所以在选择振冲器型号时并不是振动加速度越大越好。

只有过渡区和挤密区才有明显的挤密作用。过渡区和挤密区的大小不仅与地基土的性质（如砂土起始相对密度、颗粒大小、颗粒形状和颗粒级配、土粒相对密度、埋深、渗透系数等）有关，还与振冲器的性能参数（振动力、振动频率、振幅、振动历时）有关。例如，砂土的初始密度越低，抗剪强度越小，使砂土结构破坏所需的振动加速度越小，这样挤密的范围就越大。由于饱和能降低砂土的抗剪强度，水冲不仅有助于振冲器在砂层贯入，还能扩大挤密区。工程实践中，对表层密实的砂基振冲常需要灌水施工的道理就在这里。再如，砂土颗粒越细，越容易产生宽广的流态区，因此对于含粉粒较多的细砂或粉土不宜采用振冲密实法。通常状况下，振动力越大，影响距离就越大。但是过大的振动力，扩大的多半是流态区而不是挤密区，因此挤密效果不一定成比例增加。

2. 预振作用

振冲施工会造成地基土的剧烈振动，从而会对液化砂土产生预振作用，提高砂基抗液化能力。西特等（1975）的试验表明，经过预振的砂土，虽其振后的密实度仅为 54%，而其抗地震液化的能力却相当于密实度为 80% 的未经预振的砂土抗地震液化的能力。我国原化工部、冶金部、水电部及中国建筑科学研究院等 10 个单位，曾在北京大兴现场进行了联合测试，表明采用振冲处理过的砂基，其振动孔隙水压力较未处理的砂基降低 2/3 左右，地基具备抗 8 度地震液化的能力。

振冲施工参数如振动力、振动频率、振动时间等都会直接影响到预振效果，但目前还无法对振冲施工造成的预振效果进行定量评价。

3. 挤密作用

如果忽略振冲过程中产生的振动密实作用，外加填料形成的砂或碎石桩对地基的挤密作用则与干法振动形成砂或碎石桩的挤密机理完全相同，通过外加填料形成一定体积的桩体,从而对地基土达到挤密的目的。

工程实践表明,对于土中细粒(0.075mm)含量不超过10%的砂性,振冲挤密效果明显。若细粒含量大于20%,则振挤密实效果明显降低。对于原始密实度越小、埋深越大、桩间距越小、桩径越大的地基,其挤密效果就越好。粉土地基不能完全挤密,地面在振冲施工过程中会出现不同程度的隆起。黏性土则在振冲过程中几乎不能被挤密。

5.4.1.2 加固黏性土地基的原理

黏性土地基应用振冲法进行加固时,通常会在黏性土中制造出一群以碎石或砂砾等散粒体材料组成的桩体,这些桩体与原地基一起构成复合地基,使承载力提高、沉降减少,简单地说,就是以紧密的桩体材料置换一部分地基土,所以这一方法又称为振冲置换法(vibro replacement)。

1. 排水作用

黏性土结构为蜂窝状或絮状结构,颗粒之间的分子吸引力较强,孔隙比很大,渗透系数很小,一般小于10^{-4}cm/s。水是影响黏性土性质的主要因素之一,黏性土地基性质的改善很大程度上取决于其含水率的降低和孔隙比的减小。通过第2章的介绍,在外界荷载作用下,饱和黏性土地基的沉降速率的大小与地基的渗透性和排水距离有直接关系。在地基中施工砂石桩后,由于砂石桩的渗透性较好,会吸引周围地基中的水向砂石桩方向流动,从而增加地基土体的渗透性,缩短了排水距离,加快了地基的排水固结速率。

2. 桩体作用

在软弱的地基中布置振冲碎石桩与周围土体共同承担上部荷载。如果建筑物的基础为刚性基础,则基础上产生的沉降各点相同,碎石桩和周围地基土变形协调,两者的变形也相同。在等应变条件下,刚度较大的碎石桩上的应力要大于刚度较小的地基土的应力,形成桩上应力集中现象,通常用桩顶应力与桩间土上的应力比n来反映这种应力集中现象。大量国内外实测数据显示,n值多为2~5,并具有随原土强度的高或低,而相应地减小或增加的趋势。在总荷载不变的条件下,桩土应力比越大,地基土所承担的荷载就越小,地基土的沉降也就会减小,稳定性相应提高。桩体作用还表现在可以将上部荷载传递到下部承载力较高、压缩性较低的土层中。需要指出的是,对于像碎石桩这样的散粒材料桩,其桩土相互作用的荷载传递机理与刚性桩(灌注桩、预制桩)和半刚性桩(水泥搅拌桩)都有所不同,它与上部荷载的特征及大小、桩周土特性以及桩体特性都有密切关系。

3. 垫层作用

对于软弱土层较厚的情况,桩体有可能不能够穿透整个软弱土层。这样整个软弱土层就分成两部分,即上部为采用碎石桩处理形成的复合地基层,下部为天然软弱土层(软弱下卧层)。试验结果表明,上部的碎石桩复合层起到垫层作用,将上部荷载按照一定的扩散角传递到下部的软弱下卧层,从而使下卧层受到的附加应力减小并趋向均匀。合理确定复合地基层的厚度,可以满足下卧层的稳定性和总体沉降的要求。

当然,不是所有软弱地基中的振冲碎石桩都能起到垫层作用,只有振冲碎石桩"短而密"且布置范围较大时,其荷载传递机理才近似于以上双层地基的荷载传递机理。

4. 加筋作用

振冲碎石桩也可以用来防治地质灾害,提高边坡的稳定性。在边坡施工中的振冲碎石桩可以起到一般抗滑桩的作用，提高土体的抗剪强度，迫使最危险滑动面向土体深层移动，从而提高边坡的整体稳定性。在这种情况下，振冲碎石桩体的密实度要高、强度要大，只有这样才能充分发挥其抗剪性能。

5.4.2 振冲法的设计

由于饱和松散砂土与软黏土类地基的振冲加固机理不同，砂类地基加密后一般就可以满足建筑物荷载要求。又因砂土地基沉降很小，通常对于密实的砂土地基可以不计其沉降量，只需考虑基础内砂土加密的效果。而软黏土类地基加固的途径、方法与砂土不尽相同，它需要按照振冲碎石桩复合地基的方法进行设计。

5.4.2.1 振冲挤密法设计

1. 饱和松砂振挤密实的主要目的

砂层经采用填料振冲挤密后，不但振点桩体的承载力较原来的砂土承载力大，而且因振点间砂土经振冲挤密其承载力也有很大的提高。因此，对于一般的建筑物，其荷载在地基中引起的附加应力不大，并且随深度逐渐衰减，加之砂土的沉降量很小，故振冲挤密砂基的承载力和沉降一般不是控制条件。对砂基，振冲设计的主要项目是验算它的抗液化能力，满足设计抗震设防要求。所以，对有抗震要求的松砂地基，要求根据砂的颗粒组成、初始密实度、地下水位、建筑物的抗震设防烈度，计算振冲处理深度、布孔形式、间距和挤密标准，其中处理深度往往是决定处理工作量、进度和费用的关键因素，需要根据抗震规范进行综合论证。

2. 适用振冲挤密的土类

适用振冲挤密的土类主要是砂类土，从粉细砂到含砾粗砂，只要土中细粒（0.074mm）含量小于10%，都可以获得显著的挤密效果；若细粒含量大于20%，则振挤密实效果明显降低。Mitchell（1970）基于工程实践的统计结果指出，振挤密实的砂基其密实度都可以达到70%以上，一般能超过75%，并给出适宜振冲挤密土类的颗粒级配曲线范围，如图5.37所示。

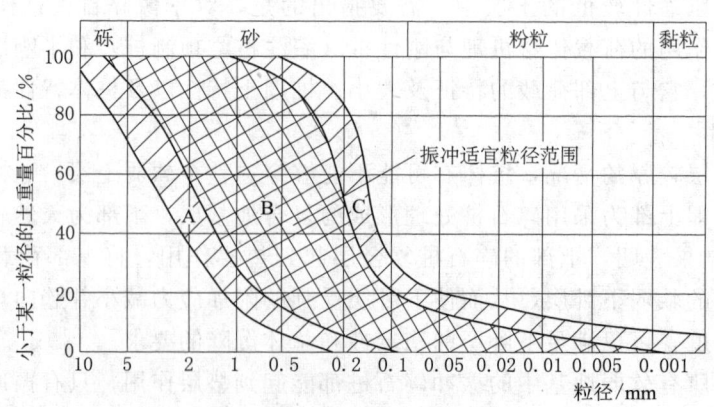

图 5.37 适用振冲挤密土类的颗粒级配曲线范围

图中将范围划分为A、B、C 3个区。被加固砂土的级配曲线全部位于B区，挤密效果最好；若砂层中夹有黏土薄层或含有机质或细粒较多，振冲挤密效果将降低。级配曲线全部位于C区的土类难以振密。若级配曲线主要部分位于B区，其他位于C区，用振冲挤密的方法也是可以的。级配曲线位于A区的砾、紧砂、胶结砂或地下水位过深，振冲器的贯入效率低下，影响振冲密实法的经济效益，应慎重考虑和分析。不加填料的振冲密实法仅适用于处理黏粒含量小于10%的粗砂、中砂地基。

3. 处理范围

振冲处理范围应根据建筑物的重要性和场地的条件确定，一般宜在基础外缘扩大1～3排桩。对可液化地基，在基础外缘扩大的宽度不应小于基底下可液化土层厚度的1/2，且不应小于5m。处理深度应按照抗震处理深度确定。

4. 孔位布置和间距

振冲孔位布置常采用等边三角形和正方形两种。在条形基础，可沿基础轴线采用单排布桩或对称轴线对拍布桩。对大面积挤密处理，用等边三角形布置比用正方形布置可以得到更好的挤密效果。

振冲孔位的间距根据砂土的颗粒组成、密实要求、振冲器功率确定。砂的粒径越细，密实度要求越高，则间距应越小。目前国内港口工程地基处理常用的振冲器功率有30kW、55kW和75kW这3种。使用30kW振冲器，布桩间距一般为1.3～2.0m；使用55kW振冲器，布桩间距一般为1.4～2.5m；使用75kW振冲器，布桩间距一般为1.5～3.0m。大面积处理时，75kW振冲器的挤密影响范围大，单孔控制面积较大，因而具有更高的经济效益。

设计大面积砂层挤密处理时，振冲孔间距也可用下式估算，即

$$d = \alpha \sqrt{\frac{V_p}{V}} \tag{5.28}$$

式中 d——振冲孔间距，m；

  α——系数，正方形布置为1，等边三角形布置为1.075；

  V_p——单位桩长平均填料量，一般为0.3～0.5m³；

  V——原地基为达到规定密实度单位体积所需的填料量，可按式（5.30）计算。

5. 填料选择

填料的作用一方面使填充在振冲器上提后在砂层中可能留下的孔洞，另一方面是利用填料作为传力介质，在振冲器的水平振动下通过连续的加填料，将砂层进一步挤压加密。

对中砂、粗砂，振冲器上提后由于孔壁极易坍塌能自行填满下方的孔洞，从而可不外加填料，就地振密；但对粉细砂，必须外加填料后才能获得很好的振密效果。

填料可用粗砂、碎石、砾石、矿渣等材料，粒径为5～150mm。从理论上讲，填料粒径越粗，挤密效果越好。使用30kW振冲器时，填料的最大粒径宜在50mm以内，因为若填料粒径多数颗粒粒径大于50mm，容易在孔中发生卡料现象，影响施工进度；55kW振冲器的填料粒径适宜为20～80mm，最大粒径不宜超过100mm；75kW振冲器的填料粒径适宜为40～100mm，最大粒径不宜超过150mm。

填料的级配一般没有严格的要求。对于碎石、砾石可选自然级配，但不宜采用单级配料，含泥量不宜超过10%。也可以根据式（5.29）计算所用填料的适宜数 S_n，由表5.19

查其适用程度。

$$S_n = 1.7\sqrt{\frac{3}{(D_{50})^2} + \frac{1}{(D_{20})^2} + \frac{1}{(D_{10})^2}} \tag{5.29}$$

式中 D_{50}，D_{20}，D_{10}——颗粒级配曲线上对应于50%、20%、10%的颗粒直径，mm。

表 5.19 填料适宜数 S_n 评价表

S_n	1~10	10~20	20~30	30~50	>50
评价	很好	好	一般	不好	不合适

由表 5.19 可知，填料的适宜数小，则桩体的密实性高，振密速度快。

填料量的估算主要是对砂砾料而言的。砂基单位体积所需填料量可按下式计算，即

$$V = \frac{(1+e_p)(e_0-e_1)}{(1+e_0)(1+e_1)} \tag{5.30}$$

式中 V——砂基单位体积所需填料量，m^3；

e_0——振冲前砂层的原始孔隙比；

e_p——桩体的孔隙比；

e_1——振冲后要求达到的孔隙比。

对于碎石等填料通常先求出每延米桩体所需填料实方量，再按照具体情况乘以经验扩大系数 $k=1.1\sim1.25$。桩体密实、振冲过程细颗粒流失大者取大值；反之取小值。

5.4.2.2 振冲置换法设计

1. 振冲置换地基设计的一般原则

（1）主要设计依据资料。一个好的复合地基设计既要满足工程要求，又要满足安全、经济的要求。这就要求充分掌握设计资料与合理确定计算依据。

有关建筑物的资料与要求。建筑物的基础类型、建筑物的平面布置图、荷载大小、地基的承载力、稳定性或液化势以及沉降量与不均匀沉降量的限制等。

加固场地的工程地质勘查资料。各土层的物理力学性质及其指标参数，主要包括各土层层厚及标高、地下水位、土的密度、含水率、液塑限及稠度、压缩模量及竖向和径向固结系数、典型排水条件下土的黏聚力和内摩擦角以及各土层的承载力特征值等。由此判断采用振冲碎石桩构筑复合地基的可行性，及其难易程度、需注意的问题和经济、技术合理性。

（2）加固范围。加固处理范围一般根据建筑物的基础类型、重要性和场地的条件确定，通常在基础范围内布桩。对于大面积满堂布桩的箱形基础或筏板基础，宜在基础外缘扩大 1~2 排桩；对可液化地基，宜在基础外缘扩大 2~4 排桩。

（3）加固深度。当相对硬土层埋藏深度不大时，应按相对硬土层深度确定；当软土层较厚时，应按附加应力影响深度确定，一般要求加固深度处土体承载力特征值宜大于 2~3 倍相应深度处的附加应力。当工程出现变形时，应按变形分析结果以满足变形允许值确定桩长；对按地基稳定性控制的工程，应按稳定性分析结果确定；对可液化地基，加固深度应按有关抗震规范确定，桩长不宜短于 4m。

（4）布桩形式。对于条形基础和独立柱基础，已在基础底面范围内采用单排、网格形

或三角形布桩，一般不需护桩；对于箱形基础和筏板基础等大面积满堂处理，应在基础范围内采用网格形或三角形布桩方式；对于圆形（如油管）基础，可采用放射形布桩方式，并视具体条件在基础范围外布1~4排护桩。

(5) 护桩设置的考虑。基础范围外设置护桩可以适当地约束基底下桩、土的侧向位移，减小地基的沉降量、增加承载力。因此，在很弱的淤泥及淤泥质软土（不排水强度仅14~15kPa）中构筑振冲碎石桩时，应根据具体情况考虑设置几排护桩；对于箱形基础和筏板基础，由于基础边缘部分碎石桩受的约束力较内部碎石桩的约束力小，又鉴于应力扩散的需要，通常需要考虑在基础周围设置2~3排护桩。

(6) 桩距、桩径、桩长。桩距应根据荷载大小、原状土的抗剪强度和振冲器的功率综合考虑，一般为1.5~3.0m。荷载大、原状土强度低或振冲器功率小时，宜取小的间距；反之，宜取大的间距。对于桩端未达到相对硬土层的短桩，应取小的间距。

振冲碎石桩的桩径与原状土的强度、振冲器的型号、施工留振时间等有关。原状土强度越低、振冲器功率越大、留振时间越长，相应的桩径越大；反之，桩径就相对越小。

振冲施工结束后，桩顶部分区段因上覆压力和侧向压力不够，相应部分的桩体密实度达不到要求。通常的做法是在桩体全部制成后，将顶部1m左右挖除，铺300~500mm厚的碎石垫层，然后在上面做基础。桩长是指桩在垫层下面的实有长度。一般桩长不宜短于4m，但桩长大于7m时，制桩工效将显著降低。据统计，对于一根9m长的碎石桩，制造7~9m这段桩体所需时间约占总制桩时间的39%。

(7) 桩体材料。桩体材料可就地取材，采用含泥量不大于10%的碎石、卵石、角砾、矿渣等硬质材料。材料粒径一般为20~80mm，也可将其范围扩大为10~150mm。对于很软的土，碎石粒径宜更大些。

填料的级配一般没有严格的要求，可以采用式 (5.29) 计算所用填料的适宜数 S_n，由表5.19查其适用程度等级。

(8) 振动影响。用振冲法加固地基时，由于振冲器在土中振动产生的振动波向四周传布，对周围的建筑物，尤其是不太牢固的陈旧建筑物可能产生某些振害。因此，必要时在设计中应考虑相应的安全施工距离，或采取适当的防振措施，或以小功率的振冲器在邻建地段制桩。

根据国内外的一些工程实践资料，距振冲中心2~3m以外，振动对周围建筑物的影响就十分轻微，无振害现象。

2. 计算用的基本参数

(1) 不排水抗剪强度。不排水抗剪强度 c_u 指标不仅可用来判断本加固方法能否适用，还可用来初步选定桩的间距，预估施工的难易程度以及加固后可能达到的承载力。有条件时，宜用十字板剪切试验测定不排水抗剪强度。

(2) 原状土的变形模量。对于重要工程，可采用载荷试验确定地基土的变形模量。根据弹性半无限体受荷原理，有

$$E_0 = 10(1-\mu^2)\frac{P}{sd} \tag{5.31}$$

式中 E_0——土的变形模量，MPa；

P——载荷板上直线变形阶段的荷载,kN;

d——载荷板的直径或宽度,cm;

s——与荷载 P 相对应的载荷板沉降值,cm;

μ——泊松比,碎石土取 0.25,砂土取 0.30,粉质黏土取 0.35,黏土取 0.42。

若没有地基土的载荷试验资料,对大面积加固情况,也可用室内常规压缩试验确定。

(3) 桩的直径。在没有进行现场制桩试验的情况下,碎石桩的直径可以参考表 5.20 提供的经验数据。

表 5.20　　　　　　　　碎石桩桩径的经验数据

原状土 f_k/kPa		40~80	90~140	150~200
桩径 /cm	30kW 振冲器	1.0~0.9	0.9~0.8	0.8~0.7
	75kW 振冲器	1.1~1.0	1.0~0.9	0.9~0.8

(4) 桩体内摩擦角。用碎石做桩体,碎石的内摩擦角 φ_p 一般采用 35°~45°,多采用 38°。

(5) 面积置换率。面积置换率是桩的截面与其影响面积之比,用 m 表示。习惯上,将桩的影响面积化为与其同轴的等效影响圆,其直径为 d_e。d_e 的计算式如下。

对等边三角形布置,有
$$d_e = 1.05d$$

对于正方形布置,有
$$d_e = 1.13d$$

对于矩形布置,有
$$d_e = 1.13\sqrt{d_1 d_2}$$

以上 d、d_1、d_2 分别为桩的间距、纵向间距和横向间距。已知 d_e 后,面积置换率为

$$m = \frac{d^2}{d_e^2} \tag{5.32}$$

一般采用 $m = 0.25 \sim 0.4$。

(6) 桩土应力比。由于应力集中作用,在基础荷载作用下,桩上承受的应力大于桩周围土上承受的应力,两者的比值用 n 表示。通常桩土应力比 n 可取 2~5,原状土强度低取大值,原状土强度高取小值。鉴于桩土应力比 n 是属于正常工作状态下桩土沉降协调的参数,非极限状态下的参数,故通常不用桩土应力比 n 来求碎石桩的置换率。

3. 复合地基承载力的确定

振冲碎石桩复合地基承载力由地基中碎石桩承载力和桩间土承载力共同组成。

(1) 单桩承载力理论计算。作用于桩顶的荷载如果足够大,桩体会发生破坏。可能出现的桩体破坏形式有 3 种,即鼓出破坏、刺入破坏和剪切破坏,如图 5.38 所示。由于碎石桩桩体均由散粒体材料构成,其承载能力主要取决于桩间土的侧向约束力,绝大多数的破坏形式为桩体的鼓出破坏。对于散粒体材料桩来说,桩身的强度是随入土深度增加而增加的,同时桩间土的侧向约束力也随深度的增加而增加。因此,桩体上部为易产生鼓胀破坏的部位。目前有关散粒体材料桩极限承载力的计算理论主要有 Hughes - Withers 计算

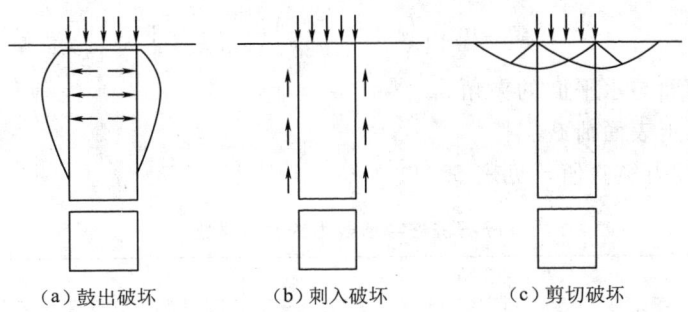

(a) 鼓出破坏　　(b) 刺入破坏　　(c) 剪切破坏

图 5.38　桩体破坏形式

法、Wong H. Y. 计算法和 Brauns 计算法，它们都是基于桩体上部鼓胀破坏机制建立的。

1) Hughes – Withers 计算法。Hughes 和 Withers（1974）基于极限平衡理论的分析，提出桩间土侧向极限应力用下式计算，即

$$q_{fp}=(p'_0+u_0+4c_u)\tan^2\left(45°+\frac{\varphi_p}{2}\right) \tag{5.33}$$

式中　p'_0——初始有效应力；
　　　u_0——超静孔隙水压力；
　　　c_u——桩间土不排水强度；
　　　φ_p——内摩擦角。

根据原型观测资料分析，他们认为 $p'_0+u_0=2c_u$，于是散粒体材料桩极限承载力表达式为：

$$q_{fp}=6c_u\tan^2\left(45°+\frac{\varphi_p}{2}\right) \tag{5.34}$$

2) Wong H. Y. 计算法。Wong H. Y.（1975）提出桩周土的侧向极限应力即为鼓胀区土的被动土压力。只是计算被动土压力时，不计桩体和土自重应力的作用，故单桩极限承载力的计算式为：

$$q_{fp}=(K_{ps}\sigma_s+2c_u\sqrt{K_{ps}})\tan^2\left(45°+\frac{\varphi_p}{2}\right) \tag{5.35}$$

式中　K_{ps}——原状土的被动土压力系数。

3) Brauns 计算法。Brauns（1978）认为桩体在荷载作用下产生鼓胀变形，致使桩周土达到被动极限平衡状态，如图 5.39 所示。并假设桩上端鼓胀破坏长度等于 $h=2r_0\tan\delta_p$、桩间土摩擦力 $\tau_m=0$、土体中环向应力 $\sigma_\theta=0$，不计桩体和土自重应力的作用。其中，r_0 为桩体半径，$\delta_p=45°+\frac{\varphi_p}{2}$。再根据桩周土破坏棱体上作用力的极限平衡，求得单桩极限承载力为

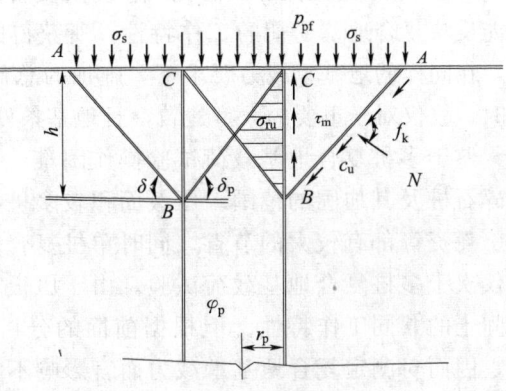

图 5.39　Brauns 法计算简图

$$p_{pf} = \tan^2\delta_p \left(\sigma_s + \frac{2c_u}{\sin2\delta}\right)\left(\frac{\tan\delta_p}{\tan\delta} + 1\right) \tag{5.36}$$

式中 δ——滑动面与水平面的夹角；

σ_s——桩周土表面荷载。

(2) 单桩承载力经验值，见表 5.21。

表 5.21　　　　　　　　碎石桩桩身承载力的经验数据

振冲器功率/kW	30			75		
土性分类	软黏土	一般黏土	粉质黏土	软黏土	一般黏土	粉质黏土
承载力 f_{pk}/kPa	300~400	400~500	500~700	400~500	500~600	600~900

(3) 复合地基承载力计算。碎石桩复合地基初步设计时，可采用单桩和处理后的桩间土承载力值，按下式进行估算，即

$$f_{sp,k} = mf_{p,k} + (1-m)f_{s,k} \tag{5.37}$$

式中 $f_{sp,k}$——碎石桩复合地基承载力值，kPa；

$f_{p,k}$——桩体承载力值，可通过计算或单桩载荷试验确定，kPa；

$f_{s,k}$——处理后桩间土承载力值，宜按当地经验取值，如无经验时，可取天然地基承载力值，或根据下式进行计算，即

$$f_{sp,k} = [1 + m(n-1)]f_{s,k} \tag{5.38}$$

式中 n——桩土应力比，在无实测资料时，可取 2~4，原状土强度低取大值，原状土强度高取小值。

(4) 复合地基承载力试验。载荷试验是目前最可靠、最实际的求复合地基承载力的方法。复合地基承载力试验方法又分为直接测定法和间接测定法两种。

直接测定复合地基承载力的大型载荷试验，简称复合地基载荷试验，包括多桩复合地基载荷试验和单桩复合地基载荷试验。

多桩复合地基载荷试验对网格形布桩的复合地基，是采用大面积的正方形或矩形预制或现浇的钢筋混凝土载荷板进行试验。通常正方形压板的面积为 4 根碎石桩及其所加固的面积，矩形压板多为 2 根桩及其所加固的面积。对于三角形布桩的复合地基，一般采用矩形压板下压 2~5 根桩及其加固的面积。多桩复合地基的载荷试验的桩数越多，压板面积也越大，更能反映复合地基受荷的工作特性，所获得的结果更为真实、可靠。但随着压板面积的增大，在同样的地基承载力要求下，施加的总荷载也将随之剧增，操作困难、危险，更费钱、费时，故仅对于重要的大型建筑，且地基条件复杂的情况下才考虑多桩复合地基载荷试验。

鉴于多桩复合地基载荷试验操作困难、费时费钱，而单桩复合地基法载荷试验仅是一根碎石桩及其加固的范围，压板面积较多桩要小得多，加载量也大为减少，操作方便，耗时、耗资等都有较大的节省。同时单桩复合地基载荷试验也具有相当大的原型性，试验结果仅次于多桩复合地基载荷试验。由于压板小，影响的深度较小，仅能反映较浅部位桩与桩间土的共同工作特性。但根据前面的分析，碎石桩的桩体破坏多为上部桩位的鼓胀破坏，因而对测定复合地基承载力而言影响不大，故对较重大或地质条件复杂的工程中逐渐以单桩复合地基载荷试验代替多桩复合地基载荷试验。

5.4 振 冲 法

间接测定法即分别测定桩身承载力 $f_{p,k}$ 和桩间土承载力 $f_{s,k}$ 后，再根据式（5.37）计算出单桩复合地基的承载力方法。

单桩载荷试验采用面积与桩截面相同的圆形压板进行。桩间土载荷试验可采用方形压板或圆形压板，其边长或直径不宜大于 0.8 倍的桩距，其面积也不宜小于 $0.5 m^2$。

由于桩进行载荷试验时，桩间土未受荷载作用，致使土对桩的约束力未能充分发挥，试验结果可能偏低。而桩间土载荷试验时由于压板尺寸受桩间距限制不能太大，影响深度有限，所获得的成果一般只能反映土层厚度约为 2 倍压板宽度范围内的土质情况。

（5）复合地基承载力的设计值。地基承载力大小与加荷基础面积、位置深度有关。地基承载力特征值是在一定荷载试验条件或相应的原位测试结合实践经验给出的地基承载力。而所谓地基承载力设计值，是指具体设计基础宽和埋深条件对应的地基承载力。往往承载力特征值所处的条件与设计基础的条件不同，这就需要将所求的地基承载力特征值进行宽度和深度影响的修正。《建筑地基基础设计规范》（GB 50007—2011）规定，当基础宽度大于 3m 或埋置深度大于 0.5m 时，从载荷试验或其他原位测试、经验值等方法确定的地基承载力特征值，尚应按下式修正，即

$$f = f_{sp,k} + \eta_b \gamma (b-3) + \eta_d \gamma_0 (d-0.5) \tag{5.39}$$

式中 f——复合地基承载力设计值；

η_b, η_d——基础宽度和埋深的地基承载力修正系数，按基底下原土层土类查表 5.22；

γ——土的密度，地下水位以下取有效密度；

b——基础底面宽，m，当基础宽度小于 3m 时按 3m 考虑，大于 6m 时按 6m 考虑；

γ_0——基础底面以上土的甲醛平均密度，地下水位以下取有效密度；

d——基础埋置深度，m，一般自室外地面标高算起；在填方整平地区，可自填土地面标高算起，但填土在上部结构施工后完成时，应从天然地面标高算起；对于地下室，如采用箱形基础或筏基时，基础埋置深度自室外地面标高算起，在其他情况下，应从室内地面标高算起。

表 5.22 承载力修正系数

土 的 类 别		η_b	η_d
淤泥和淤泥质土	$f_k < 50 kPa$	0	1.0
	$f_k \geq 50 kPa$	0	1.1
人工填土；e 或 $I_L \geq 0.85$ 的黏性土；$e \geq 0.85$ 或 $S_r > 0.5$ 的粉土		0	1.1
红黏土	含水比 $a_w > 0.8$	0	1.2
	含水比 $a_w \leq 0.8$	0.15	1.4
e 及 I_L 均小于 0.85 的黏性土；$e < 0.85$ 及 $S_r \leq 0.5$ 的粉土；粉砂、细砂（不包括很湿与饱和时稍密状态）；中砂、粗砂、砾砂和碎石土		0.3	1.6
		0.5	2.2
		2.0	3.0
		3.0	4.4

注 1. 强风化的岩石参照所风化成的相应土类取值。
2. S_r 为土的饱和度，$S_r \leq 0.5$ 稍湿；$0.5 < S_r \leq 0.8$ 很湿；$S_r > 0.8$ 饱和。

当计算所得设计值 $f<1.1f_{sp,k}$ 时，可取 $f=1.1f_{sp,k}$；当不满足按式（5.37）计算的条件时，可按 $f=1.1f_{sp,k}$ 直接确定复合地基的承载力设计值。本建议虽然偏于保守，却比较安全。在缺乏充分的实践经验和理论依据的情况下，这样处理是合理的。

对于小型工程黏性土地基如无现场载荷试验资料，初步设计时复合地基的承载力值也可按照式（5.38）估算。

4. 复合地基的沉降计算

地基沉降量的大小取决于地基受力情况和土的变形特性。对于复合地基来说，其沉降既要考虑复合土层及其下卧层的受力情况，又要计及它们的变形特性，这就比一般地基的沉降计算要复杂得多。而目前有关复合地基沉降的计算理论还不成熟，几种比较实用的近似计算方法，虽然不同程度地考虑了这两方面的影响，分别计算复合地基土层的沉降 s_{sp} 和下卧土层的沉降 s_x，二者之和为复合地基的总沉降量 s_F，如图 5.40 所示，即

$$s_F = s_{sp} + s_x \tag{5.40}$$

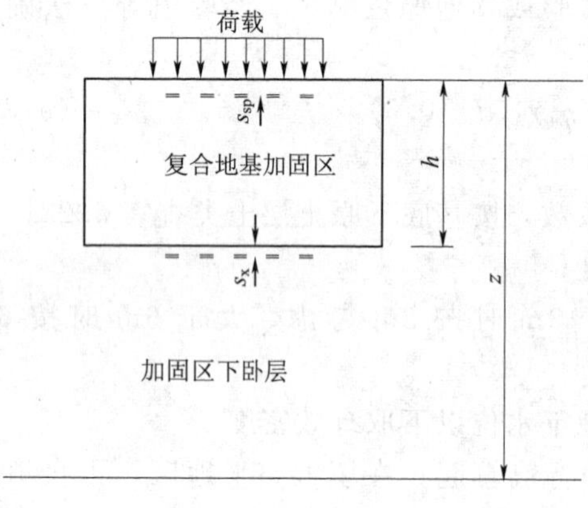

由于某些假定条件和影响因素考虑不周，或忽略了所计算的沉降仅是复合地基的固结沉降 s'_F，未计及加荷瞬时侧向变形和其他因素引起的竖向变形应有的修正，常使复合地基的沉降计算值大于实测值。因此，研究更切合实际而简便实用的计算复合地基沉降的方法实属必要。

（1）复合土层沉降计算的实用方法分析。常用的复合土层沉降计算方法有复合模量法、应力修正法和桩身压缩模量法等。

复合模量法是将复合地基加固区的桩与桩间土构成的复合土体，作为沉降等效具有复合压缩模量 E_{sp} 的土，称复合土层。以分层总和法计算复合土层的沉降 s_{sp}，即

图 5.40 复合地基沉降计算简图

$$s_{sp} = \sum_{1}^{n_{sp}} \frac{\Delta\sigma_i}{E_{spi}} h_i \tag{5.41}$$

式中　n_{sp}——复合土层的分层数；
　　　$\Delta\sigma_i$——第 i 层附加应力的平均增量；
　　　h_i——第 i 层土的厚度；
　　　E_{spi}——第 i 层土的复合压缩模量。

其中复合压缩模量 E_{sp} 可由桩和桩间土变形协调以及复合土层沉降等效实际桩、土复合体的沉降关系式（5.42）、式（5.43）导出式（5.44）、式（5.45）。

$$\frac{\sigma_p}{E_p} = \frac{\sigma_s}{E_s} \tag{5.42}$$

$$\frac{m\sigma_p + (1-m)\sigma_s}{E_{sp}} = \frac{m\sigma_p}{E_p} + \frac{(1-m)\sigma_s}{E_s} \tag{5.43}$$

$$E_{sp} = [1 + m(n-1)]E_s \tag{5.44}$$

$$E_{sp} = mE_p + (1-m)E_s \tag{5.45}$$

式中　σ_p, σ_s——桩体上的应力与桩间土上的应力；

E_p, E_s——桩和桩间土的压缩模量；

m——置换率；

n——桩土应力比。

式（5.41）还可以推导为应力修正法的公式，即

$$s_{sp} = \sum_1^{n_{sp}} \frac{\Delta\sigma_i}{E_{spi}} h_i = \sum_1^{n_{sp}} \frac{\Delta\sigma_i}{1+m(n-1)E_{si}} h_i$$

$$= \frac{1}{1+m(n-1)} \sum_1^{n_{sp}} \frac{\Delta\sigma_i}{E_{si}} h_i = \mu_s s_s \tag{5.46}$$

式中　s_s——未加固前该区原土在荷载 p 作用下的沉降。

由此可知，复合模量法实质上就是等效沉降法，也等同于下面推导的应力修正法。

施加于复合土层上的荷载是由桩土协调共同承担。由于桩的刚度大于桩间土，荷载将大部分集中于桩上，故桩间土承担的荷载大为减小。应力修正法就是以土上减小了的荷载应力，并忽略桩的存在，以土的压缩模量采用分层总和法计算复合土层的沉降 s_{sp}，即

$$\sigma_s = \frac{p}{1+m(n-1)} = \mu_s s_s \tag{5.47}$$

$$s_{sp} = \sum_1^{n_{sp}} \frac{\Delta\sigma_{si}}{E_{si}} h_i = \mu_s s_s \tag{5.48}$$

式中　μ_s——应力修正系数，即应力分散系数。

桩身压缩量法则假定复合土中的桩在其上的荷载作用下不产生刺入变形，以及不考虑桩侧摩阻力的分布形态，再基于桩所分担的荷载和桩体的压缩模量，按照材料力学求压缩杆件变形的方法计算桩的压缩量。若假定桩侧摩阻力为均匀分布时，则桩顶荷载 p_p 与桩的压缩量 s_p 的计算式如下，该压缩量即等同于复合土层的沉降量 s_{sp}。

$$p_p = \frac{np}{1+m(n-1)} = \mu_p p \tag{5.49}$$

$$s_{sp} = s_p = \frac{\mu_p p + p_e}{2E_p} l \tag{5.50}$$

式中　p_e——桩端应力；

s_p——桩的压缩量；

l——桩长。

(2) 复合地基下卧层沉降计算的实用方法分析。复合地基的下卧层是指复合土层下未加固的土层。由于其未做加固处理，土的工程特性没有改变，只是因其上复合土层的工程性能改善，导致下卧层的应力分布有所变化，故主要是设法计算比较合适的下卧土层的应力分布，然后再采用分层总和法计算其沉降 s_x。目前计算复合地基下卧层附加应力分布的若干近似方法有应力扩散法、等效实体法、Mindlin - Gdddes 法和当层法。

1) 应力扩散法是将复合土体作为加固的垫层，故作用于其上的荷载 p，即按一定的扩散角 θ 通过复合土体传递至下卧土层顶面，如图 5.41 所示。由此获得作用于下卧土层顶面的荷载平均应力 σ_x 以及相应的作用范围，并以此计算下卧土层中的应力分布，求其

沉降 s_x。

对于空间问题，有

$$\sigma_x = \frac{BLp}{(B+2h\tan\theta)(L+2h\tan\theta)} \tag{5.51}$$

对于平面问题，有

$$\sigma_x = \frac{Bp}{B+2h\tan\theta} \tag{5.52}$$

故

$$s_x = \sum_{n_{sp}+1}^{n} \frac{\Delta\sigma_{xi}}{E_{xi}} h_i \tag{5.53}$$

式中 σ_x——下卧层顶面平均应力；
B——复合土体上加荷宽度；
L——复合土体上加荷长度；
n——地基压缩层范围内计算划分的全部分层数；
$\Delta\sigma_{xi}$——下卧土 i 层的附加应力增量。

2) 等效实体法是将复合土体视为一局部的实体，犹如墩式基础。作用其上的荷载扣除周边阻力 f 后直接传至实体底面，如图 5.42 所示。

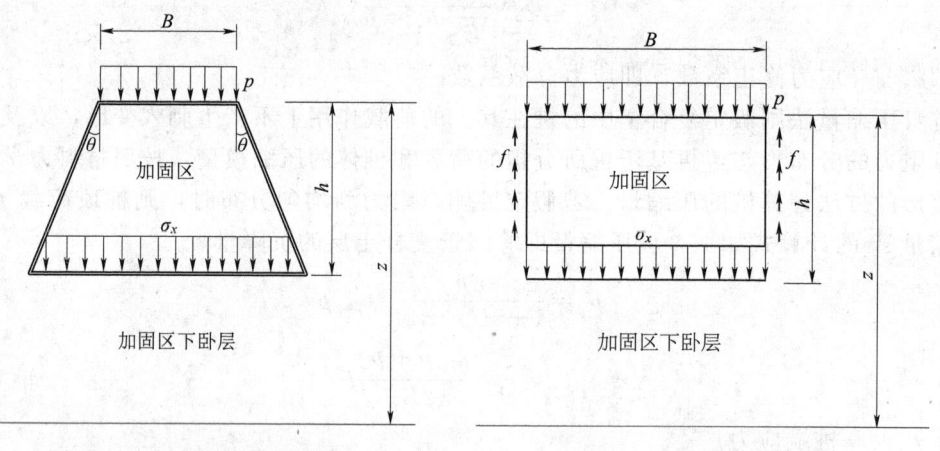

图 5.41　应力扩散法计算简图　　图 5.42　等效实体法计算简图

故作用于下卧土层顶面的荷载如下。

对于空间问题，有

$$\sigma_x = \frac{BLp - (2B+2L)hf}{BL} \tag{5.54}$$

对于平面问题，有

$$\sigma_x = p - \frac{2hf}{B} \tag{5.55}$$

式中 f——复合土体周边摩阻力。

3) Mindlin - Gdddes 法则假定复合地基上的荷载按桩土模量比分配至桩和桩间土上，

它们分别经各自的途径传递至下卧土层上。桩所承担的荷载，在假定的桩侧摩阻力的分布下，按 Mindlin 应力积分解，求出下卧土层中的应力分布。再叠加由土分担的荷载 σ_s，按照天然地基应力分布的计算方法求出下卧层中相应的应力分布，二者之和即作为下卧土层的总竖向应力分布。

4）当层法则将复合土层视为地基中的一个土层，作为双层地基处理求下卧土层中的应力分布。通常可将复合土层换算为与下卧土层压缩模量相同的当量土层的厚度，如此可将复合的双层地基转化为相应的均质地基，如图 5.43 所示。以荷载作用于当层顶面计算下卧土层内的应力分布。当层厚度 h_1 按下式计算，即

$$h_1 = h\sqrt{\frac{E_{sp}}{E_x}} \tag{5.56}$$

式中 h_1——复合土层的当层厚度；
h——复合土层的厚度。

5. 复合地基的抗滑稳定验算

对于复合地基上具有较大的水平荷载作用，或具有相当高差的土工结构，如岸壁挡土墙、堤坝等，就可能产生沿基底的浅层滑动或整体失稳。

(1) 基底浅层滑动验算。基底浅层滑动的验算，可采用通常建筑结构沿基底水平滑动的方法分析，只是此时的滑动面常为碎石垫层下的复合地基面。设原状土抗剪强度指标为 c_s、φ_s，桩体的抗剪强度指标为 $c_p=0$、φ_p，则复合土层的抗剪强度指标 c_{sp}、φ_{sp} 可分别由式 (5.57)、式 (5.58) 计算，即

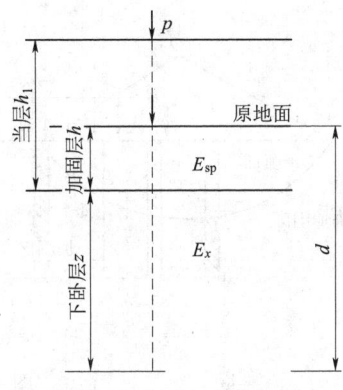

图 5.43 当层法计算简图

$$c_{sp} = (1-\omega)c_s \tag{5.57}$$

$$\varphi_{sp} = \omega\tan\varphi_p + (1-\omega)\tan\varphi_s \tag{5.58}$$

式中 ω——参数，与桩土应力比、面积置换率有关，一般取 0.4～0.6。

以 c_{sp} 与 φ_{sp} 求出相应的水平滑动安全系数 F_H，其值应满足相应规范所限定的水平滑动安全系数 F_{HQ}，即

$$F_H \geqslant F_{HQ} \tag{5.59}$$

(2) 整体稳定性验算。复合地基或复合土体下存在软弱土层，且具有水平荷载，或高低差的土工结构，一般还需要验算其整体稳定安全系数。在这种情况下进行稳定分析需要采用复合土层的抗剪强度。复合土层的抗剪强度分别由桩和原土产生的两部分强度组成，其表达式为

$$\begin{aligned} S_{sp} &= (1-m)S_s + mS_p \\ &= (1-m)[c_s + (\mu_s p + \gamma_s Z)\cos^2\theta\tan\varphi_s] \\ &\quad + m(\mu_p p + \gamma_p Z)\cos^2\theta \cdot \tan\varphi_p \end{aligned} \tag{5.60}$$

式中 S_{sp}——复合土体抗剪强度；
S_s——桩间土抗剪强度；
S_p——桩体抗剪强度；

c_s——桩间土的黏聚力；

p——复合地基或土坡上作用荷载的平均强度；

γ_s，γ_p——桩间土和桩的密度；

φ_s，φ_p——桩间土和桩的内摩擦角；

θ——滑动面在地基或土坡某深度处剪切面与水平面的夹角，如图5.44所示；

Z——分析土条的弧段深度；

μ_p，μ_s——应力集中系数和应力分散系数，其值分别由式（5.61）和式（5.62）计算。

$$\mu_p = \frac{n}{1+m(n-1)} \quad (5.61)$$

$$\mu_s = \frac{1}{1+m(n-1)} \quad (5.62)$$

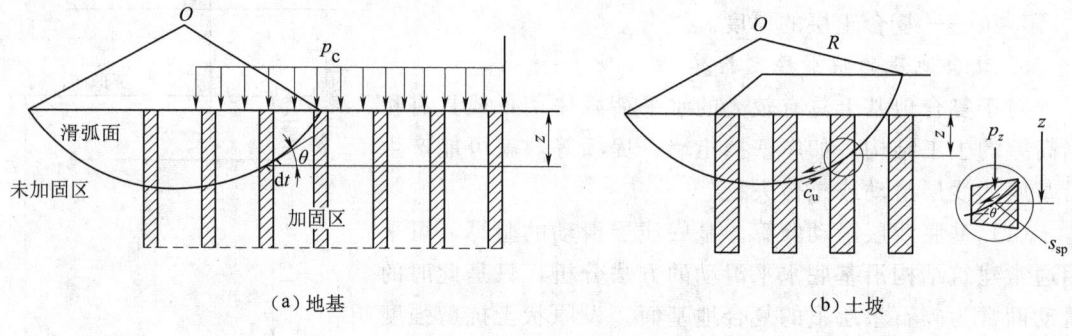

图5.44 复合地基圆弧滑动法计算简图

根据抗剪强度值计算出最危险滑弧的整体稳定性安全系数 F，其值应满足相应规范所限定的水平滑动安全系数 F_Q，即

$$F \geq F_Q \quad (5.63)$$

若计算结果不满足要求，就需要从稳定安全的角度调整设计，或减小桩距，或增加桩长，视具体情况而定。

5.4.3 振冲法施工

5.4.3.1 施工机具与设备

振冲法施工主要的机械与设备为振冲器、起吊机械、供水系统、排污系统、填料机械、电控系统及修理机具。

1. 振冲器

由于水平振动加密的效果要远大于垂直振动，为垂直振动效果的4~5倍，故国内外所生产的振冲器主要是产生水平振动。振冲器的工作原理是利用电动机带动一组偏心块产生一定频率和振幅的水平向振动力，高压水通过空心竖轴从振冲器下端的出水口喷出进行施工作业。目前，在国内港口工程中应用的振冲器主要有30kW、55kW和75kW这3种，以75kW的振冲器最为常见。

（1）振冲器的结构。振冲器的结构大致分为四部分，即电动机（驱动器）、振动器、

5.4 振 冲 法

减振器与导管、通水管，如图5.45所示。

振冲器常在地下水位以下作业，因此所采用的电动机一般为潜水电机。振动器外壳为无缝钢管制成，内部安装带有偏心组块的空心转动轴，用弹性联轴器与电机连接。两侧翼板主要用来防止振动器作业时发生扭转，有些振冲器端部也有翼板以加强防扭作用。减振器是为保证振冲器能独立地水平振动，同时又减少其对上部导管甚至吊车臂的影响。目前，国内一般使用橡胶减振器。导管是用来起吊振冲器和保护电缆与水管。国内30kW和55kW的振冲器的通水管是穿过电机与振动器的空心轴连接于射水管，作业时高压水由射水管喷射而出。75kW振冲器的通水管有的是通过电机和振冲器侧壁下达连接于射水管。

（2）振冲器的振动参数。振冲器振动参数包括振动频率、振幅、加速度等。

振冲器在松散土中振动时，振冲器迫使周围土粒振动，产生相对位移而密实。实践表明，当土粒的振动与强迫振动处于共振状态时振密效果最好。部分常见土的自振频率见表5.23。我国目前的振冲器所选用的电动机转速为1450r/min，接近最佳加密效果频率。

振冲器的振幅在一定的范围内可压密土体。在相同的振动时间内，振幅大，沉陷量也大，加密效果愈好。但振幅过大或过小，均不利于加密土体。我国振冲器的振幅设计一般为全幅10mm。

振冲器的振动加速度是反映振冲器振动强度的主要指标。只有当振动加速度达到一定值时，才开始加密土体。国产振冲器发生的振动加速度值为10g左右。

振冲器与电机的匹配是一个值得注意的问题。匹配恰当，振冲器使用效果好，适用性强；反之，效果将会大为下降，即使大功率的振冲器也与一般小功率振冲器相差无几。

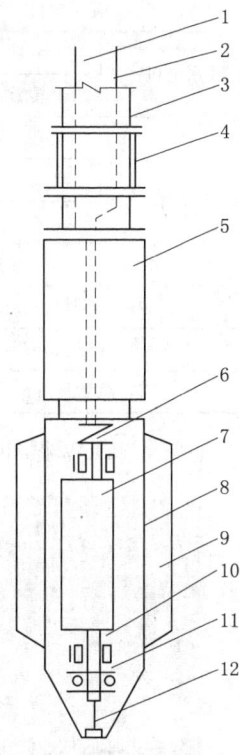

图5.45 振冲器结构示意图
1—电缆；2—水管；3—导杆；
4—减振器；5—潜水电机；
6—联轴器；7—偏心块；
8—振动器壳体；9—翼板；
10—空心轴；11—滚动
轴承；12—射水管

表 5.23　　　　　　　　部分常见土的自振频率

土质	砂土	疏松填土	软石灰石	相当紧密良好级配砂	较紧密良好级配砂	紧密矿渣填料	紧密角砾
自振频率/(r/min)	1040	1146	1800	1446	1602	1278	1686

我国目前常用振冲器的主要技术参数见表5.24。

2. 起吊机械

起吊机械是用来操作振冲器的。起吊设备可用汽车吊、履带吊、打桩机或自行井架式专用平车，有些施工亦采用扒杆等。汽车吊操作灵活［图5.46（a）］、移动方便、起升高度范围大，可适应不同桩长的需求，工程中应用比较多；打桩机［图5.46（b）］在土质较差的场地振冲施工中应用较多，但其移动速度较慢，施工效率较汽车吊要低不少。

表 5.24 国内常用振冲器的技术参数

项目		ZCQ30型	ZCQ55型	ZCQ75C型	BJ-75型
潜水电机	功率/kW	30	55	75	75
	转数/(r/min)	1450	1460	1460	1450
振动体	偏心力距/(N·m)	38	55	68	72
	激振力/kN	90	130	160	160
	振幅/mm	4.2	5.6	5.0	5.6
	加速度/g	12	14	10	10
振冲器外径/mm		351	351	426	377
全长/mm		2440	2642	3162	3000
总重量/kg		940	1600	2050	1840

通常，30kW 振冲器可采用 16~20t 吊，75kW 振冲器采用 20~25t 吊。

(a)汽车吊振冲施工

(b)打桩机振冲施工

图 5.46 常用振冲施工起吊机械

3. 供水系统

由于振冲作业需用大量的水，而且水压较高，故振冲施工中一般采用二级供水系统。一级为自水源至施工用水箱，采用潜水泵；二级为由水箱至振冲器，采用清水泵。

施工中要求供水泵的供水量为 20m³/h 左右，潜水泵的扬程根据水源距离远近选择，清水泵的出口水压为 0.5~1.0MPa。供水压力的调节采用人工控制回水大小来实现。

4. 排污系统

振冲作业产生大量的污水，影响周围环境和施工场地。为满足环保要求和文明施工，必须在施工组织前做好排污系统设计，包括排污沟渠、污水收集池、储放污泥坑或运送的指定地点等。根据排浆量和排浆距选用合适的排浆泵，宜准备多台不同规格的污水泵或泥浆泵，泥浆需外运时还应配备罐式运输车。

5. 填料机械

填料设备一般采用装载机，斗容量为 0.5~2.0m³。30kW 振冲器或原地基比较松软的可配 0.5m³ 以上的装载机，75kW 振冲器且原地基下料情况较好的可配 1.0m³ 以上的装载机。孔口填料应辅以人工下料。

5.4 振冲法

6. 电控系统

电控系统由电控柜、启动柜和保护装置三部分组成。施工现场应配有380V的工业电源。若采用发电机供电，发电机功率应满足振冲施工需要。

5.4.3.2 施工前期准备工作

1. 资料收集

收集地质资料，包括地层剖面分布、地基土的物理力学性质、地下水位及水位变动情况等。

2. 熟悉技术文件

施工单位应熟悉设计图样和施工工艺要求，结合现场实际情况提出质量保证措施和改进建议等。

3. 三通一平

三通一平是指水通、电通、料通和场地整平。

施工前应首先对施工场地进行清理和整平。如地表强度较低，可以铺设适当厚度的垫层以利于施工机械的行走。

水通包括保证振冲施工所需的清水输进和施工过程中产生泥水的排出都畅通；电通就是要保证施工中需要的三相电和单相电能够满足使用要求；料通就是要求在加固区附近的堆料场的料能够快速、无干扰地到达施工面。

4. 试桩试验

在正式施工前，通常需要进行成桩工艺试验，确定正式施工时所需要的造孔电流与造孔水压、加密电流和加密水压、留振时间、填料量和加密段长度等施工参数。

（1）造孔电流与造孔水压。造孔电流和造孔水压为造孔阶段给定的电流值和水压值，它们与土层的软硬情况和振冲器功率的大小有关，关系着造孔能否顺利进行。一般情况下，30kW振冲器的造孔电流可选50～60A，造孔水压可为0.4～0.6MPa；75kW振冲器的造孔电流可选90～140A，造孔水压可为0.4～0.8MPa。土层硬的取大值，软的取小值。

（2）加密电流和加密水压。加密电流和加密水压是在振冲密实过程所采用的电流值和水压值。不同厂家生产出来的振冲器在悬空状态下的空振电流各不相同，一般情况下加密电流需比空振电流高15～30A。加密水压可为0.2～0.6MPa，细颗粒较多的地基宜采用较低的加密水压。

（3）留振时间。对于砂性土挤密地基，当达到规定的加密电流后还需一定的留振时间，使地基中的砂土在振动下形成足够大的液化区，停振后砂粒将重新排列致密。对于黏性土振冲置换地基，保持一定的留振时间，一方面可以防止由于振冲器快速进入填料时产生瞬时电流高峰，从而发出达到密实要求的虚假信号；另一方面可以在留振时间内将填料振挤密实，保证加密段的碎石密实度达到设计要求。因此，留振时间是控制振冲施工质量的重要参数之一，它一般为5～15s，不宜太长。

（4）填料量。对振冲挤密地基填料量指孔口自然塌陷或外加填料的量，它主要与原地基土层的软硬情况、加密电流、加密水压及留振时间等有关。对振冲置换地基填料量是指每米桩长平均填入碎石的方量，与桩径、原地基土层的软硬情况、加密电流、加密水压、留振时间等有关。

(5) 加密段长度。加密段长度为每段填料加密的长度，它也是控制振冲施工质量的重要参数之一。《建筑地基处理技术规范》（JGJ 79—2012）规定为 300～500mm。

5．编制施工组织设计文件

施工组织设计文件包括的内容有：选定施工方法、施工顺序；计算所需的施工机械和设备数量、水量、电量及料量；排出施工进度计划及相应的网格图；绘制施工平面布置图。

对场地中的供水线路、运输线路、电路、排污沟渠、沉淀池、清水池、料场等都需事先布置好；配电房、机修房、工人住宿房等也需同步进行布置。

5.4.3.3 施工

1．振冲挤密施工

(1) 施工工艺。

1) 施工顺序。振冲挤密一般采用图 5.47 (a) 所示的"由里向外"顺序施工或图 5.47 (b) 所示的一边向另一边推进的顺序施工。

2) 填料方式。对于粉细砂地基，宜采用加填料的振密工艺；对中、粗砂地基可用不加填料就地振密的方法；对于含泥量超过 10% 的砂土地基，宜用外加填料振密工艺。

粉细砂地基振冲挤密施工时，一般采用造孔后将振冲器提出孔口，直接往孔内倒入一批填料，待振冲器下降至拟定振密段再进行振密的间断填料方式。

(2) 施工作业。振冲挤密施工作业的步骤可分为造孔、振冲密实。现以不填料的中、粗砂振密施工为例进行阐述。填料的振冲挤密施工与振冲置换施工作业步骤基本相同。

1) 造孔。将振冲器缓慢、安全地吊起，对准点位缓慢下降至距地面 30cm 以内，启动清水泵供水；待振冲器下端射水口出水的水压、水量达到工艺要求时，启动振冲器，拉紧防扭绳索；待振冲器内偏心块达到额定转速时，记录电机的空载电流，下沉振冲器贯入土层进行造孔，造孔速度一般为 0.5～2.0m/min，并应始终保持振冲器处于悬挂状态，以免造成斜孔；造孔过程如遇电流值超过电机额定电流时，应放慢下沉速度，或上提一段距离，借助高压水冲松土层后再继续下沉造孔，直至达到设计深度。造孔过程中及时记录各深度的水压、造孔电流等变化以及相应的时间，这些可以定性地反映出土的强度变化。

2) 振冲密实。造孔完成后，将振冲器清水泵出水压力和出水量调低至维持孔口有一定量的回水但没有大量细颗粒带走的程度；依靠振冲器的水平振动力和孔内水体的联合作用，孔壁周边砂土自然坍塌；由于砂层逐渐变密，砂层抗挤入的阻力也不断增大，这将迫使振冲器输出功率增大，引起电机电流值的升高；当电流值达到规定控制值时，标志该段振冲挤密过程完成；上提振冲器 300～500mm 重复前述振密过程，如此反复直至地表。

2．振冲置换施工

(1) 施工工艺。

1) 施工顺序。对于土质条件较好的地基，振冲一般采用"由里向外"顺序施工，如图 5.47 (a) 所示；或"由一边推向另一边"的顺序施工，如图 5.47 (b) 所示。这两种顺序易挤走部分软土，便于制桩。若"由外向里"制桩，则中心区域制桩很困难。

对于强度较低的软土，为了减小制桩过程对桩间土的扰动，宜采用间隔跳打的方式施

5.4 振 冲 法

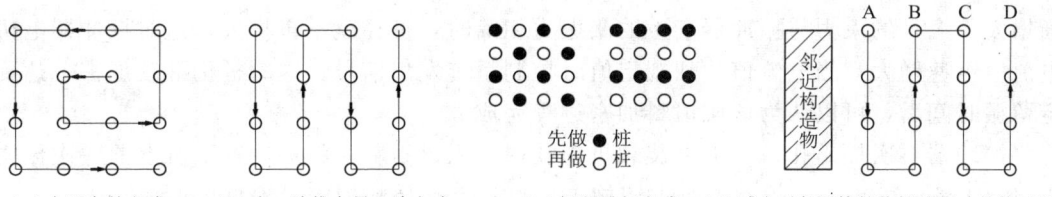

(a) 由里向外方式　　(b) 由一边推向另一边方式　　(c) 间隔跳打方式　　(d) 减小对邻近构筑物振动影响的施工顺序

图 5.47　振冲施工顺序

工,如图 5.47 (c) 所示。

当振冲加固区毗邻其他建筑物时,为减少对建筑物的振动影响,可按图 5.47 (d),先从邻近建筑物的一边逐步向远离方向施工。必要时可采用小功率的振冲器振冲靠近构筑物的边桩。

2) 填料方式。振冲成孔后即向孔内填料制桩。一般有两种填料方式:一是将振冲器提出孔口,向孔内倒入 0.5~1.0m³ 的填料,再下振冲器至填料中振冲密实,待达到设计要求后,又提出振冲器,下料振密,如此反复直至制桩完毕;二是振冲器不提出孔口,仅上提 300~500mm,离开原已振密过的桩段,即向孔内连续不断地回填石料,连续填料振冲密实,重复上述步骤,自下而上逐段制桩直至孔口。前者为间断填料法,操作较为烦琐;后者为连续填料法,操作相对方便。采用何种填料法主要视地基的性质、填料的难易程度而定。对软黏土地基,往往由于孔道被塌下的软土堵塞,清孔除泥很不方便,影响施工进度和桩体的质量,宜采用间断填料法。在很软的土层中制桩,有时还应采用"先护壁、后制桩"的施工方法。即成孔时不要一次达到设计深度,而是达到软土层上部 1~2m 范围内,将振冲器提出孔口,填一批料,下振冲器将这批料振冲挤入孔壁,加固此段孔壁防止塌孔,然后再将振冲器降至下一段软土中填料护壁,如此反复直至设计深度。孔壁护好后即可按常规方法制桩。

(2) 施工作业。振冲置换施工作业流程见图 5.48,可分为造孔、清孔、填料和振密。现以间断填料法为例进行阐述。连续填料法的作业步骤与间断填料法的步骤基本相同,仅在填料作业上稍有不同。

1) 造孔。振冲置换施工造孔过程与振冲挤密过程一致,本节不再赘述。

2) 清孔。当造孔达到设计深度时,即将振冲器提出孔口,然后再次下沉振冲器,往复 2~3 次,借助循环水使孔内泥浆变稀,进行清孔,清除孔内泥土,保证填料畅通,减小桩体含泥量。

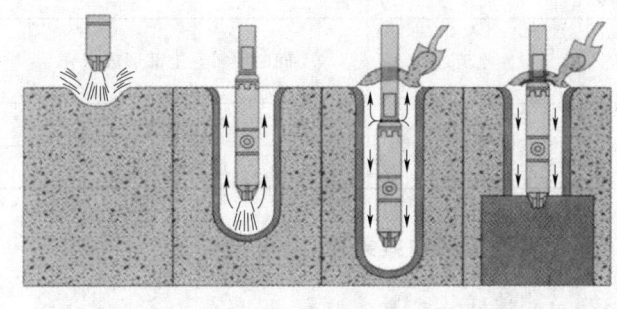

①造孔　　②清孔　　③填料　　④振密

图 5.48　振冲置换施工流程

3) 填料和振密。清孔后将振冲器提出孔口,由装载机向孔内填入碎石料。将振冲器下沉至填料中进行振密。振冲器不仅使填料密实,并且使填料挤入孔壁,使孔壁的约束力逐渐增大,一旦约束力与振冲器产生的激振力相等时,桩径就不再扩大,这时振冲器电机的电流值迅速增大,当电流值达到规定值时控制系统发出信号,这时桩仍继续加密,达到规定留振时间后,可以认为该段填料加密过程完成。

将振冲器再次提出孔口,再由装载机向孔内填入碎石料,将振冲器下沉至前一次振密高程以上300～500mm,再次进行振密施工。重复上述填料加密过程直至地表。

5.4.3.4 振冲施工中常见问题处理

振冲施工过程中常出现的一些问题、原因分析及处理方法见表5.25。

表5.25 振冲施工中常见问题、原因分析及处理方法

类别	问 题	产 生 原 因	处 理 方 法
造孔	孔口不返水	造孔水压不够,出水口堵死	疏通出水口,加大水压
		水量不够	加大水压
		遇强透水层	穿过透水层
	振冲器下沉速度慢	土质硬,阻力大	加大水压;使用大功率振冲器
		孔壁坍塌,包裹振冲器	振冲器增加气管
	振冲器造孔电流过大	贯入速度过快	减慢下沉速度
		振动力过大	减小振动力
		孔壁坍塌,包裹振冲器	振冲器增加气管
填料	石料填不进去	孔口太小	重新清孔,扩孔口
		一次性加料太多,孔道堵塞	加大水压,上下提拉振冲器
			每次少加填料
		地基有极软土层,不能形成通道	先固壁,后填料
			采用强迫填料工艺
	填料量远超预估值	地基中有事先不知的软土层	对地基进行局部补充勘察
			重新进行工艺试验
振密	振冲电流过大	间断填料,上部形成卡壳	加大水压、水量,冲开堵塞处
			采用连续填料工艺
	密实电流难以达到	土质软	继续填料,提拉振冲器加速填料
		填料量不足	继续填料

5.4.4 质量控制和效果检验

5.4.4.1 振冲施工质量控制

对振冲挤密法,施工质量主要从振密段长度和密实电流两方面来控制。不漏振、不漏孔、密实电流达到规定要求就能确保振冲施工的质量。根据以往工程经验,中、粗砂挤密施工要求的密实电流应大于空载电流25～35A,留振时间不应少于50s。

对振冲置换法,施工质量的控制实质上就是对施工中所用水、电、填料和综合指标的控制。

1. 水的控制

水的控制主要是水量和水压的控制。水量要充足，使孔内充满水，这样才可防止塌孔影响施工和成桩质量；但水量也不宜过多，过多的水量会将填料中细颗粒带走。水压则应根据土质情况而定。一般情况下，强度较低的软土，水压要小些；强度较高的土，宜用较大的水压。

另外，造孔过程中的水量和水压均应大些。当造孔接近加固深度时需降低水压，以免冲击破坏桩底以下的土，填料振密过程中均宜采用较小的水量和水压。

2. 电的控制

电的控制主要是加料振密过程中的密实电流和留振时间的控制，它们是控制振冲置换桩体密实度的主要因素。密实电流和留振时间应根据现场试验确定。一般情况下，密实电流应超过空载电 15～35A，留振时间一般为 10～20s。在同样规定的密实电流大小和留振时间下，软弱土层处多填料，强度高的土层相对要少填料。在非均质土层的地基中，碎石桩在垂直剖面上直径不相等，随土层软硬不同而改变，故加固后的非均质地基，在水平方向和垂直方向的强度等工程特性趋向均匀。这种自身的调节优于其他软基的加固方法。

需要注意的是，不能将振冲器刚接触填料的瞬间电流作为密实电流。瞬时电流有时会远大于密实电流，但只要振冲器停止下降，电流值即刻减小。瞬时电流实质上不能反映填料的密实度，只有当振冲器在固定深度处振动一定时间，即规定的留振时间，而电流稳定于某一数值，该稳定电流值才是此时密实度的加密电流。当这一稳定电流超过规定的密实电流值时，该段桩体才算制作完毕。

3. 填料的控制

填料达到一定的数量才能保证规定所需的置换率。为了能够顺利地填入振密，每次填料数量不宜太多，控制填料在桩孔中的堆高不宜超过 1.0m，应采取"少食多餐"的原则。

桩孔底部加密时，填料量会远远高于正常的预估量。这是因为开始阶段填的料有相当一部分从孔口向孔底下落过程中被黏在各深度的孔壁上，只有少量落入孔底，另外孔底水压过高也会使桩孔超深增加填料量。

4. 综合指标的控制

填料量、密实电流和留振时间是振冲施工质量控制的三大指标。一般来说，在粉性较重的地基中制桩，密实电流易达到规定值，此时应注意留振时间和填料量也需满足规定要求；在软土地基中制桩，填料量和留振时间易达到规定值，这时就需要注意加密电流是否达到规定值。

过大的填料量、过高的密实电流、过长的留振时间均会降低施工效率，同时增加工程建设的费用；反之则会使振冲加固效果达不到规定的要求。因此，在进行制桩控制的标准设计时，应在地基的土层、土质条件、建筑物的设计要求等基础上进行现场试桩试验。

5.4.4.2 振冲加固效果的检验

港口工程振冲地基加固效果检验包括以下几项。

1. 不加填料的振冲挤密地基

不加填料的砂性土振冲地基加固效果检测可采用标准贯入、重型动力触探或静载荷等原位试验进行。检测深度应不小于设计处理深度。原位试验应在施工结束 7~14d 后进行。标准贯入或重型动力触探试验检测数量宜取总振点数的 1%~2%，静载荷试验不宜少于总振点数的 0.5%，单个评价单元不应少于 3 点。

2. 外加填料的振冲置换地基

外加填料的振冲置换地基加固后桩身可采用重（或超重）型动力触探试验检测桩体的密实度，检测桩间土可采用标准贯入、静力触探、十字板等原位试验方法进行，也可采用室内土工试验的方法进行，检测数量宜取总桩数的 1%~2%；复合地基的承载力宜采用单桩复合地基静载荷试验进行，检测数量不宜少于总桩数的 0.5%。复合地基、单桩和桩间土的检测应在成桩施工完成并间歇一定时间后进行。碎石土和砂性土地基的间歇时间不应少于 7d，粉土地基的间歇时间不应少于 14d，黏性土地基间歇时间不应少于 28d。

5.4.5 振冲法工程实例

5.4.5.1 营口港鲅鱼圈港区四期工程 55 号泊位前沿地基

1. 工程概况

营口港鲅鱼圈港区四期工程 55 号泊位长 305m、宽约为 60m，北与四期 54 号泊位相接，南为四期 56 号泊位。码头结构为重力式带卸荷板方块码头。码头水深－14.0m，码头后为抛石棱体，其外为两片石和倒滤层，倒滤层斜坡 1:1.5。码头后方为吹填砂。集装箱装卸桥基础的海侧前轨落在胸墙上，陆侧后轨落在灌注桩为基础的轨道梁上。

设计要求吹填砂地基的承载力特征值不小于 150kPa，经过振冲处理后的地基上部砂层范围内标贯击数 $N \geqslant 8$ 击，每个检测孔测点的合格率不低于 85%，且要求砂层达到中密状态，以控制和减少堆场的工后沉降，提高堆场运营质量。

由加固前地基勘察报告可知，场区属于泥面以上吹填中粗砂形成的回填地基，地势平坦，砂面吹填标高在 3.9~5.0m。中粗砂层饱和，松散~稍密，矿物成分以石英和长石为主，吹填形成，级配一般，混有粉质黏土团块，层厚 4.3~12.1m；淤泥质粉质黏土层饱和，流塑~软塑，高压缩性，中等干强度，中等韧性，底部含有贝壳和粉砂，层厚 1.4~3.0m。加固前地下水位埋深 0.8~2.3m。

2. 方案设计

设计采用振冲法加固砂土层及天然泥面以下的软土地基。振点间距为 3.0m、排距 2.6m，场地标高－1.0m（A1、B1 设计分区为 0.0m）以上中粗砂层采用振冲挤密工艺，场地吹填砂回填孔口，场地标高－1.0m（A1、B1 设计分区为 0.0m）以下淤泥质粉质黏土层采用振冲置换施工工艺，填碎石，场地加固后形成振冲砂石桩复合地基。

3. 效果及评价

在施工结束后一周采用标准贯入试验的方法进行振冲加固效果的检测。检测按照 430m²（或 55 个振点）布置一点。检测结果分区域统计见表 5.26。

振冲处理后的地基上部砂层范围内标贯击数 $N \geqslant 8$ 击，且每个检测孔测点的合格率不低于 85%，满足设计要求，吹填砂地基的承载力特征值不小于 150kPa。

淤泥质粉质黏土层经过振冲后，形成振冲碎石桩，在上覆荷载作用下会产生排水固结而使其本身发生变形，土体强度得以提高，其承载能力和抗变形能力得以提高。根据邻近

5.4 振冲法

表 5.26　　　　　　　　　　　　标贯检测成果统计及质量评定表

设计分区	砂土层范围桩间 N/击			设计要求 N/击	N≥设计值的百分率/%	承载力推算值/kPa	质量评定	淤泥质粉质黏土层标贯 N/击
	最大值	最小值	平均值					
A1、B1	22	8	13.9	8	100	>150	合格	1.0
A2、B2	22	9	13.7		100	>150	合格	2.7
A3、B3	25	10	15.5		100	>150	合格	2.0
A4、B4	30	10	15.6		100	>150	合格	2.4
A5、B5	21	7	15.5		97.2	>150	合格	2.0
A6、B6	22	8	15.4		100	>150	合格	2.0
A7、B7	27	6	14.3		95.0	>150	合格	1.2
A8、B8	25	8	15.2		100	>150	合格	1.8
A9、B9	19	8	13.0		100	>150	合格	1.1
A10、B10	29	8	15.8		100	>150	合格	2.7
A11、B11	25	10	15.7		100	>150	合格	0.6

51~53号泊位现场试验结果，该土层在4~6个月内将完成主固结变形，标贯击数可再提高3击左右。

2006年4月振冲检测完成，2006年7月场地开始投入使用，整个场地使用10多年来未发生明显差异沉降变形和重大维修，如图5.49所示。

（a）振冲施工过程中　　　　　　　　　　（b）投入使用中的场地

图 5.49　鲅鱼圈港区 55 号泊位振冲地基

5.4.5.2　营口港鲅鱼圈港区 A 港池新建矿石堆场地基

1. 工程概况

营口港鲅鱼圈港区新建矿石堆场位于 A 港池后方吹填区域内，堆场纵向长达 1060m，横向宽约 770m，占场地面积达 82 万 m²。矿石堆场设计最大堆高 14m，地面荷载达 350~400kPa。矿石堆场黏土区或黏土与砂土混合区首期堆高为 8m，地基能承受不小于 200~250kPa 的荷载；二期堆高 12m，地基能承受不小于 300kPa 的荷载；三期堆高达 14m，地基能承受不小于 350~400kPa 的荷载。允许堆场地基产生 200~600mm 的竖向沉降,但严格控制地基发生水平向位移,确保轨道梁与堆场在使用期的稳定。

由加固前地基勘察报告可知,堆场地基自上而下为:①素填土,杂色,稍湿,松散~稍密,主要以黏性土及碎石土为主,含少量块石,层厚0.6~1.2m;②中细砂,稍湿~湿,松散~稍密,吹填形成,含有粉砂、粉质黏土和淤泥质土,层厚5.6~8.5m;②$_{-1}$粉质黏土,软塑~可塑,吹填形成,呈团块状,混有少量中细砂,层厚1.7~3.7m;③淤泥质粉质黏土,饱和,软塑,分布连续,层厚1.3~5.8m。加固前地下水位埋深0.3~1.3m。

2. 方案设计

设计采用"振冲砂石桩+矿石堆载预压"法进行地基处理。堆场平行轨道行走向,每30m划分为一个设计分区,根据每个分区土质条件,分别采用图5.50所示两种布点方案。砂土区采用方案一,桩底标高-10.0~-11.0m,桩径0.8~1.1m,设计置换率0.087~0.122,-1.0~-5.6m以上填坑口砂或外加碎石采用振冲挤密工艺,以下填碎石采用振冲置换工艺,砂层留振时间不少于60s。黏土区采用方案二,桩底标高-10.0~-11.0m,桩径1.0~1.1m,设计置换率0.105~0.127,填碎石采用振冲置换工艺。振冲加固后地基的矿石堆存能力大于200~250kPa。

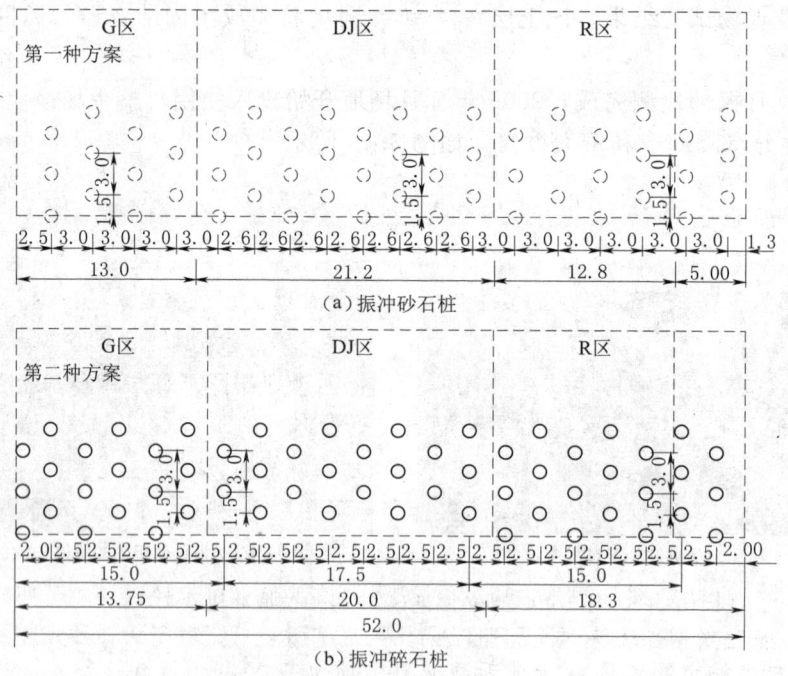

图5.50 鲅鱼圈港区A港池新建矿石5号堆场振冲布点

3. 效果及评价

振冲施工结束后,采用标准贯入试验和桩身超重型动力触探试验的方法进行振冲加固效果的检测。检测按照520m^2(或60~70个振点)布置一点。设计要求振冲处理后的地基上部中细砂的标贯值修正后击数N不小于12击、平均大于14击,且每个检测孔测点率不低于85%。振冲碎石桩桩身连续且超重型动力触探击数N_{120}(修正值)大于3击。

5.4 振冲法

以矿石 5 号堆场为例，相应的检测结果见表 5.27 和表 5.28。根据检测结果，建议 5 号堆场矿石首期堆高 A1～A22 及 A24～A29 施工分区不超过 8m，A23 施工分区不超过 6m。

表 5.27　　　　　　　　标准贯入检测成果统计及质量评定表

检测区域	桩间土 N/击			加固前砂层均值 N/击	设计要求 N/击	N≥设计值的百分率/%	承载力推算值/kPa	矿石首期堆高值/m
	最大值	最小值	平均值					
A1	34.4	18.0	27.7	10.1		100	>150	8
A2	35.1	12.9	28.3	10.1		100	>150	8
A3	27.3	18.9	21.9	10.1		100	>150	8
A4	29.9	15.7	22.3	10.1		100	>150	8
A5	28.2	19.8	23.0	9.7		100	>150	8
A6	22.9	18.9	20.8	9.7		100	>150	8
A7～A9	23.8	16.2	19.3	9.7		100	>150	8
A10	22.8	14.0	18.1	7.6		100	>150	8
A11～A13	24.0	11.6	17.0	7.6	最小 N≤12 平均 N≥14	95.2	>150	8
A14～A16	29.4	11.6	17.3	7.6		95.2	>150	8
A17、A18	30.4	9.7	20.5	11.0		94.4	>150	8
A19	27.9	8.3	21.7	10.2		94.4	>150	8
A20	27.3	10.7	19.6	10.2		86.6	>150	8
A21	28.0	9.7	20.5	10.2		87.5	>150	8
A22	31.7	12.6	22.2	10.2		100	>150	8
A23	33.0	10.7	21.6	10.2		81.2	>120	6
A24～A26	27.3	12.6	19.6	10.2		100	>150	8
A27～A29	27.3	11.0	18.6	10.2		91.6	>150	8

表 5.28　　　　　　超重型动力触探检测成果统计　　　　　　单位：击

施工分区 统计高程	A1	A2	A3	A4	A5	A6	A7	A8	A9	A10
5.0～0.0m	11.1	9.4	10.5	12.0	10.4	10.0	8.9	10.1	8.0	8.2
0.0～-5.0m	11.5	11.3	11.6	12.1	9.5	9.1	10.1	10.5	9.9	8.7
-5.0～-10.0m	7.2	7.3	6.1	6.2	6.3	6.6	6.7	7.0	6.4	6.1
施工分区 统计高程	A11	A12	A13	A14	A15	A16	A17	A18	A19	A20
5.0～0.0m	9.1	9.1	9.1	8.2	7.7	7.7	8.3	7.4	9.4	7.5
0.0～-5.0m	10.2	9.7	9.9	5.5	5.6	5.5	5.6	6.2	11.9	11.8
-5.0～-10.0m	6.9	6.9	4.1	4.2	4.3	4.1	5.6	9.3	7.6	

续表

施工分区 统计高程	A21	A22	A23	A24	A25	A26	A27	A28	A29
5.0~0.0m	8.0	9.3	6.1	5.9	6.7	6.6	6.1	4.9	5.6
0.0~−5.0m	13.0	13.1	3.7	5.0	5.4	5.3	5.4	3.6	4.5
−5.0~−10.0m	7.7	6.7	—	3.8	4.7	4.6	4.5		

2011年7月新建矿石5号堆场振冲检测完成，2011年12月场地分段投入使用（图5.51）。根据运营初期堆场监测结果，堆场实际加载量远小于设计荷载，所产生的超静孔隙水压力值较小，5号堆场使用以来未发生明显差异沉降变形和重大维修。

（a）振冲施工过程中

（b）投入使用中的场地

图5.51 鲅鱼圈港区A港池新建矿石5号堆场振冲地基

5.5 CFG桩复合地基法

CFG（cement flyash gravel pile，水泥粉煤灰碎石桩）是由碎石、石屑、粉煤灰掺适量水泥加水拌和，用长螺旋桩机、振动沉管打桩机或其他成桩机具制成的具有一定黏结强度的桩，它和桩间土、褥垫层一起形成复合地基。碎石为桩体的主体材料；石屑为中等粒径集料或用中粗砂代替，可以改善级配；粉煤灰为细集料，可以起到低强度水泥的作用，使桩体具有明显的后期强度。通过调整水泥掺量及配合比，桩体强度可在C5~C25之间变化，在港口工程软基处理中一般取C15~C20。

我国自20世纪80年代开始试验研究CFG桩复合地基成套技术，1992年通过建设部组织的鉴定，1994年被建设部列为全国重点推广项目，1995年被国家科委列为全国重点推广项目，1997年被列为国家工法，2002年列入国家行业标准《建筑地基处理技术规范》（JGJ 79—2012）。经过近30年的研究和推广应用，CFG桩以其具有的承载力提高幅度大、地基变形小、施工快、质量容易控制等优点，在房屋建筑、铁路、公路及石油化工等工程中得到了广泛应用。

近年来，我国的营口港、盘锦港、连云港港等多项工程软基处理中采用了CFG桩复合地基法。

5.5 CFG桩复合地基法

5.5.1 CFG桩复合地基法的基本原理

5.5.1.1 CFG桩复合地基的特点

CFG桩是针对碎石桩等散粒体桩承载力特性的一些不足,加以改进而发展起来的,是一种半柔性半刚性桩,通常称为半刚性桩。碎石桩一般应用在砂土、粉土中,用于消除地基液化和提高地基承载力。然而大量工程实践表明,碎石桩加固塑性指数较大、挤密效果不明显的软土地基时,效果不理想,这是由于碎石桩的主要受力作用区在4倍桩径范围内,沿桩长方向的轴向和侧向应力迅速衰减,增加桩长对提高复合地基承载力效果不大所致;而CFG桩由于桩身具有一定的黏结性,可在全长范围内受力,能充分发挥桩周摩阻力和桩端力。因此,复合地基承载力的提高幅度较大,且沉降小、稳定快。

CFG桩与碎石桩相比具有以下优点:

(1) CFG桩同时具有对地基的挤密加固和置换作用。

(2) CFG桩复合地基通过柔性褥垫层,人为地提供了桩顶向上刺入褥垫层的条件,使调整桩土相对变形的问题得到解决。

(3) 褥垫层使桩间土的有效接触应力增加,使桩周土的抗剪强度提高,相应地使桩的承载力也得到提高。

(4) CFG桩复合地基的强度和变形模量较为均匀,对抗震十分有利。

(5) 褥垫层对于地基的不均匀沉降也有一定的补偿作用。

CFG桩可用于加固填土、饱和及非饱和黏性土、松散的砂土、粉土等,但对塑性指数高、强度低的饱和软黏土应慎重使用,使用前最好能在现场做试桩,进行试验,来确定其适用性。

5.5.1.2 CFG桩复合地基的构成

CFG桩复合地基由桩体、桩间土及褥垫层三部分构成,如图5.52所示。

1. 褥垫层的作用

褥垫层的材料一般采用中粗砂、粗砂、级配砂石和碎石等,最大粒径一般不大于30mm。褥垫层厚度一般为桩径的0.4~0.6倍,其合理取值对CFG桩复合地基非常重要。在CFG桩复合地基中,上部传来的荷载通过褥垫层传给桩和桩间土。当构筑物基础和桩之间设置一定厚度的褥垫层后,在上部荷载作用下,褥垫层产生向下的变形;同时当桩顶压力超过褥垫层局部抗压强度时,桩顶有相对褥垫层的向上位移,从而改善了桩顶的受力状态,充分发挥桩的承载力,达到桩土共同承担荷载的目的,同时减小地基的沉降。褥垫层的主要作用如下:

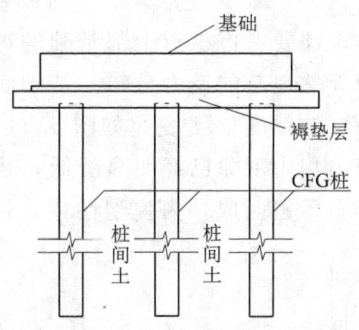

图5.52 CFG桩复合地基构成

(1) 调整桩土荷载分担比。若构筑物基础下不设褥垫层,桩、桩间土按面积比例承担荷载,这样就不能充分发挥桩体刚度大、承载能力强的特点。设置一定厚度的褥垫层,情况就不同了,借助褥垫层的调整作用,能使桩体承担更多的上部荷载。

复合地基中总应力σ、桩顶应力σ_p与桩间土应力σ_s随荷载分担变化关系如图5.53所

示,工程实践中常用桩土应力比 n 表示为

$$n = \frac{\sigma_p}{\sigma_s} \tag{5.64}$$

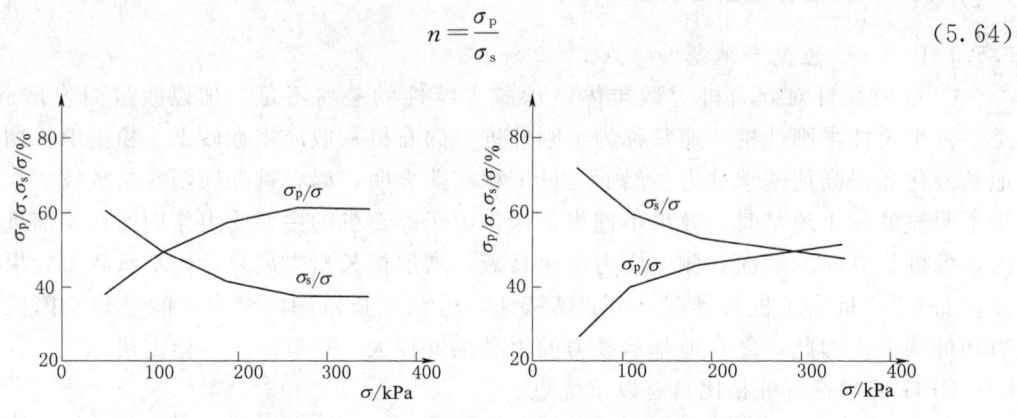

图 5.53 桩、土荷载分担比随荷载的变化

(2) 调整桩、土水平荷载分担比。CFG 桩主要传递垂直荷载,当承受水平荷载时,桩、土是如何参与工作的,特别是 CFG 桩不配筋,桩在水平荷载作用下会不会断裂,会不会影响复合地基的正常使用,这些常常是设计人员最担心的问题之一。

当褥垫层厚度 $\Delta H=0$ 时,水平荷载主要由桩来分担。随着褥垫层厚度 ΔH 的增大,桩和桩间土承担水平荷载的比例也在不断调整。当增加到一定数值时,作用在桩和桩间土上相差不大,桩承受的水平荷载的比例大体与面积置换率 m 相当,此时桩受的水平荷载很小,水平荷载主要由桩间土承担。

由以上两个作用的讨论可知,通过改变褥垫层的厚度,可以调整桩与土承担垂直荷载和水平荷载的比例。当褥垫层薄时,桩承担的垂直荷载比例大,而承担的水平荷载比例小;当褥垫层厚时,桩间土承受的垂直荷载比例小,承担的水平荷载比例大。

(3) 减少应力集中。当褥垫层厚度 $\Delta H=0$ 时,桩的应力集中很显著,和桩基础一样,需要考虑桩对上部基础的冲切破坏或桩头破碎;当 ΔH 很大时,基础底部的反力即为天然地基的反力分布。基础底面测得的桩头反力与桩间土反力之比用 β 表示,β 值随褥垫层的厚度 ΔH 变化如图 5.54 所示。当褥垫层厚度大于 10cm 时,桩对基础底部产生的应力集中现象已经明显降低,当 $\Delta H=30$cm 时,β 值已经很小。因褥垫层一般采用级配碎石压密而成,为弹塑性体,而非刚性体,实际存在较大的变形,因此褥垫层厚度不宜太厚。

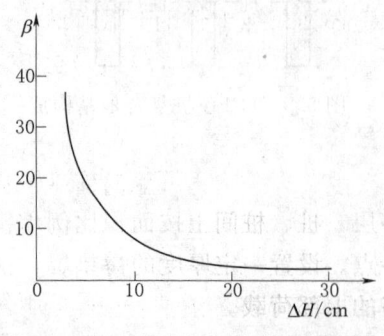

图 5.54 β 值与褥垫层厚度的关系

(4) 调整桩和桩间土的相对位移,使桩间土和基础始终接触,调整桩顶和桩间土的接触压力,减少基础底面应力集中,使复合地基受力更合理。褥垫层厚度过小,桩对基础将产生显著的应力集中,桩间土承载能力不能充分发挥;褥垫层厚度过大,桩对基础产生的应力集中很小,桩的承载能力得不到充分发挥。

(5) 充分发挥桩间土的承载力,增大桩的侧阻力和端阻力,提高单桩承载力。

(6) 褥垫层具有阻尼耗能作用、滑动消能作用和延长周期的作用，使得 CFG 桩复合地基具有良好的减震性能，在水平地震力作用下，褥垫层内产生剪切面，通过褥垫层散体材料之间的摩擦力传递地震剪力，从而削减上部结构的地震反应，减少复合地基桩头的位移和弯矩。

2. 桩体的作用

(1) 置换作用。CFG 桩是一种高黏结强度桩，在荷载作用下 CFG 桩的压缩性比桩周土小，因此基础传给复合地基的附加应力随地基的变形逐渐集中到桩体上，从而使 CFG 桩承担的荷载大于桩间土承担的荷载。置换作用随桩径的增加而增强。

(2) 加筋作用。桩体强度与桩间土强度相差较大，在地基土中的柱状体构成了土层的竖向加筋，除了提高地基承载力外，还可提高土体的强度。

(3) 桩对土的约束作用。在复合地基中，桩对桩间土具有阻止土体侧向变形的作用，从而加强复合地基抵抗垂直变形的能力。

(4) 挤密作用。CFG 桩施工中的振动或冲击作用使桩间土得到一定程度的挤密。经实地测试表明，加固后的地基土的含水率、孔隙比、压缩系数均有所降低，而土体的重度、压缩模量均有所增加，可以达到改善土质性能的目的。

(5) 排水作用。刚施工完的 CFG 桩桩体可作为良好的竖向排水通道，孔隙水沿桩体向上排出，直至桩体凝固为止。桩体的排水作用有利于孔隙水压力的消散、有效应力增长、桩间土强度和复合地基承载力的提高。

3. 桩间土的作用

(1) 承担竖向、水平荷载。

(2) 对桩体进行约束，保证桩体的正常工作。

5.5.1.3 加固机理

CFG 桩复合地基的加固机理可概括为桩体的置换作用和褥垫层的调整均化作用；对于砂性土、粉土和塑性指数较小的粉质黏土，还具有挤密作用，该作用可以消除砂性土及粉土的液化；当 CFG 桩复合地基用于挤密效果好的土层时，既有置换作用又有挤密作用；当用于挤密效果差的土层时，只有置换作用。具体地说，褥垫层将上部传来的荷载通过适当的变形以一定的比例分配给桩及桩间土。由于桩体的刚度较土体大，能承受更多的荷载；土体受到桩的挤密也提高了承载力，同时由于桩周土侧应力的增加，其受力性能也得到改善。桩、土二者形成一个复合地基的受力整体，共同承担上部传来的荷载。

CFG 桩复合地基在任意荷载下桩顶的沉降、桩间土表面的沉降和基础的沉降均不相同，如图 5.55 所示。由于桩的模量远大于桩间土的模量，桩顶的沉降小于桩间土表面的沉降，桩向上刺入褥垫层，褥垫层材料不断补入桩间土，保证 CFG 桩和桩间土始终共同作用，如图 5.56 所示。在一定深度内，桩间土的沉降大于桩的沉降，土对桩产生的摩擦力方向向下，与土的变形方向一致，因此土对桩产生负摩阻力。在桩基础中，负摩阻力对基础是不利的，但对 CFG 桩复合地基，桩给桩间土一个向上的作用力，有利于提高桩间土的承载力和减小复合地基的变形。桩土位移及桩的轴力沿深度变化的过程如图 5.57 所示。在等沉降面 z_0 以上，桩间土的变形大于桩的变形，产生负摩阻作用，桩的轴力不断增加，z_0 处最大；在等沉降面 z_0 以下，桩间土的变形小于桩的变形，产生正摩阻力作用,桩的轴力不断减小。

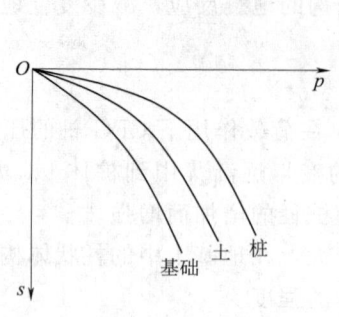

图 5.55　桩、土及基础 p-s 曲线

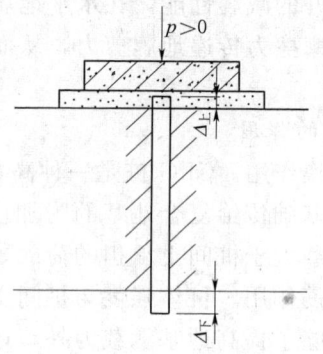

图 5.56　CFG 桩复合地基的变形模式

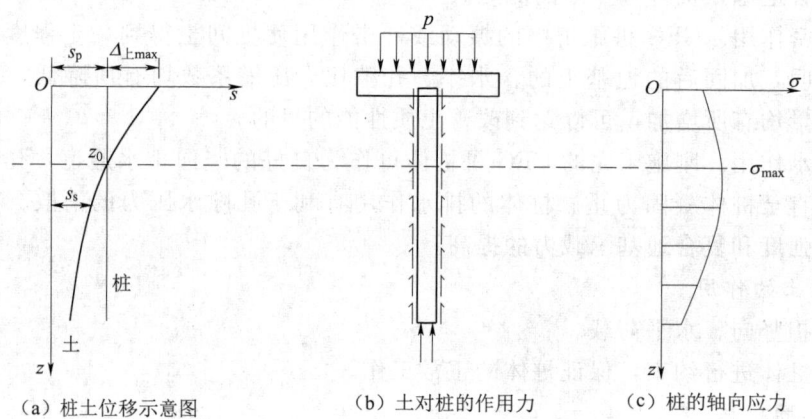

(a) 桩土位移示意图　　(b) 土对桩的作用力　　(c) 桩的轴向应力

图 5.57　CFG 桩复合地基桩土位移与桩的轴力示意图

复合地基中的桩与自由单桩的受力与变形性状不同。图 5.58（a）所示为自由单桩受力图,桩顶应力为 σ_p,桩间土应力 $\sigma_s = 0$。图 5.58（b）所示为复合地基中单桩受力示意图,桩间土表面作用力 $\sigma_s \neq 0$,在桩侧产生附加应力 $\Delta\sigma_s$,则桩身受到一个正向应力增量 $k_0 \Delta\sigma_s$（k_0 为静止土压力系数）,因此桩承受的侧摩阻力增加;在桩端产生的附加应力增量,形成桩端边载效应,减小了主应力差,增加了桩的端阻力。因此,复合地基中 CFG 桩的承载力大于自由单桩的承载力。

图 5.59 和图 5.60 分别为复合地基中桩的静载荷试验与自由单桩的静载荷试验的 Q-s 曲线。在桩顶荷载相同时,由于群桩效应和桩的负摩阻力作用,复合地基中桩的变形比自由单桩的变形要大。复合地基中桩的 Q-s 曲线呈加工硬化型,随着荷载的增加,

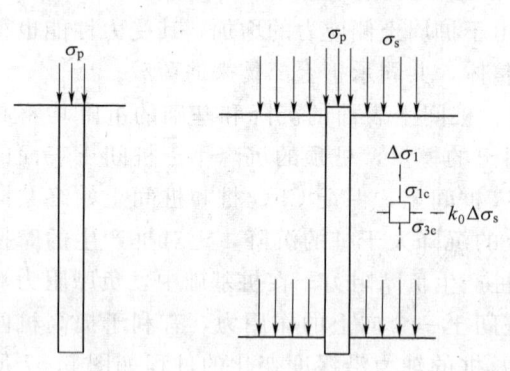

(a) 自由单桩　　(b) 复合地基中的单桩

图 5.58　自由单桩与复合地基中的单桩受力对比

变形加大,但没有急剧增大变形的趋势,即使超过自由单桩的极限承载力,桩还可以继续承受较大的荷载增量。

复合地基中桩和桩间土相互作用,桩间土的承载力一般大于天然地基的承载力,主要因为以下几方面的原因:①侧向约束效应,由于桩的存在约束了桩间土的侧向变形,从而使土的竖向变形减小,提高了桩间土的承载力,桩对桩间土的约束作用与桩的数量有关,桩越多约束作用越强;②负摩阻效应,在等沉面以上,由于负摩阻力的作用,桩给桩间土一个向上的作用力,阻止了桩间土的变形;③挤密效应,对挤密效果好的地基土,采用合理的施工工艺,会对桩间土产生振密、挤密效果,由于在静载荷试验状态下,桩的侧向约束效应、负摩阻效应不能或较少发挥,所测得的桩间土承载力比复合地基桩间土实际承载力要小。

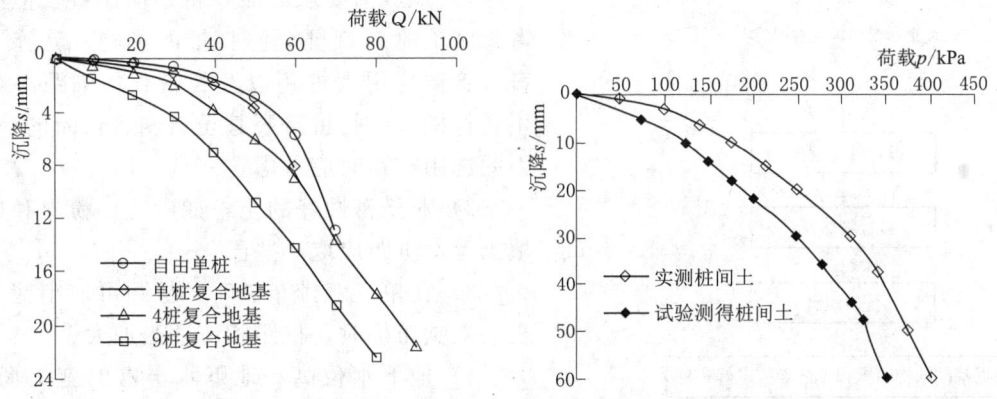

图 5.59 复合地基中的桩与自由单桩的 $Q-s$ 曲线　图 5.60 桩间土实测与静载荷试验 $p-s$ 曲线

5.5.2 CFG 桩复合地基的设计

CFG 桩设计原则是充分发挥桩间土和桩体的承载力,从而达到提高地基承载力和减少变形的加固目的。对松散砂土地基,可考虑施工过程中产生的挤密作用;对挤密效果差的地基可不考虑挤密效果。若以挤密松散砂土为主要加固对象,采用 CFG 桩是不经济的。

5.5.2.1 设计步骤

(1) 根据地基土质、施工设备、布桩方式及造价等条件初步确定桩径和桩距,由桩径和桩距求出置换率。

(2) 根据复合地基承载力的要求确定桩长。

(3) 桩身强度设计。

(4) 配料设计。

(5) 确定褥垫层的厚度。

具体设计流程如图 5.61 所示。

5.5.2.2 设计内容

1. 复合地基主要设计参数

(1) 桩径 d。当采用振动沉管法施工时,CFG 桩桩径由施工设备的桩管决定;当采

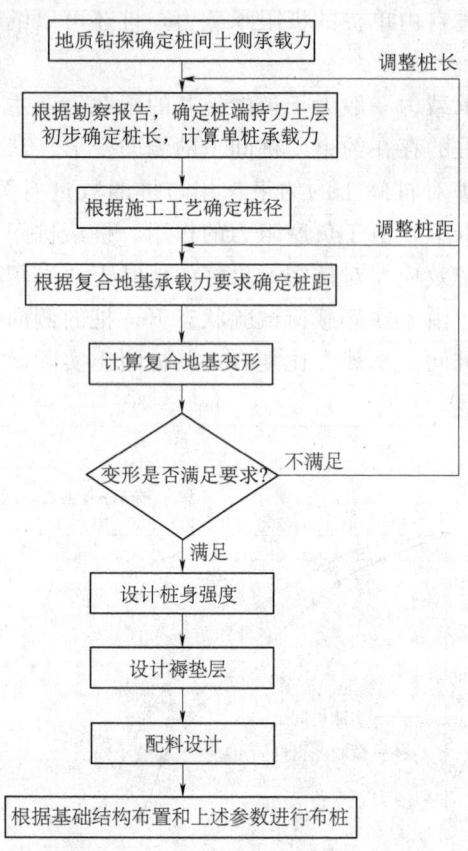

图 5.61 CFG 桩复合地基设计流程框图

用长螺旋钻机或其他设备施工时,可根据设备情况及需要确定桩的直径。一般设计桩径为 350~500mm。

(2) 桩距 L_p。桩距 L_p 的大小与复合地基承载力的要求、布桩形式、土质与施工机具等有关,所以选取桩间距需要考虑承载力的要求、施工能力、桩作用的发挥、场地地质条件以及造价等因素,同时还要考虑新打桩对已打桩可能产生的不良影响。

桩距选用原则如下。

1) 承载力要求高时,桩距应小些,但必须考虑施工时新打桩对已打桩的影响。就施工而言,希望采用大桩距以及长桩长,桩距小会产生新打桩将已打桩挤裂甚至挤斜、挤断的情况,因此选用桩距时应考虑这一点。

2) 对挤密性好的土,如砂土、粉土和松散填土等,桩距应取小些。

3) 在单、双排布桩时,桩距可取小些;反之,满堂布桩时,桩距相应适当加大。

4) 地下水位高、地下水丰富的施工场地,桩距也应适当加大。

桩距的选择应综合多种因素,一般桩距 $L_p=3d\sim 6d$。

(3) 桩长 L。由复合地基承载力计算公式可得到桩土应力比计算式为

$$n=\frac{\frac{f_{sp,k}}{\alpha\beta f_k}-1}{m+1} \tag{5.65}$$

设计时复合地基承载力 $f_{sp,k}$ 和天然地基承载力 f_k 是已知的;桩径 d 和桩距 L_p 设定后,置换率 m 也为已知;桩间土强度提高系数 α 和桩间土强度发挥系数 β 的取值同式 (5.72)。这样式 (5.66)、式 (5.67) 中的 n 为已知值。

桩顶应力为

$$\sigma_p=n\alpha\beta f_k \tag{5.66}$$

桩顶受的集中力为

$$P_p=n\alpha\beta f_k A_p \tag{5.67}$$

由式 (5.67) 求得的 P_p 和地基土的性质,参照施工方法相关的桩周摩阻力和桩端承载力,即可预估单桩承载力为 P_p 时的桩长。

另外,当天然地基承载力 f_k 是已知的,设计要求的复合地基承载力 f_{sp} 也为已知。桩径 d 和桩间距 L_p 设定后,置换率 m 和桩的断面面积均为已知,桩间土强度提高系数 α

和桩间土强度发挥度 β 的取值同式（5.72），利用下式也可以计算桩长，即

$$R_k = [f_{sp} - \alpha\beta(1-m)f_k]\frac{A_p}{m} \tag{5.68}$$

$$R_k = \frac{U_p \sum q_{si} h_i + q_p A_p}{k} \tag{5.69}$$

将以上数值代入式（5.68）后，则可求得 R_k。再将 R_k 值代入式（5.69），根据《建筑桩基技术规范》（JGJ 94—2008）中的 q_{si} 和 q_p 就能计算出所需的桩长。

（4）褥垫层厚度。若褥垫层厚度过小，桩对基础底部将产生很显著的应力集中，需考虑桩对基础的冲切，当承受水平荷载作用时，还可能造成复合地基中桩发生断裂。另外，褥垫层厚度过小，桩间土承载力不能充分发挥，要达到设计要求的承载力，必须增加桩的数量或桩的长度，造成经济上的浪费。

褥垫层厚度大，桩对基础底部产生的应力集中小，可不考虑桩对结构基础的冲切作用，受到水平荷载的作用，不会发生桩的断裂。另外，褥垫层厚度大，能够充分发挥桩间土的承载能力。当然褥垫层的厚度也不必太厚，若褥垫层厚度过大，会导致桩、土应力比等于或接近于1，此时复合地基中桩的设置已经失去了意义。

综合以上分析，结合大量的工程实践经验，在既考虑到技术上可靠又考虑到经济上合理的情况下，褥垫层的厚度取30~50cm为宜；当桩间距大、土性差时，褥垫层厚度可适当增加。

（5）桩体强度。由 R_k 和桩断面面积，可计算桩顶应力，即

$$\sigma_p = \frac{R_k}{A_p} \tag{5.70}$$

根据桩体强度和承载力的关系可知，桩体强度取3倍桩顶应力即可，即

$$R_{28} \geqslant 3\sigma_p \tag{5.71}$$

2. CFG 桩复合地基承载力计算

复合地基承载力的计算公式较多，但应用比较普遍的有两种，一是分别确定桩间土的承载力和单桩承载力，再根据一定的叠加原则合理组合叠加，具代表性的叠加方法有面积比公式和应力比公式；二是将复合地基承载力用天然地基承载力扩大一个倍数来表示。

CFG 桩复合地基承载力不是天然地基承载力和单桩承载力的简单叠加，需要对以下因素予以考虑：①施工时对桩间土是否产生扰动或挤密，桩间土承载力有无降低或提高；②桩对桩间土有约束作用；③复合地基中桩的 $p-s$ 曲线呈加工硬化型，是否比自由单桩的承载力高；④桩和桩间土承载力的发挥都与变形有关，变形小时，承载力发挥不充分；⑤桩间土承载力的发挥与褥垫层厚度有关。

综合考虑以上因素，结合工程实践经验，阎明礼认为 CFG 桩复合地基承载力可用下式进行估算，即

$$f_{sp,k} = [1 + m(n-1)]\alpha\beta f_k \tag{5.72}$$

式中 $f_{sp,k}$——复合地基承载力标准值，kPa；

        f_k——天然地基承载力标准值，kPa；

        m——面积置换率；

n——桩土应力比;

α——桩间土强度提高系数,$\alpha=f_{sk}/f_k$;

f_{sk}——加固后桩间土承载力标准值,kPa;

β——桩间土强度发挥系数,宜按地区经验取值,无经验时可取 $\beta=0.75\sim 0.95$,天然地基承载力高时取大值。

长螺旋钻孔压灌成桩工艺属部分挤土工艺,桩间土强度提高幅度不大,一般可作为安全储备,α 通常取 1.0;沉管灌注工艺属于挤土工艺,对可挤密的土,α 可取大于 1.0 的提高系数。

R_k 可按下式计算,即

$$R_k=\frac{U_p\sum q_{sik}h_i+q_{pk}A_p}{K} \tag{5.73}$$

式中 U_p——桩的周长;

q_{sik}——第 i 层土与土性和施工工艺有关的极限侧阻力标准值,可按地区经验确定,当无地经验时,可参照《建筑桩基技术规范》(JGJ 94—2008)中有关规定取值;

h_i——第 i 层土厚度;

q_{pk}——与土性和施工工艺有关的极限端阻力标准值,可按地区经验确定,当无地区经验时,可参照《建筑桩基技术规范》(JGJ 94—2008)中有关规定取值;

K——安全系数,取 2.0。

按照《建筑地基处理技术规范》(JGJ 79—2012),CFG 桩复合地基承载力特征值,应当通过现场复合地基静载荷试验确定,初步设计时可按式(5.74)估算,即

$$f_{sp,k}=m\frac{R_k}{A_p}+\beta(1-m)f_k \tag{5.74}$$

单桩竖向承载力特征值的取值应符合下列规定:

1)当采用单桩载荷试验时,应将单桩极限承载力除以安全系数 2。

2)当无单桩载荷试验资料时,可按式(5.75)估算,即

$$R_a=U_p\sum_{i=1}^{n}q_{si}l_i+q_pA_p \tag{5.75}$$

式中 q_{si},q_p——桩周第 i 层土侧阻力、端阻力特征值,kPa,可按现行国家标准《建筑地基基础设计规范》(GB 50007—2011)中有关规定确定;

n——桩长范围内所划分的土层数;

l_i——第 i 层土厚度,m。

桩体试块抗压强度平均值应满足式(5.76)的要求,即

$$f_{cu}\geqslant 3\frac{R_a}{A_p} \tag{5.76}$$

式中 f_{cu}——桩体混合料试块(边长 150mm 立方体)标准养护 28d 立方体抗压强度平均值,kPa。

由于复合地基承受的荷载达到其承载力标准值时,桩体承载力和地基土承载力并非同

时达到标准值，并且复合地基中桩、桩间土的荷载—变形关系与自由单桩、天然地基的荷载—变形关系不同，桩土荷载分担比也与褥垫层厚度、置换率、荷载水平、土质情况、成桩工艺等许多因素有关，因此以上几种承载力的计算方法均假设桩体先达到承载力标准值，而地基未达到标准值，只考虑到桩间土强度发挥系数，存在一定的不足。考虑到复合地基中桩体受负摩擦力的作用，桩间土的变形除了由桩间土承担的荷载引起外，还有一部分由桩承担的荷载在土中引起的压力产生，以及考虑引起桩土应力比的不同因素，作者认为，采用式（5.77）计算 CFG 桩复合地基承载力更为合理，即

$$f_{sp,k} = \beta_1 m \frac{R_k}{A_p} + \beta_2 (1-m) f_k \tag{5.77}$$

式中　β_1——CFG 单桩承载力发挥系数，取 0.80~1.0，当复合地基中诸条件有利于发挥桩体的承载力作用时取高值，如褥垫层厚度大、置换率低、桩端持力层软弱等；

β_2——桩间土承载力发挥系数，取 0.70~1.0，取值规律与 β_1 相反，天然地基承载力高时取大值。

3. CFG 桩复合地基沉降计算

CFG 桩复合地基常用的沉降计算方法有两种：第一种是将地基总的沉降量分为加固区的压缩变形 s_1 和加固区下卧土层的压缩变形 s_2 两部分，这两部分压缩变形分别采用不同的方法计算；第二种是规范建议的分层总和法。

(1) 加固区土层压缩变形 s_1 的计算。加固区土层的压缩变形 s_1 的计算方法有复合模量法（E_c 法）、应力修正法（E_s 法）、桩身压缩变形法（E_p 法）等。

复合模量法（E_c 法）是将复合地基加固区视为与天然地基分层相同的均质地基，采用分层总和法计算加固区土层压缩变形 s_1，不同的是压缩模量采用复合土层压缩模量，即

$$s_1 = \sum_{i=1}^{n} \frac{\Delta p_i}{E_{spi}} H_i \tag{5.78}$$

式中　Δp_i——第 i 层复合土层上的附加应力增量；

H_i——第 i 层复合土层的厚度；

E_{spi}——第 i 层复合土层的压缩模量。

加固区复合土层的压缩模量 E_{spi} 通常采用面积加权平均法计算，即

$$E_{sp} = mE_p + (1-m)E_s \tag{5.79}$$

式中　E_{sp}, E_s——桩和桩间土的压缩模量；

m——复合地基置换率。

加固区复合土层压缩模量也可采用弹性理论求出解析解或数值解，张土乔（1992）采用弹性理论方法，根据复合地基总应变能与桩和桩间土应变能之和相等的原理推导出加固区复合土层的复合模量计算公式，即

$$E_{sp} = mE_p + (1-m)E_s + \frac{4(v_p - v_s)^2 K_p K_s G_s (1-m)m}{[mK_p + (1-m)K_s]G_s + K_p K_s} \tag{5.80}$$

其中：

$$K_p = \frac{E_p}{2(1+\upsilon_p)(1-2\upsilon_p)}$$

$$K_s = \frac{E_s}{2(1+\upsilon_s)(1-2\upsilon_s)}$$

$$G_s = \frac{E_s}{2(1+\upsilon_s)}$$

式中 E_p，E_s——桩和桩间土的杨氏模量；

υ_p，υ_s——桩和桩间土的泊松比；

m——复合地基置换率。

式（5.80）中第三项可以看作桩和桩间土在荷载作用下相互作用引起的复合模量增加量，因此

$$E_{sp} \geqslant mE_p + (1-m)E_s \tag{5.81}$$

复合模量法计算公式的推导是在桩和桩间土等应变假设条件下进行的，即桩顶与桩间土表面的沉降相等。实际上，由于桩和桩间土变形模量相差较大，在荷载作用下桩顶与桩间土表面会产生差异沉降，有关工程变形性状实测结果表明，复合地基中的桩和桩间土的变形不符合等应变假定。此外，加固区复合土层的复合模量也可通过室内试验测定。结果表明，室内试验＞弹性力学法＞面积加权法，因此采用面积加权法计算压缩模量结果变小，沉降计算值偏大，对实际工程来说是偏于安全的。

应力修正法（E_s法）是根据复合地基桩间土承担的荷载，采用分层总和法按桩间土的压缩模量计算复合地基加固区土层压缩变形 s_1，即

$$s_1 = \sum_{i=1}^{n} \frac{\Delta p_{si}}{E_{si}} H_i = \mu_s \sum_{i=1}^{n} \frac{\Delta p_i}{E_{si}} H_i \tag{5.82}$$

式中 Δp_i——天然地基在荷载 p 作用下第 i 层土上的附加应力；

Δp_{si}——复合地基第 i 层土上的附加应力增量；

H_i——第 i 层复合土层的厚度；

E_{si}——第 i 层土的压缩模量；

μ_s——应力修正系数，按下式计算，即

$$\mu_s = \frac{1}{1+m(n-1)} \tag{5.83}$$

式中 m——复合地基置换率；

n——桩土应力比。

应力修正法引入了一个参数桩土应力比 n，由于 CFG 桩复合地基的置换率一般较小，桩土应力比 n 的变化范围较大，应力修正系数 μ_s 难以确定。

桩身压缩变形法（E_p法）不考虑桩的上刺入变形，认为复合地基加固区的压缩变形为桩身压缩变形和桩端的下刺入量之和，即

$$s_1 = s_p + \Delta \tag{5.84}$$

式中 s_p——桩身压缩变形；

Δ——桩端的下刺入量。

桩身压缩变形可通过桩身应力和桩体模量计算得到，即

$$s_p = \int_0^L \frac{p_{p(z)}}{E_p} dz \tag{5.85}$$

式中　L——桩长；

　　　$p_{p(z)}$——桩身应力沿深度 z 变化的表达式。

桩身压缩变形法假定复合地基的压缩变形等于桩身压缩变形和桩端下刺入量之和，但桩身压缩变形和下刺入量的计算比较困难。一方面桩身压缩变形与桩的轴力沿深度的分布有关，而且轴力也与荷载分担比、桩土应力分担比等因素有关，因此桩的轴力沿深度的分布计算比较困难。另外，桩端下刺入量的计算模型较多，但尚未见到工程实践验证。

3 种计算方法相比较而言，复合模量法使用方便，具有一定的工程实用价值。复合地基加固区的压缩变形一般不大，采用上述方法计算带来的误差对工程设计影响不会太大。

(2) 下卧土层压缩变形 s_2 的计算方法。下卧土层压缩变形 s_2 的计算通常采用分层总和法，作用在下卧土层上荷载的计算方法有压力扩散法、等效实体法和改进 Geddes 法等。图 5.62 为采用压力扩散法和等效实体法来计算下卧土层压缩变形 s_2 的计算简图。

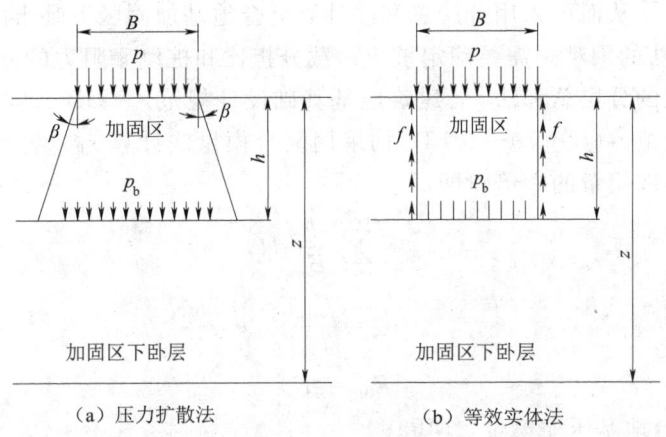

(a) 压力扩散法　　　　(b) 等效实体法

图 5.62　下卧土层压缩变形 s_2 计算简图

加固区下卧土层的压缩变形 s_2 通常采用分层总和法计算，即

$$s_2 = \sum_{i=1}^n \frac{\Delta p_i}{E_{si}} H_i \tag{5.86}$$

式中　Δp_i——第 i 层土上的附加应力；

　　　H_i——第 i 层土的厚度；

　　　E_{si}——第 i 层土的压缩模量。

压力扩散法假定复合地基上作用的荷载为 p，复合地基加固区压力扩散角为 β，则作用在下卧土层上的荷载 p_b 可采用下式计算，即

$$p_b = \frac{BDp}{(B+2h\tan\beta)(D+2h\tan\beta)} \tag{5.87}$$

式中　B, D——复合地基上荷载作用的宽度和长度；

　　　h——复合地基加固区的厚度；

β——加固区压力扩散角。

压力扩散法中压力扩散角的确定是关键,但是复合地基中的压力扩散角与双层地基中的压力扩散角不同,而且式(5.87)也难以得到验证。

等效实体法是将复合地基视为一等效实体,作用在下卧土层上的荷载与作用在基底的荷载相同,在等效实体四周作用有侧摩阻力 f,则作用在下卧土层上的荷载 p_b 可采用下式计算,即

$$p_b = \frac{BDp - (2B+2D)h}{BD} \tag{5.88}$$

等效实体法的误差主要来自于侧摩阻力 f 的合理选用,f 主要与桩土的相对刚度有关,目前还没有一个普遍接受的确定方法。

黄绍铭等(1991)建议采用改进 Geddes 法计算复合地基土层中的应力。作用在复合地基上的总荷载为 P,桩承担的荷载为 P_p,则桩间土承担的荷载 $P_s = P - P_p$。桩间土承担的荷载 P_s 在地基中产生的竖向应力的计算方法与天然地基中的应力计算方法相同,桩承担的荷载 P_p 在地基中产生的竖向应力采用 Geddes 法计算,两部分应力叠加可得到地基中总的竖向应力,从而可采用分层总和法计算复合地基加固区下卧土层的压缩变形 s_2。

改进 Geddes 法的困难是需要确定桩土荷载分担比和桩侧摩阻力的分布。

(3)规范建议的分层总和法。《建筑地基基础设计规范》(GB 50007—2011)与《建筑地基处理技术规范》(JGJ 79—2012)均采用复合模量法计算 s_1,各复合土层的压缩模量等于天然地基压缩模量的 ξ 倍,即

$$s_1 = \sum_{i=1}^{n} \frac{p_0}{E_{spi}} H_i \tag{5.89}$$

$$\xi = \frac{f_{spk}}{f_{sk}} \tag{5.90}$$

$$E_{sp} = \xi E_s \tag{5.91}$$

式中 E_{sp}——复合地基压缩模量,MPa;

E_s——天然地基压缩模量,MPa;

ξ——复合地基模量提高的倍数;

f_{spk},f_{sk}——复合地基和处理后地基承载力特征值,kPa。

CFG 桩复合地基的沉降可按下式计算,即

$$s = \psi_{sp} \left[\sum_{i=1}^{n_1} \frac{p_0}{E_{spi}} (z_i \bar{a}_i - z_{i-1} \bar{a}_{i-1}) + \sum_{i=n_1+1}^{n_2} \frac{p_0}{E_{si}} (z_i \bar{a}_i - z_{i-1} \bar{a}_{i-1}) \right] \tag{5.92}$$

式中 ψ_{sp}——沉降经验系数,根据地区沉降观测资料及经验确定,无经验地区根据表 5.29 确定;

n_1——加固深度范围内所划分的土层数;

n_2——下卧土层范围内所划分的土层数;

p_0——基础底面处的附加应力(准永久组合值),kPa;

E_{spi}——加固区第 i 层土的压缩模量,MPa;

E_{si}——下卧区第 i 层土的压缩模量,MPa;

z_i, z_{i-1}——基础底面至第 i 层土、第 $i-1$ 层土底面的距离，m；

$\overline{a}_i$, $\overline{a}_{i-1}$——基础底面计算点至第 i 层土、第 $i-1$ 层土底面范围内的平均附加应力系数。

表 5.29　　　　　　　　　　沉降计算经验系数 ψ_s

基底附加应力 $\overline{E}_s$/MPa	2.5	4.0	7.0	15.0	20.0
$p_0 \geq f_{sk}$	1.4	1.3	1.0	0.4	0.2
$p_0 \leq 0.75 f_{sk}$	1.1	1.0	0.7	0.4	0.2

表中 $\overline{E}_s$ 变形深度范围内压缩模量的当量值按下式计算，即

$$\overline{E}_s = \frac{\sum_{i=1}^{n} A_i + \sum_{j=1}^{m} A_j}{\sum_{i=1}^{n} \frac{A_i}{E_{spi}} + \sum_{j=i}^{m} \frac{A_j}{E_{sj}}} \tag{5.93}$$

式中　A_i——加固区第 i 层土附加应力系数沿土层厚度的积分值；

A_j——加固土层以下第 j 层土附加应力系数沿土层厚度的积分值；

E_{spi}——第 i 层复合土层的压缩模量，MPa；

E_{sj}——加固土层以下第 j 层土的压缩模量，MPa。

计算变形深度 Z_n 应符合下式的规定，即

$$\Delta s'_n \leq 0.025 \sum_{i=1}^{n} \Delta s'_i \tag{5.94}$$

式中　$\Delta s'_i$——在计算深度范围内第 i 层土的计算变形值，mm；

$\Delta s'_n$——由计算深度向上取厚度 ΔZ 的土层计算变形值，mm。

分层总和法采用了简单的压缩模量放大法，与桩体本身的压缩模量无关，但复合土层的压缩模量与天然地基的压缩模量之比并不是简单的复合地基承载力与基底桩间土的承载力之比，影响因素较多。尽管计算公式中引入了沉降计算经验系数考虑上述因素的影响，但由于其取值范围较大，对工程设计人员的经验要求较高。

4. 材料设计

(1) 桩体材料设计。CFG 桩是将水泥、粉煤灰、石子、石屑加水拌和形成的混合料灌注而成，它们各自的成分含量相对混合料的强度和和易性都有很大影响。CFG 桩骨干材料为碎石，系粗集料。石屑为中等粒径集料，在水泥掺量不高的混合料中掺加石屑是配比试验中的重要环节。若不掺加中等粒径的石屑，粗集料碎石间多数为点接触，接触比表面积小，连接强度一旦达到极限，桩体就会破坏。掺加石屑后，石屑用来填充碎石间的空隙，使桩体混合料级配良好，比表面积增大，桩体的抗剪强度、抗压强度均得到提高。粉煤灰既是细集料，又有低标号水泥的作用，可使桩体具有明显的后期强度。

(2) 桩体配比设计。CFG 桩与素混凝土桩不同之处就在于桩体配比更经济。在有条件的地方尽量利用工业废料作为拌和料，但在不同的地域，石屑粒径的大小、颗粒的形状及含量不同，粉煤灰因外界因素的不同而性能各异，所以很难给出统一的、精度很高的配比。下面介绍的配比方法曾在实际工程中使用过，加固效果良好。

混合料中，石屑与碎石（一般碎石粒径为2~4cm）的组成比例用石屑率表示，即

$$\lambda = \frac{G_1}{G_1 + G_2} \tag{5.95}$$

式中 λ——石屑率，%，根据试验研究结果，λ 一般取35%~45%较为合理；
　　G_1——单方混合料中石屑用量，kg/m^3；
　　G_2——单方混合料中碎石用量，kg/m^3。

混合料28d强度与水泥标号和水灰比有以下关系，即

$$R_{28} = 0.366 R_c^b \left(\frac{C}{W} - 0.071 \right) \tag{5.96}$$

式中 R_{28}——混合料28d强度，kPa；
　　R_c^b——水泥标号，kPa；
　　C——单方水泥用量，kg/m^3；
　　W——单方水用量，kg/m^3。

混合料的坍落度按5~7cm控制，水灰比 W/C 和粉灰比 F/C（F 为单方粉煤灰用量）有以下关系，即

$$\frac{W}{C} = 0.187 + 0.971 \frac{F}{C} \tag{5.97}$$

混合料容重为21~23kN/m^3。利用以上关系式，参考混凝土配比的用水量并加大2%~3%，就可以进行配合比设计。

（3）桩体配比试验。桩体配比试验主要有不同石屑掺量的配比试验、不同水泥及粉煤灰掺量的配比试验、养护条件和龄期的配比试验以及三轴试验（桩体的应力与应变关系）。不同石屑掺量的配比试验可确定混合料的坍落度与石屑的关系，以及混合料强度与石屑的关系，从而确定最佳石屑率，一般在35%~45%的范围内。通过不同水泥及粉煤灰掺量的配比试验，发现在相同水泥掺量的情况下，随粉灰比 F/C 的减小，水灰比 W/C 也相应减小，即粉煤灰掺量减小，混合料的需水量在保证坍落度5~7cm的情况下相应有所减小。通过养护条件和龄期的配比试验，可知不论是在水中养护还是标准养护，混合料的后期强度仍有较大增长，龄期超过半年，后期强度还在增长，这是因为粉煤灰经过一定时间在水中溶解并能较好地发挥其活性。

（4）褥垫层材料。褥垫层材料多用碎石、级配碎石（限制最大粒径一般不超过4cm）、粗砂、中砂等，不宜选用卵石，因为卵石咬合力差，施工扰动容易使褥垫层厚度不均匀。褥垫层的加固范围要比基础底面积稍宽，宽出部分不宜小于褥垫层的厚度。

5.5.3 CFG桩复合地基的施工工艺

5.5.3.1 常用施工工艺及适用范围

CFG桩的施工应根据设计要求和现场地基土的性质、地下水埋深、场地周边是否有居民、有无对振动敏感的设备等多种因素选择施工工艺。常用的施工工艺有以下几种：

（1）振动沉管灌注成桩，适用于粉土、黏性土及素填土地基及对振动和噪声污染要求不敏感的场地。振动沉管灌注成桩属挤土成桩工艺，对桩间土具有挤（振）密作用。若地

基土是松散的饱和粉土、粉细砂，以消除液化和提高地基承载力为目的，应选择振动沉管灌注成桩工艺。

（2）泥浆护壁成孔灌注成桩，适用于地下水位以下的黏性土、粉土、砂土、填土、碎石土及风化岩层。对桩长范围和桩端有承压水的土层，应选用泥浆护壁成孔灌注成桩工艺。

（3）长螺旋钻干成孔灌注成桩，适用于地下水位以上的黏性土、粉土、素填土、中等密实以上的砂土以及对噪声或泥浆污染要求严格的场地，属非挤土（或部分挤土）成桩工艺，要求桩长范围内无地下水的场地。

（4）长螺旋钻中心压灌成桩，适用于黏性土、粉土、砂土等以及对噪声或泥浆污染要求严格的场地，属非挤土（或部分挤土）成桩工艺，是国内近几年来使用比较广泛的一种工艺，具有穿透力强、无泥皮、无沉渣、低噪声、无振动、无泥浆污染、施工效率高、质量容易控制等特点，在城市居民区施工对周围居民和环境的影响较小。

目前，长螺旋钻中心压灌成桩和振动沉管灌注成桩在实际工程中应用最为广泛。

5.5.3.2 长螺旋钻中心压灌 CFG 桩施工

1. 施工设备

长螺旋钻中心压灌 CFG 桩施工工艺是由长螺旋钻机、混凝土泵和强制式混凝土搅拌机组成的完整施工体系，其中长螺旋钻机（图 5.63）是该工艺设备的核心部分。该施工工艺适用于对噪声、泥浆污染要求严格的场地。目前长螺旋钻机根据成孔深度分为 12m、16m、18m、24m 和 30m 等机型，施工前应根据设计桩长确定施工所采用的设备。

图 5.63 长螺旋钻中心压灌桩机

2. 施工工艺

（1）桩机就位。CFG 桩施工时，钻机就位后，应用钻机塔身前后和左右的垂直标杆检查塔身导杆，校正位置，使钻杆垂直对准桩位中心，确保 CFG 桩垂直度偏差不大于 1%。

（2）混合料搅拌。混合料搅拌要求按配合比进行配料，碎石和石屑杂质含量不大于 5%，计量要求准确。上料顺序为：先装碎石；再加水泥、粉煤灰和外加剂；最后加石屑或砂。使水泥、粉煤灰和外加剂夹在石屑或砂、石之间，就不易飞扬和黏附在筒壁上，也易于搅拌均匀。每盘搅拌时间不应小于 1min。混合料坍落度控制在 5～7cm 内。在泵送前混凝土泵料斗、搅拌机搅拌筒应备好熟料。

（3）钻进成孔。钻孔开始时，关闭钻头阀门，向下移动钻杆至钻头触及地面时，启动电动机钻进。一般应先慢后快，这样既能减少钻杆晃动，又容易检查钻孔的偏差，以便及时纠正。在成孔过程中，如发现钻杆摇晃或难钻时，应放慢进尺；否则容易导致桩孔偏斜、位移，甚至使钻杆、钻具损坏。钻进的深度取决于设计桩长，当钻头到达设计桩长预定标高时,在与动力底面停留位置相应的钻机塔身处作醒目标记,作为施工时控制桩长的依据。后续施工时,当动力头底面到达标记处桩长,即满足设计要求。施工时还需考虑施工工作面的标高差异,作相应增减。在钻进过程中,当遇到圆砾层或卵石层时,会发现进尺明显变慢,机架出现轻微晃动。在有些工程,可根据这些特征来判定钻杆进入圆砾层或卵石层的深度。

(4) 灌注及拔管。CFG桩成孔到设计标高后,停止钻进,开始泵送混合料,当钻杆芯管充满混合料后开始拔管,严禁先提管后泵料。成桩的提拔速度宜控制在1.2~1.5m/min内,成桩过程宜连续进行,避免因后台供料慢而导致停机待料。若施工中因其他原因不能连续灌注,必须根据勘察报告和已掌握的施工场地土质情况,避开饱和砂土、粉土层,不得在这些土层内停机。灌注成桩完成后,用水泥袋盖好桩头进行保护。施工中每根桩的投料量不得少于设计灌注量。

(5) 移机。当上一根桩施工完毕后,钻机移位,进行下一根桩的施工。施工时由于CFG桩排出的土较多,经常将邻近的桩位覆盖,有时还会因钻机支撑脚压在桩位旁使原标定的桩位发生移动。因此,下一根桩施工时,还应根据轴线或周围桩的位置对需施工的桩位进行复核,保证桩位准确。

3. 施工中常见问题及其处置措施

(1) 钻进成孔。基础埋深较大时,宜在基坑开挖后的工作面上施工,工作面宜高出设计桩顶标高300~500mm。钻进一般应先慢后快,既能减少钻杆晃动,又易检查钻孔的偏差,及时纠正。严格控制桩位偏差和垂直度,施工垂直度偏差不应大于1%;对桩位偏差不应大于0.4倍桩径。

(2) 混合料的搅拌。混合料搅拌要求按配合比进行配料,计量要求准确,每方混凝土中粉煤灰的掺量宜为70~90kg。坍落度控制在160~200mm,以保证施工中混合料的顺利输送。

(3) 灌注及拔管。CFG桩成孔达到设计标高后,停止钻进,开始泵送混合料,应杜绝在泵送混合料前提拔钻杆。提拔钻杆中应连续泵料,特别是在饱和砂土、饱和粉土层中不得停泵待料。施工中每根桩的投料量不得少于设计灌注量。施工桩顶宜高出设计桩顶标高不少于0.5m,并在基础施工前破除虚桩头。

(4) 冬季施工。应采取措施避免混合料在初凝前受冻,保证混合料入孔温度大于5℃。泵送管路应采取保温措施。施工完毕清除保护土层和桩头后,应立即对桩间土和桩头采用草帘等保温材料进行覆盖,防止桩间土冻胀而造成桩体拉断。

5.5.3.3 振动沉管灌注CFG桩施工工艺

1. 施工设备

国产的振动沉管灌注桩机(图5.64),常用的有ZD-40和ZD-60两种型号,桩管直径有325mm、377mm和480mm,一般用377mm桩管。该施工工艺适用于对噪声限制不严格的场地。振动沉管机的工作原理是机架上设置振动动力装置并与桩管连接,开动动力装置,产生激振力把桩管打入土层。

2. 施工前的工艺试验

施工前的工艺试验主要是考察设计的施工顺序和桩距能否保证桩身质量,工艺试验也可以结合工程桩施工进行。需做以下两种观测：

（1）新打桩对未结硬已打桩的影响。在已打桩桩顶表面埋设标杆，在施打新桩时测量已打桩桩顶的上升量，以估算桩顶缩小的数值，待已打桩结硬后开挖检查桩身质量并测量桩径。

（2）新打桩对结硬已打桩的影响。在已打桩尚未结硬时，将标杆埋置在桩顶部的混合料中，待桩体结硬后，观测打新桩时已打桩桩顶的位移情况。

对挤密效果好的土，如饱和松散的粉土，打桩振动会引起地表的下沉，桩顶一般不会上升，断桩发生的可能性较小；当发现桩顶向上的位移过大时，桩可能发生断开。若向上的位移不超过1cm，断桩的可能性很小。

3. 施工工艺和方法

（1）桩位测放。采用振动沉管或锤击沉管的施工工艺流程如图5.65所示。

图5.64 振动沉管灌注桩机

（2）施工方法。沉管灌注桩施工流程分为三步：沉管、灌浆、拔管。对于单打成桩来说，灌浆与拔管是交替进行的。

1）沉管过程：

a. 根据设计要求测放桩位。

b. 按桩位埋好相应规格的桩头，桩头采用钢筋混凝土预制，强度等级为C30，龄期在28d以上，直径比沉管大2cm，埋放时注意水平，需埋入地下30cm左右，桩头中心与桩中心重合。

c. 移动桩机就位进行沉管对中，即调好桩机垂直度并使管桩中心与桩头重合，垂直套在桩头上，结合处采用麻绳或其他物品密封，垂直度偏差不大于1%。

d. 启动桩机，振动或锤击沉管，振动或锤击过程中要注意观察沉管是否有挤偏的现象、下沉速度是否异常等。

e. 如在沉管时水或泥有可能进入桩管时，先在桩管内注入高1.5m左右的封底混凝土，然后开始沉管。

f. 沉管达到设计深度或持力层时，判定该深度是否已达规范规定和设计要求或试桩时规定并经设计认可的要求，满足了这些要求和规定，方可终止沉管。测定沉管的贯入度应在桩尖未破坏、沉管未偏心、桩帽正常的条件下进行。

g. 沉管过程中专人做好施工记录，包括每米沉管的振动时间或锤击数和最后1m的振动时间或锤击数，

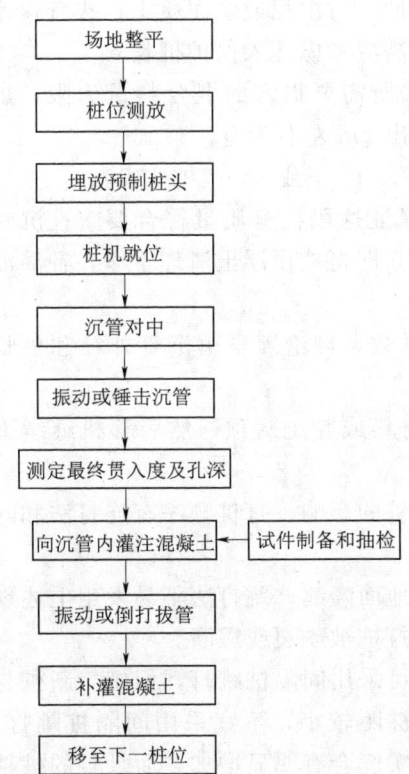

图5.65 振动沉管施工工艺流程框图

对于锤击沉管还应记录最后两阵 10 击时的贯入度以及总锤击数。

h. 记录激振电流变化情况，一般可 1m 记录一次。

2）灌浆和拔管过程。沉管达到设计要求深度后，立即灌注混合料，减少时间间隔，以免管底渗入水和泥浆，影响成桩质量。

a. 施工前选好混合料的材料规格。根据施工经验和工程的实际要求，混合料按设计配合比经搅拌机加水拌和，拌和时间不得少于 1min，如粉煤灰用量较大，拌和时间还要适当放长，加水量按坍落度 50～70mm 控制，成桩后浮浆厚度以不超过 20cm 为宜（施工时作适当调整）。

b. 合理布置搅拌机的位置，以缩短混合料出料至倒入沉管加料口的时间间隔，使混合料进入桩管后有较好的流动性；当气温过高时，考虑添加缓凝剂。

c. 搅拌时严格按照配合比设计进料并搅拌均匀。

d. 混合料出料至桩机吊斗后利用卷扬机将料斗拉至桩管加料口逐渐倒入，使管内空气能够排除，以免形成气体，影响成桩质量；沉管至设计标高后需尽快投料，直到管内混合料与钢管投料口齐平。若投料量不够，应在拔管过程中空中投料，以保证成桩桩顶标高满足设计要求。

e. 桩管内灌满混合料后开始拔管，拔管前，应原位留振约 10s 后再振动拔管，拔管速度不超过 1.5m/min，每上拔 1m 左右应停止拔管进行倒打轻击，在沉管底拔至设计桩顶前倒打和轻击不得中断。拔管过快易造成局部缩颈或断桩；拔管太慢，振动时间过长，会使桩顶浮浆增厚，易使混合料离析，导致桩身强度降低。对淤泥或淤泥质土，拔管速度可适当放慢，拔管过程中不宜反插留振。成桩后桩顶标高应考虑计入保护桩长。

f. 拔管时第一次不宜过高，控制在能够容纳第二次所需要贯入的混合料量为限，加灌混合料时控制管内混合料面不低于自然地面，一般高出 2m 左右为宜。

g. 灌混合料过程中按规定制作和养护混合料试块（每 15 根或 50m³ 桩一组）。

h. 沉管上拔至距地面 2m 时要特别放慢速度，以保证这段桩身质量符合要求；沉管拔出地面后若发现桩身混合料低于设计桩顶标高时，应立即将桩顶浮土清理干净，补灌混合料至设计标高并用振捣器振实。

i. 灌入过程中由专人统计混合料用量，计算充盈系数，理论灌量由沉管外径和桩长计算得出，一般情况下充盈系数大于 1。

j. 桩管拔出地面后，确认桩复合要求后应用粒状材料或黏土封顶，然后移机继续下一根桩的施工。

（3）打桩顺序。桩施工顺序主要考虑新打桩对已打桩的影响。打桩顺序有连打法和间隔跳打法两种。具体采用何种方法应由现场试验确定。

连打法易造成邻桩被挤碎或缩颈，在黏土中易造成地面隆起；跳打法不易发生上述现象，但土层较硬时，在已打桩中补打新桩，可能造成已打桩被震裂或震断。

施打顺序与土性和桩距有关。在软土中桩距较大时可采用间隔桩跳打，但施工新桩与已打桩时间间隔不少于 7d。在饱和的松散粉土中，如桩距较小，不宜采用间隔桩跳打。因为松散粉土振密效果较好，先打桩施工完后，土体密实度会有明显增加，而且打的桩越多，土的密度越大，桩越难打，在补打新桩时，一是加大了沉管的难度，二是非常容易造成已打桩断桩。满堂布桩时，无论桩距大小，均不宜采用四周转圈向内推进施工，因为这样限制了桩间土向外的侧向变形，容易造成土体大面积隆起，断桩的可能性增大。应遵循"中间向四周"或"一边向另一边"的原则。

对于满堂式布桩，无论如何设计施打顺序，总会遇到新打桩的振动对已结硬的已打桩的影响，桩距偏小或有比较硬的土层时，可采用螺旋钻引孔，以减少沉、拔管时对桩的振动力。

4. 施工中常见问题及处置措施

（1）施工对土的扰动。振动沉管工艺与土的性质关系密切，就挤密性而言，可将地基分为三大类：一为挤密性好的土，如松散填土、粉土、砂土等；二为可挤密性土，如塑性指数不大的松散粉质黏土和非饱和黏性土；三为不可挤密土，如塑性指数高的饱和软黏土和淤泥质土。

需要指出的是，土的密实度对土的挤密性影响很大。密实的砂土、粉土会振松，松散砂土、粉土可以挤密。因此，讨论土的挤密性时，一定要考虑加固前土的密实度。对密实砂层和过硬土层的情况，不宜用振动沉管法成桩，需改用其他成桩方法。

对饱和软土，特别是塑性指数较高的软土，振动将引起土孔隙水压力上升、土的强度降低。振动时间越长，对土和已打桩的不利影响越严重。在软土地区施工时，采用静压振拔技术对保证施工质量是有利的。

（2）缩颈和断桩。在饱和软土中成桩，桩机的振动较小；当采用连打作业时，新打桩对已打桩的作用主要表现为挤压，即使已打桩被挤扁成椭圆形或不规则形，严重时产生缩颈和断桩。

在上部有较硬的土层或中间夹有硬土层中成桩，桩机的振动力较大，对已打桩的影响主要为振动破坏。若采用隔桩跳打工艺，已打桩结硬强度又不太高，在中间补打新桩时，已打桩有时被震裂，且裂缝一般与桩轴线成 $2°\sim30°$ 角。

为了避免此类现象的发生，无论是在饱和软土中还是在上部有较硬的土层或中间夹有硬土层的地基中成桩，均需根据施工中的注意事项选择合适的成桩顺序，并结合土层情况选用较为适宜的施工工艺和设备。

（3）桩顶上升量较大。对重要工程或通过施工监测发现桩顶上升量较大，并且桩的数量较多，可以逐个桩快速静压以消除可能出现的断桩和对复合地基承载力造成的不良影响，这一技术称为逐桩静压。逐桩静压技术在沿海一带广泛采用，当地称之为"跑桩"。

静压桩机就是打桩的沉管机，在沉管机架上配重，配重大小可按不小于 1.2 倍桩的设计荷载控制。当桩身达到一定强度后即可进行逐桩静压，每根桩的静压时间一般为 3min。

静压桩的目的在于将可能发生已经脱开的断桩接起来，使之能够正常传递荷载。这一技术对保证复合地基桩能正常工作和发现桩的施工质量十分有意义。当然也不是所有的工程都必须逐桩静压，通过严格的施工监测和施工质量的控制，施工质量确有保证可以不进行逐桩静压。此外，静压荷重也不一定都要在 1.2 倍的桩承载力，要视具体情况而定。

（4）土料混合。当采用活瓣桩靴成桩时，可能出现的问题是桩靴开口打开的宽度不够，混合料下落不充分，造成桩端与土接触不密实或桩端一段桩径较小。若采用反插办法，由于桩管垂直度很难保证，反插容易使土与桩体材料混合，导致桩身掺土等缺陷。

(5) 桩体强度不均匀。桩机卷扬系统提升沉管线速度不宜太快,控制平均速度在1.5m/min为宜。一般采用提升一段距离,停下留振一段时间;非留振时,速度太快可能导致缩颈断桩。拔管太慢或留振时间过长,使得桩的端部桩体水泥含量较少,桩顶浮浆过多,而且混合料容易产生离析,造成桩身强度不均匀。

5.5.3.4 褥垫层铺设

褥垫层厚度一般为30~50cm,由设计设定,桩头处理后,桩间土和桩头处在同一平面。虚铺厚度按下式控制,即

$$h = \frac{\Delta H}{\lambda} \quad (5.98)$$

式中 h——褥垫层虚铺厚度,m;

ΔH——褥垫层设计厚度,m;

λ——压实系数,一般取0.87~0.90。

褥垫层虚铺宽度应比基础宽度大,宽出部分不宜小于褥垫层的厚度。虚铺完成后用静力或动力压实至设计厚度,施工现场多采用平板振捣器;对较干的砂石材料,虚铺后可以适当洒水再进行碾压或夯实。桩间土一般含水率较大,特别是高灵敏度土,要注意施工干扰对桩间土的影响,以免产生橡皮土;当桩间土含水率不大时,也可夯实。为了保证褥垫层的作用得到发挥,也可在褥垫层上、下各铺设一层土工格栅。

5.5.4 质量控制和效果检验

5.5.4.1 质量控制

(1) CFG桩的质量由保持桩身的完整性、施工过程提升管的高度、速度及电机的工作电流等因素决定,其中桩身完整性是最主要的。确保桩身施工质量就应防止桩身缩颈、吊脚、断桩,所以在制作桩体时要特别注意提升的高度和速度。

(2) 长螺旋钻中心压灌施工CFG桩时,混合料坍落度控制在160~200mm;对振动沉管施工CFG桩时,混合料的坍落度控制在50~70mm;桩位应保证准确,其偏差不允许大于150mm,桩身保持垂直,垂直度偏差应不大于1%。

(3) 采用振动沉管施工CFG桩时,按序或跳打施工,向一个方向逐渐推进,先中心后周边,以防止地面隆起;在已成桩的桩顶埋设标尺,观察施工对已成桩的挤压情况,防止已成桩受挤压而断裂,并了解地面隆起情况。

5.5.4.2 效果检验

施工结束,一般28d后做桩、土以及复合地基检测。对砂性较大的土可以缩短时间。

1. 桩间土

施工过程中振动对桩间土产生的影响视土性不同而异,对结构性土强度一般要降低,但随时间增长会有所恢复;对挤密效果好的土强度会增加。对桩间土的影响可通过以下方法进行检验。

(1) 施工后可取土做室内土工试验,也可采用标准贯入、钻孔取样、静力触探等手段测定加固后土的物理力学性能。

(2) 必要时作桩间土的静载荷试验,测定桩间土的承载力。

需要说明的是，采用长螺旋钻机施工时可不考虑施工机械对桩间土的挤密效应。

2. CFG 桩体的检测

进行单桩静载荷试验，按《建筑桩基技术规范》（JGJ 94—2008）附录 C "单桩竖向抗压静载试验"执行；经验成熟的地区可结合使用动测法，综合判断是否有断桩等缺陷。桩身质量也可通过低应变动测法予以检测，检测数量不少于 20%。

CFG 桩低应变检测桩身质量评价分为以下四类：

Ⅰ类桩：完好桩。

Ⅱ类桩：有轻微缺陷，但不影响原设计桩身结构强度。

Ⅲ类桩：有明显缺陷。

Ⅳ类桩：有严重缺陷或断桩。

3. CFG 桩复合地基的检测

复合地基应进行单桩或多桩复合地基静载荷试验。CFG 桩复合地基属于高黏结强度桩复合地基，荷载试验具有特殊性，试验方法直接影响对复合地基承载力的评价，检验数量可按处理面积大小取 2~4 点，或按总桩数的 0.5% 进行。试验除按《建筑地基处理技术规范》（JGJ 79—2012）中有关规定执行外，还需注意以下几点。

（1）垫层的厚度与铺设方法。试验时垫层的底标高与桩顶设计标高相同，垫层底面要求平整，垫层铺设厚度为 6~10cm，铺设面积与荷载板面积相同，垫层周围要求有原状土约束。

（2）当 p-s 曲线不存在极限荷载时，按相对变形值确定复合地基承载力，取 $S/b = 0.01$ 对应的荷载作为 CFG 桩复合地基承载力标准值。

（3）对于重要工程，试验用载荷板尺寸应尽量大些，并具有代表性。

4. CFG 桩复合地基施工验收

（1）CFG 桩复合地基验收时应提交的资料。

1）桩位测量放线图。

2）材料检验及混合料试块试验报告书。

3）竣工平面图。

4）CFG 桩施工原始记录。

5）设计变更通知书、事故处理记录（如有）。

6）复合地基检测报告。

7）施工技术措施。

（2）施工容许误差控制在下列标准以内。

1）桩长容许偏差不大于 10cm。

2）桩径容许偏差不大于 2cm。

3）垂直度容许偏差不大于 1%。

4）桩位允许偏差不大于 15cm。

5.5.5 CFG 桩处理法工程实例

5.5.5.1 工程概况

某港原油储库地基处理工程，单个容量为 10 万 m^3 的储罐，罐体直径为 80m，罐高为21.97m，罐最大重量为104145t。工程要求地基承载力特征值大于260kPa，罐基平面倾斜小于3‰，沿罐壁圆周方向任意10m周长的沉降差不大于25mm，罐基锥面坡度不小于8‰，罐中心至罐边缘沉降差小于280mm（1万 m^3 原油储罐为170mm）。

地基在20m深度范围内，地基土层自上而下可分为5层：第①层素填土，杂色，松散～中密，以碎石土和黏性土为主；第②层中砂，灰白～浅黄色，稍密～中密，局部呈松散状态，稍湿，结构松散，颗粒均匀，场区普遍分布，层厚1.70～3.60m；第③层砂质黏土，灰黑～灰褐色，饱和，软塑～可塑，夹有细砂颗粒及少量淤泥质，有腥臭味，层厚0.30～5.80m；第④层粉质黏土，浅黄～黄褐色，饱和，可塑，局部地段呈软塑状态，该层底部混有砂，层厚0.40～6.80m；第⑤层中粗砂，浅黄色，饱和，中密～密实，层厚0.90～4.60m。上部土层的地质条件统计见表5.30。

表5.30　　　　　　　　　　土层的地质条件统计表

土层类别	状态	土的类型	土层厚度/m	压缩模量 E_s/MPa	CFG桩的侧阻力特征值 Q_{sa}/kPa	地基容许承载力/kPa
第②层中砂	稍密～中密	中硬土	1.70～3.60	19.0	30～60	120～140
第③层砂质黏土	可塑～硬塑	软弱土	0.30～5.80	4.75	25～45	110
第④层粉质黏土	可塑	软弱土	0.40～6.80	5.38	20～32	150
第⑤层中粗砂	中密～密实	中硬土	0.90～4.60	27.0	45～71	290

5.5.5.2　方案设计

CFG桩设计桩径400mm，桩长按变形控制确定，落在第④层粉质黏土层的某深度，有效桩长11.3～15.5m，桩径400mm，桩身强度C15。各罐CFG桩布置方式：罐芯按1.9m×1.9m～2.4m×2.4m菱形布置，环墙下按1.85～2.24m环形布置，环墙外侧护桩按1.93～2.55m环形布置。

5.5.5.3　效果及评价

1. CFG桩复合地基检测结果

CFG桩施工结束后，低应变桩身完整性检测结果Ⅰ、Ⅱ类桩的百分比超过95%；单桩极限承载力582～801kN、桩间土承载力特征值151～191kPa，计算单桩复合地基承载力特征值为299～335kPa，大于设计要求的260kPa。

2. 储罐充水预压监测结果

(1) 环墙沉降。环墙基础在充水预压及泄水后的两个月内，基础最大沉降量为41～98mm，最小沉降量为13～47mm，平均为30～70mm。储罐基础的平面与非平面倾斜较小，符合规程要求值。

(2) 罐芯沉降。充水及恒压期罐芯桩最大沉降量为70～80mm，最小沉降量为64～66mm，平均沉降量为68～72mm，平均沉降速率为6.0mm/d，泄水期罐芯桩身沉降回弹量平均为16～24mm，空载两个月内罐芯桩身沉降回弹量平均为9～22mm；充水及恒压期罐芯桩间土最大沉降量为110mm，最小沉降量为51mm，平均沉降量为75.5mm，平均沉降速率为6.3mm/d，恒压期沉降平均增加5～10mm，泄水期罐芯桩间土沉降回弹量平均为12～15mm，空载两个月内罐芯桩间土沉降回弹量平均为16～26mm。

(3) 土体深层水平位移。充水期间环墙外侧边缘深层位移管发生最大挤出位移为 4.4mm（现地面下 6m）、发生的最大缩进位移为 4.9mm（现地面下 9m），深层土体在充水预压期间发生压缩变形但未产生明显水平挤出位移。

(4) 土中超静孔隙水压力。充水预压过程中地基中产生的超静孔压统计见表 5.31。充水预压过程中油罐 CFG 桩复合地基桩长范围内罐芯和环墙下埋深 10m 左右的粉质黏土层所产生的最大超静孔压值为 35~66kPa，最大孔压系数为 0.23~0.31。埋深 7m 以上土层所产生的超静孔压值远小于埋深 10m 左右土层所产生的超静孔压值。

表 5.31　　　　　　　充水预压过程中地基中产生的超静孔压统计表

	罐芯荷载 P/kPa	23	58	100	123	150	170	180	192
罐芯	埋深 4.2m ΔU/kPa	0.8	4.4	8.9	12.3	14.1	14.7	14.0	9.9
	埋深 6.8m ΔU/kPa	1.1	3.1	6.2	8.7	11.2	11.2	9.7	6.6
	埋深 10.3m ΔU/kPa	5.4	12.3	24.9	28.7	35.0	34.9	30.6	22.6
	最大孔压增长系数 $\sum \Delta U / \sum \Delta P$	0.14	0.21	0.25	0.23	0.23	0.21	0.17	0.12
	环墙下荷载 P/kPa	156	175	189	197	206	213	216	220
环墙下	埋深 4.1m ΔU/kPa	0.8	0.9	1.4	2.4	3.2	2.4	1.3	0.7
	埋深 7.1m ΔU/kPa	0.9	1.7	3.1	4.9	7.5	6.2	5.0	3.2
	埋深 10.6m ΔU/kPa	5.5	24.1	45.2	55.1	62.1	65.9	65.7	52.7
	最大孔压增长系数 $\sum \Delta U / \sum \Delta P$	0.02	0.14	0.24	0.28	0.30	0.31	0.30	0.24

(5) 桩土应力比。地基充水预压过程中桩、土应力统计见表 5.32。实测的油罐基础环墙内 CFG 桩与桩间土的桩土应力分担比 n 约为 5.0，环墙刚性基础下桩土应力分担比 n 为 1.4~2.3，约为罐芯桩土应力分担比的 0.5 倍，说明基础结构形式不同，其 CFG 桩复合地基的桩土应力的调整和分担比也不同。

表 5.32　　　　　　　地基充水预压过程中桩、土应力统计表

	充水荷载/kPa	23	58	100	123	150	170	180	192
罐芯	桩顶压力增长值/kPa	3.0	19.5	31.3	38.1	45.9	54.0	58.8	63.2
	土中压力增长值/kPa	0.8	3.8	6.7	8.1	9.6	10.7	11.5	11.8
	桩土应力分担比 n	3.8	5.1	4.7	4.7	4.8	5.0	5.1	5.4
环墙下	桩顶压力增长值/kPa	5.4	8.2	16.4	22.1	27.5	33.9	38.2	45.3
	土中压力增长值/kPa	2.3	7.6	13.7	16.1	18.1	19.1	21.9	19.5
	桩土应力分担比 n	1.4	1.1	1.2	1.4	1.5	1.8	1.7	2.3

3. CFG 桩复合地基效果评价

采用 CFG 桩复合地基进行加固后，该原油储库 CFG 复合地基的承载力特征值大于 260kPa 的设计要求，充水预压期沉降均匀且最大值小于 100mm，预压期深层土体未发生明显侧向挤出变形，地基稳定。CFG 桩法可以在同类大型原油罐地基处理中广泛的合理应用。

第 6 章 吹填地基排水动力固结技术

近年来，港口工程软土地基处理过程中很多地基加固新技术得到了广泛的应用，并取得了良好的加固效果。但由于各种加固技术机理各不相同，其适用条件也不尽相同。随着国家对大型优质港口建设需求越来越迫切，对港口工程质量的要求也越来越严格。单一的地基处理方式有时满足不了工程的变形、进度、经济等多方面的要求。将几种加固技术联合应用，发挥各自的技术特点，从而达到更好的加固效果，这正成为我国港口工程地基加固技术的发展趋势。

对于新近吹填的地基，采用排水动力固结法是近几年发展起来的一个新的加固方法，该法将真空井点降水、动力碾压或强夯法联合，发挥各自技术优势，经济高效地进行软土地基加固。

动力碾压的加固深度较浅，本章着重介绍真空井点降水联合强夯的预排水动力固结法。

6.1 排水动力固结法的基本原理

强夯法具有加固效果显著、适用土类广、设备简单、施工方便、节省劳力、施工周期短、节约材料和施工费用低等优点，在港口工程中得到了广泛应用，但当场地土地下水位较高时，或吹填土中夹杂淤泥质土层时，强夯法难以取得满意的加固效果。在这种情况下，结合真空井点降水进行强夯的技术优势就凸显出来。

排水动力固结法是将真空排水预压和动力固结相结合的一种新的地基处理方法。在拟加固区域设置一定数量的滤水管（井），利用真空泵叶轮高速旋转产生的真空度，使井点形成真空，并使井点周围土层中形成真空区，且真空区能够向上、向下扩展范围。在真空泵吸力作用下，使井点附近的地下水强制吸入井点系统内，经气水分离器排除空气后，由离心泵将水排出，使井点周围的地下水位下降，形成降水漏斗，从而使大面积原有地下水位降低。

这样，在井点附近的地下水位与真空区外的地下水位之间形成一个水头差，从而促使真空区外的地下水以重力方式源源不断地流向井点，并不断地排出地面，就能达到土层实现真空强排水的目的。真空泵通过不断改进，由原来的往复式真空泵改进至目前最先进的水环式真空泵，不论是从真空度、抽气速率还是功率上均作了很大的调整。改进后的设备，大大高于一般井点管降水功效。即使在黏性土中，也能获得较好的排水效果。

真空降水可在动力固结夯击前强行降低地基土层中存在的含水量，给强夯施工提供良好的作业面；同时又在动力固结夯击时，强行消散超静孔隙水压力。具体作用如下：

（1）在场地表土较为松软，且地下水位处于较高的情况下，采用人工降低地下水位，可使地表土形成硬壳层，以支撑设备重量，确保强夯机械设备能进场通行和施工。同时，又可加大地下水位与地表面的水头落差距离，防止动力固结夯击时的夯坑积水，以减少土体含水量，避免动力固结夯击时形成"橡皮土"，以提高动力固结的处理效果。

（2）当抽真空时，在竖向排水通道（井点管）内逐步形成负压，使土体内与排水通道之间形成压力差。在此水头差作用下，会发生渗流，使土中自由水不断排出，土体随之压缩。在动力固结夯击力作用下，土体将会更快地产生压缩变形而压密。

（3）地下水降低，土体便从浮容重变为湿容重，增加了土的自重压力，即相应地给土体增加了一个附加压力，使土体发生一定的自重固结作用。

（4）在真空吸力作用下产生的负压，可吸出土体内存在的封闭气泡，从而改善了土体的渗透性，可使动力固结处理时加速其固结过程。

（5）连续反复多遍真空降水和动力固结夯击的联合作用，又促使在夯击后产生真空强排水，从而可加快超静孔隙水压力消散，以提高快速排水固结功效。

6.2 真空井点降水沉降计算

6.2.1 黏性土层的计算

根据地层的水文地质、工程地质条件，选择合适的渗流计算公式计算不同时间的地下水位并绘制地下水位变化曲线，每一地下水位差值下地面的最终沉降量，即

$$s_\infty = \sum \left(\frac{a_{vi} \Delta p_i \Delta H_i}{1+e_{0i}} \right) \tag{6.1}$$

式中 s_∞——地基最终沉降量；

a_{vi}——第 i 层土的压缩系数，前期参考 i 层土 100～200kPa 的压缩系数，后期应用实测资料加以反算得到（当水位回升时取回弹系数）；

e_{0i}——第 i 层土的初始孔隙比；

Δp_i——第 i 层土因降水产生的附加应力（应力增量）；

ΔH_i——第 i 层土的厚度。

某时刻每一水位差（应力增量）作用下的沉降量 s_t 为

$$s_t = u_t s_\infty \tag{6.2}$$

式中 s_t——某时间固结沉降量；

u_t——固结度，时间 t 的函数，即 $u_t = f(T_u)$，对于不同情况的应力 u_t 有不同的近似解。

最后将每一水位差作用下的沉降量（或回弹量）按时间叠加，即得该时间段内总沉降量，并绘出沉降量-时间关系曲线。

6.2.2 砂层的计算

含水砂层一般具有良好的透水性，变形可在短时间内完成，不需考虑滞后效应。可应用一维固结公式计算沉降量，即

$$\Delta s = \frac{\gamma_w \Delta h}{E_s} H \tag{6.3}$$

式中 Δs——砂层的变形量；

Δh——地下水位变化值；

H——砂层的原始厚度；

E_s——体积压缩模量 $E_s=(1+e_0)/a_v$，当水位回升时应取回弹模量 $E_s'=(1+e_0)/a_s$；

e_0——土骨架原始孔隙比；

a_v——土的压缩系数；

a_s——土骨架的蠕变回弹系数。

6.3 排水动力固结法的设计

6.3.1 真空降水井点设计

真空井点主要由井点管、过滤管、集水总管、主管、阀门等组成管路系统。由抽水设备启动，井点系统中形成真空，并在井点周围一定范围内形成一个真空区，在真空力的作用下，井点附近的地下水通过滤井被强制性吸入井点系统，而使井点附近的地下水位得到降低。在作业过程中，井点附近的真空作用下，真空外的地下水位之间存在一个水头差，在该水头差的作用下，真空区外的地下水是以重力方式流通（图 6.1）。井点管与总管的连接可采用钢管和透明塑料管，总管与总管的连接有法兰和套箍两种形式。

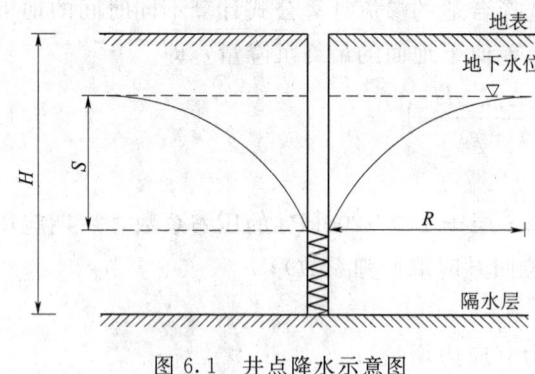

图 6.1 井点降水示意图

1. 井点埋深 H_a

H_a 计算公式如下：

$$H_a = H_1 + h + iL + I \tag{6.4}$$

式中 H_1——总管平面至底面高度；

h——底面至降水后地下水位线的距离；

i——降水后井点周围水位坡降；

L——底中心至井管中心的水平距离；

I——滤管长度。

2. 单井涌水量计算

无压完整井单井涌水量计算公式为

$$Q = 1.366K \frac{H^2 - h^2}{\lg \frac{R}{r}} \quad (6.5)$$

式中 H——含水层厚度；
h——井内水深；
R——抽水影响半径；
r——水井半径。

承压完整井单井涌水量计算公式为

$$Q = 2.73 \frac{KM(H-S)}{\lg R - \lg r} \quad (6.6)$$

式中 H——承压水头高度；
M——承压含水层厚度；
S——井中水位降低深度。

3. 井点系统（群井）涌水量计算

无压完整井环形井点系统涌水量计算式，根据群井的相互干扰作用，可推导出以下计算公式，即

$$Q = 1.366K \frac{(2H-S)S}{\lg R - \lg x_0} \quad (6.7)$$

式中 x_0——假想半径。

当矩形基坑的长宽比不大于5时，环形井点可看作近似圆形布置，此假想圆的假想半径 x_0 可按照下式计算，即

$$x_0 = \sqrt{\frac{F}{\pi}} \quad (6.8)$$

式中 F——环形井点所包围的面积。

抽水影响半径 R，可近似地按下式计算，即

$$R = 1.95S\sqrt{HK} \quad (6.9)$$

线性基坑采用无压完整井时，其涌水量为

$$Q = \frac{KL(H^2 - h^2)}{R} \quad (6.10)$$

式中 L——线性基坑长度。

无压非完整井的涌水量计算时，上面各式中的 H 全部代换为有效抽水影响深度 H_0，而 H_0 的确定参考表6.1。

表6.1　　　　　　　　有效抽水影响深度 H_0 值

$S'/(S'+l)$	0.2	0.3	0.5	0.8
H_0	$1.3(S'+l)$	$1.5(S'+l)$	$1.7(S'+l)$	$1.85(S'+l)$

注　S'为井点管中水位降落值；l 为滤管有效长度。当 $H_0 > H$ 时取 $H_0 = H$，可用内插计算。

4. 井点数量和井距的确定

单根井点管的最大出水量为

$$q = 65\pi d l^3 \sqrt{K} \tag{6.11}$$

式中 d——滤管直径；
　　　l——滤管长度；
　　　K——渗透系数。

井点管的最少根数为

$$n = 1.1 \frac{Q}{q} \tag{6.12}$$

式中 1.1——考虑井点管堵塞等因素的修正系数。

井点管数量计算出后，可根据井点系统布置方式，求出井点管间距 D，即

$$D = \frac{L}{n} \tag{6.13}$$

式中 L——总管长度；
　　　n——井点管根数。

5. 抽水设备的选用

真空泵的类型有干式（往复式）真空泵和湿式（旋转式）真空泵两种。干式真空泵的型号常用的有 W3、W4、W5、W6 型，可根据所带的总管长度、井点管根数及降水深度选用。

真空泵在抽水过程中所需的最低真空度 h_k，根据降水深度及各项水头损失，可按下式计算，即

$$h_k = 10 \times (h + \Delta h) \tag{6.14}$$

式中 h——降水深度；
　　　Δh——水头损失，包括进入滤管的水头损失、管路阻力损失及漏气损失等，可近似地按 1.0～1.5m 计算。

水泵的类型宜选单级离心泵。其型号应根据流量、吸水扬程和总扬程而定。

6.3.2 动力固结法设计

动力固结最常用的就是强夯法。强夯法设计详见第 5.3.2 节。

需要说明的是，排水动力固结法设计时，需将井点管的平面布置与夯点布置结合起来分别布置。

6.4 排水动力固结法的施工工艺

6.4.1 施工设备

1. 真空降水井点施工设备

井点设备主要包括井点管（下端为滤管）、集水总管和真空泵、离心泵、气水分离器等抽水设备等，其施工现场布置如图 6.2 所示。

2. 动力固结施工设备

动力固结施工设备主要包括起吊设备、挂钩、支腿和重锤。图 6.3 所示为某排水动力

6.4 排水动力固结法的施工工艺

图 6.2 真空降水井点施工现场设备布置

图 6.3 排水动力固结法夯击施工

固结法夯击施工。

6.4.2 施工工艺

1. 真空降水井点施工

(1) 井点管埋设。井点管埋设孔可采用水冲湿法成孔或干法成孔。

水冲湿法成孔是利用高压水枪的冲力，边冲边晃动，水力成孔。该法成孔速度快，工艺简单，施工成本较低，适合于软土地区井点管成孔。但此法易形成地表明水，尤其是在上部地基不均匀、渗透系数较小或天气不好的情况下，影响施工进程。

水冲湿法成孔时，先将水枪对准井点位置，垂直插入土中，启动高压水泵进行冲孔，水压控制在 0.4～0.8MPa。边冲边做上下左右摆动，以加剧土的松动。待水枪下沉到要求的深度时，拔出水枪，迅速插入井点管，并用透水性较强的填料（如粗砂或级配碎石）在井点管周围分层填灌，至地下水位 0.5m 处该填黏土固定井管，以防止漏气。井点管的上端用木塞临时封堵，以防止砂石或其他杂物进入。打开临时封堵，注入清水，若水位迅速下渗，证明该井点管埋设成功，填滤料时，若管中有泥水上升，则说明滤管管网良好。

干法成孔包括钻机施工干法成孔和机械振动干法成孔两类。钻机施工干法成孔，工艺较简单，易控制多余水量，但成孔速度太慢，成本较高，无法适应大面积施工。机械振动干法成孔，工艺较简单，速度较快，施工成本较低，适合大面积施工，但振动成孔，插管封管后，试验结果表明难以抽取地下水，存在漏气现象，其主要原因是机械振动成孔后，孔底残留土层较厚，易封堵井点管的滤管部分。为了解决这个问题，工程实践中常先用机械振动成孔，然后再用低压水枪洗孔，待成孔后再插入井管的施工工艺。

钻机干法成孔时，先将钻机移至预定点位，利用麻花钻头将孔位上土体取出，这涉及钻杆的接长和卸杆等操作，整个过程比较缓慢。机械振动成孔时，利用振动锤直接将成孔套管振动压入土中，原孔位土体被挤到成孔套管四周。对砂性土地基而言，容易产生液化塌孔，故不宜采用机械振动成孔。对黏性土地基，水冲成孔的效率较低，一般采用干法成孔。干法成孔下管后的施工措施与湿法类似。

埋设完成的井点管顶部比自然地面高出500mm。

(2) 管路安装。井点管埋设完成后，沿井点管线外侧铺设集水总管，并用胶垫螺栓把总管连接起来，总管连接水箱水泵，然后拔掉井点管上的木塞，用胶管与总管连接，再用20号铅丝扎紧。在正式运转抽水之前必须进行试抽，以检查抽水设备运转是否正常，检查各个接头在试抽水时是否有漏气现象，发现漏气应重新连接或用油腻子堵塞，直至不漏气为止。

(3) 抽水。管路安装完毕后，先开启真空泵，抽出管路中的空气，使之成为真空，这时地下水和土中的空气在真空吸力的作用下被吸入集水箱，空气经真空泵排出，当集水箱中存有较多的水，管路系统的真空度达到0.05MPa时，开动离心泵抽水。真空井点降水过程中，应保持管路内真空度在0.08MPa以上。抽水过程中，如发现不上水或水质一直较浑或出现清水后又转为浑水时，应立即停止抽水，进行检查处理；如管井淤塞过多，需逐个用高压水反复冲洗真空井管或拔出重新埋设。

2. 强夯施工

强夯施工工艺同5.3.3节。需要注意的是，强夯施工行走路线应与井点管布置轴线方向一致。

6.4.3 施工实施技术

1. 真空井点降水

(1) 井点间距、埋设深度应符合设计要求，一组井点管和接头中心应保持在一条直线上。

(2) 水冲孔的直径一般为300mm，干法成孔直径要比井管直径大150mm以上，以确保管井周边有合适的过滤层；成孔深度比滤管深0.5m以上。

(3) 真空井点使用时需要连续抽水（气），特别是开始阶段，如时抽时停滤网易堵塞，也容易抽出土粒，使水浑浊。对渗透系数较小的土体，将会严重影响降水效果。

(4) 真空井点的正常出水规律是"先大后小，先浑后浊"；否则应立即检查纠正。

(5) 必须定期观测真空度，如发现不足，应立即检查井点系统有无漏气并应采取相应的措施。

(6) 抽水过程中，应检查有无"死井"（即井点管淤塞）。如死井太多，会影响抽水效果，应逐个用高压水反向冲洗或拔出重埋。

2. 强夯施工技术

排水动力固结的强夯施工流程与一般强夯施工类似。需要注意的是，采用此法加固的地基表层一般比较松软，建议采用履带式施工设备，夯机支撑面积宜大些。

6.5 质量控制和效果检验

6.5.1 施工过程的监测

1. 管路真空度

管路真空度监测通过真空泵上真空表来实现。抽气开始一周，每隔 2h 测读一次，以便能准确测出真空压力上升过程线和有利于检查密封情况；当真空压力达到设计要求之后，可每 4~6h 测读一次。

2. 地下水位观测

真空井点降水过程中，需要对地下水位的变化进行观测。抽气开始一周内，每隔 2h 观测一次，地下水位稳定后可 4~6h 测读一次。停电后需要立即进行测读，且每隔 2h 需要测读一次，直至电力恢复、地下水位稳定。

3. 孔隙水压力观测

真空井点降水过程中，地基土体不会出现稳定问题，故加固时不需分级加荷，因此，真空井点降水过程中监测孔隙水压力观测的主要目的就是为了弄清楚土中有效应力发展变化的情况与过程。

4. 沉降观测

沉降分为两部分，即降水施工期沉降和强夯施工期沉降。降水施工期沉降主要是指抽气排水过程中，地基表面发生的沉降，通过地表沉降标测得；强夯施工期沉降包括单点夯沉量及夯后地基整平后的下沉量。通过水准测量得到。

沉降的监测，可以确定停止抽真空的时间和判断地基实际加固效果。

6.5.2 施工质量的控制

1. 确保供电正常

电力供应连续不断是保证抽真空装置连续工作的必要条件，因此现场安装设备前，要弄清楚电源的供应方式和供应能力，必要时采用双回路供电方式。

2. 真空降水施工质量控制

现场中自抽真空降水开始就必须有人进行连续不断的值班，对真空度、地下水位、孔隙水压力、沉降等进行监测，并做好详细记录。

3. 强夯施工质量控制

强夯施工前，应检查夯锤质量和落距，以确保单击夯击能符合设计要求；强夯施工过程中，详细记录每个夯点的夯击次数、每击夯沉量、最后两击平均夯沉量和总夯沉量、夯点施工起止时间等。

6.5.3 效果检验

排水动力固结施工结束,可按照强夯地基的检测要求进行加固效果检验。

6.6 排水动力固结法工程实例

6.6.1 工程概况

辽宁盘锦港荣兴港区位于辽东湾北部,附近 50km 范围内无山,回填所需山皮土(石)均要从大石桥等地长距离运输,采用常规强夯的方法,堆场地基的回填和加固费超过了 130 元/m²。场区地下水位为 +3.5～+4.5m,平均在 +4.0m 左右。针对吹填顶面高程大于 +6.0m、上部粉砂层厚度大于 4.0m 的砂性土吹填堆场地基,采用排水动力固结技术进行处理。

大面积施工前试验区的主要加固土层有四层:第①层粉砂,夹有淤泥质土,饱和,松散,吹填形成,层厚 4.7～5.4m,平均标贯击数 $N=3.8$ 击;第①$_{-1}$ 层淤泥质粉质黏土,饱和,流塑～软塑,吹填形成,层厚 0.6～0.8m,平均标贯击数 $N=1.0$ 击;第②层淤泥质粉质黏土,饱和,流塑,层厚 3.3～4.0m,平均标贯击数 $N=1.3$ 击;第③层粉细砂,饱和,松散～中密,平均标贯击数 $N=10.0$ 击。

堆场使用要求:堆场地坪设计标高 5.85m,地基处理后地面标高宜控制在 5.0m 左右,再由 20t 碾压机振动碾压 4～5 遍后,上部施工 78cm 的基层和面层(其中天然碾压砂砾 20cm、砂砾水稳层 45cm、连锁块面层 8cm 及砂垫层 5cm)。堆场装卸工艺提供的集装箱重箱堆场平均使用荷载为 60kPa(堆 5 过 6),考虑到箱角、起重、运输设备等荷载均为集中荷载,其在堆场场坪标高向下 6m 以内引起的附加应力多大于 60kPa 的情况,同时考虑处理后的地基土应尽量减小最终沉降及堆场箱形等因素,地基处理设计时使用荷载按均布 80kPa 考虑。

地基处理设计要求:地基处理后要求表层土(铺面结构层底面以下 1.5m 范围内)地基承载力特征值 $f_{ak} \geqslant 140$kPa,表层土底面 1.5m 以下地基承载力特征值 $f_{ak} \geqslant 120$kPa;加固后的地基表层回弹模量大于 60MPa;30 年内地基沉降量小于 30cm;吹填泥面上砂石层厚度不小于 1m(高程 +4.1～+5.1m 的土层)。

6.6.2 试验区方案设计

试验区降水强夯设计参数见表 6.2,井点管及夯点平面布置见图 6.4。

表 6.2　　试验区设计参数

试验分区	Ⅰ	Ⅱ	Ⅲ	Ⅳ
一遍井点管深/m	5.0	5.0	5.0	5.0
一遍井点布管方式/(m×m)	4×6	4×6	4×6	4×6
一遍夯点夯击能/(kN·m)	1500	1000	1500	2000

6.6 排水动力固结法工程实例

续表

试 验 分 区	I	II	III	IV
一遍夯点间距/m	6×6	6×6	6×6	6×6
二遍井点管深/m	7.0	7.0	7.0	7.0
二遍井点布管方式/(m×m)	4×6	4×6	4×6	4×6
二遍夯点夯击能/(kN·m)	1500	1500	2000	2500
二遍夯点间距/m	6×6	6×6	6×6	6×6
普夯夯击能/(kN·m)	1000	1000	1000	1500

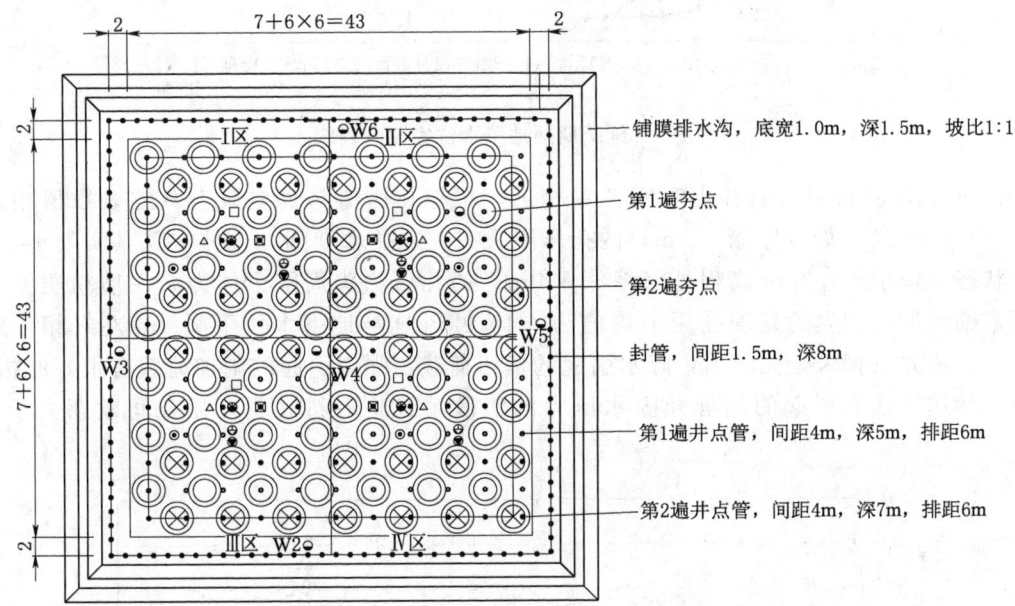

图 6.4 井点管及夯点平面布置图

6.6.3 效果及评价

6.6.3.1 施工过程监测

1. 地下水位的测试

试验区外的自然水位稳定在+4.85m高程左右。封管外侧2m处水位管在正常抽水期间水位稳定在+3.50m高程左右，比自然水位低1.35m；停泵后水位恢复至正常水位。试验区中心处地下水位在连续抽水3d后稳定在+0.45m高程左右，比自然水位低约4.40m，一遍井点管关闭后水位上升至+1.65m高程附近（水位上升1.2m）。封管内侧1m处水位管在正常抽水期间水位稳定在+0.70m高程左右，比自然水位低4.15m，二遍井点管关闭后水位逐渐上升，停泵后水位恢复至正常水位。抽水期间，试验区范围内降水深度均超过4.0m，如图6.5所示。

2. 孔隙水压力测试

降水及强夯施工过程中的孔压时程线见图6.6。由图知，位于+1.70m高程处（埋深

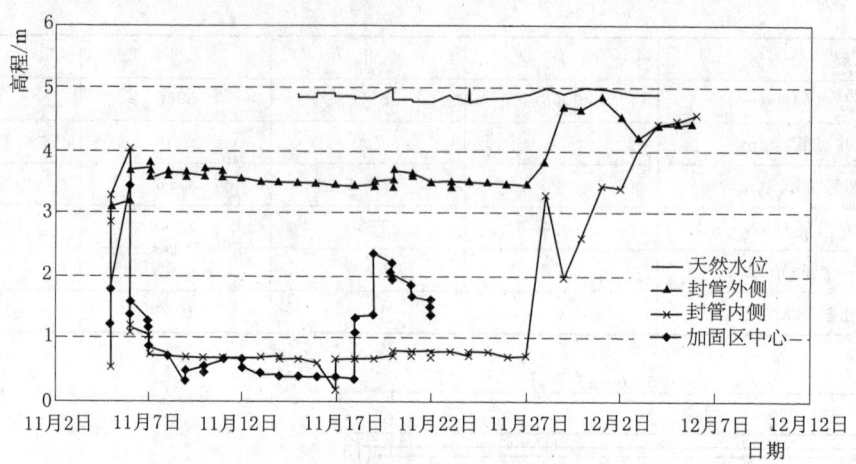

图 6.5 施工期间地下水位实测时程线

5.0m) 的孔压测头与一遍井点管底位置相近,超静孔压值与真空泵上真空表数值相近。位于+2.70m 高程处(埋深 4.0m)的孔压测头在正常抽水期间,土体空隙其实处于水汽混合状态。位于-1.30m 高程处(埋深 8.0m)的孔压测头周围土体为淤泥质粉质黏土,在正常抽水期间产生的超静孔压平均值为-40.9kPa,与地下水位下降 4m 左右相一致。在一、二遍井点管未全关闭前,降水引起的负压荷载与强夯引起的附加荷载有很好的相抵效应,加速了强夯引起的超静孔隙水压力的消散,试验资料表明,强夯间歇期大于 3d 即可。

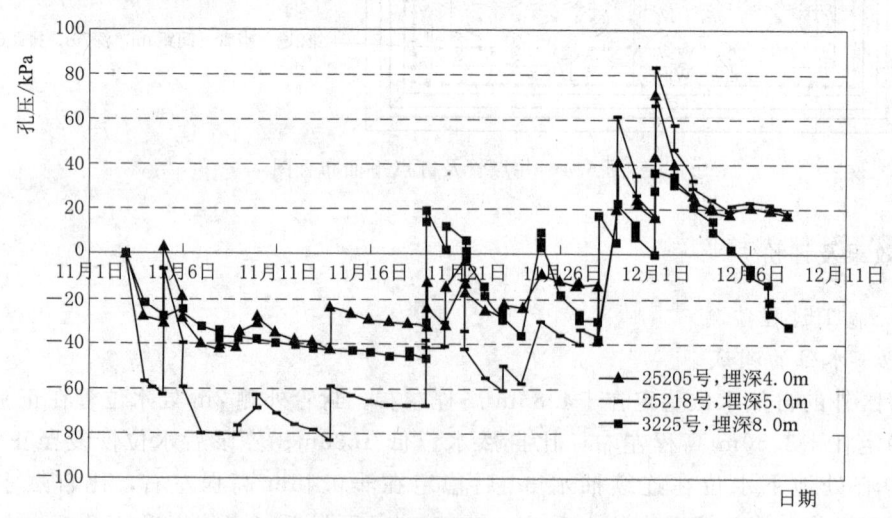

图 6.6 施工期间土中超静孔隙水压力曲线

3. 夯沉量及夯击击数的统计

采用轻型井点降水后,地下水位由原地面下 2.0m 下降至原地面下 6.0m(+0.45～+0.70m 高程)的位置,地下水位下降后降水土层由浮容重变成湿容重,产生一定的附加荷载(40kPa)对下覆土层会产生压密实作用,但这需要经历一个较长的过程,所以在降水强夯试验期间降水的压密效果并不明显。在不同的夯击能和击数作用下,场地的总夯沉量与总夯击能之间没有相对应的线性关系,且总体的夯沉量均小于50cm,各区夯沉量及夯击击数统计见表6.3。

表6.3　　　　　　　　　　　试验区夯沉量和夯击击数统计表

试验分区	一遍点			二遍点			普夯			总沉降/cm
	夯击能/(kN·m)	平均击数/击	夯沉量/cm	夯击能/(kN·m)	平均击数/击	夯沉量/cm	夯击能/(kN·m)	平均击数/击	夯沉量/cm	
Ⅰ	1500	6.4	23.8	1500	7.7	13.7	1000	2	8.4	45.9
Ⅱ	1000	10.8	19.2	1500	8.0	11.4	1000	2	5.8	36.4
Ⅲ	1500	7.4	26.9	2000	8.0	15.6	1000	2	7.4	49.9
Ⅳ	2000	6.9	19.7	2500	7.2	14.9	1000	2	10.6	45.2

6.6.3.2　试验区检测结果

1. 标准贯入试验

经过降水强夯,各试验小区上部的粉砂层和淤泥质粉质黏土层的标贯击数都得到明显提高,其中淤泥质粉质黏土层提高均超过100%;但分布于-1.0m高程以下的粉细砂层强度没有明显提高。表层粉砂层在强夯施工时没有很好地起到向下传递夯击能的作用,降水强夯的有效影响深度明显小于填土强夯影响深度。

降水强夯施工结束1周后,试验Ⅲ、Ⅳ小区采用2000~2500kN·m的夯击能,经过强夯上部砂层的标贯击数均值超过10击,粉砂层为稍密状态（10<N≤15）;试验Ⅰ、Ⅱ小区采用1000~1500kN·m的夯击能,强夯后上部粉砂层仍处于松散状态,这表明采用轻型井点降水联合强夯加固类似地基时夯击能不宜小于2000~2500kN·m。标准贯入试验检测结果统计见表6.4。

表6.4　　　　　　　　　　　标准贯入试验检测结果统计表

试　验　分　区		Ⅰ	Ⅱ	Ⅲ	Ⅳ
①层粉砂	加固前/击	3.8	4.7	4.1	3.2
	加固后/击	8.0	9.3	12.1	13.8
	提高/%	111	98	195	331
②层淤泥质粉质黏土	加固前/击	1.3	1.9	1.1	1.0
	加固后/击	3.4	3.8	3.7	3.9
	提高/%	162	100	236	290

2. 重型动力触探试验和单桥静力触探试验

重型动力触探试验和单桥静力触探试验检测结果均表明,地基采用真空井点降水强夯时所采用的夯击能越大影响深度也越大,最大影响深度取决于第一遍点所采用的夯击能,1000~2500kN·m的夯击能影响深度分别为3.4~6.8m。具体见表6.5和表6.6,强夯有效加固深度统计表见表6.7。

表 6.5　　　　　　　　　　　　　重型动力触探试验检测结果统计表

统计深度/m	试验Ⅰ区			试验Ⅱ区			试验Ⅲ区			试验Ⅳ区		
	加固前/击	加固后/击	提高/%	加固前/击	加固后/击	提高/%	加固前/击	加固后/击	提高/%	加固前/击	加固后/击	提高/%
0.0~0.9	2.3	4.3	87	2.0	6.6	230	3.5	5.1	40	2.9	5.3	83
1.0~1.9	2.3	6.7	191	1.4	7.7	450	1.9	6.7	253	2.1	8.9	324
2.0~2.9	1.7	7.5	341	1.8	6.3	250	2.5	7.2	188	2.2	9.0	309
3.0~3.9	2.2	6.5	195			383	2.1	6.5	210		8.3	315
4.0~4.9	2.1	5.9	181	2.3	7.6	230	1.8	7.0	289	1.8	6.8	278
5.0~5.9	2.2	6.3	186		7.7	235		6.2	182	2.4	6.9	188
6.0~6.9	2.4	6.0	150	3.3	8.1	145	2.7	6.2	130	3.2	7.3	128
7.0~8.0	5.9	6.5	10	7.2	9.2	28		8.4	53	6.8	8.6	26

表 6.6　　　　　　　　　　　　　单桥静力触探试验检测结果统计表

统计深度/m	加固前/MPa	试验Ⅰ区		试验Ⅱ区		试验Ⅲ区		试验Ⅳ区	
		加固后/MPa	提高/%	加固后/MPa	提高/%	加固后/MPa	提高/%	加固后/MPa	提高/%
0.0~0.9	1.2	5.7	375	3.7	208	3.8	217	3.6	200
1.0~1.9	1.0	6.9	590	5.6	460	3.9	290	7.1	610
2.0~2.9	0.6	6.2	933	4.0	567	2.9	383	5.3	783
3.0~3.9	1.2	5.1	325	2.1	75	2.4	100	5.2	333
4.0~4.9	0.6	1.8	200	0.9	50	1.4	133	1.6	167
5.0~5.9	0.4	0.7	75	0.5	25	0.6	50	2.4	500
6.0~6.9	0.4	0.4	0	0.4	0	0.5	25	2.8	600
7.0~8.0	1.8	2.0	11	1.6	−11	1.5	−17	1.2	−33

表 6.7　　　　　　　　　　　　　强夯有效加固深度统计表

统计项目	试验Ⅰ区	试验Ⅱ区	试验Ⅲ区	试验Ⅳ区
点夯夯击能/(kN·m)	1500~1500	1000~1500	1500~2000	2000~2500
强夯有效加固深度/m	4.8	3.4	5.6	6.8

检测结果也表明，地表约 1.0m 的深度范围内动探击数均值要小于下覆土层段的动探击数，这表明不填山皮土强夯区域其表层土需要在后续施工过程中作进一步碾压处理。

3. 静载试验

普夯结束间歇大于 7d 后，在 4 个降水强夯试验小区分别选取两点（夯间土）进行了静载试验，载荷板采用 1.5m×1.5m 正方形钢板。静载试验结果按照 0.01s/d（砂土）取值，得到井点降水强夯后地基的承载力特征值在 106~153kPa 之间。要满足堆场地基的承载力要求，采用真空井点联合强夯法进行加固时，点夯夯击能不宜小于 2000~2500kN·m，具体见表 6.8。

6.6 排水动力固结法工程实例

表 6.8　　　　　　　　　　静载试验结果统计表

统计项目	试验Ⅰ区		试验Ⅱ区		试验Ⅲ区		试验Ⅳ区	
	1号点	2号点	1号点	2号点	1号点	2号点	1号点	2号点
承载力特征值/kPa	120	123	106	111	146	137	153	147
变形模量 E_0/MPa	11.6	11.8	9.6	10.1	13.9	13.2	14.6	14.2

采用排水动力固结法进行地基加固时，降水施工与强夯施工两者之间具有一定的相互干扰性，如果施工方案或者施工程序不能合理协调，不但影响施工效果，而且也影响施工工期。因此，在排水动力固结法设计施工时，应根据强夯技术要求，合理调整降水井点的布置方案，有利于保质保量地完成工程。

第7章 软土地基组合桩加固技术

随着国家对大型优质港口建设需求越来越迫切，对港口工程质量的要求也越来越严格。单一的地基处理方式有时满足不了工程的变形、进度、经济等多方面的要求。对于新近吹填的黏性土地基，要满足相应的地基承载力和变形要求，采用单一的振冲法或CFG桩复合地基法时桩间距将会非常小，也是非常不经济的，因此需要根据地基的土质条件和设计要求选择不同的地基处理方法组合使用。近年来，我国各沿海港口在进行地基处理时使用了"堆载＋强夯""强夯＋CFG桩""强夯＋PHC管桩""碎石桩＋PHC管桩"等多种组合加固方法，但采用最多的还是"碎石桩＋CFG桩"组合型复合地基加固的方法，本章对该法进行详细介绍。

7.1 "碎石桩＋CFG桩"组合型复合地基加固法的基本原理

7.1.1 加固机理

"碎石桩＋CFG桩"组合型复合地基，是一种刚性桩和散体材料桩组合型复合地基，也是一种长桩协力形式的长短桩组合型复合地基。振冲碎石桩是一种散体材料桩，对黏性土主要起置换作用，对粉土和砂土除了起置换作用外还有挤密和振密作用，对软黏土地基，可形成排水通道加速软黏土的固结。桩和桩间土构成复合地基，使地基承载力提高，变形减少，并可消除砂土层的液化。当基底以下存在较厚的软弱土层时，采用振冲碎石桩（短桩）对浅层地基进行加固，不仅可减小地基土层的沉降变形、提高地基土层的承载力，同时还可改善浅层地基土的工程特性、调整不均匀地基的刚度及增强软弱地基的稳定性。"碎石桩＋CFG桩"组合型复合地基施工时先打设振冲碎石桩，置换或加密浅层的软弱土层。碎石桩施工完毕并间歇两周后再进行CFG桩施工，浅层软弱土层的置换或加密，将有助于大幅提高CFG桩复合地基的承载力和压缩模量，并且使复合地基中桩土应力比更趋于合理，充分发挥桩间土的作用，从而取得比单一的振冲碎石桩加固或单一的CFG桩加固要显著得多的加固效果。CFG桩的侧限约束作用使得碎石桩的鼓胀作用难以发生，保证碎石桩在桩长范围内的承载力得以发挥，同时CFG桩将荷载向地基深层传递，使复合地基的承载力明显提高、变形减小。

7.1.2 受力特性

在"碎石桩＋CFG桩"组合型复合地基中，由于碎石桩与CFG桩以及桩与土相互影响，桩身附加应力、桩土应力比、荷载分担比及变形特性等与单一桩型复合地基不同。碎石桩的桩身附加应力约在5.6m处（$7d$，d为桩径），向下逐渐减小，桩端最小，但变化范围不大，而单一碎石桩复合地基中，碎石桩桩身应力的最大值出现在2～4倍桩径处，组合型复合地基中碎石桩桩身最大应力的位置下移,这是由于CFG桩的侧限约束作用使得碎石桩的鼓胀作用难以发生,应力得以向地基深层传递。在组合型复合地基中,碎石桩与土的应力比较单一碎石桩复合地基的桩土应力比n(一般为2~4)要小,桩顶应力集中现象有所减弱,应力分布更均匀。由于碎石桩和CFG桩对地基的加筋挤密作用,桩端的应力集中现象有所减弱,整个地基内的应力分布更为均匀。在荷载作用初期,桩间土承担的荷载最大,随着荷载的增加,桩间土承担的荷载逐渐减小,碎石桩发生塑性变形,CFG桩的沉降小于碎石桩,荷载向CFG桩转移,CFG桩的荷载分担比增大而碎石桩的荷载分担比减小。随着荷载的进一步增加,桩土荷载分担比趋于稳定。由于CFG桩的阻水作用和两种桩对桩间土的加密,超静孔隙水压力的消散较单一碎石桩复合地基稍慢,复合地基的固结变形稳定时间较长。

7.1.3 碎石桩和CFG桩的作用

通过分析"碎石桩+CFG桩"组合型复合地基的工程实例来研究这种组合型复合地基中CFG桩和碎石桩对于提高地基承载力的作用。表7.1为"碎石桩+CFG桩"组合型复合地基的工程案例,这些工程地基都存在较厚的素填土、淤泥或淤泥质土等软弱土,天然地基承载力在45~70kPa内。从表7.1可以看出,采用碎石桩和CFG桩加固后,地基承载力提高了3.6~5.7倍,组合型复合地基的承载力达到300kPa以上,CFG桩对提高组合型复合地基的承载力起控制作用,贡献达到57.5%~89.7%。由于CFG桩为长桩,而且CFG桩的桩体模量大于碎石桩桩体模量,CFG桩对减小组合型复合地基的沉降也起控制作用,碎石桩起辅助性作用。

表7.1 "碎石桩+CFG桩"组合型复合地基工程案例

研究者	地基处理方案	桩间土/kPa		碎石桩复合地基		组合型复合地基	
		f_{ak}	$f_{s,sk}$	f_{spk1}/kPa	碎石桩贡献/%	f_{spk}/kPa	CFG桩贡献/%
王士杰	@1.5;$d_1=0.8$,$l_1=6$;$d_2=0.4$,$l_2=20.0$	45	—	128	32.5	300	67.5
陈强	@1.0;$d_1=d_2=0.4$,$l_1=6$;$l_2=8.5$	70	—	96	10.3	322	89.7
王颖光	@1.5;$d_1=1.0$,$l_1=6$;$d_2=0.4$,$l_2=22.0$	45	—	92	18.4	300	81.6
党昱敬	@1.0;$d_1=d_2=0.4$,$l_1=12$;$l_2=10.0$	62	147	170	42.5	316	57.5

注 表中@表示桩间距,m;d_1、d_2分别为碎石桩和CFG桩的桩径,m;l_1、l_2分别为碎石桩和CFG桩的桩长,m。

7.1.4 适用范围

不采用单一碎石桩或CFG桩复合地基而采用"碎石桩+CFG桩"组合型复合地基适用的范围主要包括以下情况。

(1)当基底存在可能液化的砂土或粉土层时,采用振冲碎石桩法进行地基处理,振密和挤密可液化土层，从而消除地基的液化。当复合地基承载力要求较高或沉降要求较严，单一碎石桩复合地基方案不能满足要求时，可在碎石桩中间插入CFG桩，形成组合型复合地基，以满足承载力或变形的要求。

（2）当基底存在较厚的软弱土层（$f_{ak} \leqslant 100$kPa）时，若采用单一CFG桩复合地基，为了满足构筑物对地基承载力和变形的要求，导致CFG桩的桩距过小或桩长太长，可采用"碎石桩＋CFG桩"组合型复合地基，同时满足承载力和变形的要求。

7.2 "碎石桩＋CFG桩"组合型复合地基承载力和沉降计算

7.2.1 组合型复合地基承载力计算方法

组合型桩复合地基承载力的计算可采用多桩型复合地基承载力计算公式，即

$$f_{spk} = m_1 \frac{\lambda_1 R_{a1}}{A_{p1}} + m_2 \frac{\lambda_2 R_{a2}}{A_{p2}} + \beta(1 - m_1 - m_2)f_{sk} \tag{7.1}$$

式中 f_{spk}——复合地基承载力特征值，kPa；

m_1，m_2——碎石桩、CFG桩的面积置换率；

λ_1，λ_2——碎石桩、CFG桩的单桩承载力发挥系数，应由单桩复合地基试验按等变形准则或多桩复合地基静载荷试验确定，有地区经验时也可按地区经验确定，得出营口港地区$\lambda_1 = 0.6 \sim 0.8$、$\lambda_2 = 0.6 \sim 0.85$；

R_{a1}，R_{a2}——碎石桩、CFG桩的单桩竖向承载力特征值，kN；

A_{p1}，A_{p2}——碎石桩、CFG桩的截面积，m²；

β——桩间土承载力发挥系数，营口港地区$\beta = 1.1 \sim 1.3$；

f_{sk}——处理后桩间土地基承载力特征值，kPa。

具有黏结强度的桩与散体材料桩组合形成的复合地基承载力可按下式估算，即

$$f_{spk} = m_2 \frac{\lambda_2 R_{a2}}{A_{p2}} + \beta[1 - m_2 + m_1(n-1)]f_{sk} \tag{7.2}$$

式中 β——仅由散体材料桩加固处理形成的复合地基承载力发挥系数；

n——仅由散体材料桩加固形成的复合地基的桩土应力比。

参数β和n宜按地区经验确定，根据"碎石桩＋CFG桩"组合型复合地基的受力特点，$\beta \geqslant 1.0$，n多为$2 \sim 4$，原土强度低时取高值，原土强度高时取低值。

由于式（7.1）中包括λ_1、λ_2及β等3个参数，参数较多且难以准确确定，因此可简化为下式计算组合型复合地基的承载力，即

$$f_{spk} = m_1 \frac{R_{a1}}{A_{p1}} + m_2 \frac{R_{a2}}{A_{p2}} + \beta(1 - m_1 - m_2)f_{sk} \tag{7.3}$$

根据地区经验，式中β取0.95。

7.2.2 组合型复合地基沉降计算方法

"碎石桩+CFG 桩"组合型复合地基变形示意如图 7.1 所示。

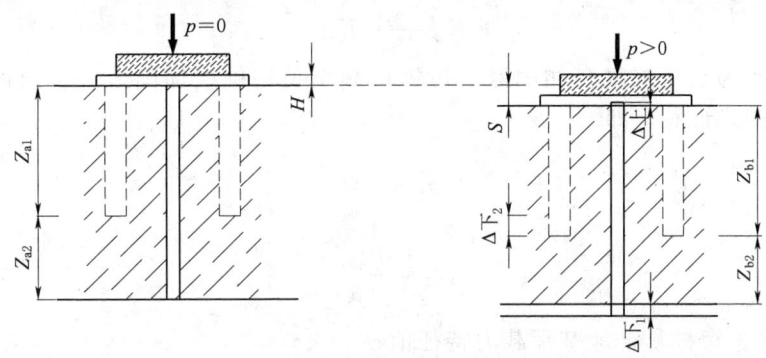

图 7.1 "碎石桩+CFG 桩"组合型复合地基变形示意图

与单一 CFG 桩复合地基相比,"碎石桩+CFG 桩"复合地基将加固区分为 z_{a1}、z_{a2} 两部分。"碎石桩+CFG 桩"的上刺入量分别为 $\Delta 上_1$、$\Delta 上_2$,由于上刺入量相对较小,可假定 $\Delta 上_1 = \Delta 上_2 = \Delta 上$。同样不计桩的变形和褥垫层的压缩变形,组合型复合地基的变形由三部分组成,即长短桩加固区压缩变形 $s_1(z_{a1}-z_{b1})$、短桩桩端至长桩桩端加固区压缩变形 $s_2(z_{a2}-z_{b2})$ 和复合土层下卧土层的压缩变形 s_3。

$$s = s_1 + s_2 + s_3 \tag{7.4}$$

"碎石桩+CFG 桩"组合型复合地基的沉降计算模型如图 7.2 所示。组合型复合地基沉降计算的关键在于压缩模量的计算,基本思路为:①按单一桩型复合地基复合模量确定方法求得天然地基和主控桩所形成复合地基的复合模量,并将之视为一等效天然地基;②同样按单一桩型复合地基确定方法,求得等效天然地基和辅桩形成的复合地基的复合模量即为多桩型复合地基的复合模量。

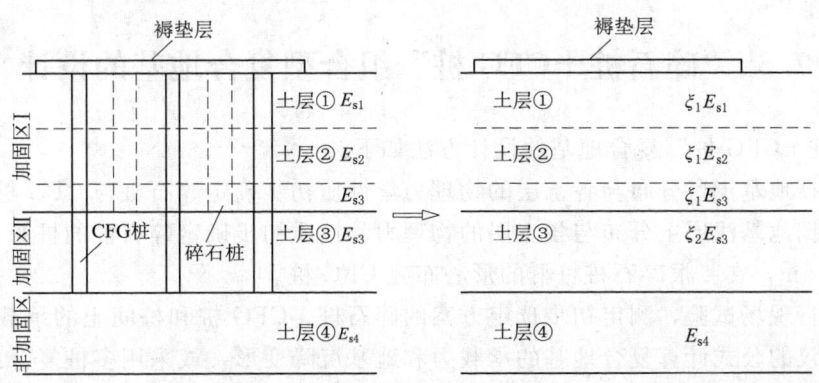

图 7.2 "碎石桩+CFG 桩"组合型复合地基沉降计算模型

"碎石桩+CFG 桩"加固范围内(加固区Ⅰ)各层土的压缩模量均乘以 ξ_1;CFG 桩加固范围内(加固区Ⅱ)各层土的压缩模量均乘以 ξ_2;非加固区压缩模量不变,即

加固区Ⅰ压缩模量为

$$E_{spⅠ} = \xi_1 E_{sⅠ} \tag{7.5}$$

加固区Ⅱ压缩模量为

$$E_{spⅡ} = \xi_2 E_{sⅡ} \tag{7.6}$$

ξ_1、ξ_2 分别为长短桩复合加固区、短桩桩端至长桩桩端加固区各土层的模量提高系数，可采用下列式计算，即

$$\xi_1 = \frac{f_{spk}}{f_{ak}} \tag{7.7}$$

$$\xi_2 = \frac{f_{spk1}}{f_{ak}} \tag{7.8}$$

式中　f_{spk}——长短桩复合地基承载力特征值；

f_{spk1}——长桩处理形成的复合地基承载力特征值；

f_{ak}——天然地基承载力特征值。

则 CFG 桩＋碎石桩组合型复合地基的沉降可按下式计算，即

$$s = \psi_{sp}\left[\sum_{i=1}^{n_1} \frac{p_0}{\xi_1 E_{si}}(z_i \bar{a}_i - z_{i-1}\bar{a}_{i-1}) + \sum_{i=n_1+1}^{n_2} \frac{p_0}{\xi_2 E_{si}}(z_i \bar{a}_i - z_{i-1}\bar{a}_{i-1}) + \sum_{i=n_2+1}^{n_3} \frac{p_0}{E_{si}}(z_i \bar{a}_i - z_{i-1}\bar{a}_{i-1})\right] \tag{7.9}$$

式中　s——长短桩复合地基变形量；

ψ_{sp}——沉降计算经验系数；

p_0——基底附加压力；

E_{si}——第 i 层土的压缩模量；

n_1,n_2,n_3——长短桩复合加固区土层分层数、短桩桩端至长桩桩端加固区土层分层数、变形计算深度内下卧土层分层数；

ξ_1,ξ_2——长短桩复合加固区、短桩桩端至长桩桩端加固区各土层的模量提高系数。

7.3　"碎石桩＋CFG 桩"组合型复合地基的设计

"碎石桩＋CFG 桩"复合地基的设计方法如下：

（1）依据地基土层分布与各土层的物理力学性质初步确定碎石桩与 CFG 桩的桩长。

（2）依据地基浅层土分布与各土层的物理力学性质初步确定碎石桩的桩距，桩距一般不宜大于 2.5m，在 4 根碎石桩桩群的形心布置 CFG 桩。

（3）进行现场试验，测定初步选定方案的碎石桩、CFG 桩和桩间土的承载力特征值，依据规范建议的公式计算复合地基的承载力和地基沉降变形，或采用多桩复合地基静载荷试验确定复合地基承载力特征值。

（4）选定"碎石桩＋CFG 桩"组合型复合地基的设计方案。

基于现场试验研究成果与工程应用，碎石桩＋CFG 桩组合型复合地基可采用工程最优化设计理论进行优化设计，与单一 CFG 桩复合地基相比，设计变量更多，约束条件更

复杂。将 CFG 桩和碎石桩的总费用作为目标函数，以 CFG 桩置换率 m_1、碎石桩置换率 m_2、CFG 桩的桩长 l_1 和碎石桩的桩长 l_2 为设计变量，桩径、桩体强度、褥垫层厚度和材料等视为预定参数，满足允许沉降和复合地基承载力等条件作为约束条件，碎石桩＋CFG 桩组合型复合地基的优化设计模型可表示为

$$\left.\begin{aligned}
&\boldsymbol{X}=\{x_1 \quad x_2 \quad x_3 \quad x_4\}^T=\{m_1 \quad m_2 \quad l_1 \quad l_2\}^T \\
&\min f(x)=\left(\frac{C_1 m_1 l_1}{A_{p1}}+\frac{C_2 m_2 l_2}{A_{p2}}\right)A \\
&\text{s.t } h_v(x)=s-[s]=0 \\
&\quad g_{u1}(x)=p-f_{spk}\leqslant 0 \\
&\quad g_{u2}(x)=l_2-l_1\leqslant 0 \\
&\quad g_{u3}(x)=(m_1+m_2)-1\leqslant 0
\end{aligned}\right\} \quad (7.10)$$

式中　　A——需加固地基的总面积；

A_{p1}，A_{p2}——碎石桩和 CFG 桩的截面积；

　s，$[s]$——地基沉降的计算值和允许值；

　f_{spk}——复合地基承载力特征值；

C_1，C_2——碎石桩和 CFG 桩的单价；

　　p——基底压力。

7.4 "碎石桩＋CFG 桩"组合型复合地基的施工工艺

7.4.1 施工设备

"碎石桩＋CFG 桩"组合型复合地基施工分两步完成，第一步进行振冲施工，采用振冲器进行；间歇两周后再进行第二步 CFG 桩施工，采用施工机械为长螺旋钻机。

7.4.2 施工工艺

（1）振冲施工。振冲施工工艺同 5.4.3 节。

（2）CFG 桩施工。CFG 桩施工工艺同 5.5.3 节。

（3）施工过程中要求振点放样要准确，振冲施工过程中需要经常复核桩位，为后续 CFG 桩的施工提供便利。

7.4.3 施工中常见问题及处置措施

1. CFG 桩钻进困难

在进行"碎石桩＋CFG 桩"组合型复合地基施工时，长螺旋桩机经常会出现钻进困难甚至卡钻的情况，主要由振冲碎石桩桩位偏差和振冲回填碎石中含有超大直径的石块造成。为避免这种情况出现，应在振冲施工时严格控制振冲碎石的粒径和振点的准确定位。对位于浅层（＜2.0m）的超大直径块石宜挖除，分层回填压实后再进行 CFG 桩施工；对

于埋设较深的超大直径块石，应用混合料灌注所成孔，并在设计桩位附近移位重新施打CFG桩。

2. CFG桩混合料超灌

振冲施工后，土体中由连续的块石形成连续排水孔道，CFG桩施工灌注压力过大时混合料将会对周边孔道进行填充，经常会形成混合料的严重超灌，这种情况下宜适当减小混合料灌注压力，以不堵管为原则。

7.4.4 褥垫层设计

"碎石桩＋CFG桩"组合型复合地基褥垫层应根据地基土层的性质及CFG桩桩端土层性质确定。若CFG桩进入较硬的土层，浅部土层又较弱，此时需要另设褥垫层；若CFG桩进入一般硬度的土层、浅部土层较好时，振冲后地基表面散粒体碎石就可以起到一定褥垫层的作用，此时不需另设褥垫层。

7.5 质量控制和效果检验

7.5.1 质量控制

"碎石桩＋CFG桩"组合型复合地基施工质量控制要求见5.4.4节和5.5.4节。

7.5.2 效果检验

振冲施工结束，一般间歇一周就可以进行碎石桩桩身密实度检测，采用重型动力触探试验的方法或超重型动力触探试验的方法进行。

CFG桩施工15d后，可采用低应变法进行CFG桩桩身完整性检测。

CFG桩施工28d后，可采用静力触探试验的方法进行桩间土强度测试，同时进行单桩或多桩复合地基承载力检测。

7.6 "碎石桩＋CFG桩"组合型复合地基处理法工程实例

7.6.1 工程概况

某港一个成品油工程地基由港池开挖、航道与调头区疏浚土吹填形成，总加固面积为198万m^2。

吹填土的厚度大（平均大于15m），承载力低、含水率高、压缩性大，采用单一的碎石桩或CFG桩进行地基处理难以满足工程要求。为了保证"碎石桩＋CFG桩"组合型复合地基达到设计规定的技术要求，先进行了组合型复合地基工艺试验及检测。

加固深度范围内，地基土层自上而下可分为5层：第①层粉质黏土混砂，软塑～可塑，混有少量中粗砂，层厚3.2m，标贯击数2～3击，天然地基承载力特征值60kPa；第②层中细、中粗砂，松散，层厚5.6m，标贯击数3～5击；第③层淤泥质粉质黏土，流塑～软塑，高压缩性，含少量粗砂薄层，层厚10.1m，标贯击数1～4击；第④层淤泥混砂，软塑，混有贝壳和细砂，层厚1.6m，标贯击数0～4击；第⑤层中粗砂及粉质黏土互层，地基承载力为200～300kPa。

地基处理要求：振冲碎石桩复合地基的承载力不小于120kPa；CFG桩桩身完整，桩长满足设计要求，平均桩径大于430mm，单桩极限承载力大于650kN；振冲碎石桩＋CFG桩复合地基的承载力不小于150～230kPa；加固后复合地基工后沉降小于100mm。

7.6.2 方案设计

现场试验区平面尺寸为47m×16m，分为A、B、C、D这4个试验分区，着重研究了碎石桩间距的改变对组合型复合地基承载力影响规律。各试验分区试验方案见表7.2，桩位及检测点布置如图7.3所示，地基土层和组合型复合地基剖面见图7.4。

表7.2 各试验分区试验方案

序号	试验方案	碎石桩桩间距/m	碎石桩			CFG 桩		
			桩径/m	桩长/m	置换率m_1	桩径/m	桩长/m	置换率m_2
1	A	2.0	1.0	10.0	0.1964	0.43	17.0	0.0314
2	B	2.2	1.0	10.0	0.1623	0.43	17.0	0.0260
3	C	2.5	1.0	10.0	0.1257	0.43	17.0	0.0201
4	D	2.7	1.0	10.0	0.1077	0.43	17.0	0.0172

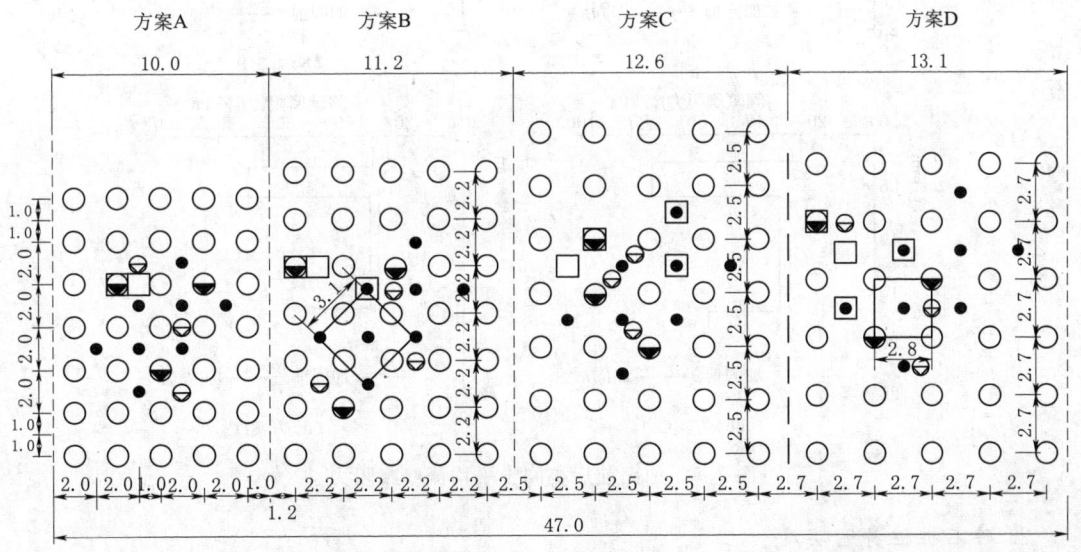

图例：○ 振冲碎石桩　● CFG桩　◐ 静力触探孔　◑ 动力触探孔　□ 静载试验点

图7.3 "碎石桩＋CFG桩"组合型复合地基桩位及检测布点（单位：m）

7.6.3 效果及评价

1. 桩间土强度

采用桩间土静力触探的方法来测定振冲碎石桩和 CFG 桩对地基土的加固作用,加固前后桩间土静力触探平均侧壁摩阻力与平均锥尖阻力沿深度分布见图 7.5 和图 7.6。由图知,振冲碎石桩加固使第②层中细、中粗砂层侧壁摩阻力提高了 2~3 倍,锥尖阻力提高了 6~10 倍,且振冲碎石桩间距越小提高幅度越大;而第③层淤泥质粉质黏土层加固前后静力触探阻力变化很小,这表明振冲碎石桩和 CFG 桩对于桩间淤泥质粉质黏土强度提高作用短期内效果不明显。

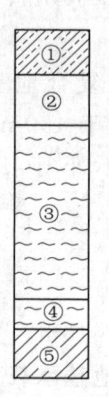
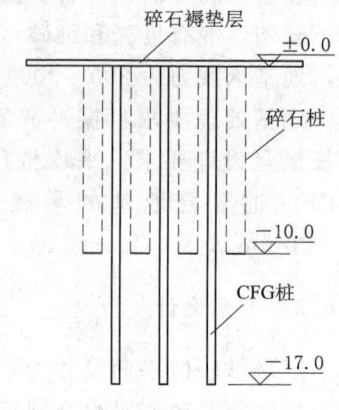

图 7.4 "碎石桩+CFG 桩"组合型复合地基剖面(单位:m)

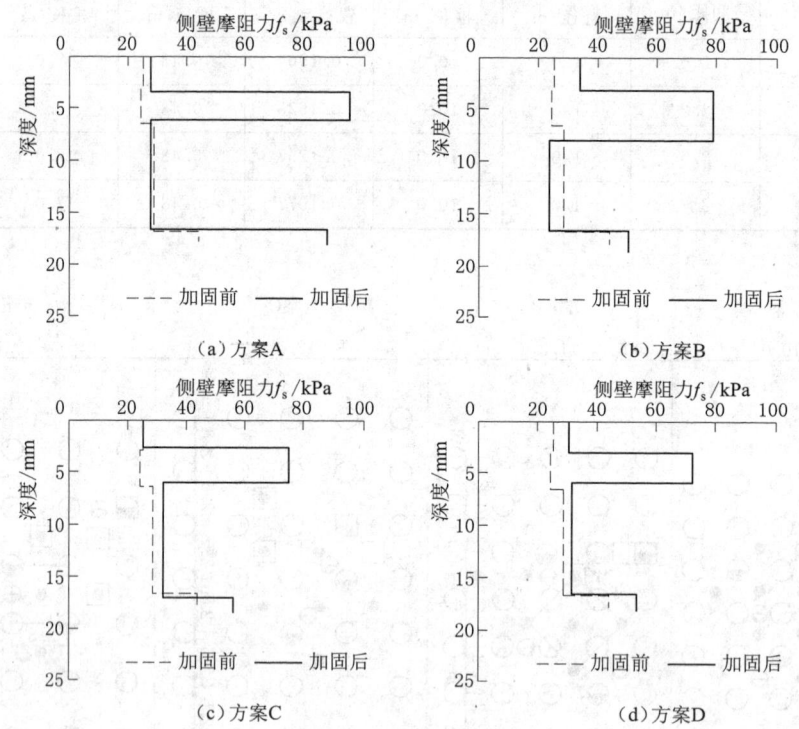

图 7.5 加固前后桩间土平均侧壁摩阻力

2. 碎石桩桩身密实度

振冲碎石桩桩身超重型动力触探试验成果统计曲线见图 7.7。超重型动力触探击数的修正值基本大于 3 击,4 种方案桩体密实度相差不大,说明碎石桩桩体密实度只与桩间土的强度、桩体材料和施工工艺有关,与桩间距基本无关。

7.6 "碎石桩+CFG桩"组合型复合地基处理法工程实例

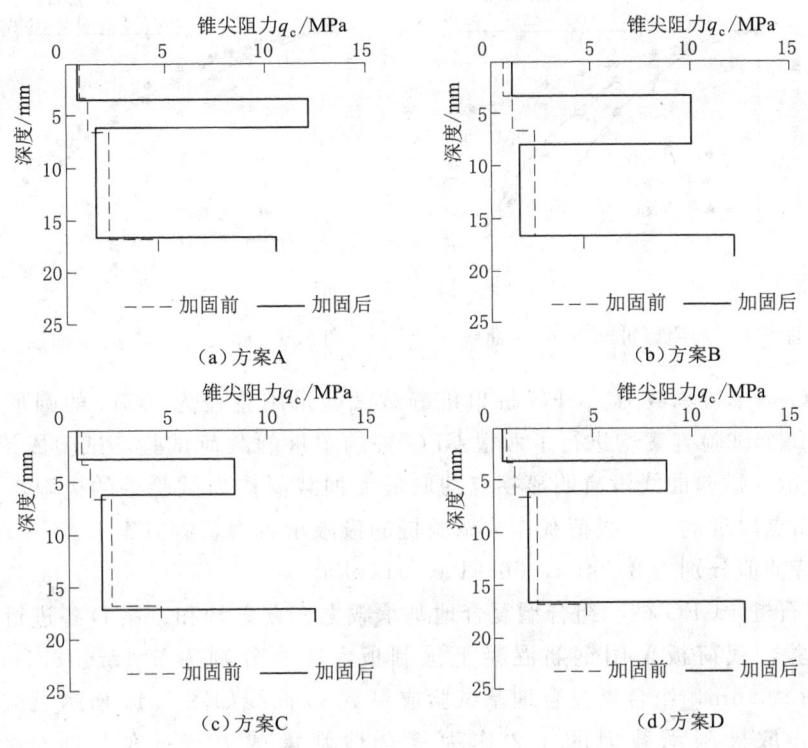

图 7.6 加固前后桩间土平均锥尖阻力

3. 地基承载力

(1) 加固后桩间土的承载力。加固后桩间土静载试验采用直径为 0.8m 的圆形载荷板,试验成果 $p-s$ 曲线如图 7.8 所示。取相对变形 $s/b=0.015$ 即 $s=12mm$ 所对应的荷载作为桩间土的承载力特征值,则方案 A、B、C、D(对应碎石桩间距分别为 2.0m、2.2m、2.5m 和 2.7m)表层粉质黏土的承载力特征值分别为 142kPa、82kPa、105kPa、103kPa(该层土加固前地基承载力特征值为 60kPa)。

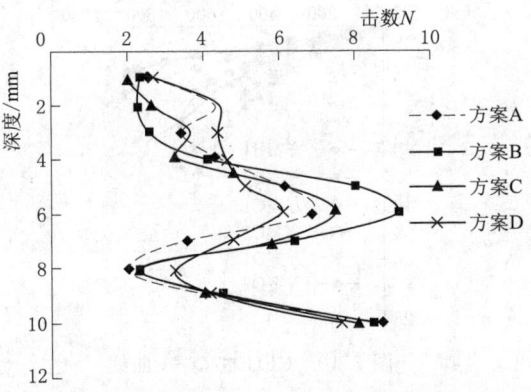

图 7.7 碎石桩桩身超重型动力触探试验成果统计曲线

(2) 碎石桩单桩承载力。碎石桩单桩静载试验采用直径为 1.0m 的圆形载荷板,试验成果 $p-s$ 曲线如图 7.9 所示。取相对变形 $s/b=0.015$ 即 $s=15mm$ 所对应的荷载作为桩间土的承载力特征值,则方案 A、B、C、D 中碎石桩单桩承载力特征值分别为 378kPa、343kPa、228kPa、256kPa。根据单桩复合理论计算的碎石桩复合地基承载力特征值分别为 188kPa、124kPa、120kPa、119kPa。

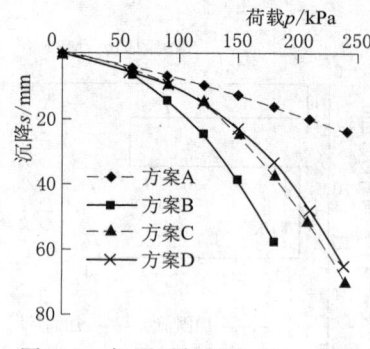
图 7.8　加固后桩间土 p-s 曲线

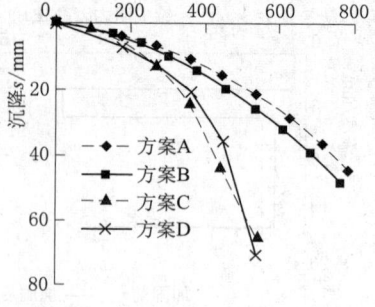
图 7.9　碎石桩单桩 p-s 曲线

(3) CFG 桩单桩承载力。CFG 桩单桩静载试验采用直径为 0.5m 的圆形载荷板,除方案 A 外,每个试验方案均进行了两根 CFG 桩的单桩静载荷试验,试验成果 Q-s 曲线如图 7.10 所示。试验曲线没有明显拐点的取最大加载值作为试验桩的极限承载力,有明显拐点的取拐点出现的上一级荷载作为试验桩的极限承载力,则方案 B、C、D 中 CFG 桩单桩承载力特征值分别为 842kPa、663kPa、612kPa。

(4) "碎石桩+CFG 桩"组合型复合地基承载力。方案 B 和方案 D 各进行了一组复合地基静载试验,载荷板采用钢筋混凝土预制板,尺寸分别为 3.1m×3.1m×0.6m 和 2.8m×2.8m×0.6m,组合型复合地基试验成果 p-s 曲线如图 7.11 所示。试验曲线存在明显的拐点,取极限承载力的 1/2 作为复合地基承载力特征值,即分别为 249kPa 和 191kPa。

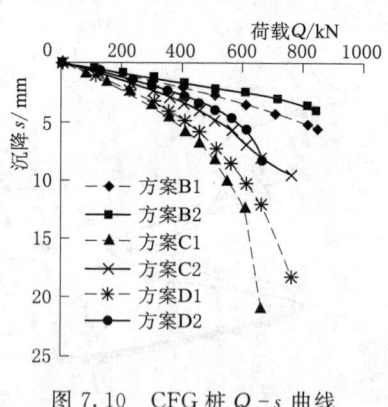
图 7.10　CFG 桩 Q-s 曲线

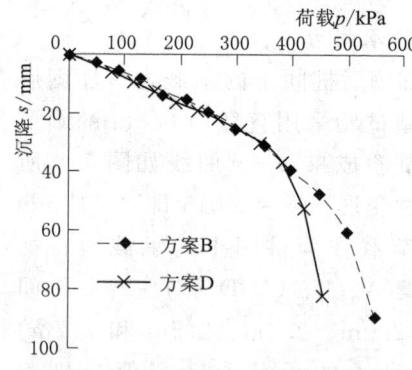
图 7.11　组合型复合地基 p-s 曲线

根据式 (7.1)～式 (7.3) 计算的"碎石桩+CFG 桩"组合型复合地基的承载力值列于表 7.3 中。碎石桩、CFG 桩和桩间土承载力发挥系数和桩土应力比取值:式 (7.1) 的 $\lambda_1=0.85$、$\lambda_2=0.8$、$\beta=1.3$;式 (7.2) 的 $\beta=1.0$、$n=4$;式 (7.3) 的 $\beta=0.95$。3 个公式计算结果相近,且均比实测结果小 20% 左右,这表明初步设计采用上述规范建议的承载力计算公式计算结果偏于安全。

4. 组合型复合地基处理效果评价

对新近吹填的黏性土采用"碎石桩+CFG 桩"组合型复合地基处理时,CFG 桩对地

7.6 "碎石桩+CFG桩"组合型复合地基处理法工程实例

表 7.3　　　　　　　　组合型复合地基承载力计算值与实测值的对比

试验方案	桩间距 /m	置换率		桩间土和单桩承载力计算值			复合地基承载力计算值/kPa			
		m_1	m_2	桩间土 /kPa	碎石桩 /kPa	CFG桩 /kN	式 (7.1)	式 (7.2)	式 (7.3)	实测值
A	2.0	0.1964	0.0314	142	378	421	279	294	270	
B	2.2	0.1623	0.026	82	343	421	194	180	194	249
C	2.5	0.1257	0.0201	105	228	331	178	179	160	
D	2.7	0.1077	0.0172	103	256	306	170	164	149	191

基承载力的提高起控制作用，且碎石桩桩间距越小，CFG桩的承载能力提高幅度越大，这当中存在着一个合理的桩间距的概念。该工程合理的桩间距为2.0~2.2m，不宜超过2.5m，过大的间距将不能使浅层软弱土体的性能得到充分的改善和提高，若大面积施工时施工质量稍微控制不好就满足不了设计要求，其工后沉降变形将会较大。

第8章 淤泥质吹填土固化技术

我国软土分布较为广泛，且主要分布在经济发达的沿海地区，大量港口工程建设需要在软土地区进行。在软土地区港口工程建设过程中，需要获得大量的土石方。但由于传统的砂、石、土材料需要大量的自然资源，严重破坏了自然环境，其价格也呈上涨趋势；而原状的滩涂、疏浚淤泥由于其含水量高、压缩性大、承载能力低、稳定性差，制约着其在工程上的直接应用。另外，传统方法处理时间长或砂、石料紧缺，以至工程建设周期增长，无法满足"又快又好"的港口建设要求。采用淤泥质吹填土固化技术，不但能代替传统的抛石填筑工艺，解决沿海石料紧缺和保护自然资源等问题，还可以解决淤泥土不易堆置存放问题，实现淤泥质土资源化利用。基于此，淤泥质吹填土的固化技术在近几年得到了迅猛发展，并成功地在天津滨海、连云港、温州港等多个港口地基处理工程得到应用和推广。

8.1 淤泥质土固化原理

淤泥固化剂的种类繁多，按其主要成分可分为无机化合物类、有机化合物类、复合型固化剂等。国内外已经有许多研究者针对不同土质研制开发了适用于不同土体的固化剂。常见的固化剂材料见表8.1。

表8.1 常见固化剂材料及主要成分

分 类	名 称	主 要 成 分
无机化合物类	水泥	$3CaO \cdot SiO_2$，$2CaO \cdot SiO_2$，$3CaO \cdot Al_2O_3$
	石灰	CaO
	粉煤灰	SiO_2，Al_2O_3，SiO_2，FeO，Fe_2O_3，CaO，MgO，Na_2O，MnO_2，SO_3
	废石膏	$CaSO_4$
	磷石膏	$CaSO_4 \cdot 2H_2O$
	钢渣、矿渣	Ca，Mg，SiO_2，Fe，Si 及其氧化物
	碱渣	$CaSO_3$，$CaCO_3$，$CaCl_2$，CaO
	硅粉	SiO_2
	煤矸石	Al_2O_3，SiO_2
有机化合物类	水玻璃	Na_2SiO_3
	环氧树脂	分子中含有两个或两个以上环氧基团的有机高分子化合物
	高分子材料	以高分子化合物为基础的材料，如橡胶、纤维、胶凝剂等
复合型固化材料	复合固化剂	两种或两种以上化学物质按一定比例配合而成

8.1.1 无机化合材料固化机理

作为水硬性无机胶凝材料，水泥是目前应用最广泛的淤泥固化材料。吹填土中加入水泥后，水泥与水发生一系列反应，使吹填土快速固结，并使其强度得到一定提高。石灰在道路基层加固中应用较为普遍，也取得了良好的效果。石灰土早期强度较低，随着时间延长，强度会有较大增长。对工业废渣的利用研究，国内外学者也做了大量的工作。粉煤灰对淤泥的力学性质指标有显著的改善，废石膏、磷石膏和水泥配合固化淤泥后，强度获得较大提高。利用钢渣、矿渣胶凝材料固化软土加固效果要远好于水泥、石灰。通过室内试验和现场分析，碱渣土可以用于港口工程大规模填土。

各种无机化合材料的固化机理不尽相同，本节重点介绍工程上最常用的水泥固化吹填土的机理。水泥通过机械搅拌与吹填土混合，通过物理改良、水泥硬化、硬凝反应使得水泥土在土体固有结构强度基础上产生增生强度。其中水泥硬化对强度的贡献最大，整个强度增加的过程是一系列复杂的物理化学反应的综合过程。

1. 水泥的水解与水化反应

普通水泥主要由 $3CaO \cdot SiO_2$、$2CaO \cdot SiO_2$、$3CaO \cdot Al_2O_3$、$4CaO \cdot Al_2O_3 \cdot Fe_2O_3$、$CaSO_4$ 等矿物组成。用水泥加固软土时，水泥颗粒表面的矿物很快与软土中的水发生水解和水化反应，生成 $Ca(OH)_2$、$3CaO \cdot 2SiO_2 \cdot 3H_2O$、$3CaO \cdot Al_2O_3 \cdot 6H_2O$ 及 $3CaO \cdot Fe_2O_3 \cdot 6H_2O$ 等化合物。

反应过程如下：

(1) $3CaO \cdot SiO_2$。

$$2(3CaO \cdot SiO_2) + 6H_2O = 3CaO \cdot 2SiO_2 \cdot 3H_2O + 3Ca(OH)_2 \tag{8.1}$$

(2) $2CaO \cdot SiO_2$。

$$2(2CaO \cdot SiO_2) + 4H_2O = 3CaO \cdot 2SiO_2 \cdot 3H_2O + Ca(OH)_2 \tag{8.2}$$

(3) $3CaO \cdot Al_2O_3$。

$$3CaO \cdot Al_2O_3 + 6H_2O = 3CaO \cdot Al_2O_3 \cdot 6H_2O \tag{8.3}$$

(4) $4CaO \cdot Al_2O_3 \cdot Fe_2O_3$。

$$4CaO \cdot Al_2O_3 \cdot Fe_2O_3 + 2Ca(OH)_2 + 10H_2O =$$
$$3CaO \cdot Al_2O_3 \cdot 6H_2O + 3CaO \cdot Fe_2O_3 \cdot 6H_2O \tag{8.4}$$

(5) $CaSO_4$。虽然 $CaSO_4$ 在水泥含量中仅占 3% 左右，但它与 $3CaO \cdot SiO_2$ 一起与水发生反应，生成一种被称为"水泥杆菌"的化合物，有

$$3CaSO_4 + 3CaO \cdot Al_2O_3 + 32H_2O = 3CaO \cdot Al_2O_3 \cdot 3CaSO_4 \cdot 32H_2O \tag{8.5}$$

这种水泥杆菌能将土中大量的自由水固定下来，对于高含水量的软黏土的强度增长具有特殊意义。如果 $CaSO_4$ 含量过多，水泥杆菌针状结晶会使水泥土发生膨胀而产生破坏。

2. 离子交换和团粒化作用

软土作为一个多相散布系，它和水结合时就表现出一般的胶体特征，土中的 SiO_2＋结合水＋硅胶微粒（表面带有 K^+ 与 Na^+）与水泥水化产生的 Ca^{2+} 进行交换吸附形成较大的团粒结构，并封闭各土团之间的孔隙，形成坚固的连接，从而提高了土体的强度。

3. 凝硬作用

随着水泥水化反应的深入，溶液中将析出大量的 Ca^{2+}，当其数量超出离子交换的需

要时，在碱性环境中，能与组成黏土矿物的 SiO_2 及 Al_2O_3 的一部分或大部分进行化学反应，逐渐生成不溶于水的稳定结晶化合物，即

$$SiO_2+Ca(OH)_2+nH_2O \Longrightarrow CaO \cdot 2SiO_2 \cdot (n+1)H_2O \tag{8.6}$$

$$Al_2O_3+Ca(OH)_2+nH_2O \Longrightarrow CaO \cdot Al_2O_3 \cdot (n+1)H_2O \tag{8.7}$$

这些新生的化合物在水中和空气中逐渐硬化，增大了水泥土的强度，而且由于其结构比较致密，水分子不易侵入，使水泥土具有足够的水稳定性。

4. 碳酸化作用

水泥水化物中游离的 $Ca(OH)_2$ 能吸收水和空气中的 CO_2，生成不溶于水的 $CaCO_3$，即

$$Ca(OH)_2+CO_2 \Longrightarrow CaCO_3+H_2O \tag{8.8}$$

这种反应也能使水泥土增加强度，但增长速度较慢，幅度也较小。

8.1.2 有机化合材料固化机理

水玻璃是目前应用较广泛的一种有机固化材料，其以适当的比例与水泥混合后加固软土可以起到很好的效果，固化土的力学性能和抗渗性能均能得到提高。其他高分子类固化材料如丙烯酰胺类浆液、脲醛树脂类浆液、聚氨酯类浆液、木质素类等，将它们与无机化合材料如水泥、粉煤灰等一起与淤泥混合，固化土的强度均有明显提高。

有机化合材料固化淤泥表现为两个过程：①土体基本单元在外力作用下彼此靠近，在界面上相互连接；②固化剂水化或与土团发生反应，形成具有胶凝性的水化产物将土粒胶结。以聚丙烯酰胺为例，它是制作液体絮凝剂的主要成分。液体絮凝剂是一种阳离子充电状态下的乳胶状的海洋微生物污水处理剂，它具有高分子量、中性充电和高效凝聚的特性。将水泥和聚丙烯酰胺加到吹填土中后，水泥经水化反应析出大量的 Ca^{2+}，加上土颗粒表面的带电性及土中自由水等条件，使聚丙烯酰胺在土中发生聚合反应，而生成大的有机分子链，大的有机分子链可以包覆土颗粒，形成土团，使黏土颗粒在基本结构单元的相界面上被牢牢地黏结在一起，形成具有一定强度的网状结构。同时大的有机分子交换到黏土分子表面后会产生屏蔽作用，从而使吹填土吸附水分而膨胀的趋势消失。在水泥和聚丙烯酰胺的化学作用下，通过压实，固化土可以以较快的速度产生密实的、坚硬的结构层，从而使固化吹填土的强度增加、渗透性降低。

采用有机化合物材料进行软土固化时，一般不单独使用，使用过程中也常常会产生一些弊端，加上固化成本相对较高，故此目前实际工程中应用相对较少。

8.1.3 复合材料固化机理

在处理淤泥高含水量及富含有机质问题时，传统的处理方法是加大固化材料的用量。但是，加大固化材料的用量往往会降低固化土的其他性能，如在淤泥中加大水泥用量，将增大固化土的脆性和开裂性，使其使用范围受到限制；如加大石灰用量，将降低固化土密实度及黏聚力等。此时，采用复合固化材料代替部分水泥，或在固化剂中加入部分工业废料等，可以显著提高固化土的强度及其他性能。

按照不同配比组成的固化材料固化淤泥的机理不完全相同,但其本质都包括离子的交换与吸附作用、化学反应以及膨胀填充作用,都是增加密实度和胶凝材料的产生。离子交换作用是指固化材料水化产物中的与土颗粒吸附层内发生吸附交换,以减薄土胶粒双电层厚度,使土颗粒聚集成团的过程;化学反应包括无机固化材料的水化反应、火山灰反应、碳酸化作用及有机固化材料的聚合与缩合反应;膨胀填充则指水化生成物填充土颗粒之间,以补偿成型土粒胶结料由于水分消耗而造成的体积收缩过程。

8.2 室 内 试 验

吹填淤泥质土体采用固化技术的应用时间还不长,从加固机理到设计方法或者施工工艺均有不完善的地方,有些还处于半理论半经验的状态。因此,为了了解不同固化材料加固不同种类淤泥的可能性、确定最合适的固化材料及其掺入量、找到固化土强度增长规律等,需要先进行固化土的室内试验。本节以最常见用于淤泥质土固化的材料——水泥为例进行介绍。

8.2.1 室内配合比试验

1. 试验设备

目前水泥土的室内物理力学性质试验尚未制定出统一的操作规程,因此大都利用现在的土工试验仪器及砂浆混凝土试验仪器,参照土工或建筑材料试验规程进行试验。

2. 土样制备

制备水泥土的土样通常有以下两种方法。

(1) 风干土样:将现场采取的原状软土经过风干、碾碎、过筛制成。

(2) 原状土样:将现场挖掘的原状软土立即封装在双层厚型塑料袋内,基本保持天然含水量。

3. 固化剂

制备水泥土的水泥可用不同的品种(普通硅酸盐水泥、矿渣水泥、火山灰水泥及其他特种水泥)、各种标号的水泥。水泥掺入比可根据要求选用 7%~20%,水泥掺入比 a_ω 是指水泥重量与被加固软土重量之比,即

$$a_\omega = \frac{\text{掺入的水泥重量}}{\text{被加固软土的天然重量}} \times 100\% \tag{8.9}$$

4. 外掺剂

为改善水泥土的性能和提高其强度,在选用水泥作为主固化材料时通常还应掺入天然石膏、三乙醇胺、氯化钠、氯化钙、硫酸钠等外掺剂。结合工业废料处理,还可掺入不同比例的粉煤灰、工业废渣等。

5. 试件的制作与养护

按照拟定的试验计划,根据配方分别称量土、水泥、外掺剂和水,放在容器内搅拌均匀。然后在选定的试模内装入一半水泥土试料,放在振动台上振动 1min,再装入其余试料后振动 1min。最后将试件表面刮平,盖上塑料布防止水分挥发过快。

试件成型后，根据水泥土的强度决定拆模试件，一般为1~2d。拆模后的试件放入标准养护室（箱）进行养护，保持恒定的湿度，达到规定的龄期后即可进行各种试验。

8.2.2 试验结果分析

8.2.2.1 水泥土的物理性质

1. 含水量

水泥土的含水量比原状土的含水量减少不超过5%，且随水泥掺入量的增加而逐渐降低，试验结果见表8.2。

表8.2　　　　　　　　　　　水泥土的含水量

原状土百分比/%	对应水泥掺入比（%）不同时水泥土的含水量/%				
	5	7	10	12	15
50.0	49.6	48.9	47.7	46.9	46.1

2. 重度

由于拌入软土中的水泥浆的重度与软土的重度相近，所以水泥土的重度与天然软土的重度相近。表8.3为水泥土的重度试验结果。由表8.3可见，尽管水泥掺入比为25%，水泥土的重度也仅比天然软土增加3%，因此采用水泥固化深厚软土地基，其加固部分对于下部未加固部分不致增加过大的附加荷重，也不会产生较大的附加沉降。

表8.3　　　　　　　　　　　水泥土的重度试验结果

软土天然重度 $\gamma_0/(kN/m^3)$	水泥掺入比 a_w /%	水泥土的重度 $\gamma/(kN/m^3)$	$\dfrac{\gamma-\gamma_0}{\gamma_0}\times 100\%$
17.1	5	17.3	1.1
	15	17.5	2.3
	25	17.6	2.9
17.5	7	17.6	0.6
	15	17.8	1.7
	20	17.8	1.7

3. 相对密度

由于水泥的相对密度为3.1，比一般软土的相对密度（2.65~2.75）大，所以水泥土的相对密度也比天然土稍大。当水泥掺入比为15%~20%时，水泥土的相对密度比软土约增加4%。

8.2.2.2 水泥土的力学性质

1. 抗压强度及其影响因素

水泥土的无侧限抗压强度一般为0.5~4MPa，即比天然软土大几十倍至数百倍。图8.1是由水泥土无侧限压缩试验得到的应力-应变曲线。

由图8.1可见，当水泥土强度较低时，其应力-应变曲线表现为塑性材料的性质，随着强度的提高，应力-应变曲线逐渐趋向于脆性材料的性质。

由于水泥土本身的不均质性，所以它不是纯弹性体，而是一种弹塑性体，其应力-应变的关系是非线性的，在加荷开始阶段，应力与应变大致呈直线关系；当应力达到某一数值时，应力-应变曲线开始弯曲，较小的应力增量即会产生较大的应变增量。如果把应力-应变曲线上开始弯曲这一点对应的应力定位水泥土的"比例极限"，则试验结果表明水泥土的比例极限是其极限强度的 70%～90%。水泥土受压破坏时，轴向应变很小，一般仅为 0.8%～1.2%。

影响水泥土抗压强度的因素很多，主要有以下几个。

(1) 水泥掺入比 a_ω。水泥土的抗压强度随着水泥掺入比的增大而增大（图 8.2）。

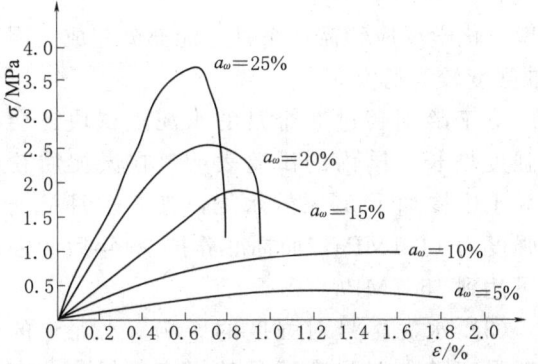

图 8.1 水泥土应力-应变试验曲线

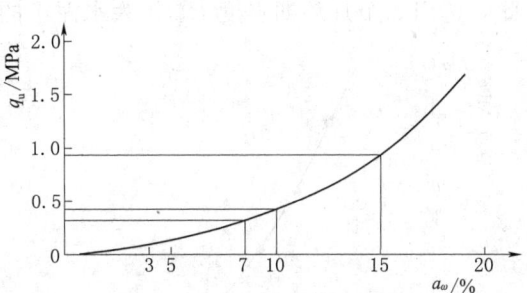

图 8.2 龄期 1 个月的水泥土抗压强度与掺入比的关系

当 $a_\omega \leqslant 5\%$ 时，由于水泥与土的反应过弱，水泥固化程度低，强度离散性也较大，故在水泥搅拌法实际施工中，水泥掺入比应大于 5%。当 $a_\omega > 5\%$ 时，每增加单位水泥掺入比所引起的强度增量在不同龄期是不相同的，在 0～90d 范围内，龄期越长这种增量越高。经大量试验数据的分类整理统计，水泥土的抗压强度与水泥掺入比呈幂函数关系，其表示式为

$$\frac{q_{u1}}{q_{u2}} = \left(\frac{a_{\omega 1}}{a_{\omega 2}}\right)^{1.6} \tag{8.10}$$

式中 q_{u1}——水泥掺入比为 $a_{\omega 1}$ 的水泥土抗压强度；

q_{u2}——水泥掺入比为 $a_{\omega 2}$ 的水泥土抗压强度。

式 (8.10) 成立的前提条件是 $a_\omega = 10\% \sim 20\%$。

(2) 龄期 T。水泥土强度随着龄期的增长而增加，一般在龄期超过 28d 后仍有明显增加（图 8.3），当水泥掺入比为 7% 时，60d 的强度约为 28d 的 1.4 倍；当掺入比为 12% 时，90d 的抗压强度约为 28d 的 1.6 倍；当龄期超过 3 个月后，水泥土的强度增长才减缓。

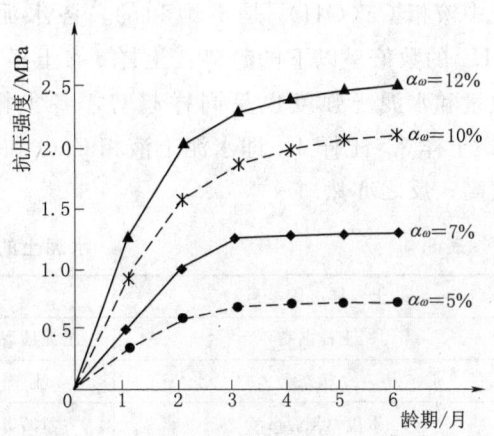

图 8.3 水泥土抗压强度与龄期的关系

另外,水泥掺入比越大,水泥土的抗压强度提高倍率也越大。

经大量试验数据的回归分析可发现,水泥土的抗压强度与龄期之间呈幂函数关系,其表达式为

$$\frac{q_{u1}}{q_{u2}} = \left(\frac{T_1}{T_2}\right)^{0.4} \tag{8.11}$$

式中 q_{u1}——龄期为 T_1 时水泥土抗压强度;

q_{u2}——龄期为 T_2 时水泥土抗压强度。

式 (8.11) 成立的条件是龄期 $T=15\sim90d$。

据电子显微镜观察,水泥和土的一系列物理、化学反应约需 3 个月才能充分完成。因此,选用 3 个月龄期强度 R_{90} 作为水泥土的标准强度较为适宜。

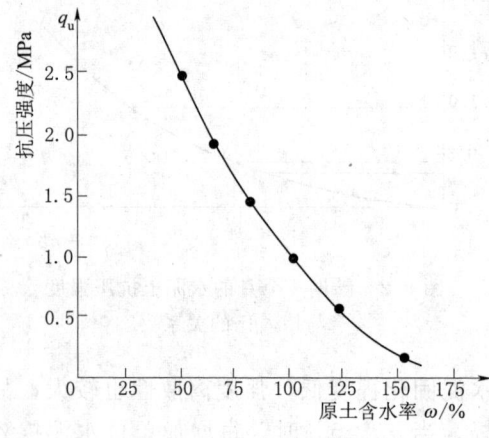

图 8.4 天津某土样含水率与抗压强度的关系
($a_w=10\%$,$T=28d$)

对于龄期超过 3 个月的水泥土试块还会有强度增长。国内的试验表明,在淤泥质粉质黏土中掺加了 35% 的水泥,其 3 个月龄期的强度为 14.1MPa,而标准养护 15 年后的强度可达到 15.7MPa。

(3) 水泥标号对强度的影响。水泥土的抗压强度随水泥强度标号的提高而提高,有试验表明,当水泥标号从 Po32.5 提高到 Po42.5 时,水泥土的强度可以提高 30%～50%。

(4) 土样含水量对强度的影响。水泥土的抗压强度随着土样含水率的增加而迅速降低,如图 8.4 所示。由图 8.4 可见,土样含水量增加 50%,水泥土的抗压强度约降低 45%。

(5) 土质的影响。不同的土样掺入等量水泥后,水泥土的强度可相差近 1 倍,这就意味着土质对水泥的硬化过程是有影响的。试验实例数据见表 8.4。由表 8.4 可知,在水泥土中液相 $Ca(OH)_2$ 是不饱和的,各水泥土试样液相 OH^- 和 CaO 的浓度以及 Ca^{2+}、OH^- 的数值呈以下的趋势:土样 1<土样 2<土样 3<土样 4;水泥土中水泥水化产物的数量和水泥土强度也呈同样趋势,各土样对 OH^- 和 CaO 吸收量则为:土样 1>土样 2>土样 3>土样 4,即水泥土液相 CaO 和 OH^- 高,则水泥水化产物生成量大,水泥土强度高;反之亦然。

表 8.4 水泥土的重度试验结果

土 样 编 号	1	2	3	4
土样名称	淤泥质黏土	淤泥质黏土	淤泥质黏土	淤泥质黏土
状态	流塑	流塑	流塑	流塑
重度/(kN/m³)	1.70	1.76	1.80	1.81
含水率/%	55	50	34	36

土 样 编 号		1	2	3	4
孔隙比 e		1.48	1.43	1.03	1.01
土样中掺入10%的水泥后，土样的吸收量/(mg/100g)	CaO	322.3	289.4	274.3	265.9
	OH$^-$	520.9	481.7	471.4	458.2
水泥土抗压强度/kPa	15d	536	778	1254	1289
	30d	818	1038	1479	1574

(6) 土样中有机质的含量。图 8.5 所示为两种有机质含量不同的软土所配制的强度曲线，这两种土样均为某地沉积的海相淤泥质土，Ⅰ号土有机质含量为 1.3%，Ⅱ号土有机质含量为 10.01%。由图可见，有机质含量少的水泥土强度比有机质含量高的水泥土强度高得多。由于土样中有机质主要为富里酸和胡敏酸。在富里酸、水和水泥体系中，富里酸首先呈水溶液形式存在，当水泥和富里酸溶液接触后，由于二者形成的吸附层会延缓水泥水化的过程。其次水泥水化生成的水化铝酸钙、水化硫铝酸钙以及水化铁铝酸钙晶体中又由于富里酸的分解作用，使这些水化产物解体，破坏了水泥土结构形成，呈一种化学风化的特征。因此有机质使土样具有较大的膨胀性和低渗透性，并使土样具有酸性，这些因素都阻碍水泥水化反应的进行。所以，有机质含量高的软土，单纯用水泥加固的效果较差。对于这类土可再外掺生石膏（$CaSO_4 \cdot 2H_2O$），能增强加固效果。

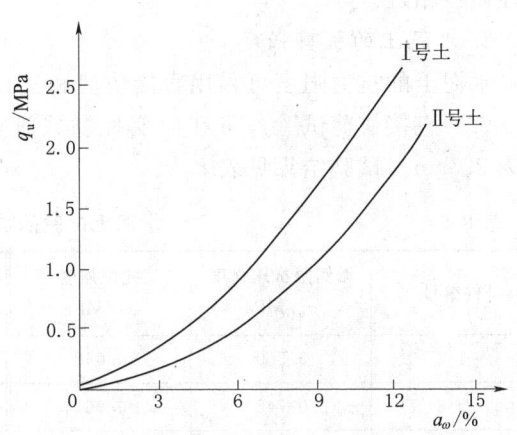

图 8.5 有机质含量与水泥土抗压强度的关系曲线

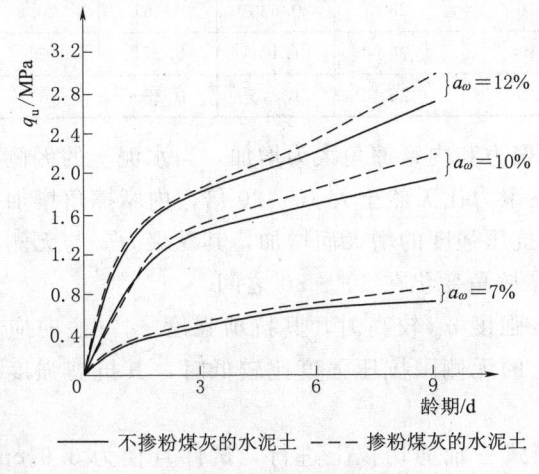

—— 不掺粉煤灰的水泥土　--- 掺粉煤灰的水泥土

图 8.6 粉煤灰对强度的影响

(7) 外掺剂对抗压强度的影响。不同的外掺剂对水泥土强度有着不同的影响。例如，木质素磺酸钙对水泥土强度的增长影响不大，主要起减水作用。石膏、三乙醇胺对水泥土的强度有增强作用，而其增强效果对不同土样和不同水泥掺入比又有所不同，所以选择合适的外掺剂可以提高水泥土强度或节省水泥用量。

(8) 粉煤灰对强度的影响。粉煤灰是一种工程应用较为普遍的工业废料，其本身具有一定的活性，掺加粉煤灰的水泥土，其强度一般都比不掺粉煤灰的有所增长,如图8.6所示。不同水泥掺入比的水泥土,当掺入与水泥等量的粉煤灰后,强度均比不掺粉煤灰的提高10%,因此采用在进行水泥固化土设计时掺入粉煤灰,不仅可消耗工业废料,还可稍微提高水泥土的强度。

2. 水泥土的抗拉强度

水泥土的抗拉强度采用劈裂法测定。测试结果表明,试件破坏形式为脆性破坏,破坏面微呈波状起伏;水泥土的抗拉强度随其抗压强度的增大而增大,但远较抗压强度低,部分试验结果见表8.5。抗拉强度约是抗压强度的1/15~1/10,与混凝土的抗拉、抗压强度的性质很相近。

3. 水泥土的抗剪强度

水泥土的抗剪强度可采用直接快剪和三轴不排水剪切试验进行测定。

(1) 直接快剪试验。可在应变控制式直剪仪上进行,水泥土试件的直径为6.18cm,高为2.5cm。试验结果见表8.6。

表8.5 水泥土试验的抗压和抗拉强度

试件编号	无侧限抗压强度 q_u/MPa	抗拉强度 σ_1/MPa	试件编号	无侧限抗压强度 q_u/MPa	抗拉强度 σ_1/MPa
1	0.500	0.046	4	1.285	0.107
2	0.742	0.061	5	1.790	0.122
3	1.096	0.084	6	3.485	0.222

表8.6 水泥土直接快剪试验结果

试验编号	天然土样试验			水泥参比 a_w/%	水泥土龄期 T/d	水泥土样试验		
	无侧限抗压强度 q_u/MPa	抗剪强度 黏聚力 c/MPa	抗剪强度 内摩擦角 ϕ/(°)			无侧限抗压强度 q_u/MPa	抗剪强度 黏聚力 c/MPa	抗剪强度 内摩擦角 ϕ/(°)
1	0.037	0.014	14	10	28	0.633	0.161	26.5
2				10	90	1.124	0.271	31
3				15	28	1.315	0.289	32

由表8.6可见,水泥土较原天然土的黏聚力和内摩擦角大为增加,当水泥土的无侧限抗压强度 q_u 在0.61~3MPa范围内时,其黏聚力比天然土大10~20倍,内摩擦角增加一倍左右。所以,水泥土的抗剪强度随无侧限抗压强度的增大而增加,其黏聚力 c 与无侧限抗压强度 q_u 的比值 $c/q_u=0.2\sim0.3$;其内摩擦角变化在20°~30°之间。

试验结果表明,当水泥土的无侧限抗压强度 q_u 较高时,其抗剪强度 τ_{f0}(法向应力 $\sigma_N=0$ 的强度)可按 $q_u/2$ 计算,但当水泥土的无侧限抗压强度比较低时,其抗剪强度低于 $q_u/2$ 数值。

(2) 三轴不排水剪切试验。在应变控制式三轴剪切仪上进行,试件直径为3.91cm,高度为8cm,其试验结果与直剪试验相类似,即水泥土的抗剪强度随其无侧限抗压强度的增大而增大。另外,水泥土受三轴剪切时有明显的破坏面,破坏面与最大主应力作用面的

夹角为 $60°\sim70°$。

当水泥土的强度很低时,三轴剪切破坏时的应力圆直径几乎不随围压的改变而变化,当强度包线接近一条水平直线时,与原软土的性质相似,当水泥土的强度较高时,破坏时的应力圆直径随着围压的增大而增大,强度包线呈斜线,与原软土的性质完全不同。

4. 水泥土的变形模量

表 8.7 为不同无侧限抗压强度的水泥土进行变形模量试验的结果,由表可见,当 $q_u=300\sim4000\mathrm{kPa}$ 时,其变形模量 $E_0=40\sim600\mathrm{MPa}$,一般为 q_u 的 $120\sim150$ 倍,即 $E_0=(120\sim150)q_u$。

表 8.7　　　　　　　　　　水泥土的变形模量试验结果

试件编号	无侧限抗压强度 q_u/MPa	破坏应变 $\varepsilon_f/\%$	变形模量 E_0/kPa	E_{90}/q_u
1	274	0.80	37000	135
2	482	1.15	63400	131
3	524	0.95	74800	142
4	1093	0.90	165700	151
5	1554	1.00	191800	123
6	1651	0.90	223500	135
7	2008	1.15	285700	142
8	2392	1.20	291800	121
9	2513	1.20	330600	131
10	3036	0.90	474300	156
11	3450	1.00	420700	121
12	3518	0.80	541200	153

5. 压缩系数和压缩模量

水泥土的压缩试验结果表明,其压缩系数 a_{1-2} 随水泥掺量的增加而减小,变化在 $(2.0\sim3.5)\times10^{-5}/\mathrm{kPa}$ 范围;其相应的压缩模量 $E_s=60\sim100\mathrm{MPa}$。

6. 水泥土的抗渗性能

试样制备时将土、水泥掺和在一起,人工拌和均匀,加入所需用水量,按照比例搅拌,试样制成后洒水养护至规定龄期进行试验。水泥土的渗透试验可采用南 55 型变水头试验仪,环刀尺寸为 $A=30\mathrm{cm}^2$,$h=4.0\mathrm{cm}$。用环刀切取试样,并将两端削平,放入饱和器内抽气饱和后,按土工试验规范进行渗透试验,便可测定 7d、28d、90d 不同龄期水泥土的渗透系数。

试验结果表明以下几点:

1) 随着龄期的增加,水泥土的渗透系数会明显降低。

2) 随着水泥掺量的增加，水泥土的渗透系数也会降低。

3) 水泥土的渗透系数由原料土的渗透特性和水泥固化作用决定。

当天然土的渗透系数为 $n \times 10^{-7} \mathrm{cm/s}$ 时，随着水泥掺量的增大，水泥土的渗透系数可降低为 $n \times 10^{-10} \sim 10^{-11} \mathrm{cm/s}$。

8.3 淤泥质土固化设计

8.3.1 资料收集

在进行淤泥质土固化设计前，应收集到以下资料：

(1) 上部结构和基础工程资料。

(2) 拟建场地软土层的平面分布范围、厚度、成因及软土层之间是否有砂质土夹层。

(3) 对港口工程新近吹填土表面有人工回填土垫层时，应查明其是否夹有大石块或大块建筑垃圾。

(4) 进行地下水调查，了解其埋深；当为承压水或局部承压水时，还应了解其水头高低。

(5) 与现场勘查相配合，室内的土、水分析试验应着重进行以下几个方面：

1) 黏土矿物成分分析，可采用简易定性法，即在拟鉴定的土样中加入氢氧化钠溶液，反复摇动，对浸出液观察其颜色，其颜色越深，则采用水泥加固的效果就越差。

2) 有机质含量的测定，可采用重铬酸法定量分析或烧失量法定性分析，有机质含量越高，用水泥加固的效果就越差，甚至单纯用水泥无法对该土样进行有效的加固。

3) 塑性指数。当软土的塑性指数 $I_p > 25$ 时，容易在搅拌时形成泥团，无法将固化剂与水泥土充分拌和，影响加固效果。

4) 水质分析。应对加固场地地下水的酸碱度（pH 值）、硫酸盐含量进行定量分析。pH 值高、硫酸盐含量高时，水泥加固效果差。

8.3.2 室内固化剂配比试验

由于不同成因的软土，土类不同、含水量不同、有机质含量不同、加固要求不同，因此在进行淤泥质吹填土固化设计前应进行固化材料的选择，并进行固化土的室内配合比试验，以期取得固化剂不同掺量、龄期、加固土强度之间的相互关系。

8.3.3 固化土搅拌施工形式的选择

根据加固土层的厚度、地基加固的不同要求，可以采用不同的施工机械进行搅拌施工。

对于深层软土地基的水泥土搅拌，常采用深层搅拌机械进行，即通常所说的深层搅拌桩，该种方法目前施工工艺相对成熟；而对于浅层软土就地固化则是近年发展起来的一种对原位土就地连续无盲点立体搅拌形成板块的地基处理方法，可采用 ALLU PMX 强力搅拌系统进行三维立体搅拌。

8.4 淤泥质土就地固化技术

8.4.1 技术特点

土体就地固化软基处理工法是由 ALLU PMX 强力搅拌头系统和固化剂自动定量供料系统组成的。ALLU PMX 强力搅拌系统可以实现对土体的三维立体搅拌，保证搅拌的均匀性；ALLU PMX 强力搅拌头的先进性在于其可穿透硬壳层并有效拌和土体，搅拌点的智能定位可以减少加固盲区，提高拌和效率。固化剂自动定量供料系统具有控制出料量与出料时间、实时显示并记录打设区域的用料量、实时控制各出料与出气阀开关及实现远程操作的优点。和其他搅拌方法对比，实现立体拌压一体化，搅拌后混合材料的均匀性好；与传统的拌和方法比较具有就地、高效、均匀、深度、无须搬运等优点。

8.4.2 适用范围

土体就地固化软基处理工法适用于地表 3m 范围内的软土，当地基承载力和沉降要求无法通过就地板体处理时，需与其他深层处理组合应用，如水泥搅拌桩、管桩预制桩等，满足工程所需的地基承载力和沉降要求。

8.4.3 工艺原理

土体就地固化软基处理工法中是由 ALLU PMX 强力搅拌头系统和固化剂自动供料系统组成的。其中关键的工序为无盲点立体搅拌拌压形成硬壳层，此工序主要是利用进口设备 ALLU PMX 强力搅拌装置实现的。此工艺可直接对原位土就地进行处理，可以实现无盲点搅拌，并且拌压一体的施工，形成的硬壳层搅拌效果高，并且整体性好，是一种既灵活处理效率又高的地基处理手段。同时此种处理手段可以与其他深层的处理方法组合应用，硬壳层的形成可以扩散土体应力，硬壳层作为整体性好的构筑物，可以充分发挥地基的储存能力，从而可以扩大桩距，降低对土体内部的扰动，同时由于硬壳层的存在，可以解决目前深层处理存在的不均匀沉降问题。同时就地固化形成硬壳层可提供机械行走和打设的承载力，可为后续工作提供平台。

其中 ALLU 搅拌设备是一种动力搅拌混合工具，是对应挖掘机的一个水压搅拌工具。搅拌力是基于这个倾斜定位的转轮和一个独立的搅拌结构物。转筒在可控的方式下同时以 3 种方式混合搅拌材料。ALLU 混合搅拌机可以在 3m 的深度和范围内完全搅拌不同的材料，这取决于所选择的机器所选择的模式、挖掘机的范围以及材料的质量。固化剂通过压缩外界空气经导管到达转轮固定好的位置，每处的固化剂数量从很小的占比增加到 10%。ALLU 动力搅拌混合工具通过插销或者快速连接适配器板作为一个附属配件安装到标准的挖掘机上面。ALLU 设备通过自身独有的特点实现立体拌压一体的就地处理，形成具有一定强度同时整体性较好的板体。

固化剂自动定量供料设备可将不同的固化剂成分分别输送到搅拌地点，避免由于相对密度等问题造成的质量误差，同时固化剂自动定量供料系统可以实时记录打设的固化剂含量,从而保证每个区块固化剂的含量,提高搅拌的均匀性,实现固化剂供料过程的自动化和智能化(图 8.7)。

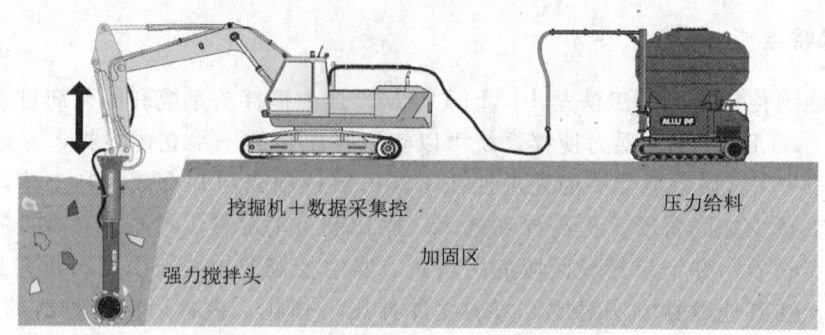

图 8.7 ALLU 系统就地固施工示意图

8.5 淤泥质土就地固化工程实例

8.5.1 工程概况

温州瓯江口近年来进行了大量的围海造地工程,这背后都有对新近吹填土快速处理的工程需求:吹填土在自然堆积及自重固结作用下形成含水率高的超软土,具有孔隙比大、强度低等特点,常规施工机械甚至作业人员不能进场,采用传统自然晾晒的方法工期长(一般都在 1 年以上),因此一般多需进行吹填超软土的排水预压预处理,使其满足施工机械承载力等指标要求。如何提高吹填土的初步处理效果、降低工程造价或缩短施工工期,这是需要直接面对的一个问题。

为研究就地固化技术和 ALLU PMX300HD 强力搅拌头系统快速进行吹填土的浅层处理新方法的处理效果,试验段选在温州瓯江口吹填土工程,试验地点在隔堤和真空预压之间区域(图 8.8)。此区域用真空预压无法处理,为了达到地基承载力的要求,选用就地固化技术。

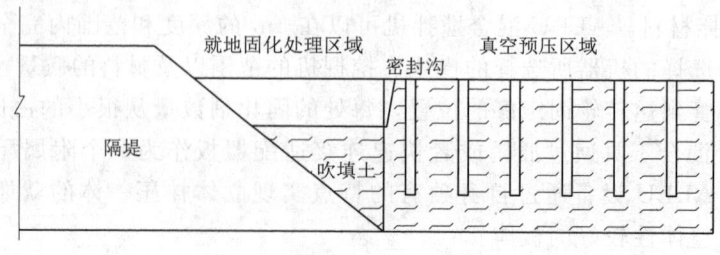

图 8.8 试验段剖面图

由于吹填土沉积及外界因素的影响，导致土体不同深度的含水率不同，具体的现场含水率变化如图 8.9 所示。其他物理指标为液限 44.5%，塑限 24.5%，塑性指数为 20，重度为 17.0～17.8kN/m³。用于室内的吹填土样含水量应符合现场实际状况，本试验选取的土样含水率在 50%±2% 之间。

固化剂材料分别采用硅酸盐水泥标号为 42.5、生石灰及矿渣微粉（S95 级）。配比试验通过选择不同掺量、不同种类的固化剂进行无侧限抗压强度试验，研究水泥、石灰、水泥石灰混合对固化土强度影响、矿渣微粉的掺量对固化土强度影响、粉煤灰掺量对固化土强度影响等，通过试样的养护时间研究固化土的前期强度和后期强度变化。

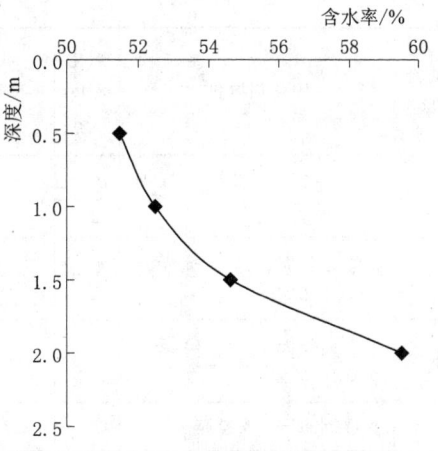

图 8.9 含水率随深度的变化

无侧限抗压试验中采用的无侧限试样为半径 50mm、高度 50mm 的圆柱体，所有试验的压实度均认为已经达到最大压实度。固化剂百分比都是根据湿土质量计算，而水泥早强剂是根据水泥质量计算的。

8.5.2 固化方案设计

试验区方案及检测时间见表 8.8。

表 8.8　　　　　　　　各区固化方案及检测时间

试验区	固化剂掺量	固化深度/m	施工时间	试验检测间歇时间/d					
				标贯、十字板			静载		
				第一次	第二次	第三次	第一次	第二次	第三次
二	6%石灰+6%粉煤灰	3.0	2014-11-18		24	47	8		
三	4%石灰+4%粉煤灰	1.5	2014-11-19	13	23	46	8		
四	上部 1.5m：3%石灰+3%粉煤灰；下部 1.5m：1%石灰	3.0	2014-11-20	12	22	45	8	13	21
五	2%水泥+1%石灰+3%粉煤灰	0.8	2014-11-21	9	22	44			
六	2%水泥+1%石灰+3%粉煤灰	1.5	2014-11-21	9	22	44	14		
七	4%水泥+2%粉煤灰	1.5	2014-11-21	9	22	44	14		
八	2%水泥+2%粉煤灰	1.5	2014-11-21	9	22	44	18		
九	上部 1.5m：2.5%水泥+3%粉煤灰；下部 1.5m：0.5%水泥	3.0	2014-11-22	8	21	43	16		

续表

试验区	固化剂掺量	固化深度/m	施工时间	试验检测间歇时间/d					
				标贯、十字板			静载		
				第一次	第二次	第三次	第一次	第二次	第三次
十	2%水泥＋2%粉煤灰＋5%砂子	0.8	2014－11－22	8	21	43	19		
十一	2%水泥＋2%粉煤灰＋0.5%矿渣	1.2	2014－11－22	8	21	43	18		
十二	2%水泥＋2%粉煤灰＋0.2%矿渣	1.2	2014－11－22	8	21	43	15		
二十	4%水泥＋4%粉煤灰	3.0	2014－11－11	31	55		27		

8.5.3 施工顺序

(1) 表面排水和清表。先对地基表面积水进行排水，之后对表层的杂草及石块等杂物进行清表处理。

(2) 原位土就地处理。利用石粉对固化区域按 25m² 进行划分区域，之后利用 ALLU PMX300HD 强力搅拌头内的三维立体的转动及锥形喷料口有效的喷射，将固化剂与原位土搅拌混合，同时利用自动定量供料系统控制处理过程中的固化剂用量，最后用搅拌头再次对整个固化区域松翻的土体表面搅拌。

(3) 预压处理和养护。搅拌完毕后，用小型挖掘机对表面整平及初压实，立即铺一层塑料布，用 50cm 高的弃土在压实区域进行预压，预压时间为 3d。

(4) 机械整平。预压完成后，对地基表层土进行整平。

现场情况如图 8.10～图 8.15 所示。

图 8.10 场地划分

图 8.11 后方储罐

图 8.12 现场搅拌

图 8.13 拌后预压

图 8.14 场地清表

图 8.15 场地平整

8.5.4 试验结果

该工程主要进行了以下试验：原状土含水率以及打设以后相隔若干天之后一定深度土样含水率试验；原状土静力触探、十字板抗剪强度试验；处理后土静力触探、十字板抗剪强度及平板载荷试验。

8.5.4.1 原状土

原状土试验结果如图 8.16 和图 8.17 所示。

8.5.4.2 试验区二（3m：6％石灰+6％粉煤灰）

试验二区试验结果如图 8.18～图 8.20 所示。

8.5.4.3 试验区三（1.5m：4％石灰+4％粉煤灰）

试验三区试验结果如图 8.21～图 8.23 所示。

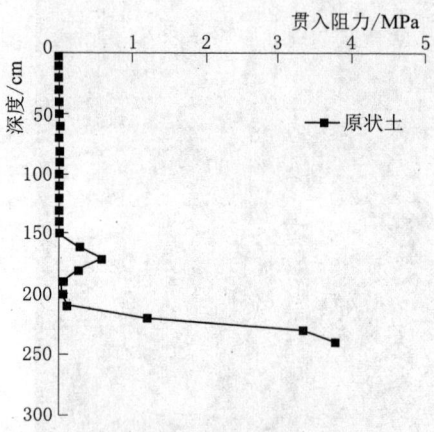

图 8.16 原状土的静力贯入阻力

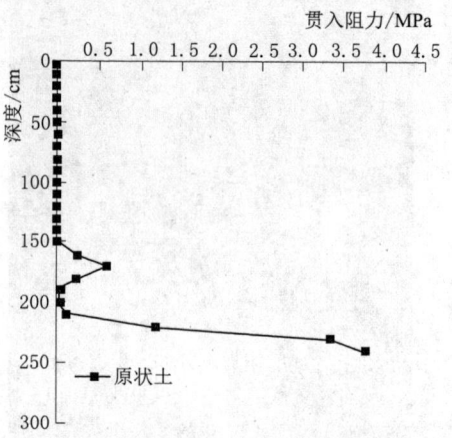

图 8.17 十字板抗剪强度

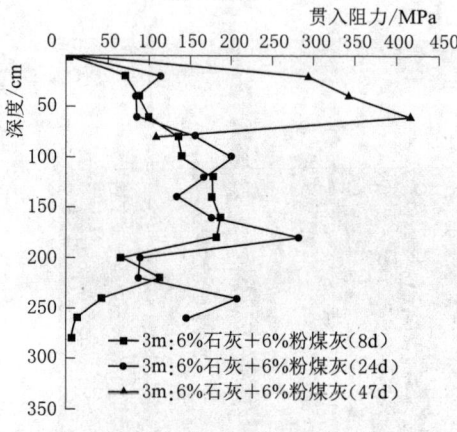

图 8.18 静力贯入阻力

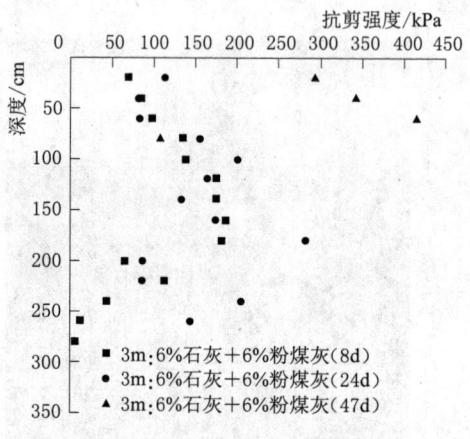

图 8.19 十字板抗剪强度

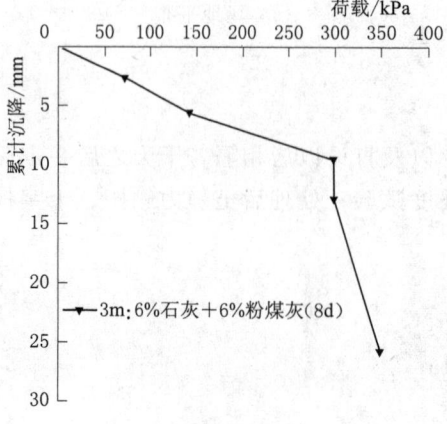

图 8.20 静载试验曲线

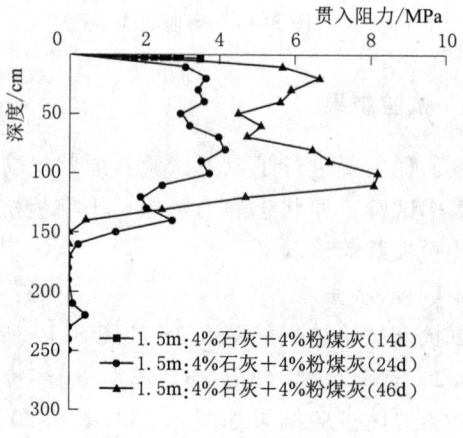

图 8.21 静力贯入阻力

8.5 淤泥质土就地固化工程实例

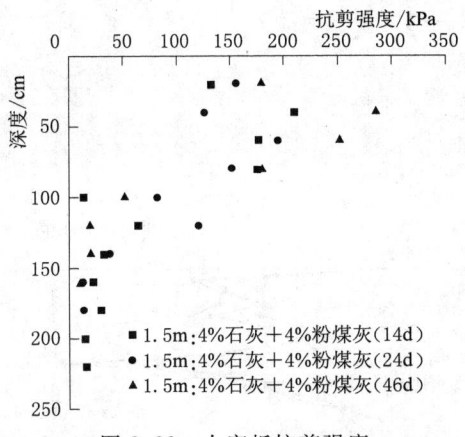

图 8.22　十字板抗剪强度

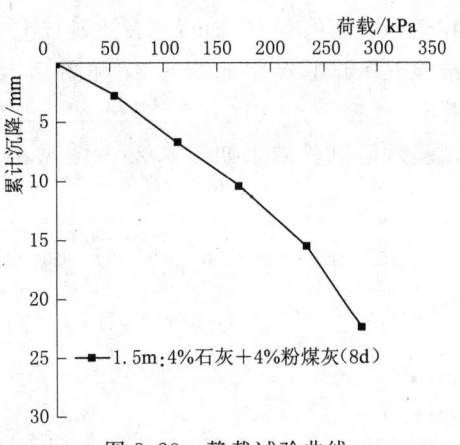

图 8.23　静载试验曲线

8.5.4.4　试验区四（上部 1.5m：3%石灰+3%粉煤灰；下部 1.5m：1%石灰）

试验四区试验结果如图 8.24～图 8.26 所示。

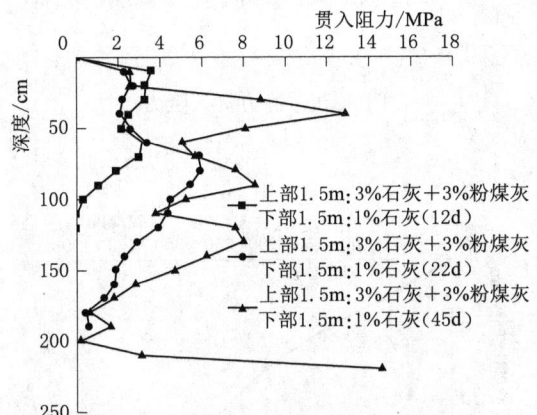

图 8.24　静力贯入阻力

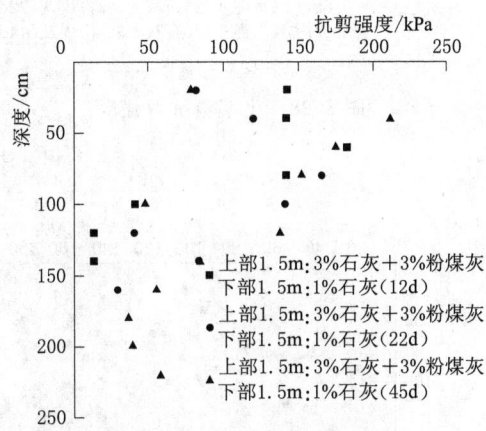

图 8.25　十字板抗剪强度

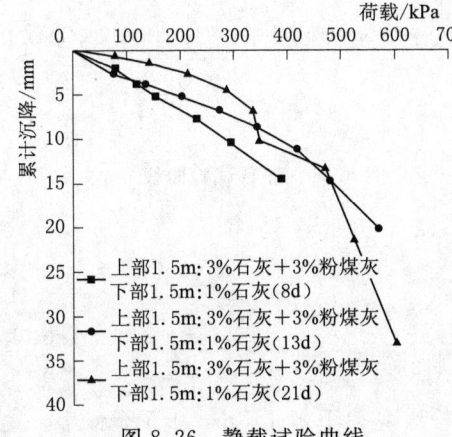

图 8.26　静载试验曲线

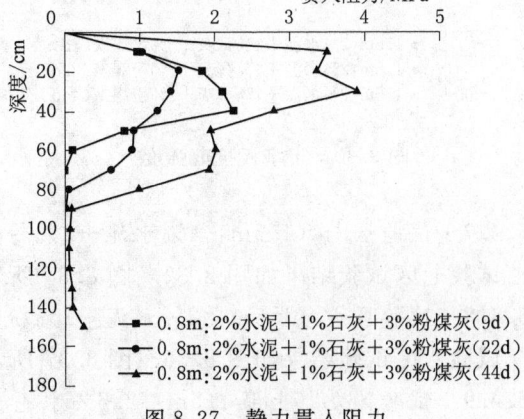

图 8.27　静力贯入阻力

8.5.4.5 试验区五 (0.8m：2%水泥+1%石灰+3%粉煤灰)

试验五区试验结果如图8.27和图8.28所示。

8.5.4.6 试验区六 (1.5m：2%水泥+1%石灰+3%粉煤灰)

试验六区试验结果如图8.29～图8.31所示。

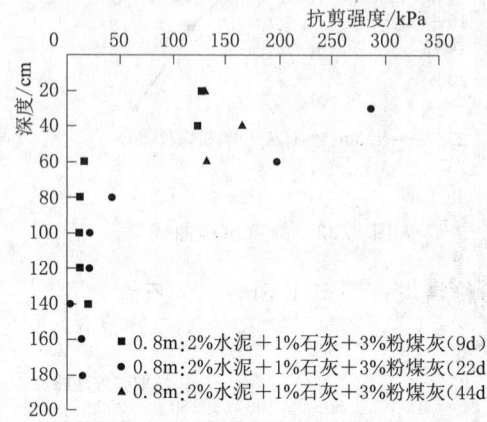

图8.28 十字板抗剪强度

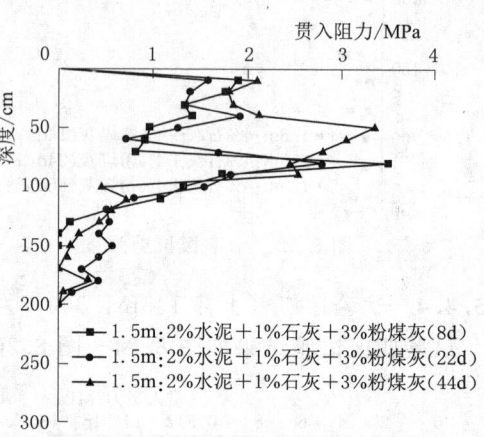

图8.29 静力贯入阻力

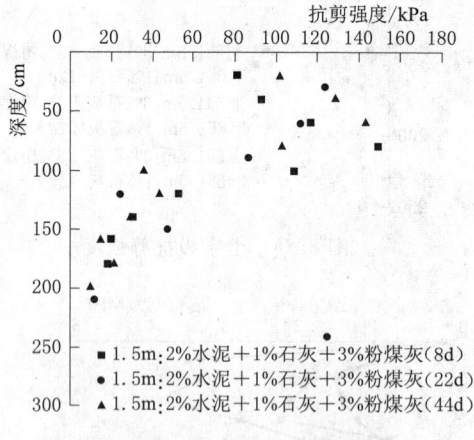

图8.30 十字板抗剪强度

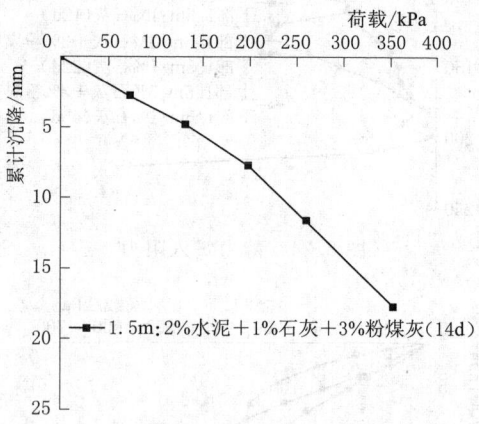

图8.31 静载试验曲线

8.5.4.7 试验区七 (1.5m：4%水泥+2%粉煤灰)

试验七区试验结果如图8.32～图8.34所示。

8.5.4.8 试验区八 (1.5m：2%水泥+2%粉煤灰)

试验八区试验结果如图8.35～图8.37所示。

8.5.4.9 试验区九 (上部1.5m：2.5%水泥+3%粉煤灰；下部1.5m：0.5%水泥)

试验九区试验结果如图8.38～图8.40所示。

8.5 淤泥质土就地固化工程实例

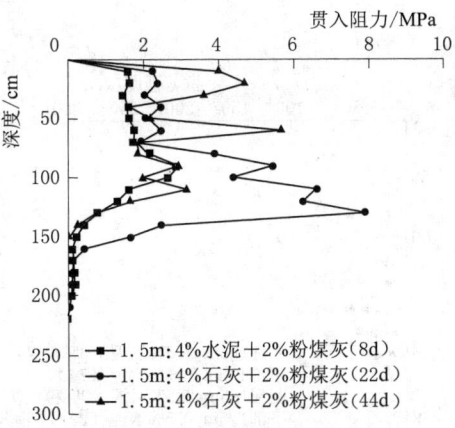

图 8.32 静力贯入阻力

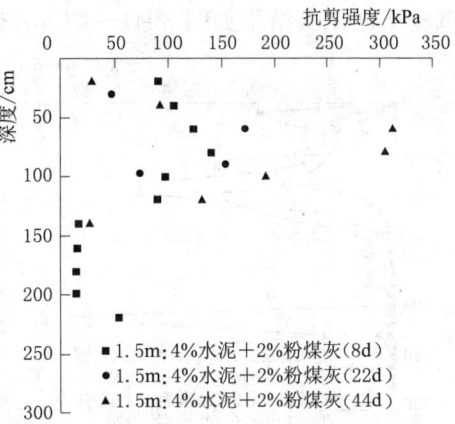

图 8.33 十字板抗剪强度

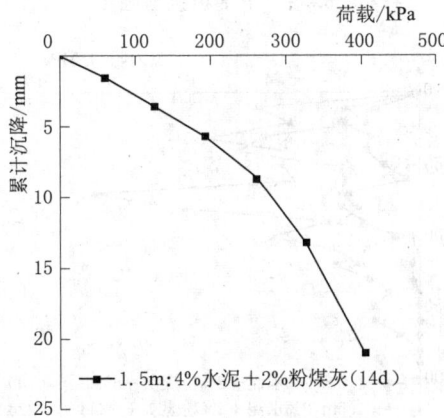

图 8.34 静载试验曲线

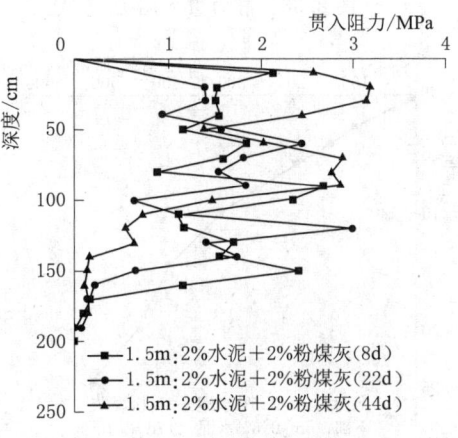

图 8.35 静力贯入阻力

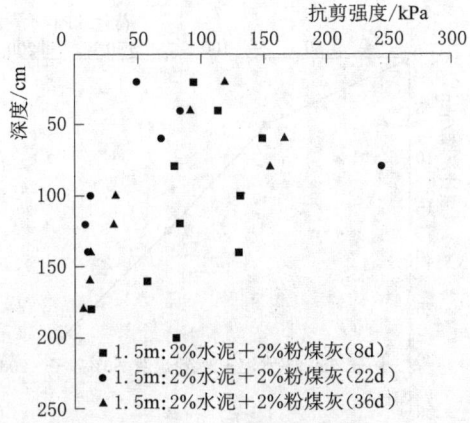

图 8.36 十字板抗剪强度

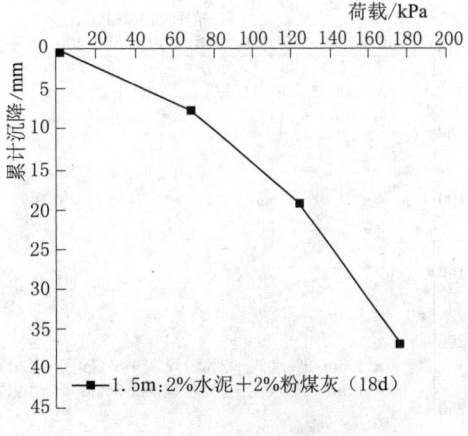

图 8.37 静载试验曲线

8.5.4.10 试验区十 (1.5m：2%水泥＋2%粉煤灰＋5%砂子)

试验十区试验结果如图 8.41～图 8.43 所示。

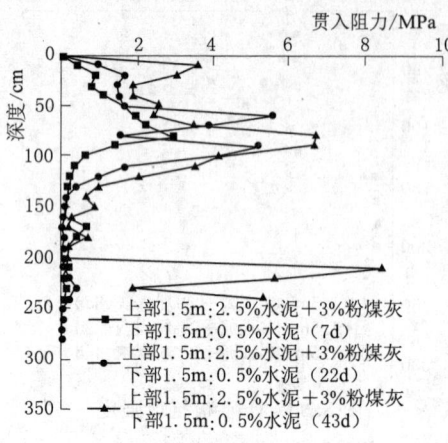

图 8.38 静力贯入阻力

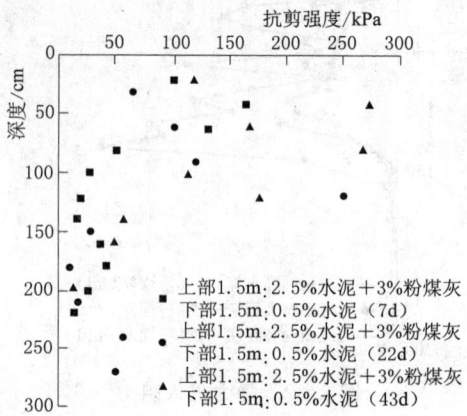

图 8.39 十字板抗剪强度

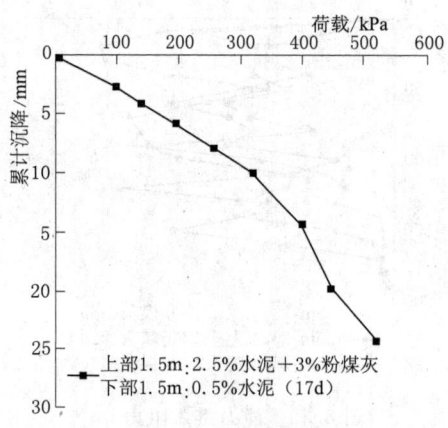

图 8.40 静载试验曲线

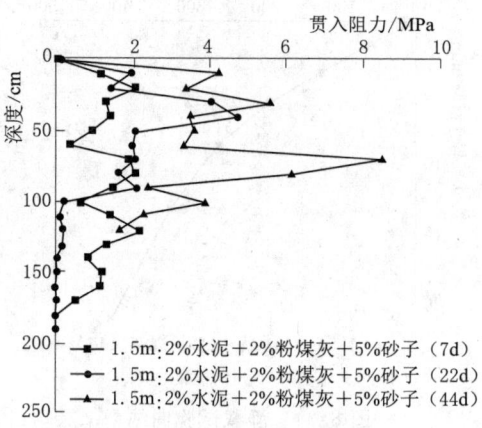

图 8.41 静力贯入阻力

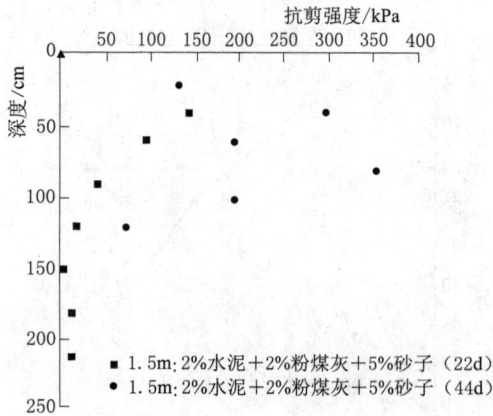

图 8.42 十字板抗剪强度

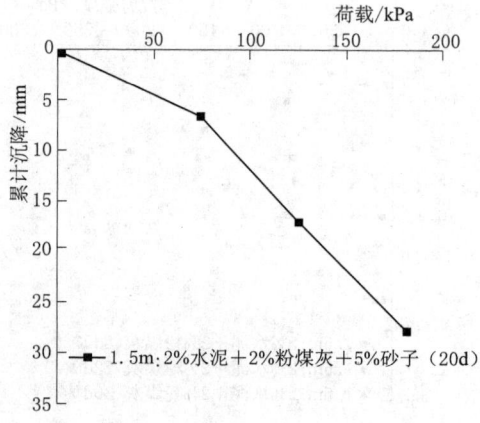

图 8.43 静载试验曲线

8.5 淤泥质土就地固化工程实例

8.5.4.11 试验区十一（1.2m：2%水泥+2%粉煤灰+0.5%矿渣）

试验十一区试验结果如图 8.44～图 8.46 所示。

8.5.4.12 试验区十二（1.2m：2%水泥+2%粉煤灰+0.2%矿渣）

试验十二区试验结果如图 8.47～图 8.49 所示。

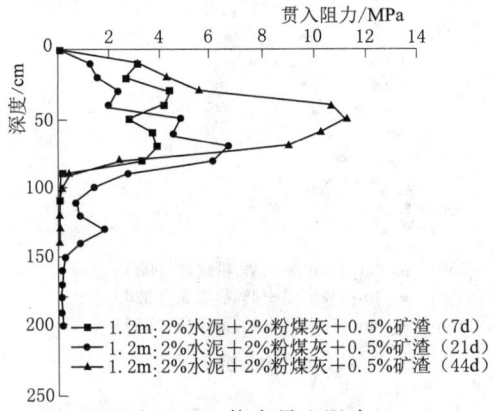

图 8.44　静力贯入阻力

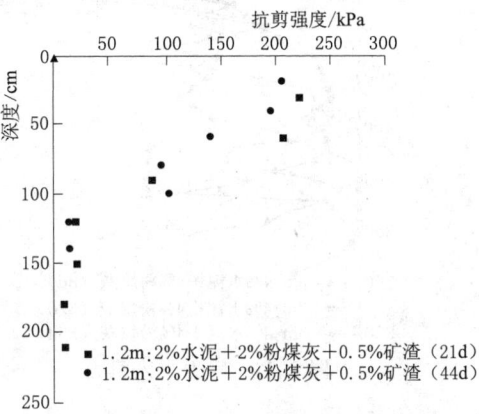

图 8.45　十字板抗剪强度

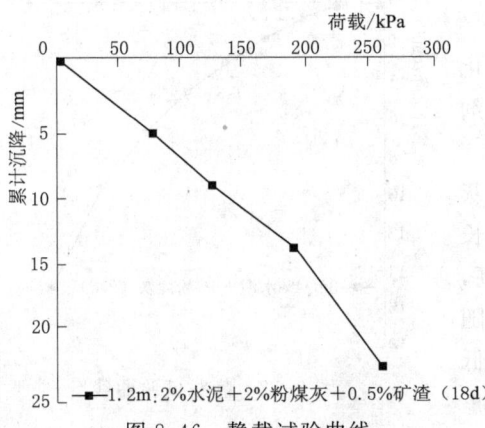

图 8.46　静载试验曲线

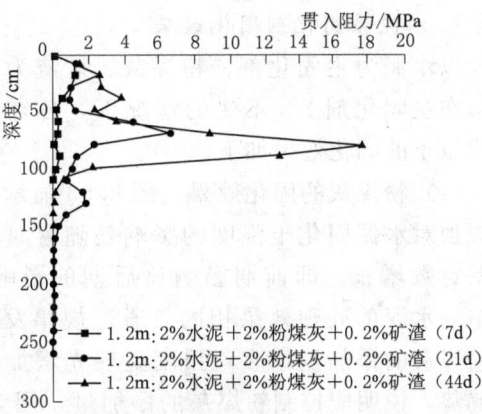

图 8.47　静力贯入阻力

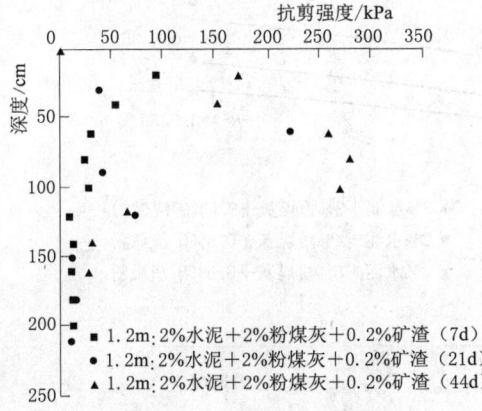

图 8.48　十字板抗剪强度

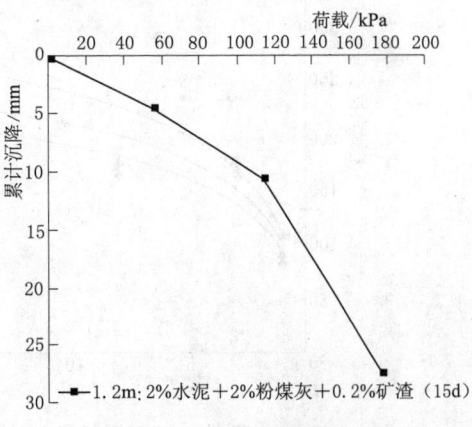

图 8.49　静载试验曲线

8.5.4.13 试验区二十（3m：4%水泥+4%粉煤灰）

试验二十区试验结果如图8.50～图8.52所示。

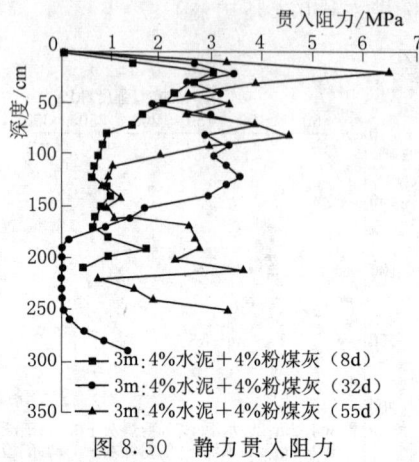

图8.50 静力贯入阻力

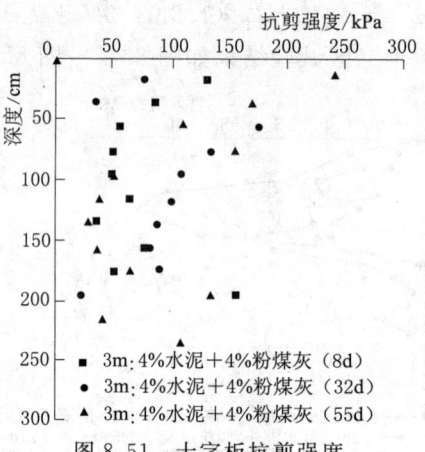

图8.51 十字板抗剪强度

8.5.4.14 试验结论

1. 水泥系固化剂固化效果

以水泥为主固化剂，粉煤灰、矿渣为辅固化剂，在主固化剂2%不变的情况下，各辅固化剂对吹填土的固化效果如下。

（1）粉煤灰的固化效果。图8.53显示粉煤灰的添加对水泥固化土强度的影响是随着时间增长而呈对数增长，即前期影响比后期的影响要高，与单一水泥的处理效果相同。通过规律发现，随着粉煤灰的添加量增多，强度呈现先增加后降低的趋势，说明应控制粉煤灰的添加量，因为添加

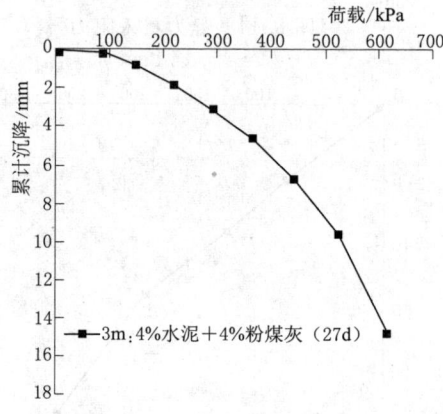

图8.52 静载试验曲线

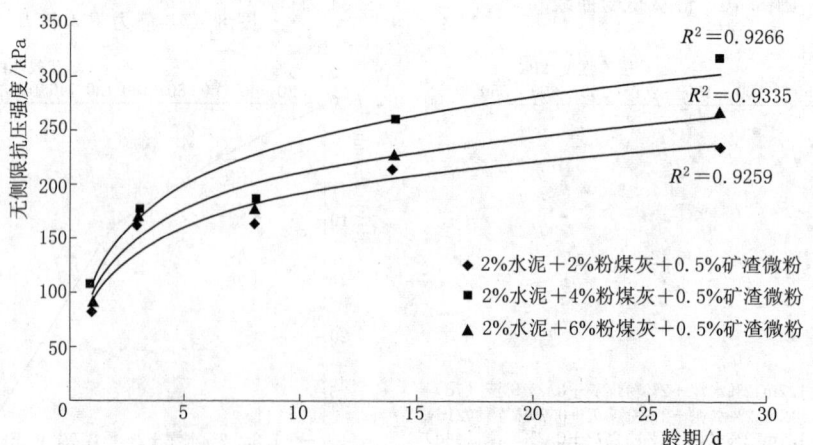

图8.53 不同粉煤灰掺量对水泥固化土体强度的影响

量增多，影响了水化反应的进行，反而导致强度降低。

（2）矿渣微粉对水泥系固化土的强度影响。图 8.54 和图 8.55 显示该土固化掺量在 2%水泥＋4%粉煤灰的情况下，随着矿渣微粉掺量的增加强度增加，但当掺量继续增加时，强度有所降低，最佳掺量在 0.5%附近，掺量 0.5%下无侧限强度约是不掺矿渣微粉强度的 1.58 倍。

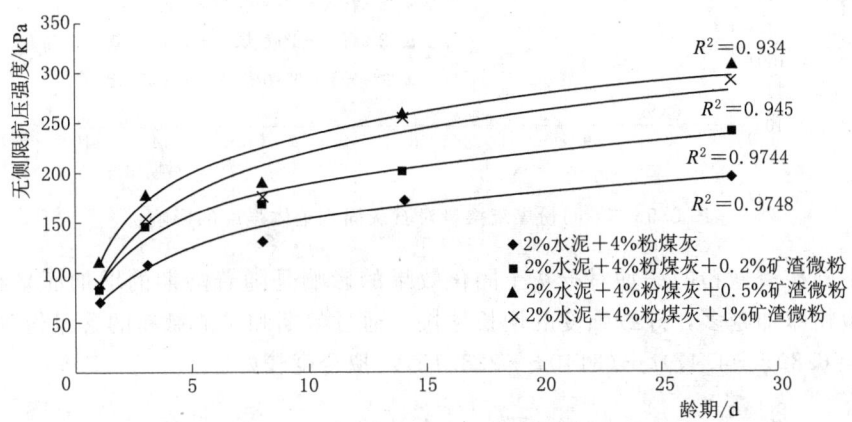

图 8.54 不同矿渣微粉掺量对水泥固化土体强度的影响

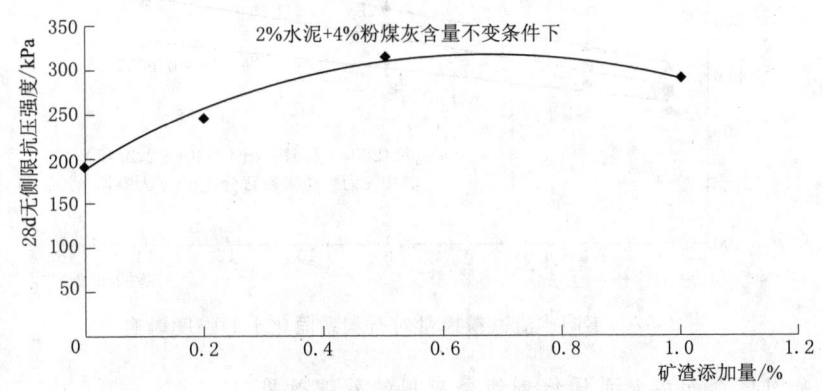

图 8.55 不同矿渣微粉掺量对 28d 水泥固化土体强度的影响

2. 石灰系固化剂的固化效果

以石灰为主固化剂，粉煤灰、矿渣为辅固化剂，在主固化剂 2%不变的情况下，各辅固化剂对吹填土的固化效果如下。

（1）粉煤灰对石灰系固化土强度的影响。图 8.56 表明，粉煤灰的添加对石灰固化土的影响是随着时间的增长呈线性增长，与单一石灰的处理效果有所不同，添加粉煤灰提高了前期固化土的强度，对前期强度的影响比较大。通过发展规律发现，随着粉煤灰添加量的增加，固化土的强度呈现先增加后减小的趋势，与粉煤灰处理水泥土的效果一致，从而说明粉煤灰的添加量应控制在一定的范围内，即控制在 4%含量范围以下。

（2）矿渣微粉对石灰系固化土的强度影响。由图 8.57 可知，在 2%石灰＋4%粉煤灰

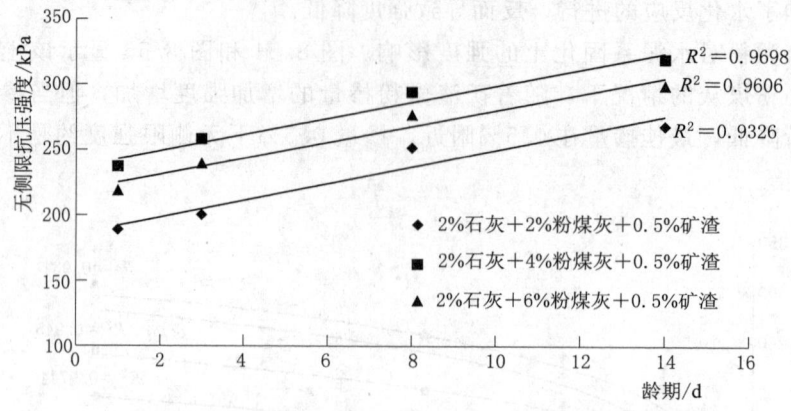

图 8.56　不同粉煤灰掺量对石灰固化土体强度的影响

条件下，不同矿渣微粉的添加对石灰土固化效果的影响是随着龄期的增加而呈线性增长，并且矿渣微粉添加越多，导致强度的增长越快，通过龄期和矿渣微粉的含量得到强度的增长规律 $q_u = (280x + 4.47)t + (3140x + 223.15)$，拟合度较好。

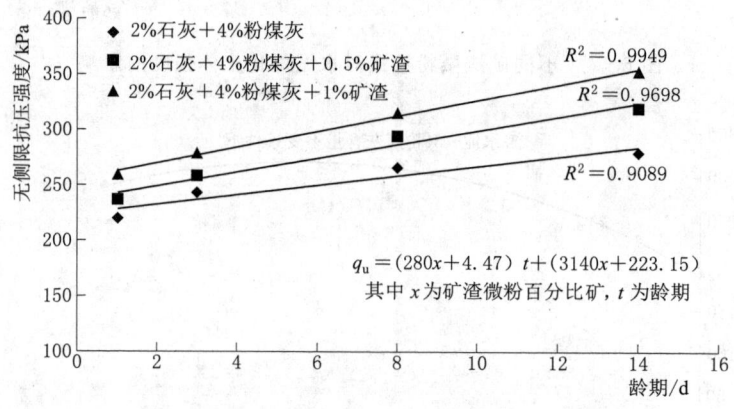

图 8.57　不同矿渣微粉掺量对石灰系固化土的强度影响

3. 石灰系固化剂和水泥系固化剂组合应用的处理效果

以石灰和水泥混合物为主固化剂，粉煤灰、矿渣为辅固化剂，在主固化剂 2% 不变的情况下，各辅固化剂对吹填土的固化效果如图 8.58 所示。

在 1% 石灰+1% 水泥+0.5% 矿渣的条件下，不同粉煤灰的添加对石灰土固化效果的影响是随着龄期的增加而呈线性增长，并且粉煤灰添加越多，导致强度的增长越快，通过龄期和粉煤灰的含量得到强度的增长规律 $q_u = (31.2x + 5.58)t + (1210x + 112.8)$，拟合度较好。

粉煤灰的加入导致强度增长规律不同的原因是单一水泥的固化主要发生在前期 3d 以内，后期的强度增长不高，粉煤灰主要在前期跟水泥一起发生化学作用。单一的石灰固化主要发生在后期，7d 以后的强度增长比前面的强度要高，而由于粉煤灰的存在会导致粉煤灰前期发生水化反应，前期强度会提高。

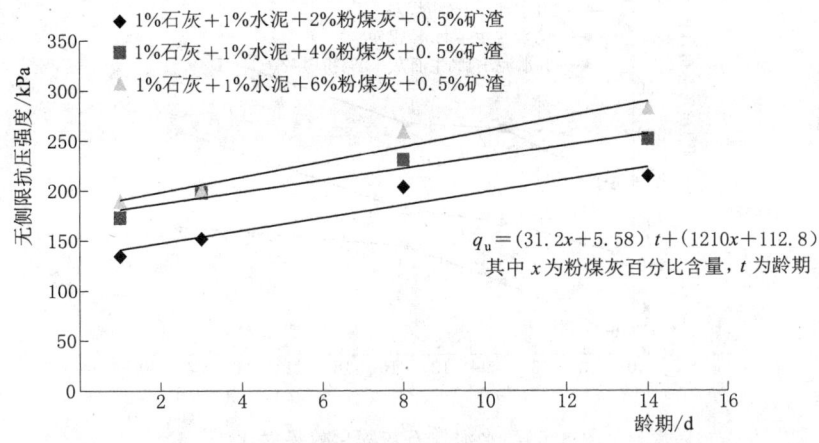

图 8.58 不同粉煤灰掺量对混合固化土体强度的影响

4. 不同主固化剂的强度对比

以石灰和水泥为主固化剂，粉煤灰、矿渣为辅固化剂，在主固化剂 2% 和辅固化剂含量不变的情况下，不同主固化剂对固化土的影响如图 8.59 所示。

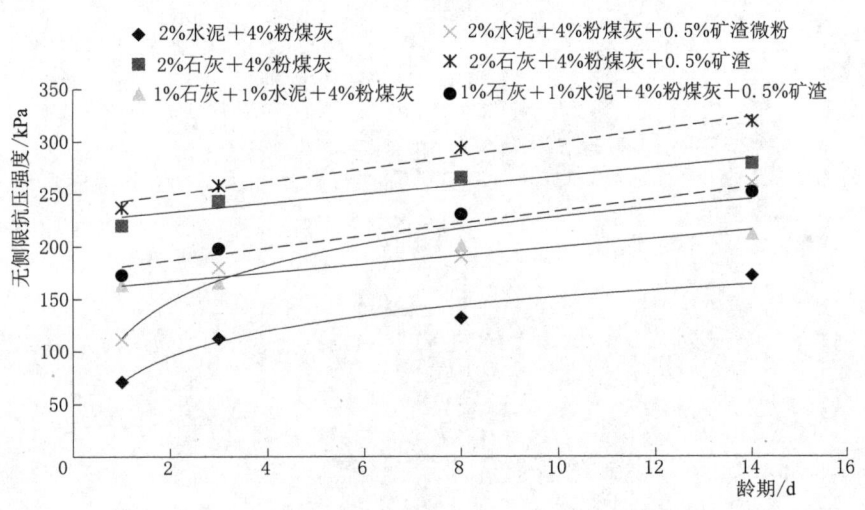

图 8.59 不同主固化剂对固化土体强度的影响

不同的主固化剂对吹填土的处理效果不同，石灰的处理效果最好，其次是水泥+石灰混合的，最后是水泥。通过增长的规律发现，水泥强度的发展主要是处理后的 3d，之后强度增长缓慢。通过实线和虚线的对比发现，矿渣的掺加不仅增加固化土的强度，而且增加强度增长的速率。

5. 水泥、石灰固化效果对比

图 8.60 所示为同一粉煤灰掺量下，水泥、石灰固化效果对比，由图可以看出，掺入等量石灰的效果要优于水泥的效果，并且对于配比 2% 生石灰+4% 粉煤灰，将 1% 水泥替代 1% 石灰加入土体中，强度降低。从而说明生石灰的固化效果比水泥的固化效果好。

其中图 8.58 中公式：
$$q_u = (31.2x + 5.58)t + (1210x + 112.8)$$
其中 x 为粉煤灰百分比含量，t 为龄期

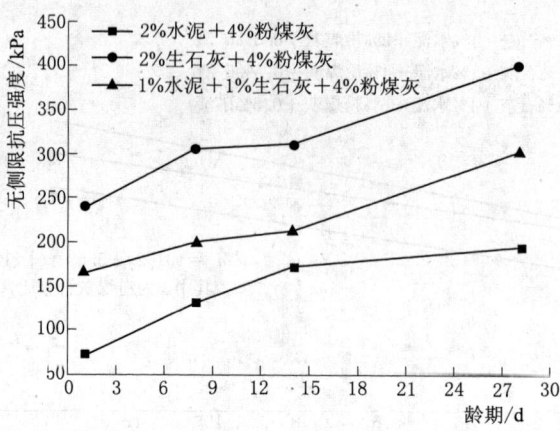

图 8.60 水泥、石灰固化效果对比

第9章 沿海港口工程软土地基测试技术

软土地基测试技术是保证地基处理工程设计可靠的重要手段，也是信息化施工的保障手段，同时又是大型重要工程长期安全运行的重要手段。

软土地基测试技术一般分为室内试验技术、原位测试试验技术和现场监测技术3个方面，它们具有各自的特点和优势，不能相互取代。

室内试验的发展历史比较悠久，试验的应力、应变及排水边界条件比较明确，可以控制，因而所测得的物理力学性质指标已取得了大量的使用经验。但是，天然地层是很复杂的，室内试验依据少量试样可能会漏掉对工程成败起作用的夹层，因此所得成果代表性较差，不能完全反映土的真实情况。此外，土样扰动、取样费时费事等缺点，有些土层（如砂、卵石等粗粒土）取土非常困难等缺点，促使人们转而注重发展土的原位测试技术。

原位测试基本上是在工程场地的原位应力条件下对土体进行的测试，其测试结果具有较好的可靠性和代表性。其最大的缺点是，只能测定天然应力状态下的参数。因此，室内土工试验与原位测试的优缺点是互补的、相辅相成的。

由于土体的性质十分复杂，到目前为止土力学还停留在一半理论、一半经验基础上。要在时间上和空间上对岩土工程的安全作出准确判断目前还有较大的困难，因此在建设和使用过程中更多的要靠现场测试和原位实时监测手段来保证建筑物的安全，为建筑物提供可靠的安全信息。所以现场监测工作也是一项十分重要的工作，监测工作完善和补充了岩土工程设计方法的不足，同时又成为施工及运行决策的重要依据。

9.1 室内土工试验

土工试验是岩土工程规划和设计的前期工作。该项工作不仅在工程实践中十分重要，而且在学科理论的研究和发展中也起到决定性作用，如早期的摩尔—库伦理论、达西定律、压实理论等土力学理论几乎都是基于试验测试的结果。又如，土的非线性应力-应变关系及应力路径的描述，使岩土工程性状的分析工作得以提高到新的水平，它也是通过试验建立起来的。这两者之间是互相促进、共同发展的。

利用室内土工试验获得地基土体的物理力学性质指标，为地基承载力的判别和地基变形的计算提供参数。《建筑地基处理技术规范》（JGJ 79—2012）中对预压地基及夯实地基的质量检验均作了采用室内土工试验的规定。室内土工试验包含含水率试验、界限含水率试验、密度试验、比重试验、颗粒分析试验、相对密度试验、击实试验、承载比试验、回弹试验、渗透试验、固结试验、三轴压缩试验、无侧限抗压强度试验、直接剪切试验等。

地基处理工程中，无论采用预压法还是夯实法，地基土本身组成成分并不会发生改变。对黏性土而言，加固后土体的变化主要体现在孔隙比和含水率的变化上；对砂性土而言，则体现在其密实度的变化上。故本节主要介绍含水率试验、密度试验、比重试验、相对密度试验、击实试验和常规固结试验,其他试验需要了解时可查找相关试验规范。

9.1.1 含水率试验

9.1.1.1 定义和适用范围

长期以来,在岩土工程领域中将含水率和含水量两个意义不同的名词相互混淆,统称含水量。实际上,含水量应该是一定体积的土中所含的水量,单位为克(g),而含水率的定义则是试样在105~110℃温度下烘干至恒重时所失去的水质量与恒重后干土质量的比值,以百分率表示。含水率计算公式为

$$\omega = \left(\frac{m}{m_d} - 1\right) \times 100\% \tag{9.1}$$

式中 ω——试样含水率,%;

m——试样湿质量,g;

m_d——试样干质量,g。

含水率是土的三相物质中最活跃、最不确定的一个因素,它反映土的状态,含水率变化将使土的一系列物理力学性质随之改变。这种影响表现在各个方面,如反映在土的稠度方面,使土成为坚硬、可塑或流动的;反映在土内水分饱和程度方面,使土成为湿润、很湿或饱和的;反映在土的力学性质方面,能使土的结构强度增加或减小、紧密或疏松以及构成压缩性及稳定性的变化。因此,土的含水率是研究土的物理力学性质必不可少的一项指标。同时,土的含水率也是土工建筑物施工质量控制的依据。

含水率试验适用于粗粒土、细粒土和有机土。当土中有机质含量超过干土质量的5%时,应将温度控制在65~70℃的恒温下烘至恒重。因为有机质在105~110℃温度下,经长时间烘干后,有机质特别是腐殖酸会在烘干过程中逐渐分解而不断损失,使测得的含水率比实际含水率大,土中有机质越高,误差就越大。

9.1.1.2 试验方法

测定含水率的试验方法多种多样,如烘干法、酒精燃烧法、比重法、微波法和核子射线法等。

1. 烘干法

将试样放入温度能保持在105~110℃的电热烘箱中烘至恒值,是测定含水率的通用标准方法,精度高、试验简便、结果稳定。故此法为室内测定含水率的标准方法,被列入了国家标准。在野外无烘箱设备或要求快速测定含水率,可根据土的性质和工程情况分别采用下列方法。

2. 酒精燃烧法

在试样中加入酒精,利用酒精在试样上燃烧,使土中水分蒸发,将土烤干,是快速测定法中较准确的一种,适用于没有烘箱或土样较少的情况。由于此法难以控制105~110℃的恒温条件,与定义不完全符合,故一般仅在现场使用,或者在制备试样时测定风干土样的含水率,供制样参考。酒精燃烧法测得的含水率略低于烘干法所测得的含水率。对有机质含量较高的土样,不宜采用酒精燃烧法测定其含水率。

3. 比重法

该法根据比重试验,测定湿土体积,估计土粒比重,间接计算土的含水率。由于试验

没有考虑温度的影响,所测得的结果准确度较差。土内气体能否充分排出,直接影响试验成果的精度,故此法仅适用于砂性土。

4. 微波法

微波法是近几十年来才发展的一门新技术。微波是一种超高频的电磁波。微波加热就是通过微波发生器产生的微波能,然后利用波导将微波能输送到微波加热器中,加热器中的试样受到微波照射后就发热,使水分蒸发。由于微波具有一定的穿透功能,使被加热物体里外同时加热,因此具有均匀、快速的优点。显然快速干燥工艺在土工试验中具有重要意义,但微波加热的温度如何控制、烘干时间采用多长等都有待进一步研究。

5. 核子射线法

利用核子法测定土石等材料原位密度和含水率是一项快速发展的无损、快速检测新技术。目前我国已有相当数量的各类核子水分—密度仪在各类工程中使用,并成为质量检测和控制的一个重要工具。

水利部已发布《核子水分—密度仪现场测试规程》(SL 215—2014)。用表层型核子水分—密度仪测定材料的密度和含水率是一种间接的物理测量方法。其测量依据是仪器所记录到的 γ 射线或热中子计数率分别被测试材料密度和含水率有确定的相关性。通过预先建立适合仪器进行密度或水分测量的标定曲线,则可根据仪器现场测量所记录放入 γ 射线或热中子计数率,按相对应的标定曲线,确定被测材料的密度或含水率。深层型核子水分—密度仪利用探棒通过钻孔或测量导管放至地面下预定深度,分别用 γ 射线散射法和快中子被氢原子慢化法测定材料原位密度和含水率变化,这一方法目前工程实际应用较少。

9.1.1.3 试验中的几个问题

1. 代表性试样的选取和试验数量

进行含水率试验时,常因土层不均匀、试验数量过少、扰动土样(风干土)拌和不均匀、钻探取样时取土器和筒壁的挤压以及土样在运输和存放期间保存不当等各种因素影响试验成果。这些影响因素中,有的属于土样客观存在,有的属于人为造成。钻探取土和运输中造成的影响可以从发展野外现场测试的方法加以解决,如采用核射线法测定含水率。土层不均匀是土体本身的客观实际,为此选取测定含水率的试样时应根据试验目的和要求而定。若是为了了解全土层综合而概略的天然含水率,可沿土层剖面竖向切取土样,拌和均匀测定其含水率;如果配合压缩试验、抗剪强度试验、渗透试验,应在切取试样环刀的上下两面选取土样,这样测得的含水率的结果可能由于土样层次不均匀有所差异,但有助于了解土层的真实情况和对试验成果的分析。关于试验的数量,对于烘干法,为使试验结果准确、可靠,同时考虑烘焙时间的长短,黏性土取 15~30g;砂性土因持水性差,颗粒大小相差悬殊,水含量易于变化,所以试样应多取一些,规定采用 50g。酒精燃烧法大多为施工质量控制所采用,为使酒精用量不宜过大,根据实践经验,黏性土样的数量为 5~10g。

2. 测定含水率的烘干温度和时间的控制

国家标准中规定测试含水率时温度采用 105~110℃,这取决于土的水理性质。黏性土中水一般分为强结合水、弱结合水和自由水 3 种,为不使强结合水不断析出及有机质不断损失,保证测得的结果稳定,烘干温度不宜过高。目前国际上一些主要试验标准,如美国 ASTM、英国 BS、日本 JIS、德国 DIN 等标准规定的烘干温度为 100~115℃，且多数采用 105~110℃。

酒精燃烧法的温度不符合 105~110℃ 的要求，但酒精倒入试样燃烧开始时即汽化，酒精的气体部分构成火焰的焰心，火焰与土样一般保持 2~3cm 的距离，实际上土样受到的温度仅为 70~80℃，待火焰熄灭的几秒钟才与土面接触，致使土的温度上升 200~220℃。

烘干时间与土的类别及取土数量有关。对黏性土取 15~30g，烘干时间不少于 8h 是根据多年比较试验而确定的。对砂性土不少于 6h，由于砂性土持水性差，水含量易于变化。对烘干、烧干的试样应先冷却后称量，一是避免因天平受热不匀影响称量精度，二是防止热土吸收空气中的水分。为此，试样应放在装有干燥剂的缸内冷却，缸口涂以凡士林与外界空气隔绝，试样在干燥缸内冷却至室温再称量。

3. 有机质土含水率的测定

在 105~110℃ 恒温下长时间烘焙，有机质特别是腐殖酸可在烘焙过程中逐渐分解而不断减轻其质量，使测得的含水率比实际含水率大；有的有机质（如有机碳）在烘焙中其质量因氧化而增加，使测得的含水率比实际含水率小，因此标准规定有机质含量超过 5% 的土，烘干温度采用 65~70℃。

4. 平行试验和平行差

标准中规定采用平行试验的目的是为了避免操作中发生的错误，对原状土通过平行试验可进一步了解含水率的均匀程度。为保证试验准确度，试验中规定平行差值是合理的，烘干法含水率在 40% 以下时允许差值 1%；含水率大（等）于 40%，允许差值 2%；对于层网状构造冻土，允许差值为 3%。而对于一些快速测定法，由于准确度较差，只能参考烘干法的规定，斟酌采用。

9.1.2 密度试验

9.1.2.1 定义和适用范围

土的密度定义为单位体积的土质量，即土的总质量与其体积之比，以符号 ρ 表示，单位为 g/cm^3。它是土的主要物理性质指标之一，用它可以换算土的干密度、孔隙比、饱和度等指标。对土样密度的测定可以了解土结构的密实程度，同时也是计算基础承载力和沉降量、人工或天然斜坡的稳定以及路基路面施工压实度等必不可少的指标，因此无论是室内试验还是野外勘察抑或是施工质量控制中，均要测定土的密度。测定密度的方法常用的有环刀法、蜡封法、灌砂法和灌水法等。对黏性土，环刀法操作简便而准确，在室内和野外普遍采用。不能用环刀切削的坚硬、易碎、含粗颗粒、形状不规则的土可用蜡封法。灌砂法和灌水法一般在野外应用，适用于砂、砾等。近几年用于现场测定天然密度的核子射线法也逐渐成熟，对饱和松散砂、淤泥、软黏土等可用此法测定。

9.1.2.2 试验方法

1. 环刀法

环刀内壁涂一层凡士林，刃口向下放在土样上，将环刀垂直下压（因为环刀不垂直切取的试样层次倾斜,与天然结构不符,且试样与环刀内壁之间容易产生间隙)。切土时切土刀沿环刀外侧切削土样,边压边削至土样高出环刀。根据试样的软硬,采用钢丝锯或切土刀整平环刀两端试样,擦净环刀外壁、称环刀和试样的总质量。用环刀切取试样时,要防止扰动;否则会影响结果。试样制备称量完毕后,用式(9.2)计算土的密度,即

$$\rho_0 = \frac{m_0}{V} \tag{9.2.a}$$

$$\rho_d = \frac{\rho_0}{1+0.01\omega_0} \tag{9.2.b}$$

式中 ρ_0——土的湿密度,g/cm^3;

ρ_d——土的干密度,g/cm^3;

m_0——湿土质量,g;

V——试样体积(环刀容积),cm^3;

ω_0——土的含水率,%。

使用环刀法时还应注意以下事项:

(1) 按土质均匀程度及土样尺寸选择不同容积的环刀。室内进行密度试验,考虑到与剪切、固结等试验所用环刀相配合,一般选择内径为61.8mm、高为20mm即容积为60cm^3的环刀。施工现场检查填土压实密度时,因每层填土厚度达20~30cm,土层上下压实程度不均匀,而环刀容积过小,取土深度稍有变化,所测密度误差较大,一般采用增大环刀容积提高试验成果精度。环刀容积可用200~500cm^3。如果采用较小容积的环刀,则应每层土的上下部位分别测定密度,以了解土的压实程度。环刀高度与直径之比对试验结果有影响,环刀高度过大时,土与环刀壁的摩擦就越大,同时增大取样难度,为此要控制径高比,一般采用的径高比为2.5~3.5。

环刀壁越厚,压入时土样扰动程度越大,所以环刀壁越薄越好。但环刀压入土中时,受到相当大的压力,壁过薄,则环刀容易变形和损坏,故一般壁厚采用2mm左右,刃口厚度为0.3mm。

(2) 用环刀切土时,要防止试样扰动,所以先切成一个较环刀内径略大的土柱,然后将环刀垂直下压。为避免环刀下压时挤压四周土样,应边压边削,直至土样伸出环刀,将两端修平。因环刀容积较大,不易切成土柱,故施工现场可以用直接压入法。

2. 蜡封法

切取体积不小于30cm^3的代表性试样,系上细线称量。持线将试样缓缓浸入刚过熔点的蜡液中,浸没后立即提出,检查试样周围的蜡膜;当有气泡时应用针刺破,用蜡液补平,冷却后称蜡封试样质量。然后将蜡封试样挂在天平的一端,浸没在盛有纯水的烧杯中,称其在水中的质量,取出试样,擦干表面水分,再称蜡封试样的质量,检查是否有水渗入,当质量增加时应重做试验。

按式(9.3)计算试样的密度,即

$$\rho_0 = \frac{m_0}{\dfrac{m_n - m_{nw}}{\rho_{wT}} - \dfrac{m_n - m_0}{\rho_n}} \tag{9.3}$$

式中 m_n——蜡封试样质量，g；

m_{nw}——蜡封试样在水中的质量，g；

ρ_{wT}——纯水在温度 T 时的密度，g/cm³；

ρ_n——蜡的密度，g/cm³。

其他符号含义同前。

使用蜡封法时还应注意以下事项：

(1) 关于蜡的温度规定刚过熔点，以蜡液达到熔点后不出现气泡为准。蜡液温度过高，对试样的含水率和结构都会造成一定的影响；而温度过低，蜡液熔化不均匀，不易封好蜡皮。蜡封时为避免土样的扰动和有气泡封闭在试样和蜡之间，故需缓慢地将试样浸入蜡中。

(2) 水的密度随温度而变化，故试验中应测定水温，其目的是为了消除因水密度变化而产生的影响。各种蜡的密度不相同，所以试验前需测定蜡的密度。测定方法：将蜡块系于线上，称其在空气中和水中的质量，求出其密度。

3. 灌砂法

灌砂法所用的标准砂应该清洗洁净，选择适当粒径使其密度变化较小，标准中规定的粒径在 0.25～0.50mm 内，密度选用 1.47～1.61g/cm³。试验前首先用密度测定器测定标准砂的密度。其次根据试样最大粒径，按规定尺寸挖好试坑，称量试样。利用密度测定器上的容砂瓶向试坑内注砂，根据容砂瓶内用去砂的质量，计算试样的密度，即

$$\rho_0 = \frac{m_p}{\dfrac{m_s}{\rho_s}} \tag{9.4}$$

式中 ρ_0——试样密度，g/cm³；

m_p——试样质量，g；

m_s——注满试坑所用标准砂的质量，g；

ρ_s——标准砂的密度，g/cm³。

使用灌砂法时还应注意以下事项：

(1) 试坑尺寸必须与试样的粒径相配合，使所取的试样有足够的代表性，为此在标准中规定了与试样最大粒径相对应的尺寸，见表9.1。

表 9.1 试 坑 尺 寸

试样最大粒径/mm	试坑尺寸/mm	
	直径	深度
5 (20)	150	200
40	200	250
60	250	300

(2) 由于灌砂法适用于砂、砾，在开挖试坑时，周围的砂容易移动，使试坑体积减小，测得的密度偏高，操作时应特别小心。试坑内已松动的颗粒应全部取出。

(3) 地表刮平对正确测定试坑体积是很重要的。往往由于地面没有刮平，使所测得试

坑体积不准确。为使所测得的体积比较正确，可以在表面放一套环，以套环上缘为固定基准面，可以灌砂测定基准面与地面之间的体积，挖坑后测基准面与坑底之间的体积，两者相减即为试坑的体积。但该法增加工序，使试验时间延长，故一般不采用。

4. 灌水法

灌水法的操作与灌砂法一样，先挖试坑，然后在试坑内铺薄层塑料膜后灌水测定试坑的体积，利用储水筒中的水量计算试样的密度。试坑的体积按照式（9.5）计算，即

$$V_p = (H_1 - H_2) A_w \tag{9.5}$$

式中 V_p——试坑体积，cm^3；
　　　H_1——储水筒初始水位高度，cm；
　　　H_2——储水筒终了水位高度，cm；
　　　A_w——储水筒断面面积，cm^2。

试样的密度按照式（9.6）计算，即

$$\rho_0 = \frac{m_p}{V_p} \tag{9.6}$$

式中 ρ_0——试样密度，g/cm^3；
　　　m_p——试样质量，g；
　　　V_p——试坑体积，cm^3。

目前不少工地采用灌水法测定试样的密度，挖试坑后在坑内铺塑料薄膜袋，由于薄膜不能紧贴凹凸不平的坑壁，并有折叠、皱纹等现象，使测得的体积缩小，计算密度偏大。为了避免过大的误差，要求薄膜袋的尺寸应与试坑的大小相适应。

9.1.3 比重试验

9.1.3.1 定义和适用范围

土粒比重是土的基本物理性指标之一。它是计算孔隙比和评价土类的主要指标。土粒比重定义为土粒在105～110℃温度下烘至恒量时的质量与同体积4℃时纯水质量的比值。

按照土粒粒径的不同，分别选用不同的方法进行比重测定。

（1）对于粒径小于5mm的土，用比重瓶法进行测定。

（2）对于粒径不小于5mm的土，其中含粒径大于20mm颗粒少于10%时，用浮称法进行；含粒径大于20mm的颗粒不少于10%时，用虹吸筒法进行测定。

（3）对粗、细颗粒混合的土，应区别情况进行测定，以不影响准确度为原则。

当其中含大于5mm的粗粒含量较少时，可直接用比重瓶法测定，并允许将大于5mm的颗粒敲碎拌和均匀后取样，颗粒敲碎有助于排除孔隙里的空气；当大于5mm的粗粒含量较多时，根据实际情况分别用浮称法（或虹吸筒法）和比重瓶法测定，再求其加权平均值；土颗粒的平均比重按下式计算，即

$$G_{sm} = \frac{1}{\dfrac{P_1}{G_{s1}} + \dfrac{P_2}{G_{s2}}} \tag{9.7}$$

式中 G_{sm}——土颗粒的平均比重；

P_1——粒径不小于5mm的土颗粒质量占试样总质量的百分比,%;
P_2——粒径小于5mm的土颗粒质量占试样总质量的百分比,%;
G_{s1}——粒径不小于5mm的土颗粒比重,g/cm³;
G_{s2}——粒径小于5mm的土颗粒比重,g/cm³。

一般土粒的比重用纯水测定,对含有可溶盐、亲水性胶体或有机质的土,须用中性液体(如煤油)测定。

9.1.3.2 试验方法

1. 比重瓶法

比重瓶采用容积为100mL和50mL,且分为长颈和短颈两种。比重瓶的容积对测定的比重值经比较试验认为影响不大,只是容积大些,取样多些,使试样的代表性和试验准确度有所提高。所以,标准中一般采用100mL的比重瓶(也允许用50mL的比重瓶)。在试验前比重瓶需要校正,方法是将比重瓶洗净、烘干,置于干燥器内冷却后称量;将煮沸经冷却的纯水注入瓶中,对长颈比重瓶注水至刻度处;对短颈比重瓶应注满,塞紧瓶塞,多余水自瓶塞毛细管中溢出。然后将比重瓶放入恒温水槽直到瓶内水温稳定后取出比重瓶并擦干,称瓶、水总质量,并测定恒温水槽内水温。调节数个恒温水槽的温度,测定不同温度下的瓶、水总质量,绘制温度与瓶、水总质量的关系曲线,即比重瓶校正曲线。

试验时,将比重瓶烘干,称烘干试样15g注入比重瓶,称试样及瓶总质量(需防土飞扬和散失)。向瓶内注半瓶纯水,摇动比重瓶,以排除土中空气,将瓶放在砂浴上煮沸。煮沸时间根据不同土样而不同。砂及砂质粉土不少于30min,黏土及粉质黏土不少于1h。待瓶内悬液温度稳定,且瓶上部悬液澄清,则向瓶中注水。长颈比重瓶至刻度处,短颈比重瓶注满,塞紧瓶塞使多余水自瓶塞毛细管中溢出。擦干瓶外,称瓶、水、土总质量,同时测定瓶内水温。根据所测温度查校正曲线上的瓶、水总质量。按下式计算土粒比重,即

$$G_s = \frac{m_d}{m_1 + m_d - m_2} G_{wt} \tag{9.8a}$$

式中 G_s——土粒比重,g/cm³;
m_d——干土质量,g;
m_1——瓶、水总质量,g;
m_2——瓶、水、土总质量,g;
G_{wt}——温度为T时纯水的比重。

对含有可溶盐、亲水性胶体和有机质的土,用中性液体代替纯水,用真空抽气法代替煮沸法排除土中空气,并按下列公式计算土粒比重,即

$$G_s = \frac{m_d}{m_1' + m_d - m_2'} G_{kt} \tag{9.8b}$$

式中 m_1'——瓶、中性液体总质量,g;
m_2'——瓶、中性液体、土总质量,g;
G_{kt}——温度为t时中性液体的比重(实测)。

2. 浮称法

颗粒大于 5mm 的砾石、碎石和卵石等粗粒，颗粒本身有孔隙存在。孔隙又分封闭的和开敞的两种，当浸水时，开敞部分即被水填充，而封闭部分则水不能浸入。由此，粗粒土的比重有以下几种表示方法：

(1) 视比重。土粒干质量与相当于土粒实体积加封闭空隙体积的纯水 4℃时质量的比值。

(2) 干比重。土粒干质量与相当于土粒总体积的纯水 4℃时质量的比值。

(3) 饱和面干比重。当土粒呈饱和面干状态时的土粒总质量与相当于土粒总体积的纯水 4℃时质量的比值。

(4) 比重。土粒干质量与相当于土粒实体积的纯水 4℃时质量的比值。

标准中采用视比重，这样做一方面比较方便，另一方面与细粒土的比重定义在实用上一致，也是切合实际的，因为一般指的孔隙，事实上是指被水充填的孔隙。

试验时，取具代表性试样 500~1000g，将其表面清洗洁净，浸入水中一昼夜后取出，放入铁丝筐，并缓慢地将铁丝筐浸没于水中，在水中摇动至试样中无气泡逸出。用浮称天平（图 9.1）称铁丝筐和试样在水中的质量，取出试样烘干，称干试样质量。称铁丝筐在水中的质量，并测定容器内水温，按下式计算土粒比重，即

$$G_s = \frac{m_d}{m_d + (m_{1s} - m'_1)} G_{wt} \tag{9.9}$$

式中 m_{1s}——铁丝筐与试样在水中的质量，g；
m'_1——铁丝筐在水中的质量，g；
m_d——干试样质量，g。

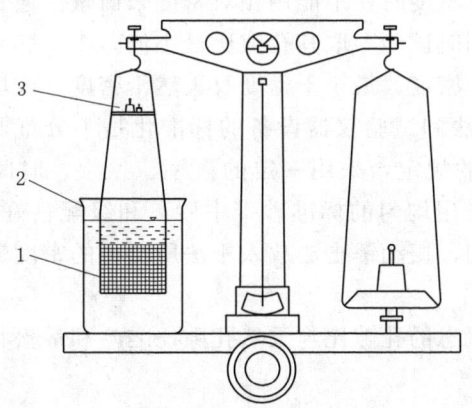

图 9.1 浮称天平
1—盛粗粒土的铁丝筐；2—盛水容器；3—平衡砝码

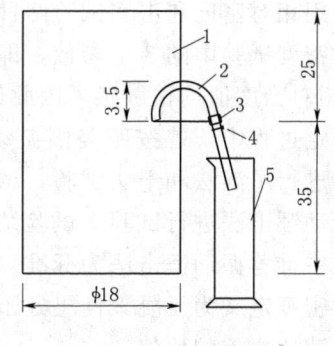

图 9.2 虹吸筒
1—虹吸筒；2—虹吸管；3—橡皮管；4—管夹；5—量筒

3. 虹吸筒法

取代表性试样 1000g 左右，将试样清洗洁净，浸入水中一昼夜后取出晾干，对粗粒试样宜用干布擦干表面，并称量干试样质量。

将清水注入虹吸筒（图9.2）至虹吸管口有水溢出时关管夹，试样缓缓放入虹吸筒中，边放边搅拌，至试样中无气泡逸出，当虹吸筒内水面平稳时开管夹，让试样排开的水通过虹吸管流入量筒，称量筒与水总质量，并测定筒内水温。

取出试样烘干，称干试样质量和量筒质量，按下式计算土粒比重，即

$$G_s = \frac{m_d}{(m_{cw} + m_c) - (m_{ad} - m_d)} G_{wt} \tag{9.10}$$

式中　m_c——量筒质量，g；

　　　m_{cw}——量筒与水总质量，g；

　　　m_{ad}——晾干试样质量，g。

9.1.4　相对密度试验

9.1.4.1　定义和适用范围

相对密度是无凝聚性粗粒土紧密程度的指标，对于用土作为材料的建筑物和地基的稳定性，特别是在抗震稳定性方面具有重要的意义。砂土的紧密程度不能仅从它的孔隙比的大小来衡量，对于颗粒级配、形状及不均匀系数不同的两种砂土所具有的孔隙比可能相差悬殊。这主要是由于不同砂土，在各自的最松和最紧的状态下所具有的最大和最小孔隙比不同，因此，需要根据砂土孔隙比与极限孔隙比的相对关系来表示。亦即当孔隙比接近于最小孔隙比时，砂土处于紧密状态；反之，当孔隙比接近最大孔隙比时，则砂土处于疏松状态。故通常用相对密度指标来表示砂土的紧密程度。

相对密度试验适用于透水性良好的无凝聚性土，如纯砂、纯砾等。对排水不良的土料，如无凝聚性粉砂、极细砂或砂质土，砾质土中含有大量粉砂，在高的击实功能下得到的最大干密度往往大于振动法得到的最大干密度时，不能用相对密度来衡量。遇到这种情况时建议用相对密度和击实试验两种方法同时试验，取其孔隙比最小值。

相对密度试验中的3个参数，即最大干密度、最小干密度及天然干密度（或填土干密度），对相对密度值均很敏感，因此试验方法和试验仪器设备的标准化是十分重要的。国家标准制定过程中，曾按照美国振动台法的规定，采用一定的频率、振幅、时间和加重块，分别进行了湿法和干法试验，试样均采用均匀的标准砂（中砂）和级配良好的黄砂。同时用振动锤击法进行试验。试验结果表明，振动锤击法放入干法所测得的密度最大，故国家标准中推荐振动锤击法为标准。

相对密度定义为无凝聚性土处于最松状态的孔隙比与天然孔隙比之差和最松状态与最紧状态孔隙比之差的比值。

9.1.4.2　最大孔隙比试验

1. 最大孔隙比的测定

目前国际上最大孔隙比即最小干密度的测定一般用漏斗法。该法是用小管径控制砂样流量，使其均匀缓慢地落入量筒，以达到最疏松的堆积。由于受漏斗管径的限制，有些粗颗粒受到阻塞，加大管径又不易控制砂样的缓慢流出，故此法适用于粒径不大于5mm且粒径为2～5mm的试样质量不大于试样总质量15%的砂样。在进行漏斗法试验的同时，可采用量筒倒转法进行补充试验，测得最疏松状态的干密度，取其最小值。

2. 试验方法

试验时，将锥形塞杆自长颈漏斗下口穿入，并向上提起，使锥底堵住漏斗管口，一并放入 1000mL 的量筒内，使其下端与量筒底接触。称取烘干的代表性试样 700g，均匀缓慢地倒入漏斗中，将漏斗和锥形塞杆同时提高，移动塞杆，使锥体略离开管口，管口应经常保持高出砂面 1～2cm，使试样缓慢、均匀分布地落入量筒中。试样全部落入量筒后，取出漏斗和锥形塞，用砂面拂平器将砂面拂平，测试样体积。用手掌或橡皮板堵住量筒口，将量筒倒转并缓慢转回到原来位置，重复数次，测记试样在量筒内所占体积的最大值。取上述两种方法测得的较大体积值，计算最小干密度、最大孔隙比。

3. 计算

最小干密度和最大孔隙比可用式（9.11）计算，即

$$\rho_{dmin} = \frac{m_d}{V_d} \qquad (9.11.a)$$

式中 ρ_{dmin}——试样的最小干密度，g/cm^3；

m_d——干试样质量，g；

V_d——试样体积，cm^3。

$$e_{max} = \frac{\rho_w G_s}{\rho_{dmin}} - 1 \qquad (9.11.b)$$

式中 e_{max}——试样的最大孔隙比；

ρ_w——$T℃$时水的密度，g/cm^3；

G_s——土颗粒比重。

9.1.4.3 最小孔隙比试验

1. 最小孔隙比的测定

目前国际上最小孔隙比即最大干密度的测定尚无统一的方法，国外常采用振动台法，国内经过试验对比后表明，在未施加上部固定荷载条件下振动锤击法比振动台法测得最大干密度要大，效果更好。因而，对于粒径不大于 5mm 的砂样采用振动锤击法测定最大干密度。用该法时应尽量避免由于振动功能不同而产生的人为误差，为此在振击时落锤应提高到规定的高度，并自由下落，在水平振击时，容器周围应均有相等数量的振击点。

2. 试验方法

取代表性试样 2000g，拌匀后分 3 次倒入金属筒进行振击，每层试样为圆筒容积的 1/3，试样倒入圆筒后用振动叉以每分钟往返 150～200 次的速度敲打圆筒两侧，并在同一时间内用击锤锤击试样，每分钟 30～60 次，直至试样体积不变为止。如此重复第二、第三层。

击实完毕后，取下护筒，刮平试样，称圆筒和试样总质量，算出试样质量，计算最大干密度。

3. 计算

最大干密度和最小孔隙比可用式（9.12）计算，即

$$\rho_{dmax} = \frac{m_d}{V_d} \qquad (9.12.a)$$

$$e_{\min}=\frac{\rho_{w}G_{s}}{\rho_{\mathrm{dmax}}}-1 \tag{9.12.b}$$

式中 ρ_{dmax}——试样的最大干密度，g/cm³；

$e_{\min}$——试样的最小孔隙比。

9.1.4.4 相对密度的计算

相对密度可以用式（9.13）计算，即

$$D_{r}=\frac{e_{\max}-e_{0}}{e_{\max}-e_{\min}} \tag{9.13.a}$$

$$D_{r}=\frac{\rho_{\mathrm{dmax}}(\rho_{\mathrm{d}}-\rho_{\mathrm{dmin}})}{\rho_{\mathrm{d}}(\rho_{\mathrm{dmax}}-\rho_{\mathrm{dmin}})} \tag{9.13.b}$$

式中 D_r——砂的相对密度；

e_0——砂的天然孔隙比；

ρ_d——天然干密度（或要求的干密度），g/cm³。

9.1.4.5 不同试验方法的比较

1. 最大孔隙比试验的漏斗法和量筒倒转法

两种方法均是在保持土的原有级配，在颗粒均匀分布的条件下先设法求得其最松状态的孔隙比。根据经验，量筒倒转法较漏斗法可以得到更为满意的结果，其原因是全部颗粒都能得到重新排列的机会，同时颗粒在重新排列过程中自由落距较小，因此可以消除一部分由于自重的影响所引起的增密作用。值得注意的是，倒转的速度有一定的影响，慢速倒转能够达到较松的状态，测得最小干密度。而漏斗法受管径的限制，适用于较小粒径的砂样，且颗粒自由落距较大，易使砂土结构增密。

2. 最小孔隙比试验的振动锤击法和振动台法

测求最小孔隙比原则上要求在不破损颗粒的条件下使颗粒挤至最密。从理论上讲，振动台法是较为理想的方法，特别是级配不均匀的砂土，能借助大小颗粒所受的不同振动影响而紧密排列，但此法所需的振动加速度较大，振动频率较高，在不受约束的条件下及振动加速度不够时，会将砂土振松。而振动锤击法所得到的结果较为理想，较能得到最小的孔隙比。就锤击本身来讲，同时能够提供压实和振动两种作用，振动锤击法具有同样的作用。要取得较好的结果，锤的质量、落距和击数是关键，因此为了实用目的标准规定了锤重、落距和锤击次数。

9.1.5 击实试验

9.1.5.1 定义和适用范围

室内击实试验是为了确定扰动土在一定的击实功能下干密度随含水率变化的关系曲线，以求得土的最大干密度和最优含水率。了解土的压实特性，为工程设计和现场施工碾压提供土的压实性资料。土的压实程度与含水率、压实功能和压实方法有密切的关系。当压实功能和压实方法不变时，土的干密度随含水率增加而增加，当干密度达到某一最大值后，含水率继续增加反而使干密度减小，此一最大值即为最大干密度，相应的含水率为最优含水率。这是因为细粒土的低含水率时，颗粒表面水膜薄，摩擦力大，不易压实。当含水率逐渐增大时，颗粒表面水膜逐渐变厚，其水膜的润滑作用也增大，因而颗粒表面摩擦力相应减小。在外力作用下，就容易压实。而继续增加水量，只会增加土的孔隙体积，使干密度相应降低。工程经验表明，欲将填土压实，必须使其水分降低在饱和程度以下，要求土体处于三相状态。土在瞬时冲击荷载重复作用下，颗粒重新排列，其固态密度增加，气态体积减小。当锤击力作用于土样时，首先产生压缩变形，当锤击力消失后，土又出现了回弹现象，因此，土的压实过程，既不是固结过程，也不同于一般压缩过程，而是土颗粒和粒粗在不排水条件下的重新组构过程。

击实试验分为轻型击实法和重型击实法。轻型击实适用于粒径不大于5mm的黏性土，重型击实适用于粒径不大于20mm的土，若采用3层击实时，最大粒径不大于40mm。室内扰动土的击实试验一般是根据工程实际情况选用轻型击实和重型击实。港口工程中一般采用轻型击实法。

9.1.5.2 试验仪器

国内常用的击实仪是普氏击实仪，如图9.3所示。轻型击实试验的单位体积击实功约592.2kJ/m³；重型击实试验的单位体积击实功约2684.9kJ/m³。轻型击实试验分3层击实，每层25击；重型、击实试验分5层击实，每层56击，若分3层击实，每层94击。击实仪主要部件规格见表9.2。

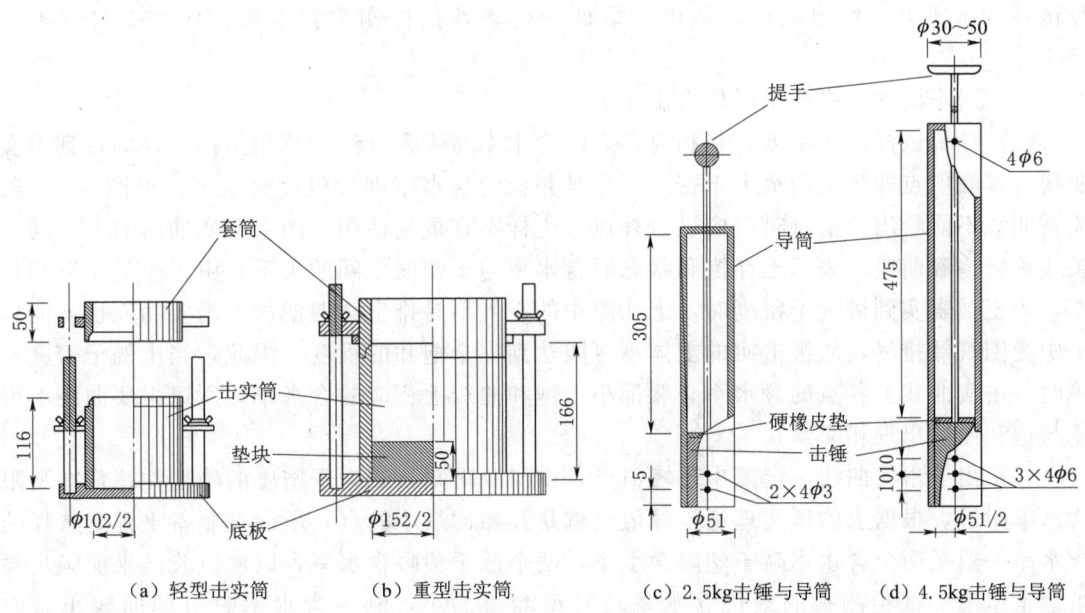

(a) 轻型击实筒　　(b) 重型击实筒　　(c) 2.5kg击锤与导筒　　(d) 4.5kg击锤与导筒

图 9.3　普氏击实仪

表 9.2　击实仪主要部件规格

试验方法	锤底直径/mm	锤质量/kg	落高/mm	击实筒 内径/mm	击实筒 筒高/mm	击实筒 容积/m³	护筒高度/mm
轻型	51	2.5	305	102	116	947.4	50
重型	51	4.5	457	152	116	2103.9	50

9.1.5.3 试验方法

(1) 试验制备分为干法和湿法两种。

1) 干法制备是用四分法取代表性土样20kg（重型50kg），风干碾碎，过5mm（重型20mm或40mm）筛，将筛下土样拌匀，并测定土的风干含水率。根据土样的塑限预估最优含水率，制备5个不同含水率的一组试样，相邻两个含水率的差值宜为2%。其中两个含水率应大于塑限，两个小于塑限，一个接近塑限。

2) 湿法制备是取天然含水率的代表性土样20kg（重型50kg）碾碎，过5mm（重型20mm或40mm）筛，将筛下土样拌匀，并测定土样的天然含水率。根据土的塑限预估最优含水率，选择至少5个含水率的土样，分别将天然含水率的土样风干或加水进行制备，应使制备好的土样水分均匀分布。

(2) 将击实仪平稳置于刚性基础上，击实筒与底座连接好，安装好护筒，在击实筒内壁均匀涂一薄层润滑油，称取一定量试样，倒入击实筒内，分层击实，轻型击实试样为2～5kg，分3层，每层25击；重型击实试样为4～10kg，若分5层，每层56击，若分3层，每层94击。每层试样高度宜相等，两层交界处的土面应刨毛。击实完成时，超出击实筒顶的试样高度应小于6mm。取下护筒。用直刮刀修平击实筒顶部的试样，拆除底板，试样底部若超出筒外，也应修平，擦净筒外壁，称试样和筒的总质量，计算试样的湿密度。推出试样，从中部取两个代表性试样测定含水率，含水率差值不大于1%。

(3) 对不同含水率的试样依次击实。

(4) 计算试样的干密度，将相应各点的含水率与干密度绘于直角坐标上，即得到击实曲线，其峰值点即为土的最大干密度，与其相应的含水率即为最优含水率，见图9.4。若关系曲线不能绘出峰值点时，应进行补点，土样不宜重复使用。图上击实曲线右上方的一条线称为饱和曲线，表示土在饱和状态时含水率与干密度之间的关系。由于土处于三相状态，当土被击实到最大干密度时，土孔隙中的空气不易排出，即使加大击实功能也不能将土中受困气体排尽，故被击实的土体不可能达到完全饱和的程度。因此，当土的干密度相等时，击实曲线上各点的含水率必然都小于饱和曲线上相应的含水率，所以击实曲线不可能与饱和曲线出现相交。

(5) 由于击实曲线一定要出现峰值点，由经验得知，最大干密度的峰值往往都在塑限含水率附近，根据土的压实理论，峰值点就是孔隙比最小的点，所以在制备土样时选择的含水率一般是两个含水率高于塑限含水率，两个低于塑限含水率，以使试验结果能满足要求。重型击实试验测得的最优含水率较轻型测得的小，制备含水率时可能向较小方向移动。

(6) 重型击实试验中为了保证击实筒内中央土层和周围土层所受击实功能相同，在采用机械操作时，击实仪必须具备在每一圈周围击实完后中间加一锤的功能。

(7) 轻型击实试验中，当试样中粒径大于5mm的土质量不大于试样总质量的30%时，应对最大干密度和最优含水率进行校正。

最大干密度按下式校正，即

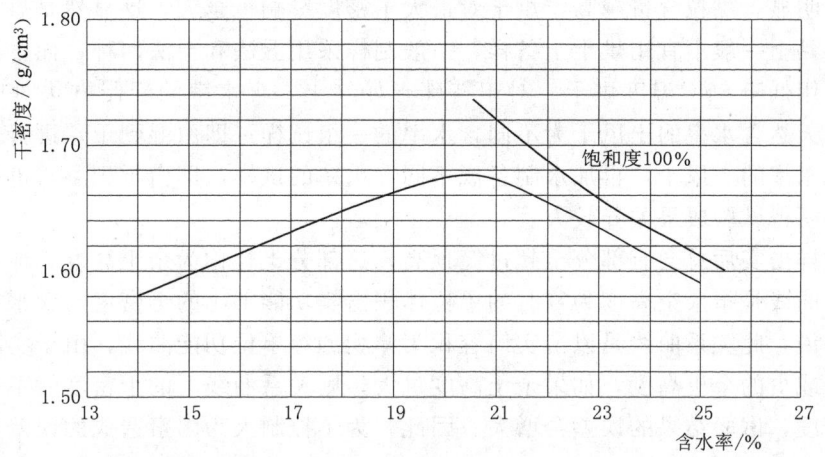

图 9.4　干密度与含水率关系曲线

$$\rho'_{dmax} = \cfrac{1}{\cfrac{1-P_5}{\rho_{dmax}} + \cfrac{P_5}{\rho_w \cdot G_{sz}}} \tag{9.14.a}$$

式中　ρ'_{dmax}——校正后试样的最大干密度，g/cm³；

　　　P_5——粒径大于 5mm 土的质量分数，%；

　　　G_{sz}——粒径大于 5mm 土粒的饱和面干比重。

最优含水率按下式校正，即

$$\omega'_{opt} = \omega_{opt}(1-P_5) + P_5\omega_{ab} \tag{9.14.b}$$

式中　ω'_{opt}——校正后试样的最优含水率，%；

　　　ω_{opt}——击实试样的最优含水率，%；

　　　ω_{ab}——粒径大于 5mm 土粒的吸着含水率，%。

9.1.5.4　击实试验标准的选择

我国以往采用的击实仪标准是南实处型击实仪，击实分 3 层，每层 25 击。国际上通用的标准是以普氏（R. R. Proctor，1933）提出的试验方法为基础。由于普氏击实仪的击锤直径比击实筒直径小，因而在击实时锤座可以沿土面移动，对土起揉搓和排气作用，它有利于土的加密，也与现场碾压方式相适应。各国仪器的具体尺寸不一致，但单位击实功能与冲量均与普氏击实仪功能等效。南实处型击实仪与普氏击实仪所不同的是锤落高 460mm，南实处型击实仪击实功能远比普氏仪的大，而所得最大干密度却相差不大，考虑到国际上普遍采用的是普氏仪，为此选择了与普氏标准等效的标准。目前国内也生产了定型的击实仪，且增添了电动操作的产品，克服了手动击实劳动强度大的缺点。

9.1.5.5　击实试验中的几个问题

（1）土样制备方法不同，所得击实试验成果不同。试验证明，最大干密度以烘干土最大，风干土次之，天然土最小；最优含水率也因制备方法不同而异。以烘干土最低，这种现象黏土最明显，黏粒含量越高，烘干对最大干密度影响也越大，这显然是烘干影响了胶粒性质，故黏土一般不宜用烘干土备样，一般制样采用湿法和干法两种，而干法以风干土居多，也有用低于60℃温度烘干。对于特殊土如红土，含水率的配制方法对压实影响尤为显著，将天然含水率的土风干为不同含水率的一组试样（即由湿到干）进行击实，与事先将天然含水率的土风干，再加水制备成不同含水率的试样（即由干到湿）进行击实，两种制样方法所得试验成果差异较大。

（2）试样击实后总会有部分土超过筒顶高，这部分土柱称为余土高度。标准击实试验所得的击实曲线是指余土高度为零时的单位体积击实功能下土的干密度与含水率的关系曲线，也就是说，此关系曲线是以击实筒容积为体积的等单位功能曲线，由于实际操作中总是存在或多或少的余土高度，如果余土高度过大，则关系曲线上的干密度就不再是一定功能下的干密度，试验结果的误差会增大。因此，为了控制人为因素造成的误差，根据比较试验结果表明，当余土高度不超过6mm时，干密度的误差（以余土高度为0时的干密度为基准）才能控制在允许误差范围内。为了保证试验准确度，标准中规定余土高度不得超过6mm。

（3）重复使用土样，对最大干密度和最优含水率以及其他物理性质指标有一定影响。因为土中的部分颗粒由于反复击实而破碎，改变了土的级配，其次是试样被击实后要恢复到原来松散状态比较困难，特别是高塑性黏土，再加水时更难以浸透，因而影响试验成果。国内外对此均进行比较试验，结果表明，重复用土对最大干密度影响较大，差值达 $0.05\sim0.08g/cm^3$；对最优含水率影响较小，对强度指标也有影响。

（4）土料中常掺杂有较大的颗粒如砾石等，这些颗粒的存在，对填土的最大干密度和最优含水率都有一定的影响。由于仪器尺寸的限制，必须将土样过5mm筛。因此，当粒径大于5mm颗粒的土含量小于30%时，就产生了轻型击实试验中对含粒径大于5mm颗粒土的试验结果的校正。在一般情况下，黏性土料中，大于5mm以上的颗粒含量占总土量的百分数不大的，大颗粒间的孔隙能被细粒土所填充，因此，可以根据土料中粒径大于5mm颗粒含量和该颗粒的饱和面干比重，用过筛后土料的击实试验结果来推算总土料的最大干密度和最优含水率。如果大于5mm的颗粒含量超过30%，此时大颗粒土间的孔隙将不能被细粒土所填充，应使用其他试验方法。

9.1.6 固结试验

9.1.6.1 定义和适用范围

固结试验是以太沙基的单向固结理论为基础的一种测试方法。饱和土体受到外力作用后，孔隙中的部分水逐渐从土体中排出，土中孔隙水压力逐渐减小，作用在土骨架上的有效应力逐渐增加，土体积随之压缩，直到变形达到稳定为止。土体这一变形的全过程，称为固结。固结过程的快慢取决于土中水排出的速率，它是时间的函数。土体的压缩性实际上表示孔隙体积随压力的增加而减小，固结试验成果一般整理成 e-p 曲线或 e-$\lg p$ 曲线。固结试验所得的各项指标用以判断土的压缩性和计算土工建筑物与地基的沉降。

土的压缩变形通常是在实际室用固结仪来测定。试验系将试样放在没有侧向变形的厚壁压缩容器内，如图9.5所示。分级施加垂直压力，测定加压后不同时间的压缩变形，直至各级压力下的变形量趋于某一稳定标准为止，然后绘制各级压力下最终变形量与相应压力的关系曲线，从而求得压缩指标。试验所用的金属容器可限制试样在试验过程中始终不可能产生侧向变形。所以，试验中试样的应力状态是比较简单的，试样只受压应力，其变形只沿受力方向产生一维压缩，属于一维轴对称应变问题。试样内部任一点的垂直应力与外加压力相等，即 $\sigma_z = p$，而其侧向应力则取决于土的侧压力系数 k_0 值，即 $\sigma_x = \sigma_y = k_0 \sigma_z$，实际上就是 k_0 条件下的压缩试验。

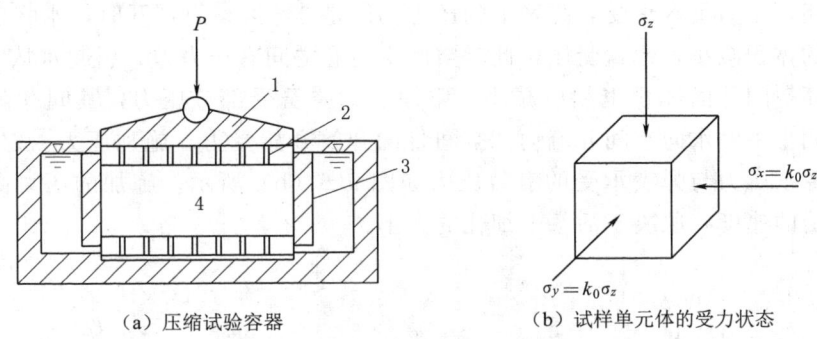

(a) 压缩试验容器　　　　(b) 试样单元体的受力状态

图9.5　固结试验容器
1—加压盖；2—透水石；3—护环；4—试样

固结试验的目的是测定试样在侧限与轴向排水条件下的变形与压力，或孔隙比与压力的关系、变形与时间的关系，以便计算土的压缩系数 a_v、压缩指数 C_c、回弹指数 C_s、压缩模量 E_s、固结系数 C_v 以及原状土的先期固结压力 p_c 等，测定项目视工程需要而定。

(1) 压缩系数 a_v 是 e-p 曲线上某一压力范围的割线斜率，表示在该压力范围内土的压缩性，它随压力增加而减小。地基压缩性可按 $p_1=0.1\text{MPa}$、$p_2=0.2\text{MPa}$ 时相对应的压缩系数 a_{1-2} 划分为低、中、高压缩性，评价标准为：当 $a_{1-2}<0.1$ 时，为低压缩性；当 $0.1 \leq a_{1-2}<0.5$ 时，为中压缩性；当 $a_{1-2} \geq 0.5$ 时，为高压缩性。

(2) 压缩指数 C_c 是 e-$\lg p$ 曲线上直线段的坡度，它是计算黏性土地基沉降量的主要指标。

(3) 回弹指数 C_s 是 e-$\lg p$ 曲线上卸荷段的坡度，用它可估算卸荷后土体的回弹量。它是土体弹性分量的量度，在土体的弹塑性增量分析理论中是一个重要指标。

(4) 先期固结压力 p_c 是土体所承受过的最大有效压力，一般用原状土在加荷、卸荷、再加荷的压缩、回弹试验所测得的 e-$\lg p$ 曲线上求得。在天然土层中，当某土层的上覆有效压力 $p=p_c$ 时，该土层处于正常固结状态；$p>p_c$ 而尚未达到固结稳定时，为欠固结状态；当 $p<p_c$ 时，该土层处于超固结状态。在相同的压力范围内，3种土层的压缩量是不同的，欠固结土虽不多见，但其压缩量是最大的，所以 p_c 是影响黏土地基沉降计算的主要因素之一。

(5) 固结系数 C_v 是估算沉降速率的指标。固结系数越大，土的固结越快。

以上指标反映土的压缩特性，它们与土的性质、状态、应力条件及测试方法等有关，因此，选取代表性试样与确定合理的测试方法是取得正确试验成果的基本要求。

9.1.6.2 试验原理

1. 固结模型

饱和黏土的固结概念可用一个带有活塞及弹簧的盛水容器来描述，如图9.6（a）所示。弹簧相当于土的颗粒骨架，活塞是封闭的，活塞与容器之间没有摩擦，活塞由弹簧隔开，其间充满水，每个活塞上有一细孔，水可以通过细孔从一个空间流到另一个空间。容器中的孔隙水压力开始为0，弹簧没有受力。假设在顶部活塞上施加一压力Δp，而排水孔的阀门关闭，压力由水承受，弹簧上的压力仍旧是0。当阀门打开时，水将流出，上部空间（Ⅰ）的体积减小，弹簧受压，此时空间Ⅰ与Ⅱ之间有压力差，引起水从空间Ⅱ流向空间Ⅰ，因而空间Ⅱ的体积也相应减小，空间Ⅱ的弹簧受部分压力，其间孔隙水压力减小，随着空间Ⅲ中的水向空间Ⅱ流动，空间Ⅲ的弹簧开始受力。施加压力一定时间后，3个空间的孔隙水压力与弹簧承受的有效压力如图9.6（b）所示。施加的压力由水承受转向由弹簧承受的速度，取决于活塞上细孔的大小。

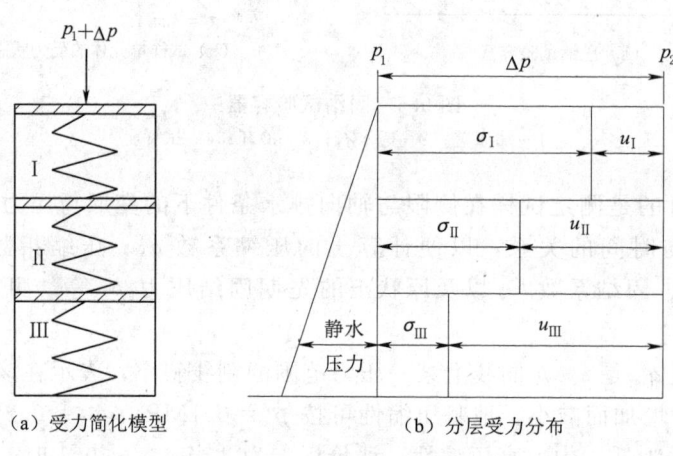

(a) 受力简化模型　　(b) 分层受力分布

图9.6　固结模型

在黏土层中，黏土颗粒可视为无数小弹簧，其孔隙充满水，孔隙水压力u与颗粒间的有效应力σ'随深度及时间的变化可成为一条光滑的曲线，如图9.7所示。骨架与水对外力p的分担，在任意时刻都满足下列的静力平衡式，即

$$p = \sigma'(t) + u(t) \quad (9.15)$$

此式表明，有效应力和孔隙水压力是随时间而变化，但两者之和恒为常数。

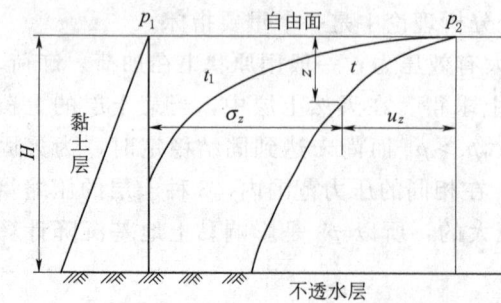

图9.7　黏土层中σ与u随深度和时间变化的关系曲线

2. 固结方程

太沙基在推导固结方程时，进行以下假定：

（1）土是完全饱和的，而且是均匀的。

(2) 土粒和孔隙水不可压缩，土的体积变化完全是孔隙水的排出而产生的。

(3) 变形只在垂直加压的方向发生，孔隙水的流动与变形方向相同，侧向变形受限制。

(4) 水的流动服从达西定律，边界面上是自由面，对水的流出没有阻力。

(5) 在固结过程中，不考虑土层厚度的变化。

(6) 土的体积压缩系数 m_v 为常数；土的渗透系数 k 在固结过程中没有变化，所以固结系数 C_v 也是常数。

根据以上假定，太沙基导出了有名的固结微分方程，即

$$\frac{\partial u}{\partial t} = C_v \frac{\partial^2 u}{\partial z^2} \tag{9.16}$$

式中 $C_v = \dfrac{k}{m_v \gamma_w}$——固结系数。

式（9.16）反映孔隙水压力随时间沿土层深度变化的规律，且当土层的排水边界条件满足

$$\left. \begin{array}{l} 0 \leqslant t < \infty、z = 0 \text{ 时}, u = 0 \\ 0 \leqslant t < \infty、z = 2H \text{ 时}, u = 0 \\ t = 0、0 < z < 2H \text{ 时}, u = \Delta\sigma \end{array} \right\}$$

其中 $2H$ 为透水层厚度，则方程式（9.16）的解为

$$u = \sum_{n=1}^{\infty} \left[\frac{1}{H} \int_0^{2H} u_i(z) \sin \frac{n\pi z}{2H} dz \right] \sin \frac{n\pi z}{2H} \exp^{-\frac{1}{4}n^2\pi^2 T_v} \tag{9.17}$$

式中 n——整数；

$u_i(z)$——沿 z 方向初始孔隙水压力的分布；

T_v——时间因数 $\left(= \dfrac{C_v t}{H^2}\right)$；

H——孔隙水向透水层流动的最大排水距离。

如果将 H 理解为颗粒土层的厚度，就会发生错误。假定初始孔隙水压力与黏土层深度无关，而是一定值 u_0，则式（9.17）可简化为

$$u = \sum_{n=0}^{\infty} \frac{z u_0}{m} \sin \frac{mz}{H} \exp^{(-m^2 T_v)} \tag{9.18}$$

式中 m——任意正数，$m = \dfrac{(2n+1)\pi}{2}$，$n = 0, 1, 2$。

将固结进行的程度定义为固结度 U，用孔隙水压力减小的程度与初始孔隙水压力之比表示，则

$$U = 1 - \sum_{m=0}^{\infty} \frac{2}{m^2} \exp^{(-m^2 T_v)} \tag{9.19}$$

从式（9.19）可算出 U 与 T_v 的关系，见表 9.3。

表 9.3　　　　　　　　　　　固结度与时间因素的关系

U	T_v	U	T_v	U	T_v
0.10	0.008	0.40	0.126	0.70	0.403
0.15	0.019	0.45	0.160	0.75	0.490
0.20	0.031	0.50	0.197	0.80	0.567
0.25	0.050	0.55	0.238	0.85	0.700
0.30	0.071	0.60	0.287	0.90	0.848
0.35	0.097	0.65	0.342	0.95	1.125

将固结度与时间因数绘制成关系曲线,如图 9.8 所示。

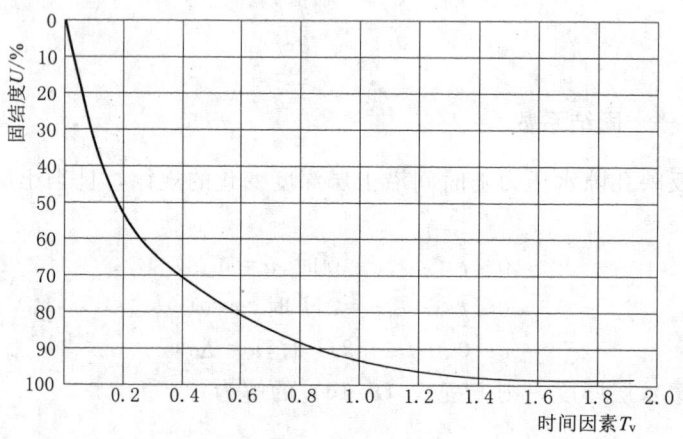

图 9.8　固结度与时间因数的关系

需要明确指出的是,固结试验适用于饱和黏性土,当只进行压缩指标测定时,才允许用于非饱和土,但不得测定 C_v 和 p_c 值。

9.1.6.3　试验方法

土的固结试验方法是根据太沙基的固结理论建立的,国内外常用的标准方法是增量分级加荷法。20 世纪 50 年代开始,我国一些单位为了缩短试验时间,采用了快速法,这种方法理论依据不足,仅作为一种方法列入各系统的土工试验规程。20 世纪 80 年代,连续加荷试验研究取得了长足的发展,逐渐形成标准化,美国于 1983 年将此法列入 ASTM 标准中。下面主要介绍常规固结试验。

常规固结试验为增量分级加荷法。该法规定标准加荷时间为 24h 一级,压力等级宜为 12.5、25、50、100、200、400、800、1600、3200kPa。第一级压力大小应视土的软硬程度而定,宜用 12.5、25 或 50kPa。仪器设备主要由固结仪、加压设备、变形量测设备组成。

1. 固结仪

固结仪由环刀、护环、透水板、水槽、加压上盖等组成,如图 9.9 所示。

环刀内径为 61.8mm 和 79.8mm,高度为 20mm,环刀应具有一定的刚度,内壁应保持较高的光洁度,宜涂一薄层硅脂或聚四氟乙烯。

透水板由氧化铝或不受腐蚀的金属材料制成,其渗透系数应大于试样的渗透系数。用固定式容器时,顶部透水板直径应小于环刀内径 0.2～0.5mm。用浮环式容器时,上下端透水板直径相等,均应小于环刀内径。

固结容器的形式有固定式和浮环式。两种容器均为双面排水,但受力条件有差异。固定式容器中的试样是由上向下压缩,浮环式容器中的试样是由上下两端向中部压缩,因此,当试样高度相同时,浮环式容器的环壁摩擦力的影响较固定式的小,说明浮环式优于固定式。为了尽量减少环壁阻力对试验成果的影响,各国对试样的径高比均作了相应的规定。

2. 加压设备

加压设备应能垂直地在瞬间施加各级规定的压力,且没有冲击力,压力的准确度应符合现行国家标准《土工仪器的基本参数及通用技术条件》(GB/T 15406)的规定。目前常用的加压设备有杠杆式和磅秤式两种,杠杆式最大荷重已达 10kN,能满足测定先期固结压力的要求,施加于试样上的压力达到 3.2MPa,磅秤式最大荷重为 5kN,施加于试样上的压力达 1.6MPa。随着科学技术的发展,目前国内也有液压式和气压式等加压设备。

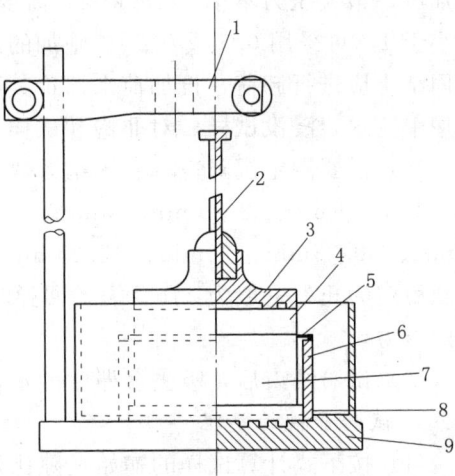

图 9.9 固结仪示意图
1—位移架;2—位移架导杆;3—加压上盖;
4—透水板;5—导环;6—环刀;7—试样;
8—护环;9—水槽

3. 变形量测设备

变形量测采用最小分度值为 0.01mm 的百分表或准确度为全量程 0.2% 的位移传感器。

固结仪及加压设备应定期校准,并定期作仪器变形校正曲线,具体操作可参考有关标准。

4. 固结试验

固结试验是将试样切入环刀放在固结容器中,使侧向受限制,在垂直方向施加压力,每级压力从开始直至超孔隙压力消散完均保持不变。试验步骤如下。

(1) 试样制备。将土样筒按照标明的上下方向放置,剥去蜡封和胶带,小心开启土样筒取出土样,整平试样两端。环刀内壁涂上凡士林后,刃口向下放在土样上,将环刀垂直压下,边压边削至土样高出环刀。根据试样的软硬,采用钢丝锯或切土刀整平环刀两端试样。从余土中取代表性试样测定的密度、含水率及土粒比重。试样需要饱和时,进行抽气饱和。

(2) 在固结容器中放置护环、透水板和薄型滤纸,将带有试样的环刀放入护环内,放上导环,试样顶面依次放上薄型滤纸、透水板、加压上盖,并将固结容器置于加压框架正中。

(3) 施加 1kPa 的预压力,使试样与仪器上下各部件之间接触,调整变形量测装置的零点,测记初读数。

(4) 确定需要施加的各级压力。第一级压力视土的软硬程度而定,宜用 12.5kPa、25kPa 或 50kPa,最后一级压力应大于土的自重压力与附加压力之和。只需测定压缩系数时,施加每级压力后,每小时变形达 0.01mm 时,测定试样高度变化作为稳定标准。逐步加压，最大压力不小于400kPa。需要确定原状土的先期固结压力时，初始段的荷重率可小于1，可采用0.5或0.25，施加的压力应使测得的 $e-\lg p$ 曲线下段出现直线段。对超固结土应进行卸荷，再加荷来评价其压缩特性。对于饱和试样，施加第一级压力后应向水槽中注水，浸没试样。对非饱和试样，用湿棉纱围住加压板。

(5) 需要测定沉降速率、固结系数时，施加每一级压力后应按时间要求读数，一般为6s、15s、1min、2.25min、4min、6.25min、9min、12.25min、16min、20.25min、25min、30.25min、36min、42.25min、49min、64min、100min、240min、23h、24h。直至稳定为止，一般为24h。需要回弹时，可在某级压力下固结稳定后退荷，直至退到要求的压力。

(6) 试验结束后，吸去容器中的水，取出试样，测定含水率。

5. 试验资料的整理

(1) 按下式计算试样的初始孔隙比及各级压力下的孔隙比，即

$$e_0 = \frac{(1+\omega_0)G_s\rho_w}{\rho_0} \tag{9.20}$$

$$e_i = e_0 - \frac{1-e_0}{h_0}\Delta h_i$$

(2) 某一压力范围内的压缩系数按下式计算，即

$$a_v = \frac{e_i - e_{i+1}}{p_{i+1} - p_i} \tag{9.21}$$

(3) 某一压力范围内的压缩模量按下式计算，即

$$E_s = \frac{1+e_0}{a_v} \tag{9.22}$$

(4) 某一压力范围内的体积压缩系数按下式计算，即

$$m_v = \frac{1}{E_s} = \frac{a_v}{1+e_0} \tag{9.23}$$

(5) 压缩指数和回弹指数按下式计算，即

$$C_c(C_s) = \frac{e_i - e_{i+1}}{\lg p_{i+1} - \lg p_i} \tag{9.24}$$

式中　e_0——试样初始孔隙比；

e_i——各级压力下试样的孔隙比；

h_0——试样初始高度，mm；

Δh_i——某级压力下试样固结稳定后的总变形量，mm；

a_v——压缩系数，MPa^{-1}；

p_i——某级压力值，MPa；

E_s——压缩模量，MPa；

m_v——体积压缩系数，MPa^{-1}；

C_c——压缩指数（回弹指数）。

(6) 绘制孔隙比与压力关系曲线，如图9.10所示。

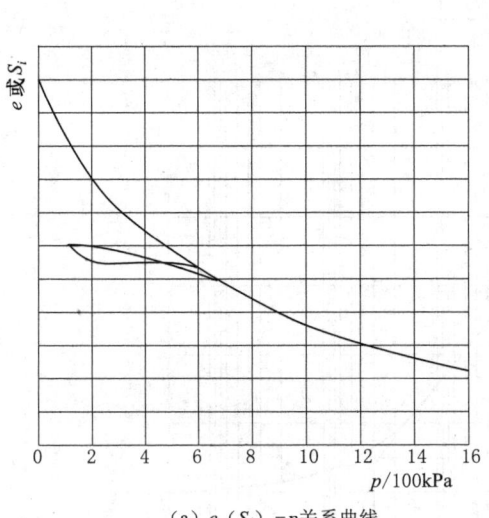

(a) $e(S_i)-p$ 关系曲线　　　　(b) $e-\lg p$ 曲线求 p_c 示意图

图 9.10　$e-p$ 关系曲线

(7) 用作图法确定原状土的先期固结压力。在 $e-\lg p$ 曲线上找出最小曲率半径 R_{min} 的点 O，过 O 点作水平线 OA、切线 OB 及 $\angle AOB$ 的平分线 OD，OD 与曲线下段直线段延长线交于 E 点，对应于 E 点的压力值即为原状土试样的先期固结压力 p_c。

(8) 固结系数按下列方法确定。

1) 时间平方根法。绘制变形与时间平方根关系曲线，如图 9.11 所示。延长曲线开始段的直线，交纵坐标于 d_0 为理论零点，过 d_0 作一直线，令其横坐标为前一直线横坐标的 1.15 倍，则后一直线与 $d-\sqrt{t}$ 曲线交点所对应的时间的平方即为试样固结度达 90% 所需的时间 t_{90}，该级压力下的固结系数按下式计算，即

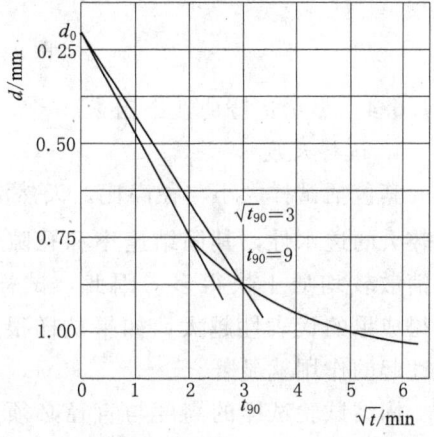

图 9.11　时间平方根法求 t_{90}

$$C_v = \frac{0.848 \bar{h}^2}{t_{90}} \qquad (9.25)$$

式中　C_v——固结系数，cm^2/s；

$\bar{h}$——最大排水距离，等于某级压力下试样的初始和终了高度平均值的一半，m。

2) 时间对数法。绘制变形与时间对数关系曲线，如图 9.12 所示。在关系曲线的开始段，任选一时间 t_1，查得对应的变形值 d_1，另取一时间 $t_2 = t_1/4$，查得相对应的变形值 d_2，则 $2d_2 - d_1$ 即为 d_{01}，另取一时间依同法求得 d_{02}、d_{03}、d_{04} 等，取其平均值为理论零点 d_0，延长曲线中部的直线段和通过曲线尾部数点切线的交点即为理论终点 d_{100}，则 $d_{50} = (d_0 + d_{100})/2$，对应于 d_{50} 的时间即为试样固结度达 50% 所需的时间 t_{50}，某一级压

力下的固结系数按下式计算，即

$$C_v = \frac{0.197 \overline{h}^2}{t_{50}}$$ (9.26)

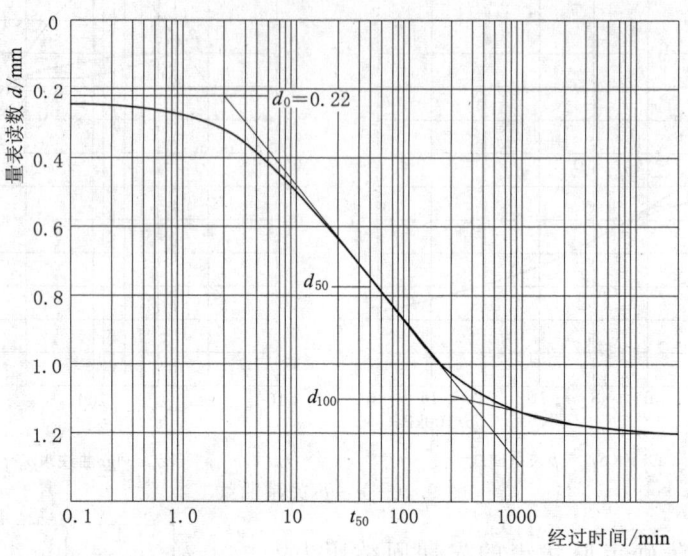

图 9.12　时间对数法求 t_{50}

9.1.6.4　影响试验的几个因素

1. 试样尺度

其包括试样大小与径高比。天然沉积土层一般是非均质而成层的。这种土在水平方向有较大的透水性，其固结速率和孔隙水压力的消散较均质土快得多，因此，试样越大，所得成果的代表性越大，如果试样很薄，成层性起的作用就显著。

固结试验试样的高度与直径必须选择适当，原状土在切削过程中，试样的结构会受到破坏，破坏产生的影响随试样径高比而不同，根据文献资料表明，直径相等但高度不同的试样，由于扰动程度不同，其孔隙比与压力关系曲线变化如图 9.13 所示。图中曲线表明，试样的高度对试验成果有影响，也说明扰动对试验成果有影响，所以固结试样的径高比有一定的规定。

2. 环刀侧壁摩擦

环刀与试样侧面之间的摩擦是这种试验的主要机械误差，这种摩擦抵消了试样上所加荷载的一部分，使试样上的有效压力估计

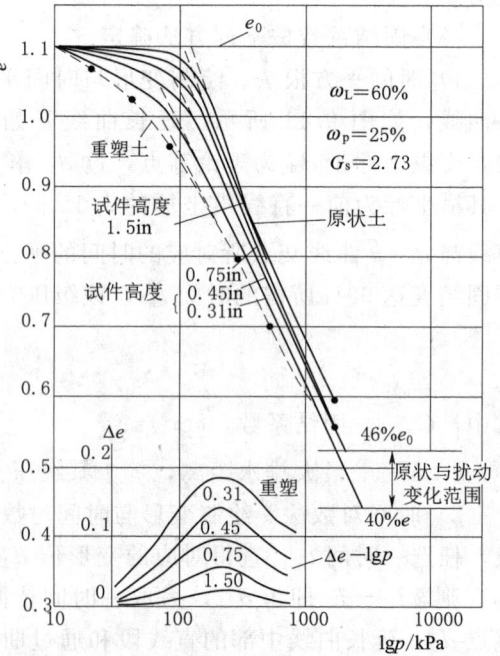

图 9.13　不同扰动程度下的孔隙比与压力的关系

过高。为了减小摩擦，除规定一定的径高比外，常用的方法是在环刀内壁涂润滑材料，较多的是涂衬聚四氟乙烯（Teflon），也有涂硅脂的，另外采用浮动式容器代替固定式容器。浮动式容器中的试样是由上下两端向中部压缩，而固定式容器中的试样是由上向下压缩，当试样高度相同时，浮动式容器的环壁摩擦力较固定式小 50%。

3. 加荷率（即加荷等级）

按固结试验结果估算的沉降量，一般与实测的沉降量相差较大，这是由于固结理论和应力计算与实际情况有所差异，以及土样结构受到不同程度扰动等原因。通常，现场上建筑物传给地基内各部位的压力，一般是比较缓慢的，而实验室里的固结压力则是很快地传递到试样上，加荷率小，则压缩作用进行得缓慢，对土的触变破坏较小，且其结构强度得以部分恢复，因而沉降量小；反之快速加荷或加荷率很大，必须会得到较大的沉降量。这种现象对塑性指数较大的黏土或结构强度小、密度低的软土，表现尤为明显。

长期以来，工程师们一直注意加荷率对固结试验成果的影响，认为加荷率增大，压缩系数和固结系数也随之增大，为了研究这些关系，比较了不同加荷率时土的压缩性变化。从比较试验中得知，土的塑性指数越小，加荷率对试验成果影响相对就小；反之则大。研究结果还表明，只有加荷率较大时（$\Delta p/p > 1$）才会出现与太沙基理论相一致的固结曲线。因此，我国的试验标准中，加荷率规定为 1。当然也允许按设计要求，模拟实际施工中的加荷情况作适当的调整。但是加荷率小时，对试样的扰动影响小，因此，在确定原状土的先期固结压力时，要求加荷率小于 1，一般取 0.5 或 0.25。图 9.14 所示为不同加荷率对 $e - \lg p$ 曲线的影响。

4. 加荷历时（即稳定标准）

沉降的稳定时间取决于试样的透水性和流变性质，土样的黏性越大，达到稳定所需的时间越长，某些软黏土要达到完全稳定，需要几天甚至几周时间，这是因为黏性土在压力作用下产生的体积变化由两部分组成：一部分是由于有效应力增加产生的，一般称为主固结；另一部分是在不变的有效应力作用下产生的，称为次固结，规定不同的稳定时间。会得出不同的压缩曲线，图 9.15 所示为不同加荷历时的压缩曲线。从图上可看出，这些曲

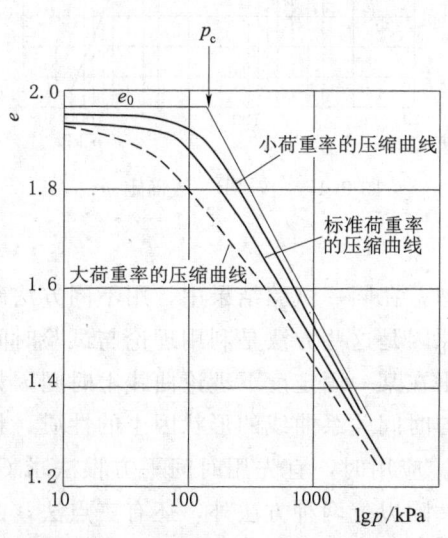

图 9.14　加荷率对 $e - \lg p$ 曲线的影响

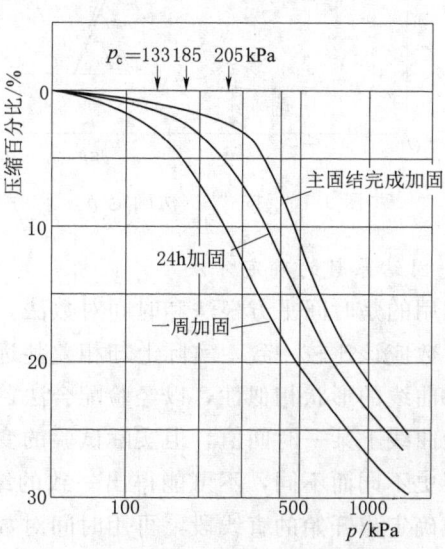

图 9.15　不同加荷历时对 p_c 的影响

线近似平行，说明荷重历时不同，得出的压缩指数基本一致，但 p_c 值是不相同的。以往国内对稳定标准也有不同的规定。现在，虽然规定了以 24h 作为稳定标准，但仍旧有不同的看法，尤其是生产部门认为 24h 太长。

5. 先期固结压力

用卡氏作图法求先期固结压力，有许多影响因素。首先是 $e-\lg p$ 曲线尚不能完全反映天然土层的压缩特性，因为在自然界，先期固结压力是通过若干年，而不是几小时或几天形成的，再就是在钻取土样和试验操作中，对土样的扰动与试验方法等影响，都是不可忽视的。试验时沉降稳定标准不同，可使 p_c 值在较大范围内变化，如图 9.15 所示。同时，绘制 $e-\lg p$ 曲线所用比例不同，p_c 值也有明显的改变。所以，用图解法求得的结果并不总是可靠的。要较可靠地求得 p_c 值，需要进一步研究确定天然地层中黏土压缩曲线的方法。

除卡氏作图法以外，还有史默特曼（Schmertmann）法，简称"S"法。用原状试样作压缩曲线，当 $e-\lg p$ 曲线出现直线段时进行卸荷回弹，然后再加荷压缩，得图 9.16 所示的曲线，具体作法参考有关文献。布密斯特（Burmister）法，简称"B"法。按"B"法求先期固结压力的曲线如图 9.17 所示。

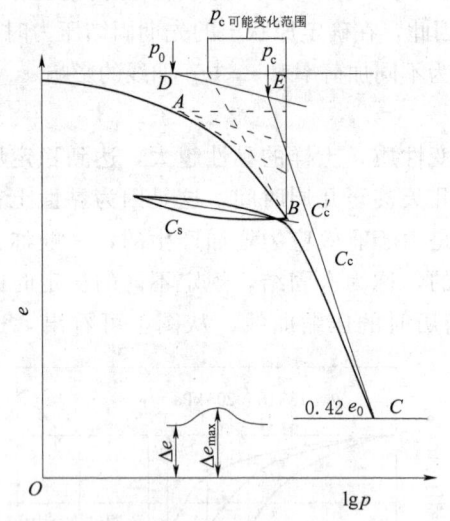

图 9.16　按"S"法确定 p_c

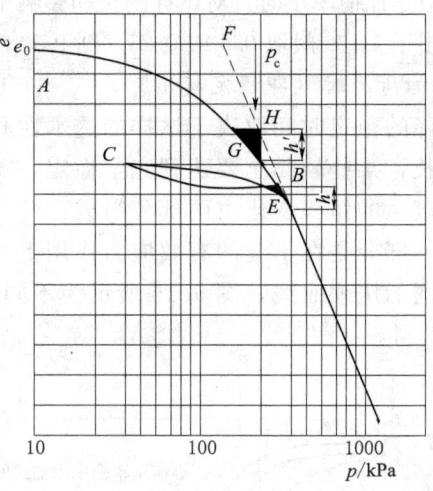

图 9.17　按"B"法确定 p_c

6. 固结系数的确定方法

常用的是时间平方根法和时间对数法。按理，在同一试验结果中，用不同方法确定的固结系数应该比较一致，实际上却相差甚远，原因是这些方法是利用理论与试验时间和变形关系曲线的形状相似性，以经验配合法，找出在某一固定度下理论曲线上时间因数相当于试验曲线上某一时间值，但实际试验的变形与时间关系曲线的形状因土的性质、状态及受压历史不同而不同，不可能得出一致的结果。应用时，宜先用时间平方根法求 C_v，如不能准确定出开始的直线段，再用时间对数法。除以上两种方法外，还有三点法，由日本西夫郎木（Sivaram）和寺完美一（Swamee）提出，根据某一压力下的固定曲线取三点的

数据解联立方程求 C_v，以代替作图法。该法是根据太沙基的固结理论曲线方程用配合法求得下列经验公式，即

$$T_v = \frac{\frac{\pi}{4}U^2}{(1-U^{5.6})^{0.357}} \quad (9.27.a)$$

当 $U<0.53$ 时，有

$$T_v = \frac{\pi}{4}U^2 \quad (9.27.b)$$

在固结初期阶段，选择两个变形读数 R_1、R_2 和相应的时间 t_1、t_2，按下式计算理论零点 R_0，即

$$R_0 = \frac{\left(R_1 - R_2\sqrt{\frac{t_1}{t_2}}\right)}{\left(1 - \sqrt{\frac{t_1}{t_2}}\right)} \quad (9.28)$$

在固结后期，选择第三个变形读数 R_3 和相应的时间 t_3，按下式计算理论终点 R_{100} 和固结系数，即

$$R_{100} = R_0 - \frac{R_0 - R_3}{\left\{1-\left[\frac{(R_0-R_3)(\sqrt{t_2}-\sqrt{t_1})}{(R_1-R_2)\sqrt{t_3}}\right]^{5.6}\right\}^{0.357}} \quad (9.29)$$

$$C_v = \frac{\pi}{4}\left[\frac{R_1-R_2}{R_0-R_{100}} \cdot \frac{H}{\sqrt{t_2}-\sqrt{t_1}}\right]^2 \quad (9.30)$$

而反弯点法则认为在半对数图中，理论固结曲线上反弯点相应的时间因数是一定的（相当于固结度为70%），并等于0.405，这样固结系数可用下式算出，即

$$C_v = \frac{0.405 H^2}{t_i} \quad (9.31)$$

式中 t_i——相应发生反弯点的时间；
H——排水距离。

9.2 软土地基加固效果检测的原位测试技术

软土地基加固效果的评价需要通过施工过程中各项设计控制指标的检查和地基处理后强度或地基承载力检测来完成。

《水运工程质量检验标准》（JTS 257—2008）对软土地基加固工程的检验内容作了具体规定；《水运工程地基设计规范》（JTS 147—2017）和《建筑地基处理技术规范》（JGJ 79—2012）中对地基处理后的检测方法和频次作了详细规定；《岩土工程勘察规范》（GB 50021—2001）（2009版）对原位测试方法进行了规定。

港口工程软土地基加固检测的目的有以下几点。

1. 保证软土地基加固施工的质量

通过检测数据的分析，及时了解地基加固的效果和存在的问题，进而提出改进措施。

如强夯加固软土地基时，为了保证地基加固质量，需要对夯锤的重量、落锤的高度、锤击数、夯坑的单击夯沉量、隆起量、最后两击平均夯沉量、孔隙水压力、夯坑内积水情况等进行监测。一方面，将监测到的数据与设计参数进行对比，确认施工是否按照设计要求进行，对地基的加固效果做出正确的评价；另一方面，对监测到的异常数据分析其形成原因，并提出和采取改进措施，保证软土地基加固施工的质量。

2. 保证施工过程中地基的安全

通过监测数据可对软土地基加固施工的过程实现动态监控，及时了解工程的安全性，通过对监测到的异常数据的分析，找出对施工过程可能出现的险情并及时预报，及时提出处理措施和建议，确保工程安全和施工质量，保证加固过程中地基的稳定性，正确、安全地指导软土地基加固工程的施工。

如堆载预压加固的软土地基，为了保证地基加固过程中堆载和周围土体的稳定、安全，需要控制施工加载期的填筑速率间歇时间。通过设立表面沉降、孔隙水压力、深层水平位移等组成现场监测系统获得相应的监测数据，计算出地基预压荷载的大小、地基软土层的固结状态、地基变形速率，判断地基的稳定性和控制加载速率，以保证施工过程中堆载体和地基的安全。

3. 选择合适的加固方案和取得合理的施工参数

对于重要工程，地基处理前一般需要进行地基处理方案及工艺试验，通过对试验过程中监测数据的综合分析，可论证地基处理方案的可行性和有效性，得到合理的地基处理施工参数。

如强夯法在实施前，一般需要通过现场试验确定最佳夯击能、夯点间距、夯击遍数及夯击遍数之间的间歇时间等工艺参数。试验时通常需要设立沉降、孔隙水压力、深层水平位移等现场监测手段进行监测，通过对获得的监测数据的分析，证实强夯的有效性和获得合理的施工工艺参数。

4. 为类似工程提供优化设计的参数

在同一地区类似的地质条件，可对已有监测数据做进一步整理分析，建立相关统计模型，研究地基处理效果与外界因素的相关关系及环境效应的表现，进而提出地区性的安全控制指标，为类似工程的设计提供更为优化的设计参数。

原位测试的方法较多，本节仅介绍在港口软土地基加固效果检测过程中常用的平板载荷、十字板剪切试验、静力触探试验、动力触探试验、标准贯入试验和低应变动力测试。

9.2.1 平板载荷试验

9.2.1.1 定义和适用范围

1. 定义及适用场合

平板载荷试验是一项使用最早、应用最广泛的原位试验方法，该试验是在一定尺寸的刚性载荷板上分级施加静载荷，观测各级荷载作用下天然地基土随压力和变形的原位试验。它可用于以下场合。

(1) 根据荷载-沉降关系线（p-s 曲线）确定地基土的承载力。

(2) 计算土的变形模量。

(3) 估算土的不排水抗剪强度及极限填土高度。

2. 应用时的注意事项

平板载荷试验适用于地表浅层地基，特别适用于各种填土、含碎石的土类。由于试验比较直观、简单，因此多年来应用广泛。在应用时，应对本方法的下述局限性给予关注。

(1) 平板载荷试验的影响深度一般不超过两倍载荷板宽度（或直径），故只能了解地表浅层地基土的特性。

(2) 载荷板的尺寸比实际基础小，在刚性板边缘产生塑性区的开展，更易造成地基的破坏，使预估的承载力偏低。载荷板试验是在地表进行的，没有埋置深度所存在的超载，也会降低承载力。

(3) 应用时应考虑静载荷试验的加荷速率较实际工程快很多，对透水性较差的软黏土，其变形与实际情况有较大的差异，由此确定的参数也有较大差异。

(4) 小尺寸刚性载荷板下土中的应力状态极为复杂，由此推求的变形模量只能是近似的。

9.2.1.2 试验的设备组成

平板载荷试验常用的设备主要包括四部分，即载荷板、加荷系统、反力系统和数据采集系统。设备布置如图9.18所示。软土地基加固工程中，载荷板面积一般为0.25～1.0m^2；对于换垫层和压实地基的载荷板面积不宜小于1.0m^2；对强夯地基载荷板面积不宜小于2.0m^2；对复合地基应根据布桩间距和形式选择大尺寸的载荷板。

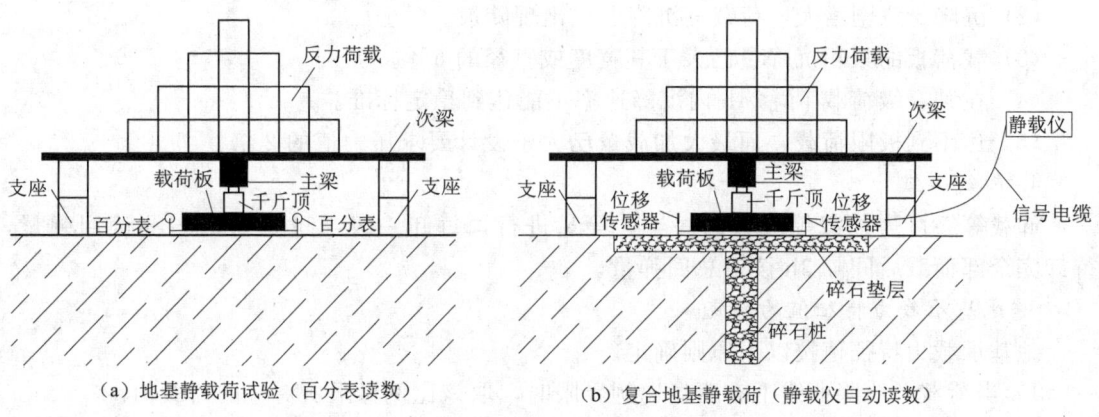

(a) 地基静载荷试验（百分表读数）　　(b) 复合地基静载荷（静载仪自动读数）

图9.18 平板载荷试验设备布置

一般要求荷载施加在半无限空间的表面上，如在开挖基坑底部做试验时，基坑宽度应不小于载荷板宽度或直径的3倍。应保持试验土层的原状结构和天然湿度。试验面宜用中砂或粗砂找平，其厚度不超过20mm，桩顶面试验时垫层厚度可取100～150mm。基准梁及载荷平台支点宜设在坑外，且与载荷板净距不小于2m。

反力荷载一般采用预制混凝土配重块，通过千斤顶将荷载传递给载荷板，采用液压油泵控制分级加载。

数据采集过去基本靠试验人员测读百分表完成，读数误差较大且不安全。随着测试技术的进步，现在平板载荷试验大都采用位移传感器与静载仪配合，按照设定的程序进行全自动采集,大大减少了测试人员的工作量,并提高了测试的精度。

9.2.1.3 试验的技术要求

1. 加载方式

(1) 慢速法。分级加荷按等荷载增量均衡施加,荷载增长量按照预估极限荷载等分为 8~12 级。每级加载后,按照时间间隔 10min、10min、10min、15min、15min,以后为每隔 0.5h 读记一次,当连续 2h 内,每小时沉降量小于 0.1mm 时,则认为已趋稳定,可加下一级荷载。对于复合地基平面静载荷试验则要求,每一级荷载前后各读记一次,以后每 0.5h 读记一次,当 1h 内沉降量小于 0.1mm 时,即可加下一级荷载。

(2) 快速法。分级加荷等级与慢速法相同,但每一级荷载按间隔 15min 读记一次沉降,每级荷载维持 2h,即可施加下一级荷载。

(3) 等沉降速率法。控制载荷板以一定的沉降速率沉降,读记与沉降相应的施加荷载,直到试验达到破坏状态。

2. 预压试验

试验前为校验试验系统整体工作性能,可进行预压试验,加载量不得大于总加载量的 5%。最大加载压力不应小于设计要求承载力特征值的 2 倍。

3. 终止加载标准

当出现下列情况之一时,即可终止加载。

(1) 载荷板周围的土明显地侧向挤出。

(2) 沉降 s 急剧增大,荷载—沉降曲线出现陡坡。

(3) 载荷板的累积沉降量已大于其宽度或直径的 6%。

(4) 在某一级荷载下,24h 内沉降速率不能达到稳定标准。

(5) 达不到极限荷载,而最大加载量已大于设计要求压力值的 2 倍。

4. 卸载等级

卸载等级可为加载等级数的一半,等量进行,每卸一级,间隔 0.5h,测读回弹量,待卸完全部荷载后间隔 3h 读记总回弹量。

5. 地基承载力特征值的确定

地基承载力特征值按以下原则确定。

1) 当荷载—沉降曲线上有明显比例界限时,取该比例界限所对应的荷载值。

2) 当极限荷载小于对应比例界限荷载值的 2 倍时,取极限荷载值的一半。

3) 当荷载—沉降曲线是平缓的光滑曲线时,可按相对变形值确定。

a. 对未处理地基、堆载预压地基和强夯地基,可取沉降量 s 与载荷板宽度 b 或直径 d 之比等于 0.01~0.015,其中砂性土取 0.01、黏性土取 0.015。

b. 对振冲地基,可取 s/b 或 s/d 等于 0.01。

c. 对水泥粉煤灰碎石桩复合地基,以卵石、圆砾、密实中粗砂为主的地基,可取 s/b 或 s/d 等于 0.008 所对应的荷载;对以黏性土、粉土为主的地基,可取 s/b 或 s/d 等于 0.01 所对应的荷载。

d. 复合地基平板载荷试验,当采用边长或直径大于 2m 的载荷板进行试验时,b 或 d 按 2m 计。

e. 按相对变形值确定的承载力特征值不应大于最大加载压力的一半。

6. 地基承载力评价原则

试验点的数量不应少于3点，当满足其极差不超过平均值的30%时，可取其平均值作为地基的承载力特征值。当极差超过平均值的30%时，应分析离差过大的原因，需要时应增加试验数量，并结合工程具体情况确定处理后的地基承载力特征值。

9.2.1.4 资料整理

根据现场试验资料绘制荷载-沉降曲线（$p-s$ 曲线），如图9.19所示。

9.2.1.5 成果的应用

1. 确定地基的承载力

确定地基土的承载力基本值 f_0 有下述3种方法。

（1）极限荷载法。由 $p-s$ 曲线所得的极限荷载 P_u 除以安全系数，即

$$f_0 = \frac{P_u}{K} \tag{9.32}$$

式中 K——安全系数，一般取 2～3。

（2）比例界限法。适用于具有拐点型的 $p-s$ 曲线，一般地，直接以比例界限荷载 P_y 为承载力基本值，即

$$f_0 = P_y \tag{9.33}$$

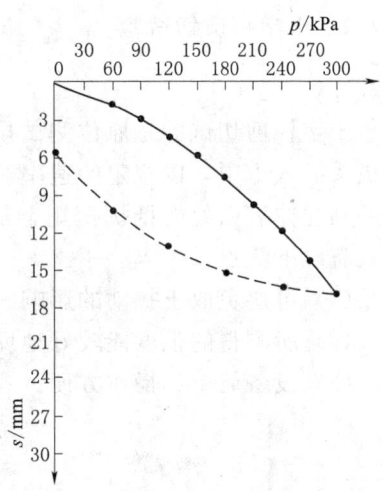

图 9.19 载荷试验成果

（3）相对沉降法。根据沉降量和承压板直径（或边长）的比值（s/d）确定承载力基本值。《建筑地基基础设计规范》（GB 50007—2011）规定，在承压板面积为 $0.25\sim0.5\text{m}^2$ 时，对中压缩性和高压缩性土，取 $s/d=0.02$ 所对应的荷载为承载力基本值；对砂土和低压缩性土，取 $s/d=0.01\sim0.015$ 对应的荷载为 f_0。

2. 均质厚层地基土的变形模量 E_0，根据弹性半无限体表面受荷原理，有

$$E_0 = 10(1-\mu^2)\frac{P}{sd} \tag{9.34}$$

式中 E_0——土的变形模量，MPa；

μ——泊松比，对碎石土取 0.25，砂性土取 0.30，粉质黏土取 0.35，黏土取 0.42；

P——载荷板上直线变形阶段的荷载，kN；

s——与荷载 P 相对应的沉降量，cm；

d——载荷板的直径，cm。

3. 估算地基土的不排水抗剪强度

用快速载荷试验（相当于不排水条件）的极限荷载 p_u，可估算饱和黏性土的不排水抗剪强度 C_u。

$$C_u = \frac{p_u - p_0}{N_c} \tag{9.35}$$

式中 p_u ——快速载荷试验所得的极限荷载，kPa；

p_0 ——载荷板周边外的超载或土的自重应力，kPa；

N_c ——对方形或圆形载荷板，当周边无超载时，$N_c = 6.15$；当载荷板埋深不小于 4 倍边长或板径时，$N_c = 9.25$；当载荷板埋深小于 4 倍边长或板径时，N_c 由线性内插确定；

C_u ——不排水抗剪强度，kPa。

9.2.2 十字板剪切试验

9.2.2.1 定义

十字板剪切试验是原位测试技术中发展比较早、技术比较成熟的方法。试验时，将十字板头插入土中，以规定的速率对测头施加扭力，直到将土剪损，测出十字板旋转时所形成的圆柱体表面处的抵抗扭矩，从而可以算出土对十字板的不排水抗剪强度，其 $\varphi = 0$。它具有以下优点。

(1) 可避免取土扰动的影响。

(2) 所测得的强度能较好地反映土的天然强度。

(3) 设备简单、操作方便。

9.2.2.2 试验设备

现在常用的十字板剪切试验设备有开口钢环式和电测式两种。如图 9.20 所示为工程上常用的 CLD-3 型静力触探两用型十字板剪切仪，它由十字板试验架、水平转动装置、十字板板头、扭力传感器、钻杆、电缆线及二次仪表等组成。

常用十字板为矩形，高径比（H/D）为 2，常用尺寸见表 9.4。

十字板板头要求有足够的刚度，保证旋转时不变形，十字板表面粗糙度不大于 $0.6\mu m$。

9.2.2.3 试验技术要求

(1) 试验所用钻杆必须平直，前 5m 的钻杆要更高些，以确保十字板板头旋转时不发生摆动。

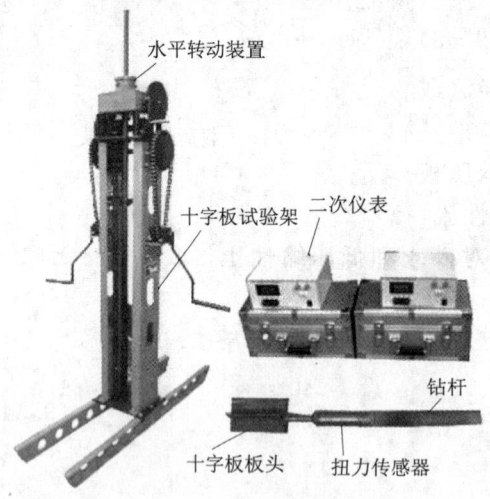

图 9.20 CLD-3 型静力触探—十字板剪切仪

表 9.4 十字板板头规格

型号	板高 H /mm	板宽 D /mm	板厚 T /mm	刃角 α /(°)	轴杆 直径 d /mm	轴杆 长度 s /mm	高宽比 H/D	厚宽比 t/D	面积比 A_r/%
I	100	50	2	60	13	50	2	0.04	≤14
II	150	75	3	60	16	50	0	0.04	≤13

(2) 在钻孔十字板剪切试验时，为保证试验在不扰动土中进行，十字板插入深度应大于孔径的 5 倍。一般试验间距应不小于 0.75~1.0m。

(3) 十字板插入土中静置 2~3min 开始扭剪。因为插入时十字板头四周产生超静孔隙水压力，静置时间太长，孔隙水压力消散会使有效应力增长，使不排水抗剪强度增大。

(4) 扭剪速率应力求均匀。剪切速率过慢，由于排水会导致强度增长；剪切速率过快，对软黏土由于黏滞效应也使强度增长。一般剪切速率为 (1°~2°)/10s，当扭矩出现峰值或稳定值后，要继续测读 1min，以便确认峰值或稳定值。试验应由技术熟练的人员操作旋转手柄，以保证试验质量。

(5) 在测出峰值后，顺扭转方向快速连续转动 6 圈，使十字板周围土体充分扰动，然后测试重塑土的强度。

(6) 扭力传感器应定期标定，一般 3 个月标定一次，如使用过程出现异常也应重新标定。标定时所用传感器、导线和二次仪表应与试验时相同。

9.2.2.4 试验的影响因素

1. 十字板板头的旋转速率对测试结果影响很大，对高塑性黏土（$I_p=40\%~30\%$），剪切速率越大抗剪强度越大，增长很快；对低塑性黏土（$I_p<20\%$）变化幅度不大。目前，国内外大多采用 (1°~2°)/10s 的剪切速率。

2. 十字板的规格

十字板测得的不排水抗剪强度由最大扭矩 M 按由式 (9.36) 计算，即

$$C_u = \frac{2M}{\pi D^3 \left(\frac{H}{D}+\frac{\alpha}{2}\right)} = \frac{xM}{\pi D^3} \tag{9.36}$$

式中 α——与圆柱底面的剪应力分布有关的系数，均匀分布时取 2/3，抛物线分布时取 3/5，三角形分布时取 1/2。

由式 (9.36)，十字板的高度 H、板宽 D、板厚及轴杆直径对总扭距值、对周围土体扰动程度有直接影响。

3. 土的各向异性

式 (9.36) 是在假定土为各向同性的前提下推导出来的，事实上因为土的成层性和土中应力状态的不同，形成的土为各向异性。

4. 插入土层的扰动影响

十字板厚度越大、轴杆越粗，则插入土中引起的扰动越大。一般用十字板的面积比 R_A 来衡量这种扰动的大小，即

$$R_A = \frac{A_v}{A_c} \tag{9.37}$$

式中 A_v——十字板板头（包括轴杆）的横截面面积；
A_c——受剪土圆柱体的横截面面积。

所以，实际应用时，总是在不影响十字板的刚度和强度的前提下，尽可能使 R_A 取较小值。

5. 逐渐破损的影响

当十字板在土中旋转时，不但板头上下两端面上应力和位移不均匀，而且圆柱体侧向

剪应力和剪应变也不均匀。所以，在剪切面上各点土的峰值强度不可能在同一转角时发挥出来，会在翼板外缘前方先产生应力集中出现局部破坏，随着扭矩增大，剪损面逐渐向前方扩展，最终在整个圆柱体侧面完成完整的圆柱形剪损面。因此，试验所得的扭矩峰值并不能反映土的真正峰值强度，仅仅是一种平均抗剪强度。

总之，影响十字板剪切试验的因素很多，所有这些因素的影响程度都与土类、土的塑性指数和灵敏度有密切关系。尽量采取标准化的设备、同一操作方法，使一些影响因素能加以控制，对另一些无法控制的因素，则从实用角度，以实际破坏工程的反算结果与十字板试验的计算结果进行对比分析的方法综合加以考虑。对饱和软黏土地基施工期的稳定问题，采用 $\varphi=0$ 分析方法，其抗剪强度应选天然强度，可选十字板强度、无侧限抗压强度或三轴不固结不排水强度。《水运工程地基设计规范》（JTS 147—2017）中笼统提出分项抗力系数为 1.1～1.3，意味着对不同强度选不同的安全系数值。

9.2.2.5 成果的应用

1. 黏土天然强度的确定

十字板剪切试验最主要的用途就是确定天然不排水强度。该法主要适用于饱和软黏土，对砂性土和粉性土慎用，对含有夹层的地基应剔除偏大的数值，之后分层取平均值。

2. 测定饱和黏土的灵敏度 S_t

灵敏度对工程的设计与施工工艺的确定起很大作用。在十字板试验中可以很方便地测定出来。在测定原状土的天然强度后，将十字板旋转 6 圈，然后重复进行试验，又测得扰动土的强度，二者的比值即为灵敏度 S_t，即

$$S_t = \frac{(S_v)_y}{(S_v)_r} \tag{9.38}$$

式中　$(S_v)_y$——原状土十字板剪切强度；
　　　$(S_v)_r$——扰动土十字板剪切强度。

3. 检验软土地基的加固效果

十字板强度能够十分敏感地反映出地基强度增长的状态，故已经成为检验软黏土地基加固效果的主要手段。

4. 评定软土地基承载力

根据中国建筑科学研究院的经验，即

$$f_k = 2(C_u)_F + \gamma h \tag{9.39}$$

式中　f_k——地基土承载力标准值，kPa；
　　　$(C_u)_F$——修正后的十字板强度，kPa；
　　　γ——土的容重，kN/m^3；
　　　h——基础埋置深度，m。

9.2.3 标准贯入试验

9.2.3.1 定义及适用范围

标准贯入试验是动力触探的一种，它是以标定的锤击动能，将标准尺寸的贯入器打入钻孔孔底的土中，根据打入土中的贯入阻抗，判别土层的变化和土的工程性质。贯入阻抗

9.2 软土地基加固效果检测的原位测试技术

是用贯入器贯入土中 30cm 的锤击数 $N_{63.5}$（也称标准贯入击数）表示。

标准贯入试验是 20 世纪 40 年代末期发展起来的，该项试验一般只用于砂性土及黏性土类，不适用于碎石类土及岩层。由于使用方便，得到广泛应用。但对于饱和软黏土而言，由于其试验精度较低，远不及十字板剪切试验和静力触探等方法普及。

标准贯入试验主要用于以下几个方面。

（1）查明场地的地层剖面及软弱夹层。

（2）判定地基承载力、变形模量及物理力学性指标等参数。

（3）预估单桩承载力和选择桩端持力层。

（4）判别砂土及粉土地震液化的可能性。

应当说明的是，上述应用中，除判别液化外，其余的应用方法都是基于与其他测试方法的对比中建立起计算公式的，如桩的承载力的预估是与静载荷试验箱对比，土的物理力学性指标是与室内试验成果建立相关关系。因此，对缺乏使用经验的地区，在应用标准贯入试验时应与其他测试方法配合使用。

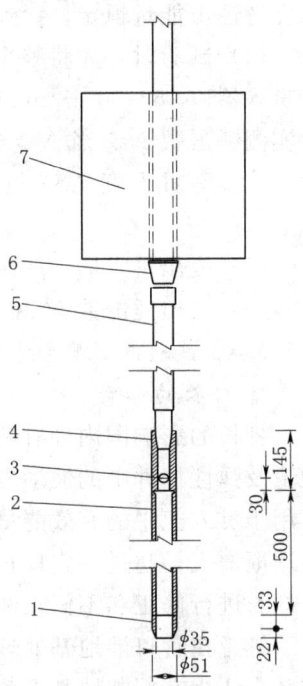

图 9.21 标准贯入试验设备
1—贯入器靴；2—两个半圆形管合成的贯入器身；3—出水孔；4—贯入器头；5—触探杆；6—锤垫；7—穿心锤

9.2.3.2 试验设备

试验设备包括标准贯入器、触探杆、穿心锤与锤垫四部分，如图 9.21 所示。国内标准贯入试验设备各部件基本参数见表 9.5。

表 9.5　　　　　　　　国内标准贯入试验设备参数

设备部件	贯入器						触探杆			穿心锤	
	外径/mm	内径/mm	全长/mm	管靴			弯曲度	孔深≤15m	孔深>15m	自重/kg	下落高度/cm
				长度/mm	刃角	刃口厚/mm					
参数	51	35	700	50	19°50′	0～2.5	<1/1000	$\phi42mm$	$\phi50mm$	63.5±0.5	76±2

9.2.3.3 试验技术要求

（1）钻进方法。为保证钻孔质量，要求采用回转钻进，当钻进至试验标高以上 15cm 处时，停止钻进，清除孔底残土到试验标高。地下水位以下钻进时，孔内水位应始终高于地下水位，以减轻对土的振动和扰动。下套管时，要防止套管下过头；否则在管内做试验会使 N 值偏大。

（2）为保证锤击时钻杆不发生侧向晃动，钻杆应定期检查，使钻杆弯曲度小于 0.1%，接头应牢固。

（3）穿心锤落距为 76cm，应采用自动落锤装置，要减小导向杆与锤之间的摩阻力，以保持锤击能量恒定。

(4) 试验时，先将整个杆件系统连同静置于钻杆上端的锤击系统一起下到孔底。首先将贯入器以 15~30 击/min 的速度打入土中 15cm，以后开始记录打入 30cm 的锤击数，即为实测锤击数 N。当 $N>50$ 击，贯入深度未达 30cm，应终止试验，不必强行打入。此时，按实际贯入度 $\Delta S(\mathrm{cm})$ 的累积锤击数 n，按式 $N=30n/\Delta S$ 计算贯入 30cm 的锤击数。

(5) 提出贯入器，取出贯入器中的土样进行鉴别、描述、记录，保存土样备用。

(6) 绘出锤击数 N 和贯入深度或标高 H 的关系曲线。

9.2.3.4 试验的影响因素

1. 杆长的影响

杆长的影响国内外有两种不同的看法，有两种代表性的分析理论，即古典的牛顿碰撞理论及弹性杆件中的波动理论。按牛顿碰撞理论，随杆长的增长，杆件系统受锤击碰撞后可用于贯入土中的有效能量逐渐变小；而按照弹性波动理论，随杆长的增长，有效能量却是逐渐增大，超过一定杆长后，有效能量区域稳定。国内对此也有两种不同的处理意见，即杆长进行修正和不修正两种。

笔者在营口港地基处理工程实践过程中，分析了多组标贯击数与平板载荷试验的相关关系，认为在判断地基承载力时应进行杆长修正，而在判断砂性土密实度时则不建议进行修正。建议的杆长修正系数 α 见表 9.6。

表 9.6　　　　　探杆长度修正系数 α 取值

探杆长度/m	≤3	6	9	12	15	18	21
α	1.00	0.92	0.86	0.81	0.77	0.73	0.70

2. 地下水位影响的校正

Terzaghi 和 Peck 提出，当实测标贯击数大于 15 击的饱和粉细砂，建议用式（9.40）校正，即

$$N=15+\frac{1}{2}(N'-15) \tag{9.40}$$

式中　N——标贯试验经修正后的锤击数；

　　　N'——实测的标贯击数。

港口软土地基处理工程中，不建议进行地下水位影响的校正。

3. 上覆压力影响的校正

长期以来国内均不考虑上覆压力影响的校正。

9.2.3.5 成果的应用

1. 评定地基土的承载力

在国内外以标准贯入试验确定黏性土地基承载力时，一般由 N 值推求抗剪强度或无侧限抗压强度 q_u，再按理论公式计算承载力。

在国内，根据多年标贯试验与平板载荷试验对比研究，得出两者之间的经验关系。根据笔者在营口港多年实践，两者之间有着表 9.7（黏性土）和表 9.8（砂土）的对应关系。

9.2 软土地基加固效果检测的原位测试技术

表 9.7 　　　　　　　N 值与黏性土承载力标准值 f_k(kPa) 的关系

N	1	3	5	7	9	11	13	15	17	19
f_k	40	100	130	160	190	220	260	290	330	380

表 9.8 　　　　　　　N 值与砂土承载力标准值 f_k(kPa) 的关系

N		8	10	15	25	35	50
f_k	中、粗砂	120	150	200	300	350	500
	粉、细砂	90	120	160	220	280	350

2. 液化判别

国家标准《建筑抗震设计规范》(GB 50011—2010) 中规定,当饱和砂土、粉土的初步判别认为需要进一步进行液化判别时,应当采用标准贯入试验判别地面下 20m 范围内土的液化。当饱和土的标准贯入锤击数(未经杆长修正)不大于液化判别标准贯入锤击数临界值时,应判为液化土。

地面下 20m 深度范围内,液化判别标准贯入锤击数临界值可按式 (9.41) 进行计算,即

$$N_{cr}=N_0\beta[\ln(0.6d_s+1.5)-0.1d_w]\sqrt{\frac{3}{\rho_c}} \quad (9.41)$$

式中　N_{cr}——液化判别标准贯入锤击数临界值；
　　　N_0——液化判别标准贯入锤击数基准值,可按表 9.9 采用；
　　　d_s——饱和土的标准贯入点深度,m；
　　　d_w——地下水位,m；
　　　ρ_c——黏粒含量百分率,当小于 3 或为砂土时,应采用 3；
　　　β——调整系数,设计地震第一组取 0.80,第二组取 0.95,第三组取 1.05。

表 9.9 　　　　　　　液化判别标准贯入锤击数基准值 N_0

设计基本地震加速度 g	0.10	0.15	0.20	0.30	0.40
液化判别标准贯入锤击数基准值	7	10	12	16	19

3. 评价砂土的密实度

砂土的密实度可按表 9.10 分为松散、稍密、中密和密实。

表 9.10 　　　　　　　砂土的密实度

标准贯入试验锤击数 N	密实度	标准贯入试验锤击数 N	密实度
$N \leqslant 10$	松散	$15 < N \leqslant 30$	中密
$10 < N \leqslant 15$	稍密	$N > 30$	密实

4. 预估单桩承载力及选择桩端持力层

北京地质勘察技术院曾收集 31 组试桩与标准贯入试验求单桩承载力的对比资料,提出以式 (9.42) 求钻孔灌注桩极限承载力 q,即

$$q=0.31U\sum l_c \overline{N}_{63.5c}+0.33U\sum l_s N_{63.5s}+2.78AN_{63.5}-18.1H+17.73 \quad (9.42)$$

式中　　　q——灌注桩极限承载力，t；

l_c，l_s——桩身在黏土部分与砂土部分的长度，m；

$\overline{N}_{63.5c}$，$\overline{N}_{63.5s}$——桩身在黏土层部分与砂土层部分的标准贯入击数的平均值；

U——桩身长度，m；

$AN_{63.5}$——桩端截面积与标准贯入击数的乘积，m^2；

H——孔底虚土厚度，m。

当孔底虚土厚度大于0.5m时，则采用式（9.43）进行计算，即

$$q=0.31U\sum l_c \overline{N}_{63.5c}+0.33U\sum l_s \overline{N}_{63.5s}+2.78AN_{63.5}+8.68 \qquad (9.43)$$

利用标准贯入试验选择桩端持力层，从而确定桩的长度是一个比较简单而有效的方法，特别是地层变化较大的情况更具突出的优点。根据国内外的实践，对于打入式预制桩，常选 $N=30\sim50$ 击作为持力层。

5. 评定土的强度指标

南京水利科学研究院根据101项工程中积累的大量试验资料，统计出标贯击数与无侧限抗压强度 q_u 的关系。

对黏土地基，$I_p>17$，黏粒含量为 $0\sim87\%$，有

$$q_u=14N+3 \qquad (9.44)$$

对粉土或粉质黏土，$I_p=7\sim17$，黏粒含量为 $0\sim54\%$，有

$$q_u=13.5N \qquad (9.45)$$

9.2.4　动力触探试验

9.2.4.1　概述

动力触探试验是利用一定的锤击动能，将一定规格的圆锥探头打入土中，根据打入土中的难易程度来判别土层工程性质的一种方法。贯入度的大小能反映土层力学性质的差异，依据此数据对地基土作出工程评价。

动力触探试验使用的历史较长，最大的优点是设备简单、操作方便、适用土类较广，对难以取样的砂土、粉土、碎石类土都可以使用。动力触探首先在欧洲得到广泛的应用，就是因为欧洲广泛分布着粗颗粒土层及积冰层，取土样很困难，所以适合采用动力触探方法。在我国，20世纪50年代初由南京水利实验处引进推广，至20世纪50年代后期得到普及，积累了大量的使用经验。20世纪70年代制定了相应的规范，在试验设备类型上趋于统一化和标准化，加快了发展进程。

9.2.4.2　试验设备

动力触探设备主要由圆锥探头（分为轻型、重型和超重型）、触探杆、穿心锤及钢砧锤垫四部分组成，如图9.22所示。我国圆锥动力触探分类和规格见表9.11。

表9.11　　　　　　　　　　动力触探分类和规格

设备类型		轻型	重型	超重型
落锤	质量 m/kg	10 ± 0.2	63.5 ± 0.5	120 ± 1
	落距 H/cm	50 ± 2	76 ± 2	100 ± 2

9.2 软土地基加固效果检测的原位测试技术

续表

设备类型		轻型	重型	超重型
探头	直径/mm	40	74	74
	截面积/cm²	12.6	43	43
	圆锥角/(°)	60	60	60
触探杆	直径/mm	25	42.5	50
	每米质量/kg		<8	<12
	锤座质量/kg		10~15	

9.2.4.3 试验技术要求

1. 试验方法

动力触探试验方法是将穿心锤穿入带钢砧与锤垫的触探杆上，将探头及探杆垂直地面放于测试地点，然后提升穿心锤至预定高度，使其自由下落撞击锤垫，将探头打入土中，记录每贯入10cm的锤击数。重复上述步骤，直到预定的试验深度。

2. 试验技术要求

试验时，为确保恒定的锤击能量，应采用固定落距的自动落锤装置。

锤击数应保持探杆垂直，锤击过程应防止锤击偏心、探杆歪斜和探杆侧向晃动。为此，要求触探杆连接后的最初5m最大倾斜度不应超过1%，大于5m后的最大倾斜度不应超过2%。每贯入1m，应将探杆转一圈半，使触探杆能保持

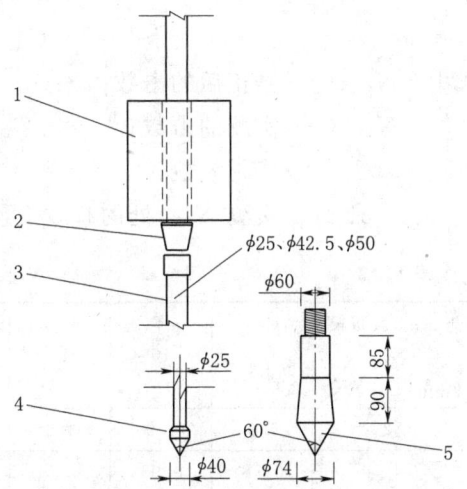

图 9.22 动力触探试验设备
1—穿心锤；2—钢砧与锤垫；3—触探杆；
4—轻型触探头；5—重型、超重型触探头

垂直贯入，并减少探杆的侧阻力。贯入深度超过10m后，每贯入0.2m即旋转一次。每一触探孔应连续贯入，只是在接探杆时才允许停顿。

对轻、重型圆锥动力触探N_{10}、$N_{63.5}$正常范围是3~50击，对超重型N_{120}的正常范围是3~40击。当击数超过正常范围时，如遇软黏土，可记录每击的贯入度，如遇硬土层，可记录一定击数下的贯入度。当$N_{10}>50$击，即可停止试验；当$N_{63.5}>50$击，即可停止试验或改用超重型试验。

贯入深度的一般限制，对轻型一般应小于4m，对重型则小于12~15m，超重型小于20m，超过此深度应考虑侧壁摩阻的影响。

锤击速率一般为15~30击/min。

9.2.4.4 影响成果的主要因素

1. 杆长的影响

如标准贯入试验，目前仍习惯采用牛顿碰撞理论，采用相同的杆长修正公式，即$N=\alpha N'$。重型、超重型动力触探杆杆长修正系数见表9.12和表9.13。

2. 杆侧摩擦的影响

就土类而言，对中密～密实的砂土，尤其在地下水位以上，由于探头直径比探杆直径大，可以不考虑侧壁摩擦；而软黏土和有机土，侧壁摩擦对击数有重要影响。当用泥浆或用套管时可消除侧壁摩擦的影响。所以，一般的土层条件下深度在15m以内，可以不考虑侧壁摩擦的影响；如深度超过15m，可采用泥浆或加套管以消除侧壁摩擦的影响。

3. 上覆压力的影响

随着贯入深度的增加，土的有效上覆压力和侧压力都会增加，会加大贯入阻力，增多锤击数。在判定砂土振动液化时，常采用Seed建议的贯入试验深度影响修正公式，即

$$N_{63.5} = C_N N'_{63.5}$$
$$C_N = 1 - 1.251 \lg \sigma'_{vo} \tag{9.46}$$

式中 $N_{63.5}$——修正后的击数；
$N'_{63.5}$——实测的击数；
C_N——修正系数；
σ'_{vo}——实测 $N'_{63.5}$ 处的有效上覆压力，kPa。

表 9.12　　　　　　　　　　　　　$N_{63.5}$ 的杆长修正系数

α＼$N_{63.5}$ l/mm	5	10	15	20	25	30	35	40	≥50
≤2	1.0	1.0	1.0	1.0	1.0	1.0	1.0	1.0	1.0
4	0.98	0.95	0.93	0.92	0.90	0.89	0.87	0.85	0.84
6	0.93	0.90	0.88	0.85	0.83	0.80	0.79	0.78	0.75
8	0.90	0.86	0.83	0.80	0.77	0.75	0.73	0.71	0.67
10	0.88	0.83	0.79	0.75	0.72	0.69	0.67	0.64	0.61
12	0.85	0.79	0.75	0.70	0.67	0.64	0.61	0.59	0.55
14	0.82	0.76	0.71	0.66	0.62	0.58	0.56	0.53	0.50
16	0.79	0.72	0.67	0.62	0.57	0.54	0.51	0.48	0.45
18	0.77	0.70	0.63	0.57	0.53	0.49	0.46	0.43	0.40
20	0.75	0.67	0.59	0.53	0.48	0.44	0.41	0.39	0.36

表 9.13　　　　　　　　　　　　　N_{120} 的杆长修正系数

α＼N_{120} l/mm	1	3	5	7	9	10	15	20	25	30	35	40
1	1.0	1.0	1.0	1.0	1.0	1.0	1.0	1.0	1.0	1.0	1.0	1.0
2	0.96	0.92	0.91	0.91	0.90	0.90	0.90	0.89	0.88	0.88	0.88	0.88
3	0.94	0.88	0.85	0.85	0.85	0.84	0.84	0.83	0.82	0.82	0.81	0.81
5	0.92	0.82	0.79	0.78	0.77	0.77	0.76	0.75	0.74	0.73	0.73	0.72
7	0.90	0.78	0.75	0.74	0.73	0.72	0.71	0.70	0.69	0.68	0.67	0.66

续表

l/mm \ N_{120}	1	3	5	7	9	10	15	20	25	30	35	40
9	0.88	0.75	0.72	0.70	0.69	0.68	0.67	0.66	0.64	0.63	0.62	0.62
11	0.87	0.73	0.69	0.67	0.66	0.66	0.64	0.62	0.61	0.60	0.59	0.58
13	0.86	0.71	0.67	0.65	0.63	0.63	0.61	0.60	0.58	0.57	0.58	0.55
15	0.86	0.69	0.65	0.63	0.62	0.61	0.59	0.58	0.56	0.55	0.54	0.53
17	0.85	0.68	0.63	0.61	0.60	0.60	0.57	0.56	0.54	0.53	0.52	0.50
19	0.84	0.66	0.62	0.60	0.59	0.59	0.56	0.54	0.52	0.51	0.51	0.49

9.2.4.5 成果的应用

1. 确定地基土的承载力标准值 f_k

利用圆锥动力触探可以确定地基土的承载力标准值，见表 9.14～表 9.16。

表 9.14.a　　　　　黏性土 N_{10} 与 f_k 的关系

N_{10}	15	20	25	30
f_k/kPa	105	145	190	230

表 9.14.b　　　　　砂土 N_{10} 与 f_k 的关系

N_{10}	10	20	30	40
f_k/kPa	85	115	135	160

表 9.15.a　　　　　中、粗、砾砂 $N_{63.5}$ 与 f_k 关系

$N_{63.5}$	3	4	5	6	8	10
f_k/kPa	120	150	200	20	320	400

表 9.15.b　　　　　碎石土 $N_{63.5}$ 与 f_k 关系

$N_{63.5}$	3	4	5	6	8	10	12
f_k/kPa	140	170	200	240	320	400	480

表 9.16　　　　　碎石土 N_{120} 与 f_k 关系

N_{120}	3	4	5	6	8	10	12	14	≥16
f_k/kPa	250	300	400	500	640	720	800	850	900

2. 判断碎石土的密实度

《建筑地基基础设计规范》(GB 50007—2011) 中规定，碎石土的密实度可按表 9.17 分为松散、稍密、中密和密实。

表 9.17　　　　　碎石土的密实度

重型动力触探击数 $N_{63.5}$	密实度	重型动力触探击数 $N_{63.5}$	密实度
$N_{63.5} \leqslant 5$	松散	$10 < N_{63.5} \leqslant 20$	中密
$5 < N_{63.5} \leqslant 10$	稍密	$N_{63.5} > 20$	密实

9.2.5 静力触探试验

9.2.5.1 定义

1934年,荷兰首先研制出静力触探仪,故静力触探试验又称为荷兰贯入试验。静力触探试验是利用加压装置探头压入土中,由于土层的阻力,使探头受到一定的压力;土层的强度越高,探头所受到的压力越大。通过探头内的阻力传感器,将土层的阻力转换为电信号,然后由仪表测量出来,依据此数据对地基土作出工程评价。

9.2.5.2 试验设备

静力触探试验设备主要由加压装置、反力装置、触探杆、静力触探探头、电缆线和量测记录仪组成。

1. 加压装置

加压装置有以下3种类型。

(1) 手摇式轻型静力触探。利用摇柄、链条、齿轮等用人力将探头压入土中,贯入速率可人为控制,提升速度是靠改变手柄位置来实现的,贯入能量一般小于20~30kN。

(2) 全液压传动静力触探。分为单缸和双缸两种,最大贯入行程一般为0.5~1.0m,贯入能量大于80kN,最大贯入力可达200kN。贯入速度均匀、稳定、加压能力大。

(3) 齿轮机械式静力触探。每次贯入行程1m,贯入速度一般为1.2m/min左右,提升速度可通过变速箱或变速电机来改变。

2. 反力装置

反力装置也有以下3种类型。

(1) 利用地锚作反力。当地表有一层较硬的土层覆盖时,可以使用2~4个或者更多的地锚作反力。地锚的长度一般1.5m左右,以单叶片为好。

(2) 用重物作反力。软土地基贯入深度在30m以内的深度,一般需压重物4~5t。

(3) 利用汽车的自重作反力。将整个触探设备装在载重汽车上,利用载重汽车的自重作反力。

3. 静力触探探头

目前国内常用的探头有两种:一种是单桥探头;另一种是双桥探头。此外,还有能同时测量孔隙水压力的两用或三用探头,即在单桥或双桥的基础上增加能量测孔隙水压力的功能。

(1) 单桥探头(图9.23)。常用的单桥探头型号及规格见表9.18。单桥探头的有效侧壁长度为锥底直径的1.6倍。这种探头在结构上的关键是传感器的设计和加工精度。顶柱与传感器的接触必须良好;否则就会使读数不稳定,影响测量精度。接触方式有圆锥面接触和球面接触,后者加工方便,效果也比较好。

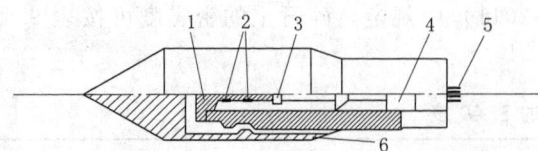

图9.23 单桥探头结构

1—顶柱;2—电阻应变片;3—传感器;
4—密封垫圈套;5—四芯电缆;6—外套筒

(2) 双桥探头(图9.24)。双桥探头型号及规格见表9.19。国际通用标准为10cm²,目前国内广泛使用锥底面积为

$15cm^2$ 的探头，两者贯入阻力相差不大，在同样的土质条件和机具贯入能力的情况下，$10cm^2$ 比 $15cm^2$ 的贯入深度更大。为了向国际标准靠拢，最好使用锥底面积为 $10cm^2$ 的探头。

表 9.18　　　　　　　　　　单 桥 探 头 规 格

型号	锥头直径 d_e /mm	锥头截面积 A /cm^2	有效侧壁长度 L /mm	锥角 α /(°)
I-1	35.7	10	57	60
I-2	43.7	15	70	60

表 9.19　　　　　　　　　　双 桥 探 头 规 格

型号	锥头直径 d_e /mm	锥头截面积 A /cm^2	摩擦筒长度 L /mm	摩擦筒表面积 s /cm^2	锥角 α /(°)
II-1	35.7	10	179	200	60
II-2	43.7	15	219	300	60

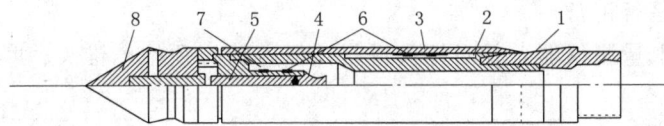

图 9.24　双桥探头结构
1—传力杆；2—摩擦传感器；3—摩擦筒；4—锥尖传感器；
5—顶柱；6—电阻应变片；7—钢珠；8—锥尖头

（3）孔压静力触探探头（图 9.25）。除具有双桥探头所需的各种部件外，还增加了由透水陶粒做成的透水元件和一个孔压传感器。透水陶粒要求其渗透系数为 $(1.1\pm0.1)\times10^{-5} cm/s$，抗渗能力为 $(110\pm5)kPa$。孔压静力触探探头具有能同时测定锥尖阻力、侧壁摩擦阻力和孔隙水压力的装置，同时还能测定探头周围土中孔隙水压力的消散过程。

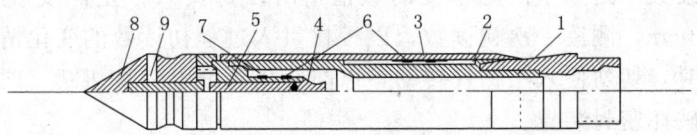

图 9.25　孔压静力触探探头结构
1—传力杆；2—摩擦传感器；3—摩擦筒；4—锥尖传感器；5—顶柱；
6—电阻应变片；7—钢珠；8—锥尖头；9—透水元件

4. 量测记录仪

我国常用的静力触探量测记录仪有以下 3 种类型。

（1）电阻应变测量仪。直显式静力触探记录仪，所测的应变量以数字显示。该类型的仪器采用浮地测量桥、选通式解调、双积分 A/D 转换等措施，具有仪器精度高、稳定性好、操作简单、携带方便等优点。

(2) 静探微机。静探微机主要由主机、交流适配器、接线盒、深度控制器等组成。外接探头后,在现场试验中记录完全由微型计算机控制,仪器本身不会出现超前、滞后现象,分辨率高达二万分之一,测量精度远远超过应变仪及自动记录仪。静探微机能采用人机结合的方法整理资料,能自动计算静力触探分层力学参数、单桩承载力,提供 q_c、f_c、E_s 等地基参数,并可送入磁盘永久保存。

(3) 自动记录仪。由通用的电子电位差计改装而成,它能随深度自动记录土层贯入阻力的变化情况,并以曲线的方式自动绘制在记录纸上。

9.2.5.3 试验技术要求

1. 试验准备工作

(1) 探头标定。探头标定可以在特制的标定装置上进行,也可在材料实验室利用 50~100kN 压力机进行,标定用测力计或传感器,精度不低于 3 级。探头应垂直稳固地放置在标定架上,且不使电缆受压。对于新的探头应反复 3~5 次预压到额定荷载,以减少传感元件由于加工引起的残余应力。

(2) 设置反力装置,安好压入和量测设备,并将底板调平。

(3) 检查仪表是否正常。

(4) 将探头接上量测仪器,并对探头进行试压,检查顶柱、锥头、摩擦筒等能否正常工作。

2. 现场试验工作

(1) 确定试验前初读数。将探头压入地表下 0.5m 左右,经过一段时间后将探头提升 10~25cm,使探头在不受力状态下与地温平衡,此时仪器上的读数即为试验开始时的初读数。

(2) 贯入要求匀速,贯入速率控制在 (1.2 ± 0.3)m/min。

(3) 一般要求每次贯入 10cm 读一次微应变,也可根据土层情况增减,但不能超过 20cm;深度记录误差不超过 $\pm1\%$,当贯入深度超过 30m 或穿过软土层贯入硬土层后,应有测斜数据。当偏斜度明显时,应校正土层分界线。

(4) 由于初读数不是一个固定不变的数值,所以每贯入一定深度(一般为 2m),要将探头提升 5~10cm,测读一次初读数,以校核贯入过程初读数的变化情况。

(5) 接卸杆时,切勿使入土钻杆转动,以防止接头处电缆被扭断,同时应严防电缆受拉,以免拉断或破坏密封装置。

(6) 当贯入到预定深度或反力装置失效、触探主机达到最大允许贯入能力、探杆弯曲已经达到不能允许的程度等情况时,应停止贯入。

(7) 试验结束后应及时起拔钻杆,并记录仪器的回零情况,探头拔出后应立即清洗上油,妥善保管,防止探头被暴晒或受冻。

9.2.5.4 试验注意事项

(1) 试验点必须避开地下设施,以免发生意外。

(2) 试验前应根据试验场地的地层情况合理选用探头。

(3) 静力触探孔一般至少距钻孔 25 倍孔径或 2m,静力触探孔应在钻孔前进行。

(4) 由于人为或设备的故障,而使贯入中断 10min 以上时,在故障处理后,重新贯入前应提升探头,测记零读数。对超深触探孔分两次或多次贯入时,或在钻孔底部进行触探时,在深度衔接点以下的扰动段,其测量数据应舍弃。

9.2.5.5 成果的应用

1. 划分土类

根据不同成因、不同年代和地区土的力学指标的差别,按比贯入阻力 p_s 确定的黏性土种类见表9.20。

表 9.20 按比贯入阻力 p_s 确定黏性土种类

土层	软黏性土	一般黏性土	老黏性土
p_s 范围值/MPa	$p_s \leqslant 1$	$1 < p_s < 3$	$p_s \geqslant 3$

由于不同类型的土也有可能具有相同的 p_s、q_c 或 f_s 值,因此,单靠某一指标要对土层进行正确分类存在着一定的困难。使用双桥探头时,由于不同土的 q_c 或 f_s 不可能都相同,因而可利用 q_c 和 f_s/q_c(摩阻比 p_s)两个指标来划分土类。实践表明,用这种方法进行土层分划分效果较好。

2. 确定地基土的承载力

(1) 黏性土。港口软土地基处理工程遇到的黏性土通常为软土和一般性黏土,其承载力可按照表9.21确定。

表 9.21 静力触探比贯入阻力与软土和一般性黏土的主要力学指标的关系

p_s/MPa	f_{sk}/kPa	E_s/MPa	E_0/MPa
0.3	50~60	2.3	2.3
0.6	80~90	3.5	3.5
0.9	110~120	4.6	6.2
1.2	130~150	5.7	9.2
1.5	160~180	6.8	12.1
1.8	180~210	8.0	15.0
2.1	210~240	9.1	18.0
2.4	240~260	10.2	20.9
2.7	260~290	11.3	23.9
3.0	290~310	12.4	26.8

(2) 砂土。砂土的承载力可按表9.22和表9.23来确定。

通常认为,由于取砂土的原状试样比较困难,故从 p_s(或 q_c)值估算砂土的承载力是很实用的方法,其中对于中密砂比较可靠,对松砂、密砂不够满意。

(3) 粉土。对于粉土,可采用式(9.47)来确定其承载力,即

$$f_{ak} = 36 p_s + 44.6 \tag{9.47}$$

式中，f_{ak}的单位为 kPa；p_s的单位为 MPa。

表 9.22　　　　　静力触探比贯入阻力与粉、细砂承载力的关系

p_s/MPa	f_{sk}/kPa	p_s/MPa	f_{sk}/kPa
5.0	150～160	11.0	270～280
6.0	170～180	12.0	290～300
7.0	190～200	13.0	310～320
8.0	210～220	14.0	330～340
9.0	230～240	15.0	350～360
10.0	250～260	16.0	370～380

表 9.23　　　　　静力触探比贯入阻力与中、粗砂承载力的关系

p_s/MPa	f_{sk}/kPa	p_s/MPa	f_{sk}/kPa
1.0	40～70	7.0	290～310
2.0	100～120	8.0	320～340
3.0	140～160	9.0	350～370
4.0	180～200	10.0	380～400
5.0	220～240	11.0	410～430
6.0	260～280	12.0	440～460

3. 确定砂土的密实度

砂土密实度的界限值见表 9.24。

表 9.24　　　　　国内评定砂土密实度的界限值

单　位	极松	疏松	稍密	中密	密实	极密
辽宁煤矿设计院		p_s<2.5	2.5～4.5	p_s>11.0		
北京地质勘察技术院	p_s<2.0	2.0～4.5	4.0～7.0	7.0～14.0	14.0～22.0	p_s>22.0
南京地基基础设计规范	p_s<3.5	3.5～6.0	6.0～12.0	p_s>12.0		

4. 确定砂土的内摩擦角

按比贯入阻力确定砂土的内摩擦角见表 9.25。

表 9.25　　　　　按比贯入阻力 p_s 确定砂土的内摩擦角 φ

p_s/MPa	1	2	3	4	6	11	15	30
φ/(°)	29	31	32	33	34	36	37	39

5. 估算单桩承载力

(1) 根据单桥探头静力触探资料确定混凝土预制桩单桩竖向极限承载力标准值时，如无当地经验，可按式 (9.48) 计算，即

$$Q_{uk}=Q_{sk}+Q_{pk}=u\sum q_{sik}l_i+\alpha p_{sk}A_p \tag{9.48}$$

式中　u——桩身周长；

q_{sik}——用静力触探比贯入阻力值估算的桩周第 i 层土的极限侧壁阻力标准值；

l_i——桩穿越第 i 层土的厚度；

α——桩端阻力修正系数，参见表 9.26；

p_{sk}——桩端附近的静力触探比贯入阻力平均值；

A_p——土桩端面积。

表 9.26 桩端阻力修正系数 α

桩入土深度/m	$h<5$	$5\leqslant h\leqslant 30$	$30<h\leqslant 60$
α	0.75	0.75~0.90	0.90

(2) 根据双桥探头静力触探资料确定混凝土预制桩单桩竖向极限承载力标准值时，对黏性土、粉土和砂土，如无当地经验，可按式（9.49）计算，即

$$Q_{uk}=u\sum l_i\beta_i f_{si}+\alpha q_c A_p \tag{9.49}$$

式中 f_{si}——第 i 层土的探头平均侧阻力；

q_c——桩端平面上、下探头阻力，取桩端平面以上 4 倍桩径（或边长）范围内按土层厚度的探头阻力加权平均值，然后再和桩端平面以下 1 倍桩径（或边长）范围内的探头阻力进行平均；

α——桩端阻力修正系数，对黏性土、粉土取 2/3，对饱和砂土取 1/2；

β_i——第 i 层土桩侧阻力综合修正系数，按下式计算。

对于黏性土、粉土，有

$$\beta_i=10.04(f_{si})^{-0.55} \tag{9.50.a}$$

对于砂土，有

$$\beta_i=5.05(f_{si})^{-0.45} \tag{9.50.b}$$

9.2.6 低应变动力测试

9.2.6.1 定义

基桩动力测试技术是以应力波动理论为基础发展起来的，它是指在桩顶施加一个动态力（动荷载），动态力可以是瞬态冲击力或稳态激振力。桩—土系统在动态力的作用下产生动态响应，采用不同功能的传感器在桩顶量测动态响应信号（如位移、速度、加速度信号等），通过对信号的时域分析、频域分析或传递函数分析，判断桩身结构的完整性，推断单桩承载力。

根据作用在桩顶上的动荷载能力能否使桩土之间发生一定弹性位移或塑性位移，把动力测桩分为低应变、高应变两种方法。低应变法作用在桩顶上的动荷载远小于桩的使用荷载，能量小，只能使桩土产生弹性变形，一般情况下只产生 10^{-5} 动应变。

低应变动力测试法可以检测桩常见的缩颈、断裂、夹泥、沉渣等质量问题。低应变动力测试仪器设备轻便、检测速度快、费用低、对场地的要求少，现在普遍用于各类工程桩的质量检测中。

9.2.6.2 试验设备

国内外已有数十家生产低应变动力测试仪的单位，在软、硬件方面，国内仪器已经完全能与国外仪器相媲美，这已为多次的对比试验所证实。

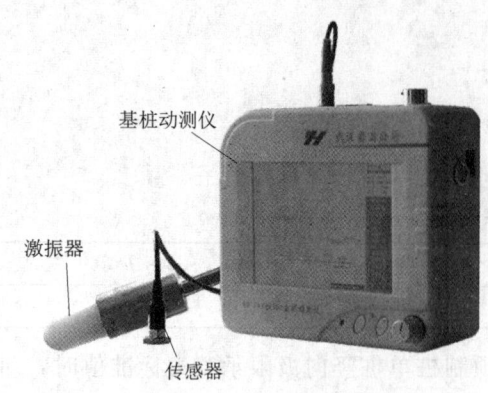

图 9.26 RS-1616Kp 型基桩动测仪

图 9.26 所示为港口工程中常用的 RS-1616Kp 型基桩动测仪，该仪器由武汉岩海工程技术开发公司研发。仪器由激振器（橡胶锤）、高阻尼速度或加速度传感器、信号放大器、传输电缆和信号采集分析仪等部分组成。

9.2.6.3 试验技术要求

1. 基桩低应变动力检测原理与方法

该方法是将高阻尼速度或加速度传感器，用石膏或橡皮泥粘贴在桩顶上，用力棒敲击桩顶产生应力波沿桩体向下传播，以获取瞬态激振后的响应信号并根据波动理论和振动理论以及应力波在桩体内的传播与反射的固有规律，对完整桩体，只会在桩端产生反射。对桩体中的蜂窝、断桩、缩（扩）径、沉渣、离析等破损部位，因存在波阻抗差异，也会产生反射波。这些信息经桩基动测分析仪由计算机系统记录下来。

将室外记录下来的信息通过室内回放，借助计算机对实测信号在时域内进行波形分析，在频域内进行频谱分析，以了解桩内波阻抗的变化情况，进而据其规律和特征确定桩体的匀质性、实际桩长、桩体缺陷性质和缺陷位置以及混凝土的强度等级范围。通过对记录波形具体分析，判断混凝土桩的质量与缺陷。

2. 传感器的安装及激振

（1）实心桩的激振点宜选择在桩头中心部位，传感器应粘贴在距桩中心约 $2/3R$ 处。因为敲击的波除向下传播外，也沿径向向周边传播，从周边反射回来的波与由圆心外散的波会发生叠加。理论和实践表明，$2/3R$ 处波的干扰最小。

（2）空心桩的激振点及传感器安装在壁厚的 $1/2$ 处且应在同一水平面上，与桩中心连线形成的夹角宜为 $90°$。

（3）桩径较大时，若桩身存在局部缺陷，则在不同测点（传感器安装位置）获得的速度波形有差异，因此应视桩径大小，选择 2~4 个测点，测点按圆周均匀分布。桩径大于 0.8m 时，不少于 2 个测点；桩径大于 1.2m 时，不少于 3 个测点；桩径大于 2.0m 时，不少于 4 个测点。

（4）传感器的耦合剂可采用橡皮泥、黄油、口香糖等，必要时可采用冲击钻打孔安装传感器。传感器应粘贴牢固，保证有足够的黏结强度。不良的安装会导致较低的安装谐振频率，这时传感器的测试上限就降到安装谐振频率，影响测试效果甚至不能满足测试对象的带宽要求。该项要求对于速度传感器尤其重要。

3. 完整性分类及判别标准

Ⅰ类桩：桩身混凝土结构完整。桩底反射合理，实测波速在合理范围内，桩底反射波到达前，无同相反射信号出现。

Ⅱ类桩：桩身混凝土结构基本完整，存在轻微缺陷。桩底反射基本合理，实测波速在合理范围之内，缺陷反射波幅值相对较弱。

Ⅲ类桩：桩身混凝土结构完整性介于Ⅱ类和Ⅳ类之间，一般存在明显缺陷。

Ⅳ类桩：桩身混凝土结构存在严重缺陷，就其结构完整性而言不能使用。

9.2.6.4 试验注意事项

(1) 激振器不能一成不变地使用同一种锤头，应准备集中锤头、垫层，依据不同的检测目的选用。桩越长，应选用越软、越重、直径越大的锤；桩越短，应选择越硬、越轻、直径越小的锤。在检测同一根桩的过程中，为了测出桩底反射，应选择质量轻、质地软的锤，而为了检测浅部缺陷，可选择较硬的锤。开始检测的头几根桩应多花一些时间进行试验敲，设定信号采集参数、确定合适的激振源，对该场地桩的施工质量有个大致了解，再大量敲击试验，可收到事半功倍的效果。

(2) 敲击时应尽量使用较短锤柄的手锤或力棒敲击。短锤柄的手锤更容易使作用力垂直于桩顶，但每一锤用力的大小不易掌握，造成波形重复性较差；使用力棒以一定高度自由下落，可使作用力垂直且均匀，得到的信号重复性较好，但容易出现二次冲击。

(3) 桩基检测中经常会发现入射脉冲首波后紧跟着一个反相很大的波形，成为反向过冲，可能是由于接收器未安装牢固或锤击位置太近所致，但也可能是由于桩头混凝土松软，声波传播时刚好遇到混凝土反射，或者桩身扩径所致。因此，要避免传感器安装不紧、安装位置距锤击点太近等人为因素，才能将真正由桩身缺陷导致的反冲辨别出来。

(4) 现场测试时必须对各种可疑的桩身缺陷及时分析，反复检测，获得比较准确的第一手资料，不将难题留到室内分析。一般要求获得3条重复性较好的测试曲线。虽然许多测桩仪都可以对多条测试曲线进行叠加平均，达到突出有效波、抑制干扰波的目的，但若不同曲线的初始位置初相位存在超前或滞后，叠加后也可能出现假的异常点。大直径桩若存在局部缺陷，则在不同部位接收到的波形会有差异，应在现场弄清波形差异到底是测试因素造成还是由于局部缺陷引起的。

(5) 现场测桩时经常会出现从电源输入端或信号输入端感应进去的50Hz干扰，前者可将电源插头反向安装或自电源插头输入端引出一根地线解决；后者可以将测桩仪接地，使不良信号线与潮湿地面接触或改用直流电源得到解决。

9.2.6.5 成果的应用

波速与混凝土强度呈正相关关系，根据多年测桩实践总结出来的规律见表9.27。由表可以看出：①同一混凝土强度等级，其波速存在一定范围的波动，原因是混凝土波速除与其强度等级有关外，还受诸多因素的影响，包括粗骨料的品种、粒径、用量、混凝土含水率、混凝土养护方式以及成桩工艺等；②不同混凝土强度等级之间存在波速交叉现象。这两点说明波速与混凝土强度只是一种粗略的对应关系，不能依据波速去评定混凝土强度等级；反之亦然。表9.27仅可作为参考，在工程中应慎重对待，避免简单套用引起误判。

表 9.27　　一维纵波波速与混凝土强度等级间的对应关系

混凝土强度等级	C15	C20	C25	C30	C35	C40
波速范围/(m/s)	2500~3000	2800~3500	3300~3800	3600~4000	3800~4200	4100~4400
特征波速/(m/s)	2900	3200	3500	3800	4000	4200

根据波速和测试时间可以计算桩长及缺陷的位置，进一步判别桩身的完整性，这是低应变动力测试主要的应用。

混凝土灌注桩、预制桩常见的几种缺陷和不同支撑条件下桩底的反射波相位及波形特征列于表9.28中。由于激振条件、接收条件、桩身材料的不均匀性以及桩身存在多处缺陷等因素的影响，实际波形更为复杂。分析判断必须建立在基本理论的基础之上，综合场地地质条件、桩型、施工记录和波形特征，反复对比求证。

各类缺陷和桩底产生的反射波，究其原因是由于桩身截面（A）或材质（混凝土密度 ρ，纵波在桩身混凝土中传播速度 c）的差异引起的，但周边土阻力对速度波形的影响也不容忽视。例如，一根平放在地上的预制桩，从速度波形曲线可以看到多次桩底反射信号，而当打入土中以后，由于桩周土阻力的影响，能看到桩底反射次数将明显减少。

桩周土阻力对波形曲线的影响表现在3个方面：①导致反射波迅速衰减，使有效测试深度减小；②影响缺陷反射波幅值，造成利用幅值进行缺陷定量分析的误差增大；③在软硬土层交界附近产生土阻力波，干扰桩身反射信号。例如，若桩周土某一段为软弱土层，而上、下层土质均较硬，则会产生类似缩颈的假缺陷，该位置桩身恰恰也容易出现质量问题，土阻力反射波与桩身缺陷反射波容易混淆，造成误判。与桩阻抗变化引起的突变信号相比，土阻力引起的反射信号一般是渐变的，可以通过对同一场地、同一桩型的检测结果进行综合比较，并认真分析工程地质资料来区分。

表9.28　　　　　　　　反射波法检测桩的反射波相位及波形特征

类型	桩身缺陷及桩底支撑情况	波阻抗变化	反射波相位特征	反射波形特征	备注
灌注桩	断裂（夹层）	$\rho_1 > \rho_2$ $c_1 > c_2$, $A_1 = A_2$	同相	多次反射，间隔时间相等；第一反射脉冲幅值较高，前沿比较陡峭；难见以下部位较大缺陷及桩底信号	
	缩颈	$\rho_1 = \rho_2$ $c_1 = c_2$, $A_1 > A_2$	同相	反射波形比较规则；可能有多次反射，一般可见桩底信号	
	离析	$\rho_1 > \rho_2$ $c_1 > c_2$, $A_1 = A_2$	同相	反射波形不规则；后续反射信号杂乱；波速偏小；一般可见以下部位较大缺陷基桩信号	
	扩径	$\rho_1 = \rho_2$ $c_1 = c_2$, $A_1 < A_2$	反相	反射波形比较规则；可能有多次反射，一般可见桩底信号	
预制桩	裂缝、裂隙、碎裂	$\rho_1 > \rho_2$, $c_1 > c_2$, $A_1 = A_2$	同相	一次或多次反射，能否看到桩底信号取决于缺陷严重程度	细小的不规则裂缝会漏判
	脱焊、虚焊等不良焊接	$\rho_1 = \rho_2$ $c_1 > c_2$, $A_1 = A_2$	同相	在接头处出现同相反射波，严重时难见以下部位较大的缺陷及桩底信号	适用于焊接桩
桩底支撑条件	摩擦桩	$\rho_1 > \rho_2$ $c_1 > c_2$, $A_1 = A_2$	同相	在有效测试深度内桩底信号一般较清晰	
	嵌岩桩	$\rho_1 \leqslant \rho_2$ $c_1 \leqslant c_2$, $A_1 = A_2$	见右列	会出现3种情况：桩底反射不清晰；反相；先反相后同相。尾部反射波形较复杂	反相反射有时是基岩面
	桩底沉渣过厚	$\rho_1 > \rho_2$, $c_1 > c_2$, $A_1 = A_2$	同相	一般较清晰，注意与同场地其他桩比较	适用于端承桩

9.3 软土地基现场监测技术

9.3.1 监测的目的

在《建筑地基处理技术规范》(JGJ 79—2012)中规定,"地基处理工程应进行施工全过程的监测。施工中,应有专人或专门机构负责监测工作,随时检查施工记录和计量记录,并按照规定的施工工艺对工序进行质量评定。"因此,软土地基加固工程中,监测是保证工程施工质量和安全必不可少的手段。

港口工程软土地基加固中监测的目的有以下几点。

1. 保证软土地基加固施工的质量

通过监测数据的分析,及时了解地基加固的效果和存在的问题,进而提出改进措施。

如强夯加固软土地基时,为了保证地基加固质量,需要对夯锤的重量、落锤的高度、锤击数、夯坑的单击夯沉量、隆起量、最后两击平均夯沉量、孔隙水压力、夯坑内积水情况等进行监测。一方面,将监测到的数据与设计参数进行对比,确认施工是否按照设计要求进行,对地基的加固效果做出正确的评价;另一方面,对监测到的异常数据分析其形成原因,并提出和采取改进措施,保证软土地基加固施工的质量。

2. 保证施工过程中地基的安全

通过监测数据可对软土地基加固施工的过程实现动态监控,及时了解工程的安全性,通过对监测到的异常数据的分析,找出对施工过程可能出现的险情并及时预报,及时提出处理措施和建议,确保工程安全和施工质量,保证加固过程中地基的稳定性,正确、安全地指导软土地基加固工程的施工。

如堆载预压加固的软土地基,为了保证地基加固过程中堆载和周围土体的稳定、安全,需要控制施工加载期的填筑速率间歇时间。通过设立表面沉降、孔隙水压力、深层水平位移等组成现场监测系统获得相应的监测数据,计算出地基预压荷载的大小、地基软土层的固结状态、地基变形速率,判断地基的稳定性和控制加载速率,以保证施工过程中堆载体和地基的安全。

3. 选择合适的加固方案和取得合理的施工参数

对于重要工程,地基处理前一般需要进行地基处理方案及工艺试验,通过对试验过程中监测到的数据进行综合分析,论证地基处理方案的可行性和有效性,得到合理的地基处理施工参数。

如强夯法在实施前,一般需要通过现场试验确定最佳夯击能、夯点间距、夯击遍数及夯击遍数之间的间歇时间等工艺参数。试验时通常需要设立沉降、孔隙水压力、深层水平位移等现场监测手段进行监测,通过对获得的监测数据的分析,证实强夯的有效性和获得合理的施工工艺参数。

4. 为类似工程提供优化设计的参数

在同一地区类似的地质条件,可对已有监测数据做进一步整理分析,建立相关统计模型,研究地基处理效果与外界因素的相关关系及环境效应的表现,进而提出地区性的安全控制指标，为类似工程的设计提供更为优化的设计参数。

9.3.2 监测的对象与内容

监测的对象笼统来说就是需加固的软土地基、地基上建筑及邻近的建构物。

按照被监测对象的使用功能和使用要求不同，对它们的监测内容和监测重点也有区别。对港口工程而言，具体的有码头后方散货堆场或集装箱堆场等地基的加固、用于堆场装卸的轨道梁或铁路线地基的加固、港口生产用构筑物地基的加固和既有构筑物地基的加固等。

从加固方法来看，不同的软基加固方法要求的监测内容和监测重点也是不同的。在《建筑地基处理技术规范》（JGJ 79—2012）中进行了明确的规定，具体如下：

"地基处理工程应进行施工全过程监测。施工中，应有专人或专门机构负责监测工作，随时检查施工记录和计量记录，并按照规定的施工工艺对工序进行质量评价。"

"堆载预压工程，在加载过程中应进行竖向变形量、水平位移及孔隙水压力等项目的监测。"

"强夯施工应进行夯击次数、夯沉量、隆起量、孔隙水压力等项目的监测；强夯置换施工还应进行置换深度的监测。"

"当夯实、挤密、旋喷桩、水泥粉煤灰碎石桩、柱锤冲扩桩、注浆等方法施工可能对周边环境及建筑物产生不良影响时，应对施工过程的振动、噪声、孔隙水压力、地下管线和建筑物变形进行监测。"

"大面积填土、填海等地基处理工程，应对地面变形进行长期监测；施工过程中还应对土体位移和孔隙水压力等进行监测。"

"地基处理工程施工对周边环境有影响时，应进行邻近建（构）筑物竖向及水平位移监测、邻近地下管线监测以及周边地面变形监测。"

"处理地基上的建筑物应在施工期间及使用期间进行沉降观测，直至沉降达到稳定为止。"

《水运工程地基设计规范》（JTS 147—2017）中对水运工程中各种地基处理方法的监测项目也作了详细规定，结合作者多年在港口地基加固过程中积累的工程经验和研究成果，将港口工程常用的地基加固方法中需要设置的监测内容列于表9.29中，供读者参考。

表 9.29 　　　　港口工程常用地基加固方法的主要监测内容

加固方法	监测项目								
	表面沉降	地表水平位移	深层水平位移	地面隆起	孔隙水压力	地下水位	土压力	桩顶沉降	桩间土沉降
堆载预压法	☆	△	☆	△	☆	☆	—	—	—
真空预压法	☆	☆	☆	△	☆	☆	—	—	—
强夯法	☆	☆	☆	☆	☆	△	—	—	—
振冲法	☆	☆	△	△	☆	△	—	—	—
CFG桩复合地基法	☆	—	△	—	△	—	☆	△	△
组合型复合地基法	☆	—	△	—	△	—	☆	△	△

注　☆表示应测的项目；△表示选测的项目；—表示不规定的项目。

要很好地设置软土地基加固中的监测内容和掌握软基加固中的监测重点,就一定要明白各种加固方法的原理、特点、施工工艺以及各种加固方法对被加固软土的适应性和对软土性质的影响,还要透彻了解土力学中的基本原理,如软土的压缩、固结原理,有效应力原理,强度增长机理,土体渗流原理等,要将加固中软土的变化与这些土力学基本原理紧密相扣,就不难确定针对性强的监测内容和加固中各个时期的监测重点。

在港口工程软基加固工程中,经常设立的监测内容可分为监测变形量的、监测应力量的和监测环境量的3种。变形量的监测包括地表沉降、地表水平位移、深层水平位移、地面隆起以及桩顶和桩间土沉降;应力量的监测包括孔隙水压力和土压力;环境量的监测主要是地下水位。

9.3.3 地表沉降观测

在软土加固中,地表沉降量的监测一般包括施工期的监测、加固期的监测和施工后期的监测三部分,在整个施工过程中都进行监测,这才是完整的地表沉降监测。当然,也有的仅由加固期的地表沉降或者是由施工期与加固期沉降监测两部分组成的,具体要看采用何种地基处理的方法及设计要求。例如,在堆载预压中施工期的沉降主要指打设排水板和铺设砂垫层引起的沉降,加固期的沉降指堆载引起的地表沉降,所以整个过程中的地表沉降就是这两部分的和。对于松散砂性地基采用振冲法加固时,一般只有加固期的沉降。

9.3.3.1 仪器和设备

地基处理中地表沉降监测目前常用的方法就是在原地面上设置固定的标点或沉降标(图9.27),通过水准测量(图9.28)来实现。

图9.27 地表沉降标

图9.28 水准测量现场

沉降标由钢板、金属测杆和保护套管组成。保护套管一般是在地基加固过程中当金属测杆被土体包裹不能自由下沉时应用。沉降板一般由50cm×50cm×5mm左右的铁板制成,金属测杆直径一般为25.4mm或38mm,沉降板与金属测杆之间焊接成直角状,为保证两者有效连接还常会采取图9.27中加筋焊的方式。保护套管目前大都采用硬质PVC管,并使保护套管管顶略低于测杆顶部。

水准测量时,常采用光学水准仪(图9.29)进行,随着技术进步,现在越来越多的工程开始应用高精度的电子水准仪(图9.30)。

图 9.29　光学水准仪　　　　　图 9.30　电子水准仪

对有些建筑物，如油罐地基加固时，罐芯下地表沉降点不通视，无法用常规水准测量的方法进行，这时可用水杯式沉降仪来测量。仪器原理如图 9.31 所示，它利用的是连通器原理，当地面下沉时，测头就随之下沉，测头内连通的水溢出，直至与测量管内水位平衡，读取测管内的水位读数并与前次水位高程相比较，就可以知道地面的下沉量。该装置使用时要注意排气，在连通管内不能有气泡；否则会给沉降带来较大的误差。

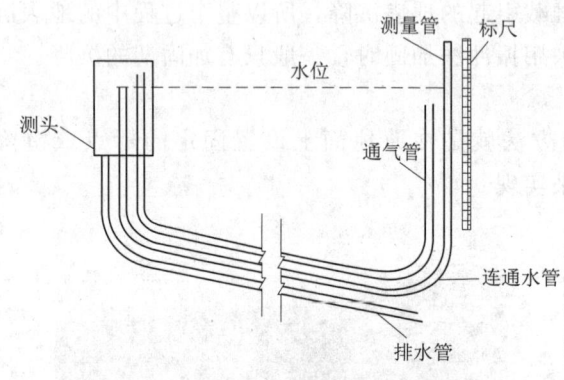

图 9.31　水杯式沉降仪原理

9.3.3.2　沉降测点的埋设
1. 基准点

沉降基准点需埋设在施工影响范围之外的区域，埋设深度不小于 1.5m，地面以上用混凝土浇筑一圆形或正方形底座加以固定，要求底座顶面平整便于观测仪器架设。

2. 工作基点

工作基点通常设置在监测区域以外，通视性较好、施工车辆不易接触的区域。埋设时可参照基准点埋设要求进行。

3. 监测点

埋设沉降标时，其板下要垫一些软的材料，如麻袋、土工布或编织布三类，以求稳定。沉降标下的砂垫层应尽量密实、平整，通常会在板上放置一些压重，增加其稳定性。

油罐等构筑物地基的沉降监测点通常采用预埋 L 型镀锌钩头测钉的方式，测钉长 150~200mm，测钉埋设与构筑物施工同步进行。沉降测钉埋设时应注意钩头部分保持垂直。

9.3.3.3　地表沉降监测的基本要求

地表沉降监测中，应采用 S_1、S_2 型水准仪。S_1 型水准仪用于二等水准测量，主要用于工作基点（后视点）和校核基准点的测量；S_2 型水准仪作三等水准测量用，主要用于地表测量过程中沉降标的测量，观测精度都应小于 1mm。现在常用的电子水准仪测量精度要小于 ±0.4mm/km，完全满足地表沉降测量精度的要求。

地表沉降的监测频率要根据地基加固方法的特点和设计要求确定。不同的加固方法、不同的加固目的，地基土垂直变形的特征及所引起的作用会有所差异，因而监测的频率也会不同；就是同一种加固方法，在不同的时段，其监测频率也会不同。因此，地表沉降监测频率不能一概而论，主要由设计根据不同的加固方法和特征提出，监测人员在理解的基础上执行即可。比如，用堆载预压法加固软土地基，地表沉降除了用于判断加固效果外，其最主要作用就是判断地基在加固过程中的稳定性，判断地基的安全。在加载初期，地基承受的荷载小于其极限荷载时，可以 2～3d 测量一次，此时沉降速率会逐渐递减，地基处于安全状态；当地基受到的荷载接近其极限能力时，要加密观测，1d 就得观测一次，因为此时有可能出现沉降速率突然增加的现象，如果没有及时监测，就有可能错失判断地基稳定的时机，给工程带来不可避免的损失；在堆载完成或进入恒载预压后期时，地基的强度、承载能力均得到较大提高，沉降速率已大为减缓，地基已经没有失稳的问题，这时观测时间就可以是一周、10d 甚至一个月观测一次，此时观测结果主要用于加固是否终止的判断。

对于复合地基加荷期间的沉降监测，一般每加荷一次观测一次即可，当二次加荷时间间隔较长时，可 3d 观测一次，加荷结束后可以 7d 观测一次，后期可以更长。以复合地基上原油储罐充水预压期沉降监测为例，冲水预压按照空罐、1/4 罐高、1/2 罐高、3/4 罐高及满罐来进行分级加载，规范也要求进行对应荷载的沉降观测，如充水预压速度较慢时每 3d 需观测一次；泄水至 1/2 罐高时需要进行沉降观测；充水预压结束后，要求 7～10d 测量一次，直至地基沉降稳定。

地表沉降监测的初值是监测的起点，该测值的准确与否关系到整个监测数据的可靠，因此一定要关注初值的测定，许多情况下不是一次测量就能搞准初值的，要在加固前多测几次取其平均值或稳定值作为初始值。

9.3.3.4 资料整理及应用

1. 沉降观测记录

沉降测量的计算按照观测记录表 9.30 进行。

表 9.30.1　　　　　　　　沉 降 观 测 记 录 表

工程名称：　　　　　　　　　　　　　　　水准仪编号：
观测尺编号：　　　　　　　　　　　　　　观测日期：

测站	点号	后视读数/m	前视读数/m	高差/m 后视减前视 +	高差/m 后视减前视 −	高差/m 平均高差 +	高差/m 平均高差 −	高程/m	备注

观测者：　　　　　　　　　　　计算者：　　　　　　　　　　　校核者：

表 9.30.2　　　　　　　　　　　沉 降 观 测 记 录 表

时间	杆顶高程/m	接管长度/m	沉降板高程/m	沉降值/mm	地下水位/m	荷载/kPa	天气/温度/℃	备注

观测者：　　　　　　　　　　　　计算者：　　　　　　　　　　　　校核者：

2. 水准测量的内业计算

水准测量的外业工作结束后，要检查外业手簿，确认无误后再转入内业计算。水准测量的内业计算包括水准线路闭合差的计算和分配以及水准点的高程计算。

3. 绘制时程线

绘制测点的沉降与荷载时程线如图 9.32 所示，绘制测点沉降速率与荷载时程线如图 9.33 所示。

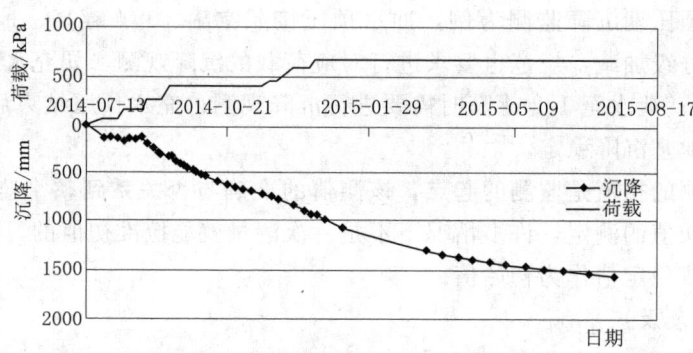

图 9.32　测点沉降与荷载时程线

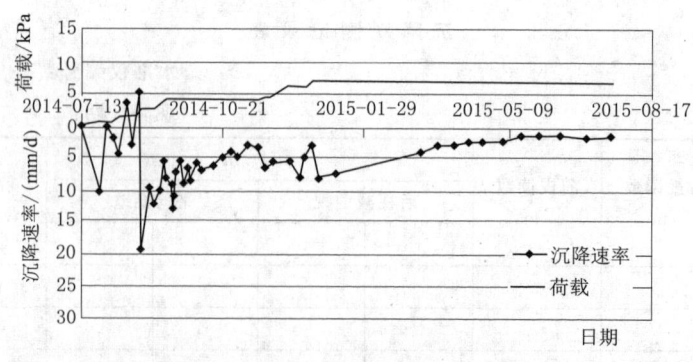

图 9.33　测点沉降速率与荷载时程线

4. 沉降监测资料的应用

（1）判断加固过程中地基的稳定性。这里主要讲的是用于判断堆载预压在加载过程中

9.3 软土地基现场监测技术

的地基稳定性。简单地说,加固前地基的承载力或强度较低,它的承载能力有限,如果加载太快或太大,加载速率超过地基强度的增长速率,地基不能承受,就有可能发生失稳,产生滑坡或坍塌,因此就需要通过现场监测数据来进行判断。堆载预压监测设计时一般都会考虑同时设立几种监测手段,地表沉降速率监测是一种不可或缺的手段,它来自施工过程中对地基沉降的监测。地基将发生失稳时,土体将达到它的极限强度,地基土就进入临界状态,进入塑性变形阶段,沉降速率一般都会迅速增长,所以理论上地基表面沉降速率可以用于地基在加固过程中的稳定性的判别,但关键是达到危险状态时的沉降速率大小不易确定,也就是沉降控制的指标难以准确确定。影响沉降速率大小的因素很多,与土性、软土层厚度、排水条件、加固方法、荷载大小、加载速率及加载时长等有关,得到一个统一的控制指标是不现实的。比较可靠的监测需要几种手段联合,如与深层水平位移、孔隙水压力等共同监测才能得到比较可靠的结论。

(2) 推求最终沉降量。用实测沉降曲线推求最终沉降量就是假设在最后一级荷载作用下,沉降随时间的变化规律符合某一数学表达式,然后用数学的手段,用曲线拟合的方法,即统计学中的回归分析,将一些形似沉降曲线的数学曲线来吻合实测的沉降数据,利用实测的数据求出表达式中的参数,并用它预测未来沉降的发展趋势和推求最终沉降量。

运用地基实测沉降曲线推求最终沉降量必须满足以下前提条件:

1) 所用的实测沉降曲线必须是最后一级荷载施加完成后,进入恒载期间的沉降时间过程线,沉降曲线要有明显平缓的趋势。过程线的时间一般不得少于2~3个月,这是因为只有到恒载后期,沉降曲线才会表现出平缓的态势,即荷载不变时,土体沉降量随时间越来越稳定趋向一个定值。以此选用的拟合曲线才会随时间延长区域收敛,才能有相对一致的结果,否则可以选择很多数学方程,它们都能将前期的监测数据吻合得很好,但推得的最终值却大相径庭,得不到想要的最终沉降量。究其根本原因就是数据长度不够,趋势不明显,可能出现多种趋势走向。

2) 最终一级荷载施加完成后,进入恒载期间的沉降时间过程线上必须有足够组数的监测数据,即有足够的数据长度。用于沉降曲线拟合的样本数量不能太少,以拟合结果的准确性。当沉降曲线拟合时,会对拟合结果好坏做出评价,评价的指标就是相关系数和剩余标准偏离差。每一次拟合都会得到一个相关系数和剩余标准离差。相关系数接近于1就意味着所用数学曲线与实测曲线比较一致,如果是零就意味着毫无相关关系。剩余标准离差越小说明拟合得到的各点误差平方和越小,拟合值接近实测值。统计结果表明,样本数越多,相关系数越容易达到显著性要求,沉降监测数据太少,配置的拟合曲线不易满足显著性要求,拟合的曲线没有意义。

3) 沉降监测数据与时间的对应关系要满足单调增长的关系。也就是说,沉降要随时间的延长而增大,这是符合地基沉降发展变化规律的。具体地说,每组的沉降数据要比它前面的大,比它后面的要小,不能相左,也不能相等,这是一些数学拟合公式所要求的,否则就无法计算拟合公式中待定的系数。如果实测资料不完全满足,可将沉降监测数据按上述要求做微小处理。但随着时间的增加,沉降也不能无限增大,应该是增率减缓,最后趋近一个定值,即要满足收敛条件;否则就不能用得到的数学表达式推求未来的最终值,即最终沉降量。

用实测沉降曲线推求最终沉降量最常用的两种形似沉降曲线数学公式，即双曲线表达式和指数表达式。

双曲线表达式假定在最后一级荷载下，沉降按双曲线规律变化（图9.34），沉降可用式（9.51）计算，即

$$s_t = s_a + \frac{t-t_a}{\alpha + \beta(t-t_a)} \tag{9.51}$$

式中 s_t——t 时刻的沉降量；

s_a——双曲线起点 t_a 时刻沉降量；

t_a，t——双曲线起点时刻及其后某时刻；

α，β——待定系数。

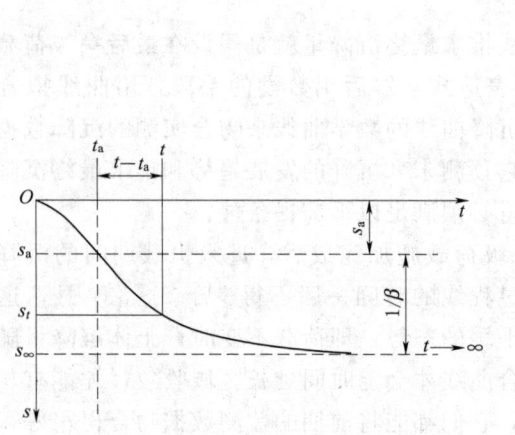
图9.34 双曲线法推求最终沉降量

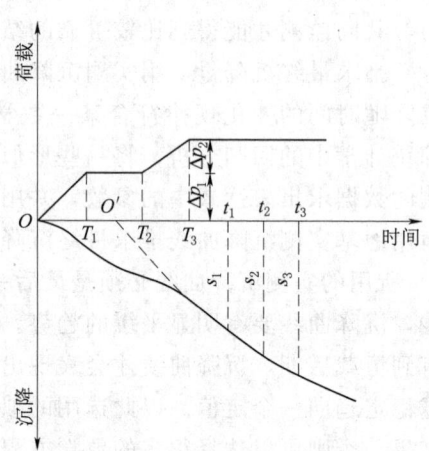
图9.35 指数法推求最终沉降量

从式（9.51）可以看出，当时间区域无限长时，沉降趋于一个定值，所以该公式是收敛的。利用测得的数据按照最小二乘法就可以求出系数 α、β。

当时间 t 趋向无穷大时，其沉降量就是最终沉降量 s_∞，即

$$s_\infty = s_a + \frac{1}{\beta} \tag{9.52}$$

指数曲线可以有多重表达式，式（9.53）是一种常用的形式，即

$$s_t = s_\infty(1 - \alpha e^{-\beta t}) \tag{9.53}$$

在分级加载的最后一级施工完毕并趋于稳定的实测沉降过程线上，选取等时距的三点 t_1、t_2、t_3，其对应的沉降量为 s_1、s_2、s_3，分别代入式（9.52），稍作变化后即可得到式（9.54），即

$$s_\infty = \frac{s_3(s_2-s_1) - s_2(s_3-s_2)}{(s_2-s_1) - (s_3-s_2)} \tag{9.54}$$

这就是目前沉降监测结果分析中常用的三点法推求最终沉降量的公式，式中各符号的意义如图9.35所示。式（9.54）使用的条件是，在沉降曲线上选择最后一级荷载、加载停止后的等时距三点的时间与沉降值，并使 $t_2-t_1 = t_3-t_2$。要指出的是，停止加载后沉降监测的时间段不能太短，沉降曲线平缓才能应用，要使时间间隔尽可能大些，而且尽量

在曲线的末端；否则推测可能不准确，一般会偏小很多。

（3）推求地基加固的平均固结度。用实测地面沉降过程线推求固结度，一般只能计算单向平均固结度，也就是说，地基的压缩和排水仅在垂直方向上发生，没有侧向变形。只有当地基荷载的面积很大，或在地基对称中心处或压缩层厚度不大时才比较严格地符合该条件。实际应用时采用式（9.55）进行计算，其精度即能满足工程的要求，即

$$U_t = \frac{s_t}{s_\infty} \tag{9.55}$$

式中　s_t——地基加固在 t 时刻发生的沉降量；

　　　s_∞——按实测沉降曲线推求的最终沉降量。

（4）推求地基强度的增长。随着预压加固的进行，天然软基的压缩变形不断增大，土体固结程度不断提高，土的强度也不断得到增长。对于土体强度增长的估算目前有两种方法：一种是有效应力法；另一种是有效固结压力法。后一种方法涉及土体固结程度，需要知道预压加固到某时刻地基的固结度大小，前面介绍的用实测沉降曲线来推求固结度就是一种常用的方法，这里就可用它来估计地基强度的增长。

有效固结压力法估计地基强度增长的计算式为

$$\Delta\tau_{ct} = U_t \Delta\sigma_z \tan\varphi_{cu} \tag{9.56}$$

式中　$\Delta\tau_{ct}$——地基抗剪强度的平均增加值；

　　　$\Delta\sigma_z$——地基土层的平均附加应力；

　　　U_t——地基土层某时刻的平均固结度；

　　　φ_{cu}——地基土的平均固结快剪内摩擦角。

地基土用有效固结压力表示的总抗剪强度表达式为

$$\tau_{ct} = \eta(\tau_0 + U_t \Delta\sigma_z \tan\varphi_{cu}) \tag{9.57}$$

式中　τ_{ct}——地基总抗剪强度；

　　　τ_0——天然地基抗剪强度；

　　　η——考虑剪切变形及其他因素对强度影响的综合折减系数。

（5）推求地基固结系数。软土地基在瞬时加载情况下，预压加固历时 t 的平均固结度可以用式（9.58）表示，即

$$U_t = 1 - \alpha \cdot e^{-\beta \cdot t} \tag{9.58}$$

式中　α，β——排水固结参数。

该式可以用于径向、竖向和两者组合等工况。α、β 的具体计算式见表 9.31。从式中可以看出，竖向或径向固结系数 C_v 和 C_h 都包含在排水固结参数 β 中。对式（9.58）稍作变换，得到

$$\beta = -\frac{1}{t}\ln\frac{1-U_t}{\alpha} \tag{9.59}$$

因此，如果知道了某时刻地基土的固结度就可以计算出 β 值。再进一步求出加固中的其他参数（如 F_n、G、J），通过对应的公式就可以计算出相应的固结系数。

表 9.31　　　　　　　　　　　　α、β 计 算 式

排水情况		径向排水	竖向排水	径向、竖向组合三维排水
β	理想井	$\beta_r = \dfrac{8C_h}{F_n d_e^2}$	$\beta_z = \dfrac{\pi^2 C_y}{4H^2}$	$\beta_r + \beta_z$
	非理想井	$\beta_r = \dfrac{8C_h}{(F_n + J + \pi G)d_e^2}$		
α		1	$8/\pi^2$	$8/\pi^2$

表 9.31 中的 F_n、G 和 J 等 3 个参数，可按照下述方法求解（表中理想井为不考虑井阻和涂抹作用对固结影响的情况；非理想井为考虑井阻和涂抹作用对固结影响的情况）。

表 9.31 中公式具体参数的含义和表达式为：

β_r——轴对称径向排水固结参数；

β_z——竖向排水一维固结参数；

F_n——井阻比因子，按式（9.60）计算，即

$$F_n = \frac{n^2}{n^2-1}\ln(n) \frac{3n^2-1}{4n^2} \tag{9.60}$$

式中　n——井径比，$n = d_e/d_w$，d_w 为塑料排水板的等值砂井直径或砂井直径，d_e 为排水圆柱的等效直径，正方形布置时为 1.13 倍的垂直排水通道间距，正三角形布置时为 1.05 倍的垂直排水通道间距；

G——井阻因子，由式（9.61）和式（9.62）确定，即

$$G = \frac{\dfrac{q_h}{q_w}}{F_s} \times \frac{L}{4d_w} \tag{9.61}$$

$$q_h = k_h \pi \cdot d_w L \tag{9.62}$$

式中　q_w——垂直排水通道的通水能力，cm^3/s，由实验室测定；

q_h——单位水力梯度作用下，地基中水流入垂直排水通道的流量，cm^3/s；

k_h——地基土的水平向渗透系数，cm/s，用原状土做水平渗透试验确定，如无试验资料时，对淤泥质土可取 $(3\sim5)\times 10^{-7} cm/s$；

L——垂直排水通道的打入深度，m；

F_s——安全系数，当 $L \leq 10m$，取 4；$10m < L \leq 20m$，取 5；$L > 20m$，取 6；

J——涂抹因子，由式（9.63）确定，即

$$J = \ln\lambda \left(\frac{k_h}{k_s}-1\right) \tag{9.63}$$

式中　λ——涂抹比，$\lambda = d_s/d_w$（d_s 是垂直排水通道涂抹影响半径），可取 $1.5\sim4$，施工对地基土扰动较小的情况取低值，扰动较大的情况取高值；

k_h，k_s——地基土和涂层的渗透系数，cm/s，k_s 宜用扰动土按常规试验方法测定，当无试验资料时，可取 $k_h/k_s = 1.5\sim8$ 计算，对均质高塑性黏土取低值 $1.5\sim3$，对非均质粉质黏土取 $3\sim5$，对非均质并具有明显的粉土或细砂微层理结构的可塑性黏土取 $5\sim8$。

9.3.4 水平位移监测

软土在荷载作用下除发生垂直变形外,伴随着垂直变形也同时发生侧向变形或水平位移。地基的侧向变形对周围建构物会有一定影响,同时软土地基的侧向变形与侧向变形速率也是其自身稳定性的一个标志。因为土的各向异性使得理论计算与现场实际差异很大,指望通过计算了解和掌握土的侧向变形量是一件非常困难的事情。因此,目前大多数地基处理工程的安全控制还是靠现场监测,将监测得到的数据与经验值相比较,以此来判断它们的安全状态。水平位移监测已成为软土加固中常规而有效的监测手段。

土体水平位移监测分地表水平位移监测和深层土体水平位移监测两种。地表水平位移监测就是只测地表在荷载(包括垂直与水平荷载)作用下的水平移动情况,而不能了解地表下各深度土体的水平位移情况。而要了解深层土体的水平位移情况,就必须设置深层水平位移监测。本节着重介绍深层土体水平位移监测。

9.3.4.1 仪器和设备

1. 测量原理

目前测量深层土体水平位移用的仪器叫作测斜仪。深层水平位移观测的基本原理如图9.36所示。通常在土中埋设的仅是一垂直、有互成90°的4个导向槽的特制管子,分成多节,彼此用接头连接,使整个管道能随地基变形。当管子受力发生变形时,逐段(通常500mm一个测点)量测变形后管子的轴线与铅垂线的夹角α_i,夹角的变化在管子两端产生了相应的位移差δ_i,即

$$\delta_i = L_i \sin\alpha_i \tag{9.64}$$

式中 L_i——第i个测量长度,常取500mm。

整根管子两端的土体水平位移差Δn可表示为

$$\Delta n = \sum L_i \sin\alpha_i \tag{9.65}$$

当管子的埋置足够深时,管底可认为是不动的,Δn即为管顶的水平位移值。管子水平位移的变化值就是本次测值与上次测值的差,计算时应各段相减后再累加。当管子底部埋设深度不够时,管子两端都有水平位移,此时就需要实测管顶的水平位移量Δd,一般用精度较高的全站仪测量管口坐标变化得到。并用式(9.66)向下推算管底的水平位移值,即

$$\Delta n = \Delta d - \sum L_i \sin\alpha_i \tag{9.66}$$

由于需要的是管道的水平位移值,所以在绘制位移曲线时总是把管道的起始位置拉成垂直线,此时水平坐标直接反映各高程管道的水平位移。

沿管道两队导槽可以测单向位移,也可测双向位移。测双向位移时,可由两个方向的测值求出矢量和,得到位移的最大值和位移方向。对各高程进行矢量求和时,得到的最大值不一定都在同一方向上,从上到下可能是一根空间曲线。它一方面可能是测斜管埋设时管子发生扭转造成;另一方面是各深度土体在移动时发生转向,很难判别。但能知道地表某一深度的水平位移的最大值和方向,对判别地基的稳定还是有益的。施工现场一般都测垂直于加固边线的单向水平位移,它是地基可能失稳的主要方向。

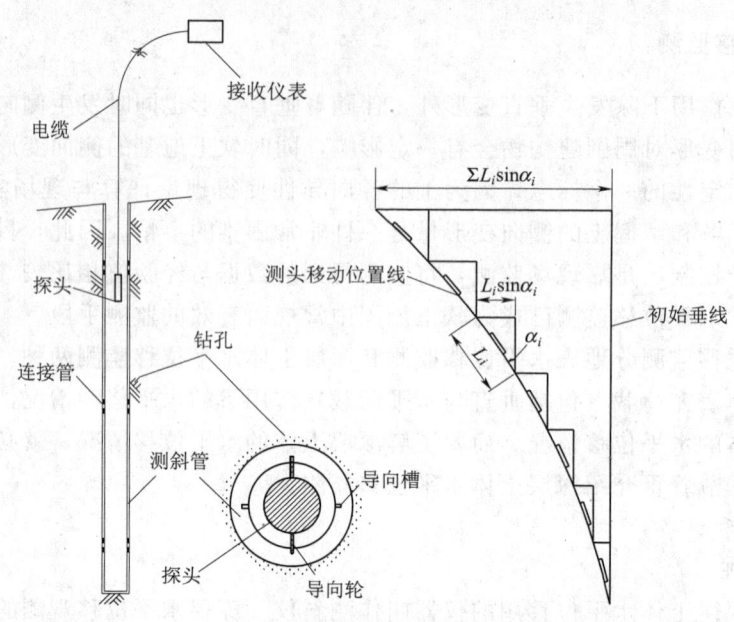

图 9.36 测斜仪工作原理示意图

2. 测斜装置的结构组成

测斜装置主要由量测系统、管座、测斜管及连接管、保护盖等构成。

(1) 量测系统。量测系统指通常所说的测斜仪。它由测斜仪测头、传输信号电缆、接收仪表构成。测斜仪测头的传感器形式有伺服加速度计式、电阻应变片式、电位器式、钢弦式等诸多种。现多采用伺服加速度计式测斜仪，它精度高，长期稳定性好，但价格较高。电阻应变片式，精度满足实用要求，长期稳定性仅为两年左右，但价格相对便宜，仅是前者的25%左右。选型时可根据实际情况选定。图 9.37 所示为常用测斜仪的构造。

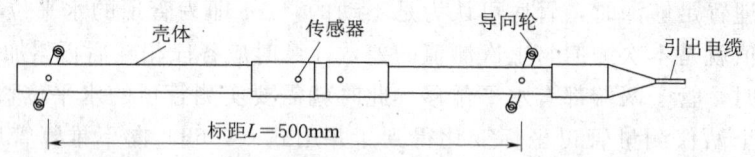

图 9.37 测斜仪构造

(2) 管座。管座是一与测斜管外径匹配，防止泥砂从管底端进入管内，以及在后埋设测斜管时系保护绳索的安全护盖，通常由金属材料制成，并作防锈处理。

(3) 测斜管。测斜管采用聚氯乙烯、聚乙烯、ABS 塑料、铝合金等材料制成，管内有互成 90°的 4 个导向槽（图 9.37）。

测斜管的尺寸：国产的塑料测斜管内径多为 $\phi58mm$，外径为 $\phi70mm$，长度分别为每节 2m、3m、4m 3 种；铝管内径 $\phi53mm$，外径为 $\phi58mm$，长度分为每节 2m、4m 两种。

(4) 连接管。塑料连接管多采用聚氯乙烯塑料管制成。连接管的尺寸为内径 $\phi70mm$，外径为 $\phi82mm$，长度分 300mm、400mm 两种。在管壁的两端均布对称间隔为 90°，铣制有滑动槽 4 条，或仅一端铣制滑动槽 4 条。前者适应土体变形较大的情况，后者适宜土体变形较小的情况。

（5）保护盖。保护盖用于保护测斜管管口，和防止杂物从管口掉入，影响正常观测工作。其外形尺寸同管座，侧向不需设固定螺孔，但管顶应设计一吊环，用以提取保护盖。

9.3.4.2 测斜管的埋设

测斜管的埋设通常采用钻孔埋设法（图 9.36），其要点如下：

（1）根据设计的观测孔位用测量的方法进行定位。

（2）在定位点安装钻机钻孔。钻孔直径为 $\phi 108mm$，孔深达无水平位移处，或进入岩石层不小于 1.0m，或按设计要求。成孔倾斜度偏差不允许大于 $1°$。

（3）测斜管的接长。接长测斜管的方法分一次接成，或连接成几段，或逐节在孔口接成所需的长度。前者适用于孔深不大、接长管后柔软的情况；后者适用于埋设孔的深度较深的情况。

测斜管一节节的接长，应特别注意导向槽的对正不许偏扭，连接的方法（以连接管上下端均有滑动槽为例）是在每节测斜管上套入连接管长度的一半，对正连接管上的键接上下一节管，或用模具对正两节管的导向槽，使两节测斜管对接。从连接管上的滑动槽拧入自攻螺钉（螺钉头不允许露出内管壁），量定预留的沉降段，把下一节管固定，将连接管和上一节（新接的）测斜管一同拉移到沉降段长度的一半，再将下边测斜管和连接管都固定，将上一节（新接的）测斜管再向上拉动沉降段余留的一半，拧上各个滑槽的自攻螺钉。以此步骤连接其余各段测斜管。在管的下端口装上管座，对称地在其上系上两根安全绳，检查各个管的连接方法，应无误，特别是导向槽对正。为防止泥沙从连接管段进入管内，在其外侧均包以 300g 的无纺土工布，外用塑料绳捆扎，无纺土工布接口处用电工胶带黏结。

用模具对正导向槽时，应调整连接管上的滑动槽与测斜管导向槽间隔成 $45°$ 分布。

每节测斜管之间沉降段的长度，主要取决于土体沉降量的大小，同时应使测斜仪的测头能够顺利通过，而不至于脱出导向槽。为此，最大允许留的沉降段长度为 $100\sim150mm$。若预留的沉降段不能满足预估的沉降量时，只能缩小每节测斜管的长度，增加连接管的数量。

（4）测斜管埋入钻孔中。将连接好的测斜管平直移向孔口，底端朝向孔口，用力拉住护绳索对准施测方向，均匀弯曲接装好的测斜管，绳索随测斜管同步放到孔底，然后将管上端用夹具夹住固定在孔中心，夹具应夹牢固，不能松动；否则会改变连接管的预留沉降段和导槽的施测方向。

为了防止向钻孔内放测斜管时会使导槽偏扭，应用模具接在钻杆上，从上到下慢慢地试通至管底压稳，扶正整个管身，并防止管身因孔内有水产生上浮。向孔内放管过程中，因孔内有水产生上浮时，可向管内注入适量的清水以平衡水头。

埋设孔较深，地面接成全管向钻孔内放置有困难时，也可分几段在地面接成，整体在孔口采用 C 形连接管长的方法在孔口接长测斜管。

（5）采用全站仪或经纬仪校正导向槽的方向，使其对准欲测位移的方向。

（6）管壁外侧的回填。管壁外侧空隙可采用孔中取出的扰动土或干膨润土泥球回填。为了防止泥球架空，可采用轻捣密实，泥球的最大直径小于 $\phi 15mm$，级配适当。

（7）从测斜管内提出模具，管口以下约1m的范围内用混凝土墩固定，并安装有锁的保护盖。

（8）进行已埋设测量管初始状态的观测，所观测的结果视为基准值记入埋设考证记录表（表9.32）。

表9.32　　　　　　　　　　测斜管埋设考证表（钻孔埋入式）

工程名称：

管号		孔口高程		孔底高程		孔深	
测斜仪型号		生产厂家		导槽方向			
测斜管埋设位置	桩号			测斜管埋设区域			
	轴距						
埋设方式				管材			
接管根数				管径			
埋设日期			天气			气温	
埋设示意图及说明							
埋设人员				填表人（签字）			
				技术负责人（签字）			
				监理人员（签字）			

9.3.4.3　深层水平位移观测的基本要求

测斜管埋设完成后，进行第一次深层水平位移监测时，最好用测斜仪模具自管口往管底试放一次，一是了解测斜仪模具上下运动是否自如、了解管的连接情况；二是了解管底是否有淤泥进入、管的实际可达深度，便于确定底部第一个测点的位置。

地基开始加固前一周，进行测斜管初值测量。由于量测要求得到的是地基土层不同深度的侧向位移量，而测斜仪每次测量到的是土体相对于铅直方向上的变化量。由于钻孔、埋设等原因，不可能将钻孔钻得笔直，测斜管在土中的初始量测值就不可能与铅垂线重合，因此加固土体中的水平位移的量值要减去初始值。

测斜管初始值测定后，一定得用精密全站仪和水准仪测出管口的初始坐标和高程，以备后期检查管口在加固过程中的变化情况。

量测时，先将测斜仪放入孔底几分钟，待仪器内外温度一致后，开始自下而上逐点测量。如孔内有淤泥，不能放在淤泥面上测量，并将此作为第一点的位移，淤泥面的高程会在日后有所变化，将导致测点位置有所变化，影响所有测点位置的准确性。正确的做法是将测斜仪提起离开淤泥面，将第一点调整到正好在电缆线长度的某个刻度上，以后都以此为准量测，并要记好实际淤泥面的深度。

每次观测时，从管道自下而上用测斜仪测头每50cm为一个测点，逐次测量管轴线与铅垂线的夹角，并记录测点至管口的距离。量测时，都要在正、反两个方向上进行，而且每个方向上要进行两次测读。同一测点两次测读误差伺服加速度式不大于0.2mV，振弦式不大于1Hz，电阻应变片式不大于$3\mu\varepsilon$。通过两次测读检查数据的重复性。通过正、反两个方向的量测,消除仪器的量测误差,这是由于在率定灵敏度系数时,测斜仪中心零线与管道中心线有交角,通过正、反两次测量可以消除交角带来的系统误差影响。

9.3.4.4 资料整理及应用

(1) 深层水平位移测量的计算按照观测记录表 9.33 或表 9.34 进行。

表 9.33　　　　　　　　　伺服加速度计式测斜仪观测记录表

工程名称:　　　　　　　　　　　　测斜孔编号:
孔口高程:_____m　　　　　　　孔底高程:_____m
埋设位置:　　　　　　　　　　　　测斜仪编号:
仪器系数 K:　　　　　　　　　　观测日期:

测点深度/m	测点高程/m	正向测值/字	反向测值/字	正反向测值和/字	正反向测值差/字	测斜管位置/mm	测斜管初始位置/mm	测斜管实际位移量/mm	备注
(1)	(2)	(3)	(4)	(5)=(3)+(4)	(6)=(3)-(4)	(7)=$\sum KL(6)/2$	(8)	(9)=(7)-(8)	(10)

观测者:　　　　　　　　　　计算者:　　　　　　　　　　校核者:

表 9.34　　　　　　　　　电阻应变片式测斜仪观测记录表

工程名称:　　　　　　　　　　　　测斜孔编号:
孔口高程:_____m　　　　　　　孔底高程:_____m
埋设位置:　　　　　　　　　　　　测斜仪编号:
仪器系数 K:　　　　　　　　　　观测日期:

测点深度/m	测点高程/m	正向测值/$\mu\varepsilon$	反向测值/$\mu\varepsilon$	正反向测值和/$\mu\varepsilon$	正反向测值差/$\mu\varepsilon$	测斜管位置/mm	测斜管初始位置/mm	测斜管实际位移量/mm	备注
(1)	(2)	(3)	(4)	(5)=(3)+(4)	(6)=(3)-(4)	(7)=$\sum KL(6)/2$	(8)	(9)=(7)-(8)	(10)

观测者:　　　　　　　　　　计算者:　　　　　　　　　　校核者:

(2) 绘制相关曲线。绘制测点的深度与水平位移关系曲线,如图 9.38 所示。位移速率过程线和单点荷载位移时程线可根据需要进行绘制。

(3) 水平位移监测资料的应用。水平位移监测的目的有 3 个:判断被加固土体自身的安全;加固对邻近建构筑物的不良影响;帮助判断加固效果或确定具体的施工工艺。水平位移监测资料的应用也主要表现在这 3 个方面。

1) 判断被加固土体自身的安全。图 9.38 所示为某港区道路工程真空联合堆载预压过程中水平位移曲线。由图可知,土体在浅部 15m 范围内变化较大。在真空荷载作用 1 个

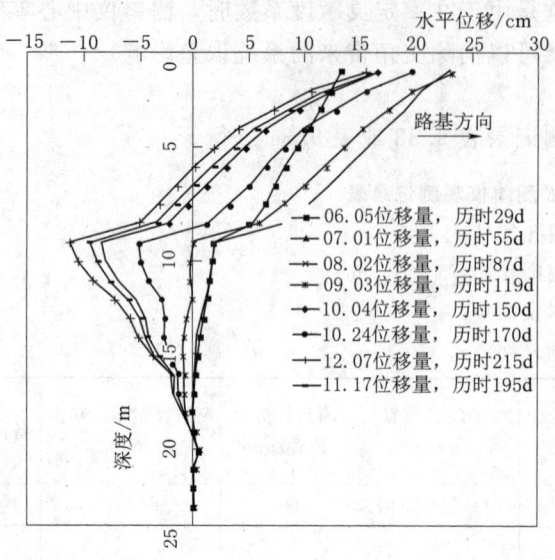

图 9.38 测点深度与水平位移关系曲线

月时,表层土体产生向路中心方向近 15cm 的最大收缩变形。在真空联合堆载初期(堆载后两周内),土体继续向路中心方向收缩变形,其值最大为 25cm 左右,但深度位置却发生变化,已经从表面向地下 3~10m 位置发展。在路堤填筑荷载超过真空荷载后,路堤坡脚土体从地表到深层均产生向坡脚外发展的水平位移,至最大填高时其值最大向外挤出量为 8.3cm。抽真空结束即填筑完毕,地表下土体继续向外侧挤出,但发展速率已有减缓。恒载预压 65d 时,最大向外挤出量为 6.3cm,水平位移速率小于 1.0mm/d。路堤填筑完成时,最大的收缩变形发生在地表,大 15cm 左右;而最大的挤出位移发生在地表下 3~12m,最大也达 15cm 左右。通过深层水平位移的监测数据分析,可以判断在整个真空联合堆载过程中被加固的软土自身是安全的,不存在塌滑的可能。

2) 判断加固对邻近构筑物的不良影响。图 9.39 所示为营口港四期工程强夯试验区实测的深层土体水平位移过程线。比较距离夯坑中心 3.5m 和 6.5m 两测孔,距夯坑中心 6.5m 的地基土水平位移不到距夯坑 3.5m 处的 50%,说明强夯中地基土水平位移衰减速度很快,强夯对邻近构筑物的影响不一定是由土体水平位移造成。

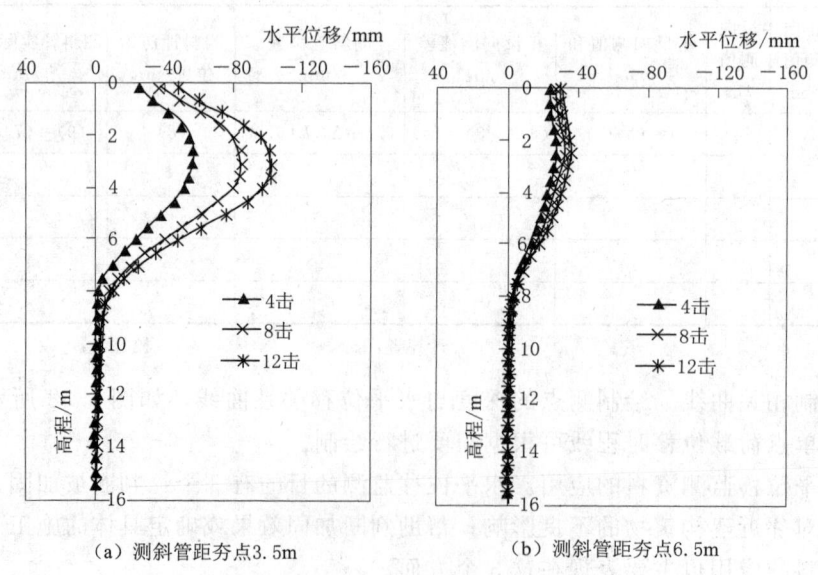

(a) 测斜管距夯点3.5m (b) 测斜管距夯点6.5m

图 9.39 夯坑外土体深层土地水平位移过程线

3) 帮助判断加固效果。深层土体水平位移监测资料，有助于判断地基加固效果。在图 9.39 中，深层土体水平位移最大值为 100mm 左右，发生地基土深层水平位移的深度在地下 10m 以上，表明强夯加固的有效深度超过 8m 的设计要求。靠近地表为回填土层，其下才是新近吹填的粉质黏土层，故其水平位移量最大的并不在表面，而是在地基土体最软弱的位置。

通过前面的分析可以看到水平位移监测技术所起的作用，但仅靠单一的水平位移监测技术又是不够的，往往需要几种监测技术协同配合才能得到准确的结论。

9.3.4.5 关于水平位移监测中安全标准的讨论

地基处理中对水平位移监控的安全标准大都不超过 3~5mm/d，实际上不一定都合适。水平位移的大小除与被加固土性的好坏、加荷速率的大小有直接关系外，还与加固方法、监测手段、水平位移的位置有很大关系。

不同的软土地基加固方法所引起地基土体变形规律也不尽相同，真空预压地基一般会产生向内收缩变形，不会产生地基的失稳；真空联合堆载预压地基则会先向加固区内收缩后向外挤出变形，一般也不易产生地基的失稳；堆载预压地基则一般会产生向外挤出变形，控制不好加载速率和加载量容易产生地基的失稳。由此看出，水平位移的安全标准与加固方法密切相关。

就堆载预压法加固地基而言，被加固的土层中有无垂直排水通道，地基水平位移的监控标准也不尽相同。20 世纪 70 年代，浙江某县在海边淤泥上围垦筑堤时，采用的加固方法是没有设置排水通道的堆载预压法，用堤自身荷载预压加固其下的淤泥或淤泥质土。为了适当加快围堤的填筑速度和维持围堤的稳定，当地筑堤的经验是在堤的两侧填筑反压平台，采用分期加载、薄层慢加的方法施工。在进行堆载预压加固时，制定的安全控制标准是：水平位移小于 10~15mm/d，垂直位移小于 10mm/d。满足此标准，海堤是安全的，仍可以填筑施工；若连续数天水平位移量超过 15mm/d，垂直位移超过 10mm/d，就应停止加载，加强观测。此标准今天看来似乎偏于危险，然而以前加固大都是无垂直排水通道的堆载预压，土体排水固结缓慢，垂直位移量偏小，而水平位移却比较大。水平位移中有很大一部分是加荷瞬时产生的侧向位移，其内部实际并非如此，它尚不构成地基深部的失稳征兆，实际结果也证实此安全控制标准是合适的。如今一般堆载预压都会采用垂直排水通道，垂直位移量相对就大，如果水平位移安全控制标准还设定那么大，地基常常就会已经进入失稳状态，所以水平位移值的安全标准就定得比较小，成为今天的 3~5mm/d。所以，地基水平位移安全标准是会随着技术的进步而改变的，不是一成不变的标准。

水平位移监测以前大都使用地表边桩，如今深层水平测斜仪已普遍使用，这更能及时预测地基的安全。地基加固时，地基发生的最大水平位移不一定都在地表（图 9.39 和图 9.40），而是在地表下某一深度，所以水平位移安全控制标准也应与监控的手段相应。

水平位移安全标准还与监测点位置与被监测物的距离有关。图 9.40 所示为营口港矿石堆场大型复合地基静载试验过程中深层水平位移变化过程线，距板外 5.0m 处的地基土水平位移仅为距板外 2.0m 处的 50%，两者的变形规律也不一致。如果监测点离被监测点距离过远，等该监测点位移超过警戒值时，可能地基已经发生失稳破坏。所以，水平位移监测点位置离被监测物间的距离不能过大。

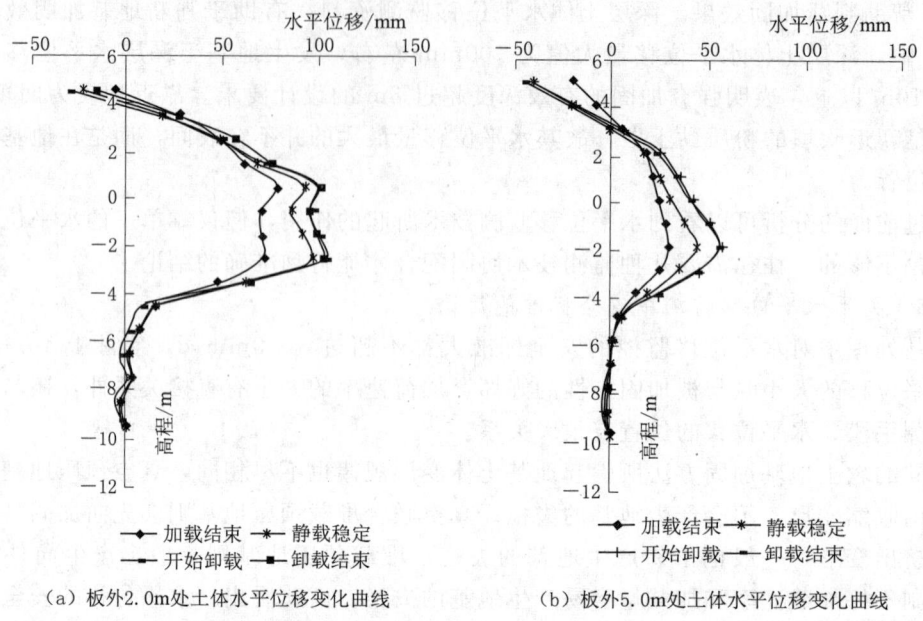

(a) 板外2.0m处土体水平位移变化曲线　　(b) 板外5.0m处土体水平位移变化曲线

图 9.40　大型静载试验板外侧水平位移变化曲线

9.3.5　孔隙水压力监测

软土地基的固结过程，实际上就是加在软土上的荷载转化为有效应力的一个过程。地基加固中孔隙水压力的监测目的就是为了弄清楚土中增加的有效应力。孔隙水压力在地基加固中的变化能反映地基加固过程中有效应力的变化。

地基加固中孔隙水压力的监测主要用在饱和软黏土的加固中，而几乎所有的加固方法都能用于饱和软黏土的加固，这些方法包括堆载预压法、强夯法、振冲法和复合地基法等，在使用这些方法加固时都需要了解土体在加固过程中孔隙水压力的变化。

9.3.5.1　仪器和设备

1. 监测孔隙水压力的仪器

目前国内常用的孔隙水压力计有水管式、测压管式、钢弦式、差动电阻式、电阻应变片式等。其中，水管式和测压管式仪器设备费用较低，测量精度较高，使用耐久；但操作和埋设较频繁，不宜深孔埋设。钢弦式结构牢固，长期稳定性比较好，也不受埋设深度影响，施工干扰小，埋设和操作简单。差动电阻式结构牢固，长期稳定性好，不受埋设深度影响，施工干扰小，埋设和操作技术要求较高。电阻应变片式，反应灵敏、精度高，埋设简单，施工干扰小；但长期稳定性差，仅适宜短期观测。钢弦式孔隙水压力计稳定性较好，观测自动化易实现，目前在地基加固工程中使用较为普遍。

2. 钢弦式孔隙水压力测试系统的组成

钢弦式孔隙水压力测试系统由测头（带传输信号的屏蔽电缆）和钢弦频率测定仪组成。

钢弦式孔隙水压力计测头结构如图 9.41 所示，由钢弦、透水石、信号传输电缆等十部分组成。钢弦频率测定仪为标准定型产品。

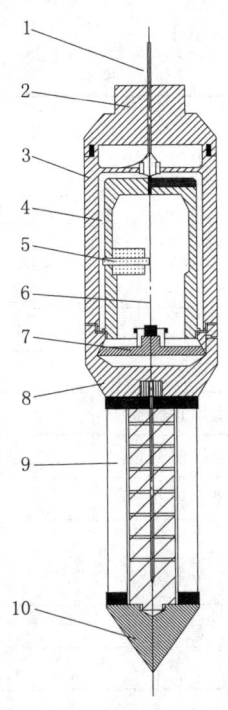

图 9.41 钢弦式孔隙水压力计测头结构
1—电缆；2—盖帽；3—壳体；4—支架；5—线圈；
6—钢弦；7—承压膜；8—底盖；9—透水石；
10—锥头

3. 测量原理

土中孔隙水压力先传到透水石 9，进入华管到达测头承压膜 7，水压力使膜片变形，继而引起焊接于膜片原被拉紧的钢弦 6 长度发生变化（正压力使其缩短，负压力使其伸长），导致钢弦的频率发生变化，通过对线圈 5 的激振，测出钢弦的频率值，通过式（9.67）计算出孔隙水压力的大小，与初始孔隙水压力值比较得出孔隙水压力变化值 Δu［式（9.68）］。它是利用钢弦频率在受荷前后的变化来测试孔隙水压力变化的。

$$u_1 = k(f_0^2 - f_1^2) \qquad (9.67)$$
$$\Delta u = u_1 - u_0 \qquad (9.68)$$

式中 k——测头的灵敏度系数；
f_0——测头的初始频率，Hz；
u_0——初始孔隙水压力，kPa。

9.3.5.2 孔隙水压力计的埋设

软土地基加固工程中，孔隙水压力计一般采用钻孔埋设的方法。

1. 埋设前的准备工作

（1）孔隙水压力测头标定。埋设前进行孔隙水压力测头标定，一方面可以得到更准确的测头系数，另一方面也可以检查测头的密封性是否完好。

（2）将透水石放入纯净的清水中煮沸 2h，以排除其孔隙内气泡和油污。煮沸后的透水石需浸泡在冷开水中，应避免露出水面。

（3）准备好埋设考证表（表 9.35）和观测记录表（表 9.36）。

（4）将每个孔隙水压力测头按设计图纸要求进行编号，并按电缆的长度在电缆上每隔 5m 做一同测头的编号，最好在电缆线上印字或用铝皮打钢印制作。

（5）准备封孔、回填材料，如干净的中粗砂、膨润土泥球、止水环等。

（6）准备埋设的用具，如水桶、皮尺、塑料袋、钻孔埋设时测头与钻杆连接杆等。

（7）检查钢弦频率测定仪，应工作正常。

2. 钻孔

钻孔采用干钻法。孔径一般采用 ϕ108mm 的开孔器，一孔一头。干钻时可向孔内加水润滑，但禁止用压力水冲钻成孔，以免产生大的孔穴。钻进过程中应随时下套管护壁。钻孔深度应比测点设计高程低约 300mm。详细记录成孔时土层的分布情况，必要时取一定数量的土样进行土工试验。成孔后应清孔，通过钻杆注入清水将孔内泥浆翻出。

3. 测头的埋设

（1）测头上未装上透水石前，在大气中测量初始频率，并记录现场温度和大气压力值。

表9.35　　　　　钢弦式孔隙水压力计埋设考证表（钻孔埋入式）

工程名称：

测点编号			测头型号		量程	
钢印号			出厂接线长度		电缆型号	
外形尺寸			生产厂家			
埋设位置	横断面号（桩号）			地下水位		
	地面高程			回填料		
	埋设高程			回填土密度		
电缆接线及接头处						
电缆接头形式				电缆埋置深度		
传感系数				埋设前初值		
埋设日期		天气		气温	埋设后实测	
埋设示意图及说明						
埋设人员		填表人（签字）				
		技术负责人（签字）				
		监理人员（签字）				

表9.36　　　　　　　钢弦式孔隙水压力观测记录表

工程名称：

测点编号：_____　　测点高程：_____ m

初频 f_0 = _____ Hz　　测头系数 K = _____ kPa/Hz²

观测日期	填土高程 /m	填土密度 /(t/m³)	测读频率 f_i /Hz	孔隙水压力 /kPa	地下水位 /m	观测者	备注

观测者：　　　　　　　　　　　计算者：　　　　　　　　　　　校核者：

（2）将透水石在水桶中装在测头上，将测头连同水桶送到钻孔边，将接管连接于钻杆上。

（3）检查孔底高程，确认满足埋设高程的要求后，将套管上拔500mm，向孔内用导管注入干净的中粗砂，使孔底高程低于测点高程约150mm。

（4）下测头时，将测头连水装入塑料袋，塑料袋用绳子系紧，与测头一起下放，到达孔内水位以下时，将绳子上提，测头穿过塑料袋继续下放，就位，塑料袋应提出孔外。

（5）确认测头定位后，向孔内放入干净中粗砂约300mm高，使测头埋入砂中，测记埋设高程。

4. 封孔

测头埋入砂中后进行观测，确认其工作正常后，将套管上提，便可向孔内投放泥球封孔。每提一段套管，封一段泥球，使泥球始终保持在套管以下投放。泥球投放速度要慢，以免卡孔，并应分段量测填孔的深度、砂和泥球的投入量，与此同时可向孔内泥球孔隙注入适量的泥浆。孔中的电缆应放松弛，埋设过程中要防止损坏电缆。

5. 电缆埋设和保护

（1）电缆松弛，孔口预留沉降的长度。

（2）为防止堆载过程中载重汽车压断电缆，电缆外加金属管保护。

9.3.5.3 孔隙水压力计设置和观测要求

1. 仪器要求

在水利部颁布的《大坝安全监测仪器检验测试规程》（SL 530—2012）中，对钢弦式孔隙水压力计的多项静态参数作了具体要求：分辨率大于 0.05% F.S、非线性度小于 1.00% F.S、不重复性小于 0.50% F.S、滞后小于 1.00% F.S、综合误差小于 1.50% F.S。

防水密封性：对水压力式传感器应具有能承受其测量范围 1.2 倍水压力的能力。

绝缘性：水下工作的传感器，其绝缘电阻应大于 $50M\Omega$。

温漂：应进行温度影响试验，提出温度修正系数。温度影响应满足规定要求。

2. 孔隙水压力计的布置原则

（1）根据监测目的布置孔隙水压力计。监测目的是为了保证地基在加固过程中的稳定性，还是仅仅为了了解加固效果是有些区别的。如果是前者，就要分析加固过程中最不利时刻和最不利位置并进行针对性布置。

（2）在每个土层中至少要布置 1 只孔隙水压力计，并将其安放于土层厚度中间位置，便于后期资料分析。

（3）对层厚较大的软土，可布置多个孔隙水压力计，一般间隔 $3\sim5m$。

（4）在平面分布上，加固区中部和边缘一般都得考虑。

（5）孔隙水压力计布置要与其他监测手段相互照应，便于综合分析。

3. 孔隙水压力观测要求

（1）确定每个孔隙水压力计的初值。如果孔隙水压力计是放入钻孔式的埋设，埋设过程中不会给测头周围的软土产生太大的超静孔压值，初始值比较容易确定，只要测 $2\sim3d$ 就基本稳定；如果孔隙水压力计是压入式埋设的，一般会在测头周围土体中产生超静孔压，需要多测一段时间，待孔压值基本稳定，可以确定出该点的孔隙水压力初始值时再开始观测。初值搞不准确，会对超静孔压的计算带来误差。

（2）孔压测量同时要记录荷载变化情况。孔隙水压力因荷载而生，在分析孔压变化时，搞不清荷载的变化，是无法分析孔压监测数据的，也不可能对地基稳定性做出正确的判断。因此，在孔隙水压力监测时，不仅要量测好孔压值，而且要及时做好工程施工的记录，特别是加固中荷载变化的记录。

（3）加载过程中要加密监测次数。在加载过程中，孔压监测次数应当加密，详细了解超静孔隙水压力的发展趋势，直到超静孔隙水压力与填筑荷载的比小于 0.6，且逐渐趋于稳定并开始回落后，才能回到正常的监测频率。

(4) 记录监测中的异常值并分析形成原因。监测中发现孔压测值异常时,要多测几次并找出原因,做好记录。关注极值的发生与超静孔压的发展趋势走向,测量资料当天要及时整理并绘在图中。超静孔压是稳定性判断的重要依据,而孔隙水压力绝对值主要是便于发现监测中出现的问题,因此量测到的孔隙水压力和超静孔压都得计算,需要分开记录和表示。

9.3.5.4 资料的整理及应用

(1) 孔隙水压力观测成果应及时记录在记录表内,记录格式按表 9.36 进行,并随时计算、校核、整理,有问题的要立即补测,及时查明原因。

(2) 监测到的超静孔隙水压力资料核对无误后,绘制孔隙水压力与荷载时程线,如图 9.42 所示。

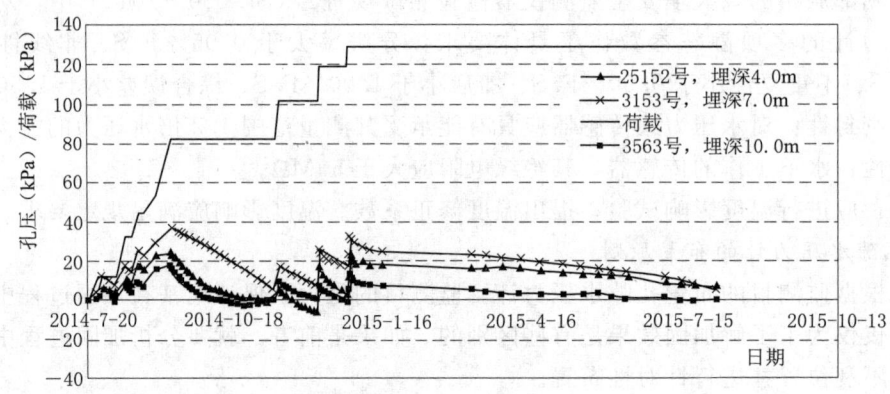

图 9.42 超静孔压与荷载时程线

(3) 监测资料的应用。

1) 判断被加固地基的稳定性。从太沙基有效应力原理可知,土的压缩、强度的提高都是因为有荷载的作用,而对土压缩和强度真正起作用的是有效应力。通过超静孔压监测,可以得到附加荷载转化为有效应力的变化规律,据此可以判断被加固地基的稳定性。这是孔隙水压力监测最主要和最广泛的应用。

2) 判断被加固地基固结程度。通过超静孔压的监测,计算某深度土体的固结度,依据的是式 (9.69)。通过对超静孔压消散的观测,判断地基固结是否完成。

地基中某点的固结度为

$$U_z = \frac{\sigma'}{\sigma} = \frac{\sigma - u}{\sigma} = 1 - \frac{u}{\sigma} \tag{9.69}$$

地层的平均固结度为

$$U = 1 - \frac{\int_0^H u\,dz}{\int_0^H \sigma \cdot dz} \tag{9.70}$$

3) 推算地基强度增长。有了超静孔压值,可以求得有效应力,据此可以推求强度的

增长，即

$$\Delta\tau_{ct} = U_t \Delta\sigma_z \tan\varphi_{cu} \tag{9.71}$$

式中　U_t——地基中某点某时刻的固结度；

　　　$\Delta\sigma_z$——地基中某点的附加应力，由强度理论计算。

4）判断强夯夯击的间歇时间。软土地基强夯夯击时，地基内会产生不小的超静孔隙水压力，导致土体强度降低，影响加固效果和施工的正常进行。为此需要等待地基中产生的超静孔隙水压力消散到可以继续施工的水平。消散时间需要多长、二次夯击间的间隔时间是多少，往往都是通过现场控水压力监测结果来确定。

5）判断地基加固的效果。在地基加固试验研究中，孔隙水压力监测是不可或缺的一项手段，它的资料对分析和判断加固效果有重要作用。

9.3.6　土压力监测

土体给支挡物的压力即为，通常讲的土压力。为了了解土体给支挡物压力的大小和分布规律，就需要用土压力计来现场测量。这种用于测定土与刚性（相对于土而言）界面之间产生的土压力大小的传感器，称为"界面土压力计"，也称"接触式土压力计"。

在港口地基处理工程中，监测土压力的主要目的是了解土体作用于结构面的压力大小，判断工程的安全性，如结构物的整体稳定性；还常用于验证设计，如岸坡的稳定性；更多的是进行科学研究的需要，如结构物与土的共同作用、土体内部应力重分布等。

9.3.6.1　仪器和设备

1. 监测土压力的仪器

国内生产的界面土压力计基本上如图9.43所示。其外形如月饼呈薄圆柱状，压力膜位于圆柱的一底面上，被四周的圆柱面支撑着，它应罩在圆柱面上，属单面受荷载，而不是凹陷在圆柱面里，如图9.44所示。压力膜凹陷在土压力计壳体之下的这种结构，容易引起土体的拱效应，尤其是土体自身强度较高时特别明显。这是因为土压力计处不能密贴的与压力膜接触，土体被"架在"土压力计壳体上，导致测值偏低。只有土体的强度很低、含水率很高时，拱效应才比较弱，容易测准。

图9.43　界面土压力计

图9.44　压力膜位于壳体之下的界面土压力计

目前国内生产的界面土压力计按照压力传感器的不同，可分为钢弦式、差动电阻式、电阻应变片式等几种，其中钢弦式因其性能稳定、结构牢固而应用最多，观测自动化易实现，目前在地基加固工程中使用较为普遍。

2. 钢弦式界面土压力计的结构

钢弦式界面土压力测试系统由土压力计（带传输信号的屏蔽电缆）和钢弦频率测定仪组成。

钢弦式界面土压力计分为立式［图9.45（a）］和分离式（二次膜式）［图9.45（b）］两类。

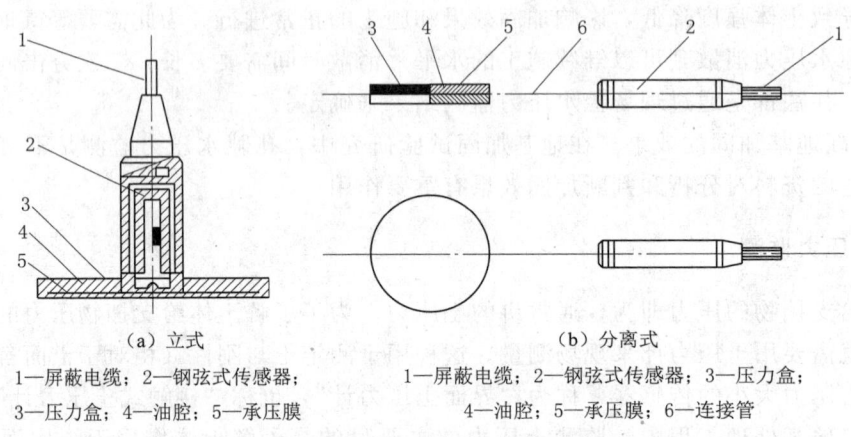

(a) 立式
1—屏蔽电缆；2—钢弦式传感器；
3—压力盒；4—油腔；5—承压膜

(b) 分离式
1—屏蔽电缆；2—钢弦式传感器；3—压力盒；
4—油腔；5—承压膜；6—连接管

图9.45 钢弦式界面土压力计结构示意图

两类土压力计的外形不同，放置的位置也不尽一样，立式可放于量测基底压力、位置空间较小的竖向结构外壁上；对于分离式来说，它要求其周围有足够的空间，也能适应结构的异形空间。此外，二者的压力传递方式也不相同。立式是土压力作用在土压力计的承压膜后，引起油腔内油压力升高，油压力直接作用于钢弦的承压膜上（钢弦的承压膜本身就是油腔的一部分），导致钢弦频率发生变化，通过二次仪表测出这种变化，得出土压力。而分离式把油腔内油的压力通过连接管传递到钢弦式传感器的承压膜上，再引起钢弦频率变化，测出土压力的变化，它有两个承压膜且土压力盒与钢弦传感器是分开的，所以又叫分离式。

无论是立式还是分离式，制造时其油腔一定要密封好，绝对不能有渗漏；在向油腔注油时要注满，不能有空气进入，否则测出的土压力偏小且不稳定。

9.3.6.2 钢弦式界面土压力计的埋设

1. 埋设前的准备工作

（1）土压力盒外观检查、计量标定、防水密封检查、电缆完好性检查、对土压力计分类编号、初值确定。

（2）绘制埋设平面图与剖面图，剖面图上要绘出土层的层位关系和土层厚度。在要埋设的位置上标明仪器的种类、编号和线长。

（3）准备好埋设考证表（表9.37）和观测记录表（表9.38）。

2. 钢弦式界面土压力计的埋设

界面土压力计的埋设关键在于承压面（土压力计的薄膜）要与土体紧密接触，而且要与土体面保持垂直，压力盒面与界面（如钢筋混凝土）表面齐平。埋设的方法有两种：一种是在混凝土建筑物浇筑施工过程中进行、预埋在建筑物的表面；另一种是在混凝土建筑物浇筑完成后进行，它又分为预埋膜盒和开凿坑槽埋设。

9.3 软土地基现场监测技术

在混凝土建筑物浇筑过程中埋设时,应在设计的监测点处将土压力盒膜面置向表面,与其表面平齐,要设法固定在预定位置上。有时为了保护压力盒不受立模施工的损伤,事先将压力盒缩进一些,待模板立好后,用气压或液压将压力盒推至靠拢模板。

表 9.37   钢弦式土压力计埋设考证表

工程名称:

测点编号		测头型号		量程	
钢印号		出厂接线长度		电缆型号	
外形尺寸		生产厂家			
埋设位置	横断面号(桩号)		地下水位		
	地面高程		回填料		
	埋设高程		回填土密度		
电缆接线及接头处					
电缆接头形式			电缆埋置深度		
传感系数			埋设前初值		
埋设日期		天气		气温	埋设后实测
埋设示意图及说明					
埋设人员		填表人(签字)			
		技术负责人(签字)			
		监理人员(签字)			

表 9.38   钢弦式土压力观测记录表

工程名称:
测点编号:_____   测点高程:_____ m
初频 f_0 = _____ Hz   测头系数 K = _____ kPa/Hz^2

观测日期	填土高程 /m	填土密度 /(t/m^3)	测读频率 f_i /Hz	孔隙水压力 /kPa	地下水位 /m	观测者	备注

观测者: 计算者: 校核者:

具体埋设时,在下钢筋笼前,先将待安装部位焊接 2~4 根搭接的短钢筋条,将已与土压力传感器连接好的活塞固定在地连墙的钢筋笼上,并校核土压力传感器工作面的角度,活塞另一端通过气管与加压气泵相连。下方钢筋笼前,需测试仪器和汽缸的性能。钢筋笼在槽内安放到位后,先在地面通过气管对活塞进行加压,使活塞将土压力传感器顶至槽侧壁,继而关闭气管,并测一次传感器初值。随后浇筑混凝土,1d 后混凝土已初凝,再割断气管。之后按一定的时间间隔进行土压力测量。

在建筑物基底上埋设界面土压力计时,可先将土压力计埋设在预制的混凝土块内,清基完成后,在预定埋设土压力计的地点,将表面整平、稍压实,而后将土压力计放上,引出电缆。

混凝土建筑物浇筑完成后的埋设，首先移去预埋的模盒，然后开凿坑槽。埋设时先在坑槽内均匀地放入高标号水泥砂浆，然后将土压力计的膜面朝向土体一方镶砌于坑槽内，保持膜面与混凝土表面平齐，再将压力盒四周缝隙用水泥砂浆填充捣实。

埋设界面式土压力计时，应防止水泥砂浆进入土压力盒的膜面上，垫上5cm厚的细砂找平，以免产生局部应力集中，影响测试结果。

埋设时注意放松出盒的电缆，在其附近留有一定长度，以免浇筑或其他原因将电缆拉断，也要注意保护被埋电缆的完好，避免破损。

9.3.6.3 土压力计仪器要求

在水利部颁布的《大坝安全监测仪器检验测试规程》（SL 530—2012）中对钢弦式土压力计的多项静态参数作了具体要求：分辨率大于0.05%F.S、非线性度小于1.50%F.S、不重复性小于0.50%F.S、滞后小于1.00%F.S、综合误差小于2.50%F.S。

9.3.6.4 资料的整理及应用

（1）土压力观测成果应及时记录在记录表内，记录格式按表9.38进行，并随时计算、校核、整理，有问题的要立即补测，及时查明原因。

（2）监测到的土层压力资料核对无误后，绘制土压力与荷载时程线，如图9.46所示。

（3）监测资料的应用。土压力问题比较单一，所以应用面不宽。

界面土压力监测主要是了解土对结构物产生的压力大小和分布，以此能对刚性结构物产生的内力，如剪力、弯矩做出准确的计算；或对刚性结构物的整体稳定性做出判断。界面土压力又分为水平向的和垂直向的，水平土压力（主要作用方向）主要指对挡土结构产生的水平推力或阻力，前者称主动土压力，后者称被动土压力。这是土压力监测中的一个重要而经常的应用。垂直向的主要指土对刚性界面，如钢

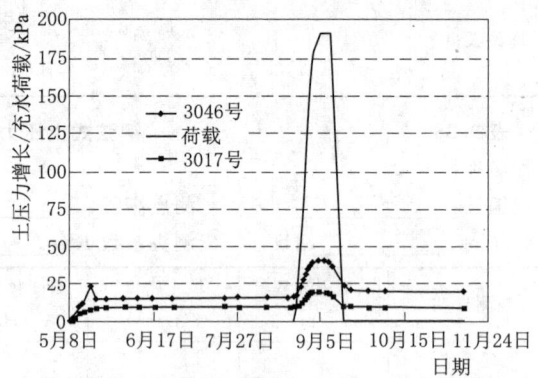

图9.46 罐组充水预压中土压力与荷载时程线

筋混凝土基础或桩基础等产生的压力大小和分布规律，为计算分析这些基础的内力及这些压力的传递，提供数据与对设计做出验证等；垂直向的压力分为作用在基础之上和设于基础之下两类。经常遇到的监测刚性桩的桩顶及桩间土土压力的规律，不仅有助于了解它们各自的承担能力，而且可以为刚性桩复合地基的工作机理提供佐证，为它们的设计找到思路与办法。

9.3.7 地下水位监测

地下水位的上升或下降会引起土体重度的变化，影响土体的有效应力和固结状态，会形成土体的压缩或回弹，会对自身构筑物或周围建筑物产生影响。所以，在港口工程地基处理中需要对地下水位变化情况进行监测。

地下水位监测的目的有以下几个：

（1）了解加固前地下水位的位置，以便确定它对地基的应力、变形的影响，为加固设计、分析计算提供水位资料。固结沉降的计算中，有效应力是土体发生变形、压缩的根本原因。有效自重应力计算时，地下水位以上取湿容重，地下水位以下取浮容重。

（2）了解加固过程中地下水位的变化，有利于判断它对加固安全、加固效果的影响。如在降水预压加固中，地下水位的下降是获得有效应力的根本，每降1m地基内就会产生10kPa左右的有效应力，所以经抽水使地下水位下降的幅度和是否稳定是加固取得预期效果的保证。

（3）利用地下水位资料修正现场实测孔隙水压力的监测结果。港口地基处理工程，土中孔隙水压力会受到附近海水水位变动的周期性影响，为了消除这种影响，还原加固中出现的超静孔隙水压力的真实目的，就需要同时监测加固区外海水水位周期性的变化规律和大小，以此校正加固区内所测孔隙水压力，从而得到超静孔隙水压力。

9.3.7.1 仪器和设备

1. 监测地下水位的仪器

地下水位监测主要是通过埋设于地下的水位管（图9.47），用水位计（图9.48）读出地下水位距管口的深度，再通过大地高程测量系统换算成地下水位高程，加固中某一时刻的水位高程与初始高程的差值，即为自加固起到该时刻的地下水位变化值。

水位计现在已经是成熟、可靠的测试仪器，故水位测量的关键就在于水位管自身结构及埋设。

图9.47 地下水位管（滤水管部分）

图9.48 南京水利科学研究院生产的水位计

2. 水位管需要注意的几个方面

（1）水位管直径。用于测量地下水位的管子内径不能太大，一般不大于30mm，建议为20～30mm。主要目的让地下水位能在较短的时间达到与管外一致，以保证测量的及时性，避免滞后影响。国内现在很多工地上用的管子直径都在50mm或以上，如埋设在软土渗透性很低的土层中，直径大了管内水位在短时间内较难与管外一致，需要等待较长时间，有时会带来测量误差。

（2）滤管段的长度。一般地下水位管管长为6～8m，其中滤管段的长度以穿透主要潜水层为原则。在孔隙水压力监测中，滤管长度不大于50cm，这时要监测该点的孔压，滤管段长了，监测的就不是该点的孔隙水压力了。

(3) 滤管段的开孔率。对处于无黏性土层,开孔率一般为15%左右;对黏性土建议为20%;开孔率大能减小水位变化后监测滞后的影响。滤管段孔眼呈梅花形布置,孔径为4~6mm,孔径壁应光滑、无毛刺。滤管段外包裹反滤布,要求滤布的透水性达到10^{-2}cm/s左右,还应有隔土性要求,$O_{95}<0.075$mm。

9.3.7.2 水位管的埋设

1. 埋设前的准备工作

(1) 水位管外观检查。

(2) 绘制埋设平面图与剖面图,在要埋设的位置上标明管口高程、管长及管底高程。

(3) 准备好埋设考证表(表9.39)和观测记录表(表9.40)。

表9.39 水 位 管 埋 设 考 证 表

工程名称			
埋设位置		测点编号	
管内径/mm		管长/m	
管口高程/m		管底高程/m	
埋设日期		灵敏度试验/h	
埋设示意图及说明			
埋设人员		填表人(签字)	
		技术负责人(签字)	
		监理人员(签字)	

表9.40 水 位 观 测 记 录 表

工程名称:
测点编号:

观测日期	管口高程/m	管口至水面距离/m			管中水面高程/m	潮水位高程/m	天气情况	备注
		第一次	第二次	平均				

观测者: 计算者: 校核者:

2. 水位管的埋设

(1) 钻孔。采用干钻法造孔,造孔时不得采用泥浆护壁,同时绘制钻孔柱状图。要尽量保持钻孔垂直,对很软的土层,宜采用下套管法推进。

(2) 安装。下管前应在孔底填约5cm的反滤料。下管过程中必须连接严密,吊系牢固,保持管身顺直。就位后,应立即测量管底高程和管水位,并在管外回填反滤料,一般采用纯净的砂即可。

(3) 封孔。凡不需要监测孔隙水压力的孔段,宜采用膨润土或高崩解性黏土球进行封孔。

(4) 灵敏度检验。封孔完毕后，采用注水法进行灵敏度检验。先测定管中地下水位，然后向管内注入清水，注水后不断观测孔内水位，直到恢复或接近注水前的水位，记录所需时间。

9.3.7.3 水位计仪器要求

地下水位测量是在两个系统内完成的：第一个系统是电测水位计系统，它的精度取决于水位计的灵敏度和尺子的精度，测量的是水位面到管口的距离；第二个系统是大地高程测量系统，它的精度取决于高程测量系统和采用的测量方法，测出的是水位管管口高程。通过这两个系统就可以将水位距管口的距离转化为大地高程系统的高程。

《岩土工程仪器基本参数及通用技术条件》（GB/T 15406—2007）对水位管和水位计提出了具体要求：水位管内径不大于 50mm，电测水位计测量范围为 0～30m、分辨率小于 1mm。

大地高程测量系统的仪器和精度要求参见 9.3.3.1 节。

9.3.7.4 资料的整理及应用

（1）地下水位观测成果应及时记录在记录表内，记录格式按表 9.40 进行，并随时计算、校核整理，有问题的要立即补测，及时查明原因。

（2）监测到的地下水位资料核对无误后，绘制地下水位时程线，如图 9.49 所示。

（3）监测资料的应用。

1) 固结沉降的计算中，确定土体自重应力的数值。

2) 根据地下水位的变化，判断它对土体加固安全和加固效果的影响。

3) 修正实测孔隙水压力的监测结果。

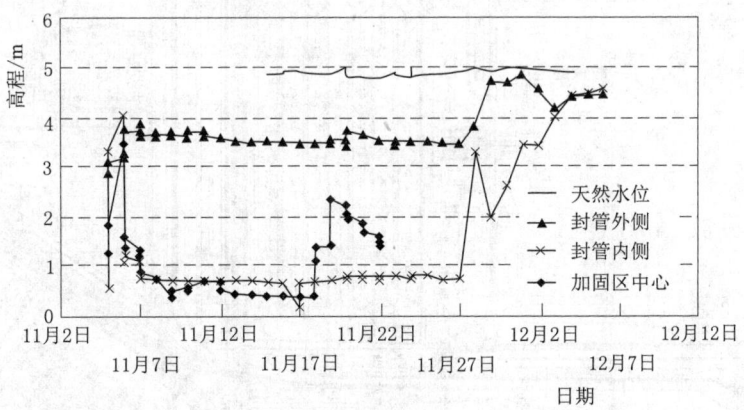

图 9.49 井点降水联合强夯加固地下水位时程线

9.3.7.5 关于地下水位管埋设位置的讨论

地下水位管的埋设位置与监测的目的有密切关系，埋设位置设计时应充分考虑，不能什么情况都埋设加固区内。当要了解施工中地下静水位时，水位管应埋设在不受加固影响的地点；如要用其判断地基的稳定性，就应埋在加固区容易失稳的地带和容易失稳的地层中；如要用来修正孔隙水压力值，其埋设位置与孔隙水压力计不宜超过 1m。

第10章 沿海港口工程软土地基加固典型实例

10.1 某矿石堆场地基处理工程

10.1.1 工程概况

某矿石堆场地基天然泥面以上由中粗砂、粉质黏土及淤泥吹填形成。堆场距离顺岸约90m，南北长940~1040m，东西宽650~700m，总面积约为70万m²。它包含9个堆场、5条堆取料机轨道梁（轨距10.0m）、1条铁路装车轨道梁（轨距7.0m）及6条铁路线、2条皮带机传输廊道、12个运转机房、1个取样楼及场区道路和辅建区等设施，如图10.1所示。

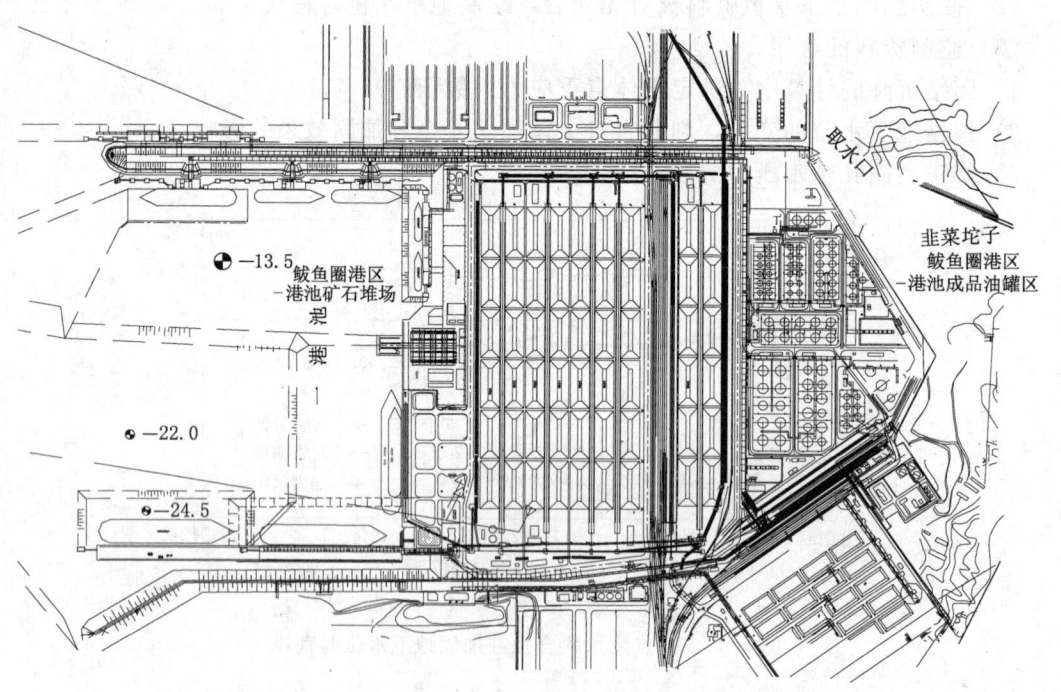

图 10.1 某矿石堆场平面位置

10.1.2 地质条件及处理要求

10.1.2.1 地质情况

矿石堆场地基主要由吹填形成，其中砂土区约为42万m²，淤泥区约为28万m²。淤泥区由于地基过于软弱，在地基加固处理前无法钻探，而根据砂土区的钻探揭示，主要土层情况如下：

①-1 层中、粗砂：由人工新近吹填而成，呈浅黄、灰黑色，很湿~饱和，松散~稍密，主要由砂组成，中间混有淤泥或粉质黏土（团块）层。场区普遍分布，层厚0.2~8.7m，层底标高-7.0~+5.1m。实测标贯击数均值$N=7.3$击，承载力特征值$f_k=90$kPa。

①-2 淤泥：由人工新近吹填而成，呈灰绿、灰黑色，饱和、流塑，由粉粒、黏粒、腐殖质组成，局部为淤泥混砂或淤泥质粉质黏土。场区普遍分布，层厚0.7~14.2m，层底标高-9.6~+2.6m。实测标贯击数均值$N=1.2$击，承载力特征值$f_k=35$kPa。

①-3 中、粗砂：由人工新近吹填而成，呈灰黑、褐黄色，饱和，松散~稍密，主要由砂组成，稍有压实，局部夹有贝壳。场区普遍分布，层厚2.9~5.4m，层底标高-7.4~-4.1m。实测标贯击数均值$N=7.2$击，承载力特征值$f_k=80$kPa。

②-1 淤泥质（粉质）黏土：呈灰黑色，湿，软塑，由粉粒、黏粒和少量腐殖质组成，黏塑性较好，局部夹有碎石。场区普遍分布，层厚0.5~8.4m，层底标高-10.6~-2.5m。实测标贯击数均值$N=5.2$击，承载力特征值$f_k=80$kPa。

②-2 粉质黏土：呈黄褐色，湿，可塑~硬塑，由粉粒、黏粒组成土质均匀。场区普遍分布，层厚0.2~5.4m，层底标高-21.8~-0.1m。实测标贯击数均值$N=13.5$击，承载力特征值$f_k=200$kPa。

②-3 中、粗砂：灰黑色、褐黄色，饱和，稍密~中密，颗粒均匀，级配好，含有长石和石英等颗粒。该层场区分布，层厚0.2~8.2m，层底标高-20.5~-5.9m。实测标贯击数均值$N=14.4$击，承载力标准值$f_k=220$kPa。

③-1 粉质黏土：呈黄褐色，湿，硬塑，由粉粒、黏粒组成，黏塑性较好。场区普遍分布，层厚0.5~4.9m，层底标高-11.8~-7.0m。实测标贯击数均值$N=15.1$击，承载力特征值$f_k=250$kPa。

③-2 中砂：灰白色或黄褐色，饱和，中密，颗粒均匀，级配好，含有长石和石英等颗粒。该层场区分布，层厚0.6~2.0m，层底标高-11.9~-10.2m。实测标贯击数均值$N=18.9$击，承载力标准值$f_k=250$kPa。

10.1.2.2 堆场地基处理技术要求

根据现场试验结果，最终确定的堆场地基处理技术要求如下。

(1) 砂土区堆场地基采用振冲砂桩处理，桩间土上部砂层范围内标贯击数$N \geqslant 10$击，且每个检测孔测点的合格率不低于85%，处理后地基承载力特征值不小于180kPa，且要求砂层达到中密状态。

(2) 淤泥区先进行真空预压，使地基土体具有一定强度后再采用振冲碎石桩复合地基的方法加固，要求碎石桩的桩身砂层范围内重型（$N_{63.5}$）动力触探击数（10cm）$N \geqslant 8$击，地基土中的碎石能够形成连续的排水通道，满足后期土体排水固结的设计要求。

(3) 利用堆场使用期的矿石荷载进行预压固结，进一步提高地基土的承载力和抗滑稳定性。

10.1.3 加固方案

堆场加固分区平面布置如图10.2所示。

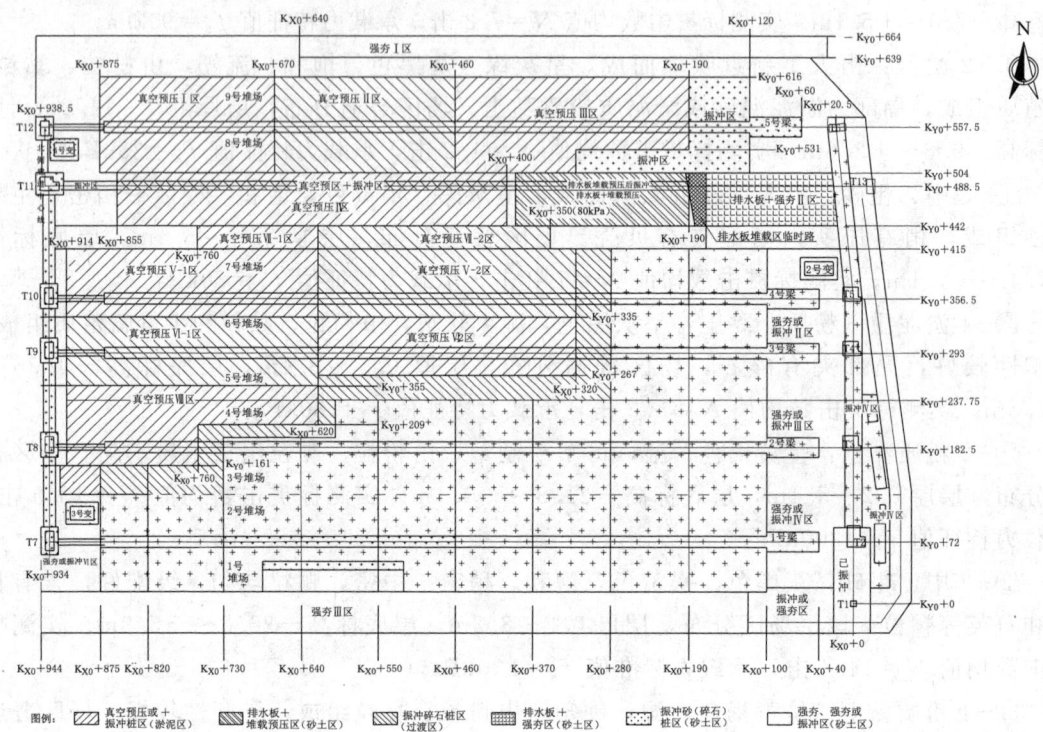

图10.2 某矿石堆场加固分区平面布置

10.1.3.1 砂土区

砂土区采用振冲砂施工工艺,振冲深度12.5~15.0m。

1号堆场$K_{X0}+100$~$K_{X0}+870$段,两侧14m采用3.0m×3.0m、中间21m采用3.0m×2.6m的三角形布置。

2号堆场$K_{X0}+100$~$K_{X0}+520$及$K_{X0}+670$~$K_{X0}+870$段,两侧14m采用3.0m×3.0m、中间21m采用3.0m×2.6m的三角形布置;而$K_{X0}+520$~$K_{X0}+670$段则采用3.0m×2.5m的三角形布置。

3号堆场$K_{X0}+100$~$K_{X0}+520$及$K_{X0}+670$~$K_{X0}+870$段,两侧14m采用3.0m×3.0m、中间21m采用3.0m×2.6m的三角形布置;而$K_{X0}+520$~$K_{X0}+670$则采用3.0m×2.5m的三角形布置。

4号堆场$K_{X0}+100$~$K_{X0}+400$及$K_{X0}+460$~$K_{X0}+610$段,两侧14m采用3.0m×3.0m、中间21m采用3.0m×2.6m的三角形布置;而$K_{X0}+400$~$K_{X0}+460$段采用3.0m×2.5m的三角形布置。

5号堆场 $K_{X0}+100\sim K_{X0}+160$ 段，两侧 15m 则采用 3.0m×2.5m、中间 20m 采用 2.6m×2.5m、三角形布置；$K_{X0}+160\sim K_{X0}+310$ 段，两侧 14m 则采用 3.0m×2.6m、中间 21m 采用 3.0m×3.0m 的三角形布置。

6号、7号堆场 $K_{X0}+100\sim K_{X0}+310$ 段，两侧 14m 则采用 3.0m×3.0m、中间 21m 采用 3.0m×2.6m 三角形振点布置。

8号、9号堆场 $K_{X0}+121\sim K_{X0}+190$ 段，采用 3.0m×2.5m 三角形振点布置。

10.1.3.2 淤泥区

淤泥区先进行真空预压，然后再进行振冲碎石桩复合地基的施工。振冲碎石桩桩长 13.0～15.0m，振冲布点设计如下。

4号堆场 $K_{X0}+610\sim K_{X0}+875$ 段，两侧 14.5m 采用 3.0m×2.5m、中间 20m 采用 3.0m×2.0m 的三角形布置。

5号堆场 $K_{X0}+310\sim K_{X0}+875$ 段，采用 3.0m×2.5m 的三角形布置；$K_{X0}+875\sim K_{X0}+922$ 则采用 3.0m×3.0m 的三角形布置。

6号堆场 $K_{X0}+310\sim K_{X0}+875$ 段，两侧 14m 采用 3.0m×2.5m、中间 21m 采用 3.0m×3.0m 的三角形布置；$K_{X0}+875\sim K_{X0}+922$ 则采用 3.0m×3.0m 的三角形布置。

7号堆场 $K_{X0}+310\sim K_{X0}+875$ 段、8号堆场 $K_{X0}+190\sim K_{X0}+875$ 段、9号堆场 $K_{X0}+190\sim K_{X0}+880$ 段，均采用 3.0m×2.5m 三角形布置。

10.1.4 现场施工情况

2003年11月至2004年3月，试验区施工、监测及检测。

2003年12月，1号堆场开始振冲施工，2004年12月，堆场振冲施工全部结束。

2004年3月，淤泥区开始打设排水板，4月开始抽真空，7月部分区域真空卸载，10月真空预压施工全部结束。

地基处理施工高峰期投入近40台套振冲设备。

施工过程中还进行了30kW、55kW和75kW振冲器成桩工艺、效率及施工质量的比较。工艺试验表明：30kW的振冲器在强度不到20kPa的淤泥质土中制桩效果不好，不能形成完整的桩体，5m以下碎石很少；55kW的振冲器在淤泥质土中的置换深度可达8m左右；75kW的振冲器在淤泥质土中置换深度可达10～11m，其中上部5m左右桩体中心较为密实，其下部能够形成连续的碎石通道。另外，在淤泥质土中进行振冲施工时，留振时间不宜超过8s。

10.1.5 加固效果的检测

10.1.5.1 真空预压

真空预压区各测点的沉降在 20.3～113.4cm，平均沉降为 63.6cm。真空预压后，淤泥层平均厚度为 4.2m，十字板强度为 0.2～39.1kPa，平均为 8.8kPa。淤泥层整体含砂量较大，平均沉降量偏小，十字板强度偏低。

10.1.5.2 砂土区

砂土区振冲加固效果检测采用标准贯入试验的方法进行。各堆场标贯检测结果综合统计见表 10.1。

表 10.1 堆场砂层标贯检测综合统计表（击）

区域	1号堆场	2号堆场	3号堆场	4号堆场	5号堆场	6号堆场	7号堆场	8号堆场	9号堆场
最大值	33	28	28	23	24	24	22	36	30
最小值	8	8	6	8	6	7	8	10	10
平均值	11.0~24.1	10.6~20.9	10.7~20.9	10.8~16.7	11.0~19.8	12.1~18.9	10.5~19.4	15.3~25.6	15.0~20.4
测点最小合格率/%	88.9	85.7	85.7	87.5	85.7	87.5	83.3	100	100

1号堆场部分施工分区含有大量石块，未能进行振冲施工或施工深度不足。经检测后，建议未施工区域进行强夯或浅层换填处理；而施工深度未达到设计要求的区域则无须再进行加固处理。

1号堆场至4号堆场砂层下卧的淤泥或淤泥质粉质黏土层的标贯击数平均达到4.8~6.2击，可以起到置换和排水的作用，但该层厚度分布不均，局部工后沉降会较大。

5号堆场至9号堆场砂土层较薄，5m以下的碎石桩桩体普遍较为松散，在后期排水固结过程中将会产生较大的固结变形，建议在以上区域堆场使用过程中严格按照设计要求进行堆载，同时应加强安全监测。

10.1.5.3 淤泥区

淤泥区采用真空预压后再振冲的方法进行，振冲加固效果的检验采用桩身（超）重型动力触探试验和大吨位静力触探试验检测的方法进行。大吨位静力触探设备是南京水利科学研究院研制的一种碎石桩检测设备，在《港口工程碎石桩复合地基设计与施工规程》(JTJ 246—2004)中推荐了这一检测方法。

现场检测结果表明，各堆场淤泥区经振冲施工后，碎石桩的桩身砂层范围内超重型（N_{120}）动力触探击数 $N \geqslant 5$ 击、重型（$N_{63.5}$）动力触探击数（10cm）$N \geqslant 8$ 击，碎石桩桩身连续性较好，可以形成连续的排水通道，能够满足后期土体排水固结的设计要求。

7号堆场淤泥区地基软土层较厚，且部分施工分区采用8m的短桩，其加固效果要低于11m左右的长桩，后期排水固结过程中将会产生一定的差异沉降。

5号堆场、9号堆场淤泥区地基软土层较厚，碎石桩的桩体普遍较为松散，在后期排水固结过程中将会产生较大的固结变形。

10.1.6 运营初期的监测结果

根据"南水"双屈服面弹塑性模型应力应变计算结果，在矿石堆高14m的情况下，堆场地基的最大沉降范围66~98cm，最大水平位移范围18.4~23.1cm，堆场外坡最小安全系数仅为1.12。根据计算结果，最终确定矿石堆场运营初期按照8~14m的堆载高度分区域进行。

矿石堆场运营初期，砂土区堆场所产生的超静孔隙水压力[图10.3(a)]较小；淤泥区在第一次加载时可能产生较大的孔隙水压力[图10.3（b）]，单级堆载引起的超静孔隙水压力7d内基本消散，随后加载时产生的超静孔隙水压力则较小。砂土区堆场在堆载过程中产生向轨道梁方向的水平位移最大值在9~50mm之间[图10.4（a）]，最大位移发生在地面下8.5m左右；而淤泥区最大位移则达到178mm[图10.4（b）]，最大位移发生在地面下5m范围。受生产作业影响，堆场范围内沉降测量不连续，淤泥区实际测量到的最大沉降近100cm。

根据矿石堆场运营初期监测结果，1号堆场至3号堆场可按14m的高度使用；4号堆场南部200m、5号堆场南部250m、6号堆场和7号堆场南部550m、8号堆场和9号堆场南部400m可按12m的堆载高度进行使用；其余堆场区域仍应按照不超过8m的堆高来使用。

运行10多年来，该矿石堆场除原淤泥区局部堆场沉降过大进行过修补外，整体运行良好，如图10.5所示。

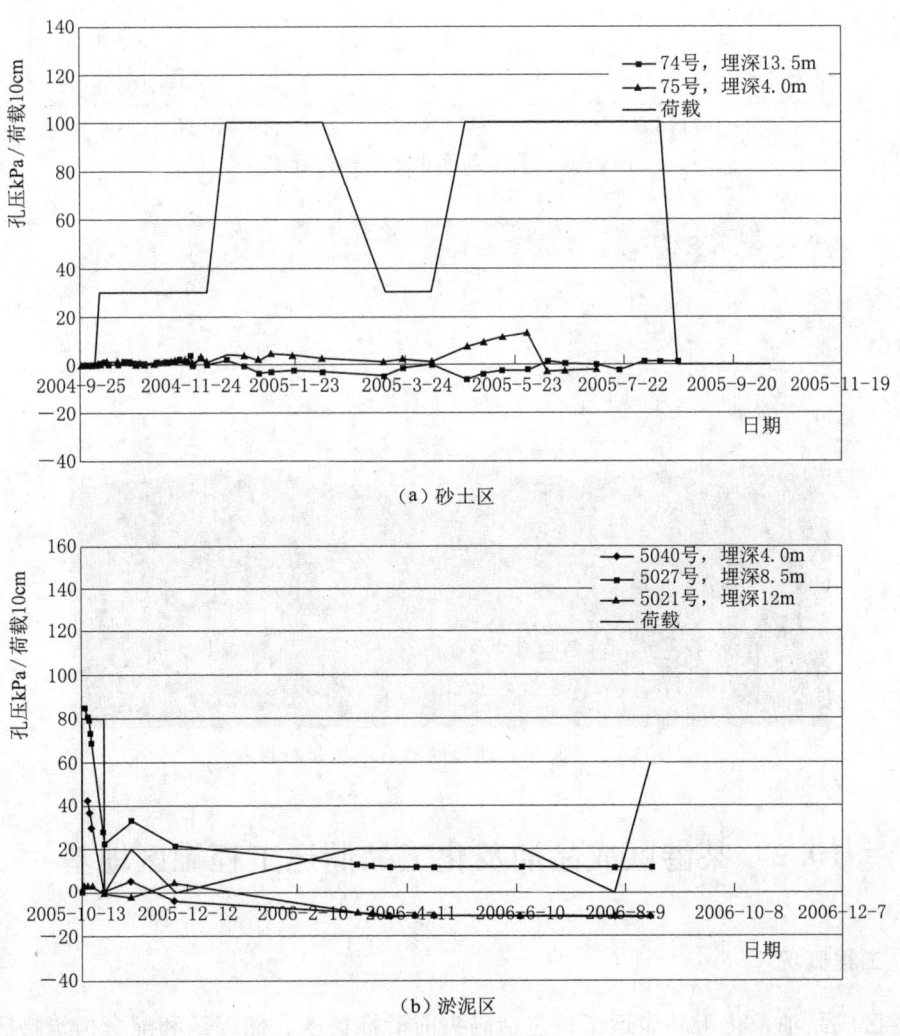

(a) 砂土区

(b) 淤泥区

图10.3 典型断面孔压时程线

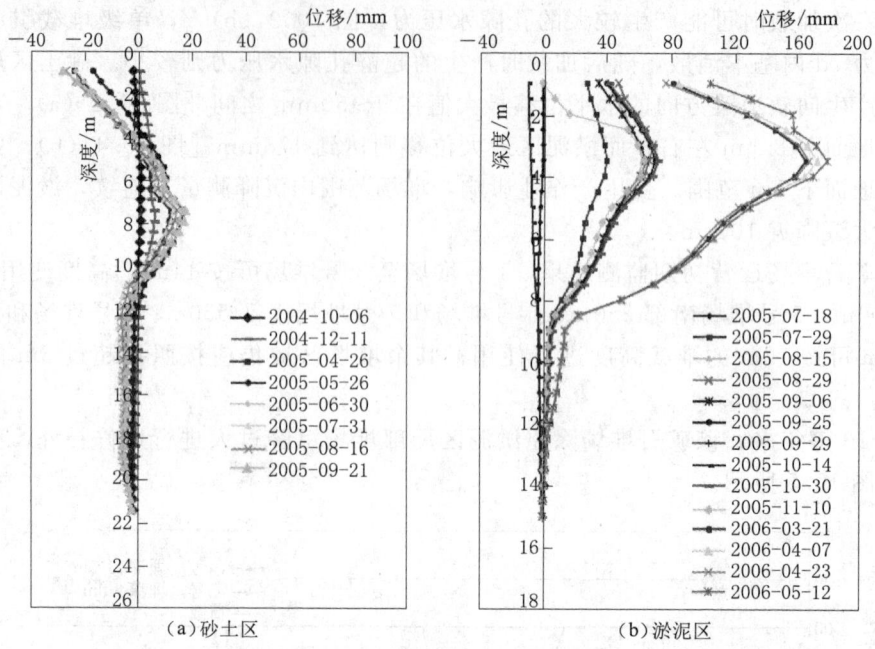

(a) 砂土区   (b) 淤泥区

图 10.4　典型断面水平位移过程线

图 10.5　振冲处理后的矿石堆场运行现状

10.2　某港区成品油及化工品储运工程罐区地基

10.2.1　工程概况

某港区成品油及化工品储运工程包括码头前沿堆场区、储罐区和配套构筑物区，本节仅对储罐区地基处理进行介绍。储罐区占地面积约 4.8 万 m^2，罐区初始规划有燃料油罐

12座、柴油罐16座、液态烃罐16座、化工品罐10座及相关的配套泵房、管架线等，经过3次总评调整后最终建成1000～30000m^3的燃料油罐共20座、2000～5000m^3的轻重油品罐16座，及相关泵房、管架线等（图10.6）。

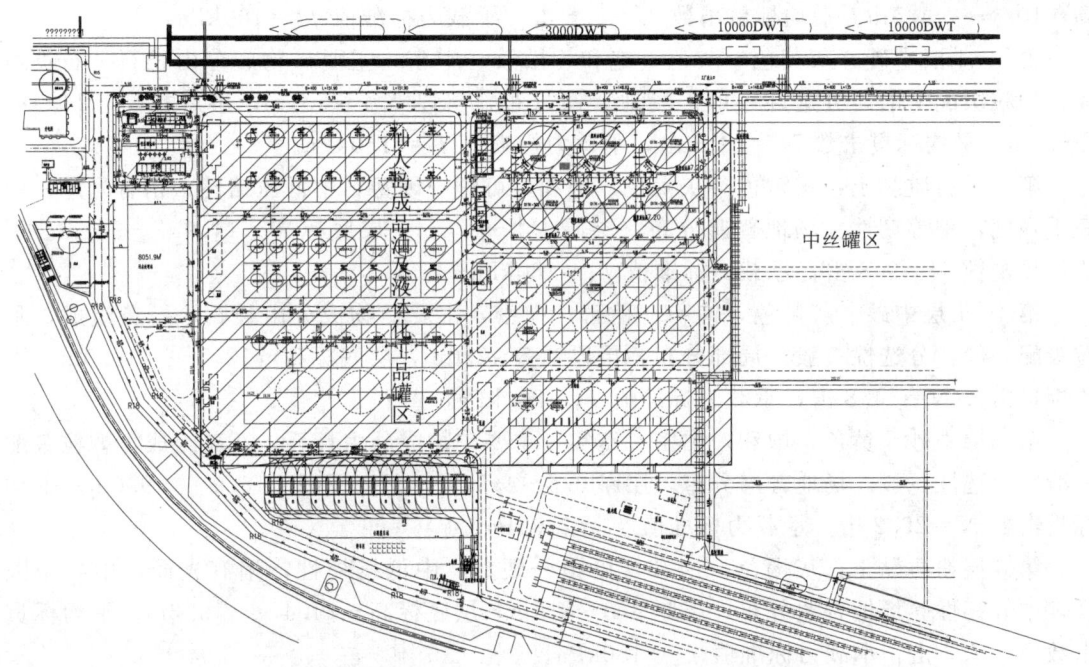

图10.6　某港区成品油及化工品储运工程平面布置

10.2.2　地质情况及处理技术要求

10.2.2.1　地质情况

油品库区场地为填海造陆吹填形成。根据钻探揭示，场区内土层自上而下可分为7层，然后根据物理性状的差异，细分亚层。各土层的工程地质特征分述如下：

第①层素填土：杂色，干～稍湿，回填而成，松散～稍密，主要由砂土和碎石土等组成。局部分布，层厚0.3～2.5m，层底标高3.1～6.0m。

第②层中砂：灰黄色～灰色，饱和，松散～中密，主要矿物成分由长石、石英组成，颗粒级配一般，分选性一般，混有大量的粉质黏土团块。场地普遍分布，层厚3.6～14.8m，层底标高-9.4～-0.1m。平均标贯击数$N=10.4$击，承载力标准值$f_k=140kPa$。

第②-1层粉质黏土：灰黄色～灰色，饱和，软塑～可塑，中压缩性，中干强度，韧性中等，混有中砂和淤泥质土。场地普遍分布，层厚0.5～6.5m，层底标高-4.9～6.2m。平均标贯击数$N=6.4$击，承载力标准值$f_k=110kPa$。

第②-2层块石：灰白色，筑坝块石，漏水严重，钻进困难，分布于原填海围堰。

第②-3层淤泥质粉质黏土：灰黑色，饱和，流塑，中压缩性，稍有光泽，中高干强度，中等韧性。局部分布，层厚0.9～6.0m，层底标高-5.3～-3.3m。平均标贯击数

$N=1.4$ 击，承载力标准值 $f_k=40\text{kPa}$。

第③层粉质黏土：灰黑色，饱和，软塑～可塑，中压缩性，稍有光泽，中高干强度，中等韧性，夹淤泥质土和中砂，局部为黏土。场地普遍分布，层厚 0.6～8.0m，层底标高 −10.1～−4.5m。平均标贯击数 $N=5.5$ 击，承载力标准值 $f_k=100\text{kPa}$。

第③-1 层中砂：灰黄色～灰色，饱和，松散～中密，主要矿物成分由长石、石英组成，颗粒级配一般，分选性一般。场地普遍分布，层厚 0.4～5.7m，层底标高 −11.4～−6.5m。平均标贯击数 $N=13.6$ 击，承载力标准值 $f_k=160\text{kPa}$。

第④层粉质黏土：灰黄色～灰褐色，饱和，可塑～硬塑，中低压缩性，稍有光泽，中高干强度，中等韧性。场地普遍分布，层厚 1.3～8.5m，层底标高 −14.9～−9.1m。平均标贯击数 $N=9.3$ 击，承载力标准值 $f_k=180\text{kPa}$。

第④-1 层中砂：灰黄色，饱和，稍密～中密，主要矿物成分由长石、石英组成，颗粒级配一般，分选性一般。局部分布，层厚 0.5～2.0m，层底标高 −12.4～−10.0m。平均标贯击数 $N=14.8$ 击，承载力标准值 $f_k=200\text{kPa}$。

第⑤层中砂：黄色，饱和，中密～密实，主要矿物成分由长石、石英组成，颗粒级配一般，分选性一般。场地普遍分布，层厚 0.5～4.30m，层底标高 −16.9～−9.6m。平均标贯击数 $N=22.2$ 击，承载力标准值 $f_k=270\text{kPa}$。

第⑥层粉质黏土：灰褐色，饱和，可塑～硬塑，中低压缩性，稍有光泽，中高干强度，中等韧性。场地普遍分布，层厚 3.0～8.5m，层底标高 −24.4～−19.2m。平均标贯击数 $N=7.3$ 击，承载力标准值 $f_k=180\text{kPa}$。

第⑦层强风化花岗岩：灰黄色～白色，强风化状态，矿物成分大部分被破坏，风化裂隙很发育，岩芯呈碎块状、短柱状。本次勘察未能穿透此层。

10.2.2.2 地基处理要求

储罐地基承载力及变形要求见表 10.2。强夯布点如图 10.7 所示。

表 10.2　　　　　　　　储罐地基承载力及变形要求

储罐类型	规格	储罐形式	直径 D /m	高度 /m	数量 /座	承载力 /kPa	压缩模量 /MPa
燃料油储罐	30000m³	内浮顶	46.0	19.3	6	250	18
燃料油储罐	10000m³	拱顶	28.5	15.8	4	230	18
燃料油储罐	6000m³	拱顶	21.0	19.0	8	260	18
燃料油储罐	1000m³	拱顶	11.0	11.0	2	180	18
轻重油储罐	5000m³	内浮顶、拱顶	22.0	14.5	8	210	18
轻重油储罐	3000m³	内浮顶、拱顶	16.0	16.0	4	230	18
轻重油储罐	2000m³	内浮顶、拱顶	14.0	14.0	4	210	18

10.2.3 加固方案

储罐地基以吹填中砂为主，地基处理采用强夯法进行。强夯夯击能：第 1、第 2 遍点夯 3000kN·m，第 3 遍点夯 2500kN·m，普夯 1000kN。夯击遍数：点夯 3 遍，普夯 1 遍。夯击击数：点夯大于 8 击，普夯 2 击。夯沉量：最后 2 击平均夯沉量不大于 50mm。夯点间距 6.0m×6.0m，百平米约 11.4 个夯点。夯锤直径：点夯锤 2.2～2.5m，普夯锤大于 2.8m。夯坑填料：场地吹填砂。间歇时间：相邻 2 遍间的间歇时间为不少于 3d。

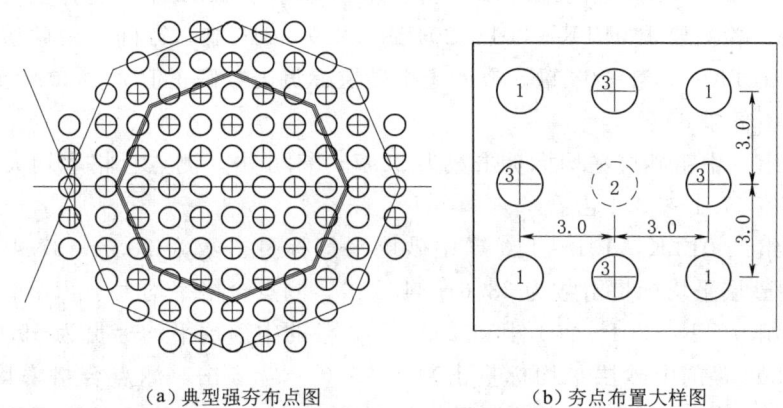

（a）典型强夯布点图　　　　　　（b）夯点布置大样图

图 10.7　储罐地基强夯布点图

10.2.4　现场施工情况

储罐地基强夯施工前，对局部外露的粉质黏土采用块石山皮土进行了换填。强夯施工过程中，对单点夯击能和夯击击数作了严格的控制，在这种情况下仍有部分罐下地基检测指标满足不了要求。主要原因有两个：一是吹填土很不均匀部分土层内夹杂着粉质黏土团块甚至是淤泥质粉质黏土，这部分土体经过强夯短时期内难以达到地基加固的承载力要求；二是施工单位认为整个场区地质条件较好，强夯时没有严格最后 2 击平均夯沉量小于 50mm 来控制。对于前一种情况，软土夹层埋藏深度小于 3m 时，采用块石山皮土进行换填夯实；后一种情况则重新按照设计要求进行补夯。

10.2.5　加固效果的检测

储罐地基强夯加固效果的检测采用标准贯入试验、动力触探试验方法进行。

检测指标要求如下。

1. 燃料油罐组一

设计要求燃料油罐组一的地基承载力特征值不小于 250kPa，复合土层的压缩模量均大于 18MPa。检测要求夯间土中粗砂层标贯击数修正值罐组 $N \geqslant 15$ 击，且每个检测孔测点的合格率不低于 85%；夯间土重型动力触探击数（修正后）夯后 $N_{63.5} \geqslant 8$ 击。

2. 燃料油罐组二

设计要求燃料油罐组二的 01TK 101～110 罐的地基承载力特征值不小于 260kPa、01TK 111～114 罐的地基承载力特征值不小于 230kPa，复合土层的压缩模量均大于 18MPa。检测要求 01TK 101～110 罐，夯间土中砂层标贯击数修正值 $N \geqslant 25$ 击；01TK

111~114罐，夯间土中砂层标贯击数修正值 $N \geqslant 20$ 击；且每个检测孔测点的合格率不低于85%。

3. 轻重油罐组

设计要求重油品罐组 01TK-201~204 罐和 209~216 罐的地基承载力特征值不小于 210kPa，01TK-205~208 罐的地基承载力特征值不小于 230kPa，复合土层的压缩模量均大于 18MPa。检测要求 01TK-201~204 罐、209~216 罐，夯间土中砂层标贯击数修正值 $N \geqslant 18$；01TK-205~208 罐，夯间土中砂层标贯击数修正值 $N \geqslant 20$；且每个检测孔测点的合格率不低于85%。

燃料油罐组一中粗砂层平均标贯击数为 22.7~35.6 击，测点合格率均大于85%；重型动力触探均值 17.1~78.1 击。

燃料油罐组二 01TK-101~110 罐中砂层平均标贯击数为 28.7~37.4 击，01TK-111~114 罐中砂层平均标贯击数为 23.6~34.8 击，测点合格率均大于85%。

轻重油罐组 01TK-201~204 罐和 209~212 罐的中砂层平均标贯为 19.6~28.8 击；01TK-205~208 罐的中砂层平均标贯击数为 24.0~27.8 击，测点合格率均大于85%。01TK-213~216 罐经补夯后的中砂层平均标贯为 23.2~26.4 击，补夯后测点合格率大于85%。

为了充分利用环墙内的罐芯地表土，尽量留用环墙底标高以上的夯后罐芯土，减少罐芯土的开挖换砂工程量和地表土的后期压缩变形量，对普夯后罐芯地表土作了进一步碾压处理。碾压采用 20t 的震动压路机，来回碾压不少于 8 遍，但以最后一遍碾压不见明显压痕为终止碾压的标准。

10.2.6 运营期沉降监测结果

整个储罐区自 2015 年投入运营以来，产生的最大沉降为 17mm，未产生明显的差异沉降。其运行现状如图 10.8 所示。

图 10.8 强夯处理后储罐运行现状

10.3 鲅鱼圈港区大直径筒仓地基

10.3.1 工程概况

营口港粮食中转设施项目大直径筒仓工程位于鲅鱼圈港区47号泊位后方，营口港粮食中转设施项目火车卸粮站的北侧，共建大直径筒仓19个，总仓容量28.5万t，单仓内径30m，檐口高度36.5m，总重3.0万t。仓壁下线荷载标准值为900kN/m，仓芯荷载标准值为350kN/m²。

10.3.2 地质情况

地基土层依据其成因类型、沉积关系以及力学性质的差异进行分层，场区内土层自上而下可分为5层，然后根据物理性状的差异，细分亚层。各土层的工程地质特征分述如下。

第①层素填土：杂色，湿，稍密，主要以黏性土及碎石土为主，含块石，局部地方底部有20cm左右的淤泥质土。该层场区普遍存在。层底埋深0.3~4.2m，层厚0.3~4.2m，层底标高2.5~6.7m。

第②层中粗砂：灰黄色~灰白色，湿，中密，矿物成分主要由长石、石英组成，颗粒分选性一般，磨圆度一般，混有粉质黏土团块。该层场区普遍存在。层底埋深3.0~6.6m，层厚0.9~5.9m，层底标高0.3~4.3m。平均标贯击数为14.6击，承载力特征值f_k为230kPa。

第③层淤泥质粉质黏土：灰黑色，饱和，软塑，稍有光泽，有摇震反应，高压缩性，干强度中等，韧性低，局部混夹有砂。该层场区普遍存在。层底埋深4.9~7.2m，层厚0.4~3.0m，层底标高-0.1~2.6m。平均标贯击数为2.6击，承载力特征值f_k为70kPa。

第④层粉质黏土：灰褐色，饱和，软塑~可塑，稍有光泽，无摇震反应，干强度中等，韧性中等，局部混有细砂。该层场区普遍存在。层底埋深5.6~13.0m，层厚0.6~6.8m，层底标高-6.1~1.7m。平均标贯击数为18.5击，承载力特征值f_k为150kPa。

第④-1层细砂：黄色，饱和，中密，矿物成分主要由长石、石英组成，颗粒分选性一般，磨圆度一般。该层局部分布。层底埋深7.2~9.8m，层厚0.9~4.1m，层底标高-2.5~-0.1m。平均标贯击数为10.9击，承载力特征值f_k为140kPa。

第⑤层粉质黏土：黄褐色~红褐色，饱和，可塑，稍有光泽，无摇震反应，干强度中等，韧性中等，含有角砾。该层场区普遍存在。层底埋深10.2~21.5m，层厚1.3~11.1m，层底标高-14.1~-3.2m。平均标贯击数为11.8击，承载力特征值f_k为200kPa。

第⑥层残积土：黄色，饱和，含有大量风化岩碎屑，占总量的50%~60%，进尺较快。层底埋深8.4~25.1m，层厚1.2~5.1m，层底标高-17.6~-1.3m。平均标贯击数为20.8击，承载力特征值f_k为400kPa。

第⑦层强风化花岗岩：黄白色，强风化状态，中粗粒变晶结构，块状构造，矿物成分为石英、长石、黑云母组成，解理裂隙很发育。岩芯呈碎块状。场区普遍分布。层底埋深14.0～38.5m。层厚1.8～13.4m，层底标高-34.1～-6.8m。

第⑧层：中风化花岗岩：黄白色，中风化状态，中粗粒变晶结构，块状构造，矿物成分由石英、长石、云母组成，解理裂隙较发育，岩芯多呈短柱状、块状。

各土层物理力学指标见表10.3。

表10.3 土层物理力学指标

土层名称	含水量 $w/\%$	重度 γ /(kN/m³)	干重度 γ_d /(kN/m³)	孔隙比 e —	液限 w_L /%	塑限 w_P /%	塑性指数 I_P /%	液性指数 I_L —	压缩系数 a_{1-2} /MPa⁻¹	直接快剪 c /kPa	直接快剪 φ /(°)
③淤泥质粉质黏土	38.2	17.3	12.5	1.140	36.5	21.9	14.6	1.12	0.60	6.0	8.6
④粉质黏土	30.6	19.4	14.8	0.796	36.0	21.9	14.1	0.62	0.33	32.7	19.3
⑤粉质黏土	24.2	19.4	15.6	0.709	31.7	19.8	11.9	0.36	0.25	24.9	18.0
⑥残积土	19.0	19.7	16.5	0.615	27.7	16.8	10.8	0.20	0.22	20.4	17.0

10.3.3 加固方案

10.3.3.1 地基处理要求

设计要求复合地基承载力特征值大于400kPa，按正常使用极限状态下筒仓基础倾斜率不大于0.004（即仓壁径向测点沉降差值不大于120mm），工后沉降量小于200mm，同时应满足工艺要求。

10.3.3.2 方案比选

该地区其他筒仓均采用钢筋混凝土桩基础的结构形式，其工程费用较高，故该工程筒仓地基处理采用工程费用相对较低的复合地基。大直径筒仓对地基承载力要求较高，经过方案比选可用于本工程的地基处理方案有CFG桩复合地基法和PHC管桩复合地基法。两种方案比较见表10.4，最终选择采用CFG桩复合地基法。

表10.4 大直径筒仓方案比较（单仓）

方案	CFG桩复合地基法	PC管桩复合地基法
布桩形式	混凝土强度C20，桩径400mm，桩长11.5m（有效桩长10.0m），桩间距2.1～2.2m，排距2.1～2.2m，菱形布置，置换率为2.84%～3.14%，褥垫层厚400mm	PC-A400(95)-10桩，桩径400mm，有效桩长10.0m，桩间距2.2m，排距2.2m，菱形布置，置换率2.6%。褥垫层厚400mm
工程量	桩数193～213根，工作量平均合2220～2450m	桩数约176根，平均工作量1760m
估算单价	126元/m	165～170元/m
造价	27.97万～30.87万元，平均29.42万元	29.04万～29.92万元，平均29.48万元
地基加固费用	345元/m²	345元/m²
施工效率	12m桩长20～30min/根，2～3根/h，40～60根/d·台，3～5d/仓	10m桩长20～25min/根，2.4～3根/h，50～60根/d·台，3～4d/仓

10.3 鲅鱼圈港区大直径筒仓地基

续表

方案	CFG桩复合地基法	PC管桩复合地基法
方案特点	复合地基承载力大于400kPa,后期沉降变形为100~150mm,无排污,但有排泥外运,施工无噪声	复合地基承载力大于400kPa,后期沉降变形约100mm,无排污和泥浆外运问题,施工有噪声
检测与龄期	检测龄期为21d,施工完毕半个月后可开挖基槽。检测完毕后可浇筑底板混凝土	检测龄期为7d内,PC管桩施工完毕即可开挖基槽墙

10.3.3.3 设计方案

CFG桩桩身混凝土强度为C20,桩径为420mm,有效桩长6.2~10.0m,单桩极限承载力850~1100kN。CFG桩布点方式如图10.9所示,各筒仓布点间距和桩长见表10.5。

CFG桩施工顶高程+5.65m,截桩顶高程+4.95m,桩底高程由设计有效桩长计算。截桩后,桩顶部铺设50mm砂垫层作为过渡,其上浇筑100mm素混凝土垫层。

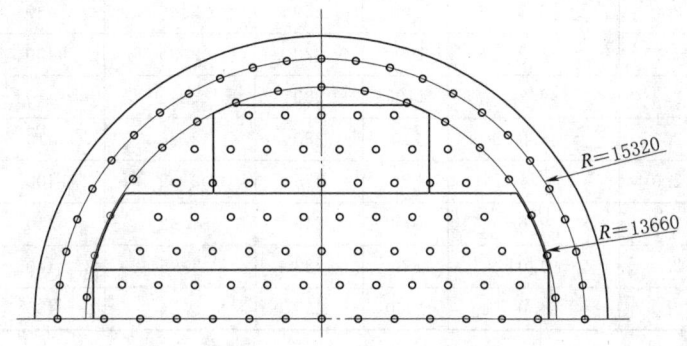

图10.9 筒仓地基CFG桩布点方式

10.3.4 现场施工情况

大直径筒仓CFG桩施工时间为2010年5—6月,现场检测时间延后21d进行。

10.3.5 加固效果的检测

CFG桩复合地基采用低应变法进行桩身完整性和桩长测试,采用单桩和桩间土静载荷试验复合的方法确定复合地基的承载力。桩径由量测截桩面直径取得。

低应变检测结果表明,各个筒仓地基的CFG桩的桩身完整性良好,桩长比设计桩长短0~50cm不等,主要是由地层变化造成。

各筒仓CFG桩复合地基的承载力特征值均大于400kPa的设计要求,详见表10.5。

表10.5 大直径筒仓静载荷试验结果统计表

筒仓编号	桩间距/(m×m)	设计有效桩长/m	桩/kN	桩间土/kPa	实际置换率/%	平均桩径/mm	复合地基承载力/kPa
A1	2.0×2.0	7.0	1000	267	3.46	430	508
A2	2.2×2.2	8.0	1000	262	2.66	425	462

续表

筒仓编号	桩间距 /(m×m)	设计有效桩长 /m	桩 /kN	桩间土 /kPa	实际置换率 /%	平均桩径 /mm	复合地基承载力/kPa
A3	2.0×2.0	9.0	1000	278	2.99	400	520
A4	2.2×2.2	10.0	1050	270	2.36	400	481
A5	2.0×2.0	10.0	840	220	3.30	420	423
A6	2.2×2.2	9.8	840	252	2.36	400	420
A7	1.9×2.0	9.5	920	215	3.51	415	450
A8	1.9×2.0	8.8	720	269	3.51	415	449
A9	2.2×2.2	8.0	1150	247	2.48	410	478
A10	2.2×2.2	7.0	720	313	2.48	410	454
B1	2.0×2.0	6.2	850	293	3.46	430	495
B2	2.0×2.0	6.8	700	259	3.46	430	425
B3	2.2×2.2	8.9	1000	220	2.36	400	421
B4	2.2×2.2	9.2	1100	280	2.48	410	500
B5	2.1×2.0	8.9	750	280	2.76	410	451
B6	2.0×2.0	9.4	880	285	2.99	400	496
B7	2.0×2.0	9.6	1000	248	3.62	440	489
B8	1.9×2.0	9.0	870	282	3.95	440	500
B9	2.0×2.0	9.0	1000	324	3.54	435	563

10.3.6 运营初期沉降的监测

10.3.6.1 沉降测试过程

筒仓于 2011 年 11 月 26 日主体竣工，2012 年 2—5 月陆续开始进行正常的生产作业。从开始作业至 2013 年 3 月 22 日约 480 天时间内，施工单位同步进行了仓壁沉降测试。期间，仓顶结构局部变形过大，影响了正常生产作业，自 2013 年 4 月至 2014 年 4 月监测单位又进行了为期 1 年的后续仓壁沉降观测。

10.3.6.2 沉降测试结果

1. 施工单位测试结果

各仓壁沉降平均值小于 100mm，最大值为 140mm，小于设计的 200mm，仓壁径向测点沉降差值最大为 59mm（设计小于 120mm），满足倾斜率不大于 4.0‰的规范要求。

2. 监测单位测试结果

自 2013 年 5 月 15 日至 2014 年 4 月 8 日这 328 天的时间段里，各仓均进行了加载和卸载，并均已达到短期满载或接近满载（超 95%的设计仓容），在此期间仓壁测点新增沉降最大值为 26mm，各仓对角沉降最大差值为 72mm；所有测点沉降值均没有向同一方向增大的趋势，而是随着仓内荷载的明显变化（变化值大于 5000t），沉降值在 −3.7～2.8mm/10d 范围内波动。

10.3.6.3 沉降监测结果分析

工程所在地均为天然土地基，各仓的地质条件类似；各仓CFG桩施工质量较为均匀，同一容量的仓体基础生产作业后的地基沉降应基本一致，但仍存在一定的差异沉降。仓顶结构采用刚性连接，适应不了仓地基的变形，故对于类似的构筑物地基进行处理时，不能按照复合地基的理念进行设计，最好采用桩基础形式。其运行现状如图10.10所示。

图 10.10 筒仓运行现状

10.4 某港池散货堆场铁路线

10.4.1 工程概况

某港池散货堆场、矿石堆场及煤炭堆场的铁路线地基均由人工吹填形成，地质条件类似，地基处理方法雷同，故本节重点介绍散货堆场铁路线的地基处理技术。

散货堆场铁路线共有3条，均位于散货堆场中间（图10.11），其中S1线直线段长1050m，S2线和S3线直线段长分别为1149m和1151m。铁路线基础形式为整体道床。

10.4.2 地质情况

根据地质勘察资料，铁路线地基土层由上至下描述如下。

①填土：杂色，干~稍湿，回填形成，松散~稍密，主要由砂土、黏性土、块石土及石粉组成。层底埋深0.5~2.5m，层厚0.5~2.5m，层底标高2.0~5.0m。

②粉质黏土混砂：灰黑色~灰黄色，软塑~可塑状态，中等干强度，吹填形成。呈团块状，混有少量中粗砂。层底埋深1.1~13.6m，层厚1.1~12.8m，层底标高-8.6~3.5m。标贯$N=2$~5击，承载力标准值$f_k=80$kPa。

②-1 中细砂：灰色~灰黄色，呈松散状态，湿，吹填形成，结构松散，分区内局部

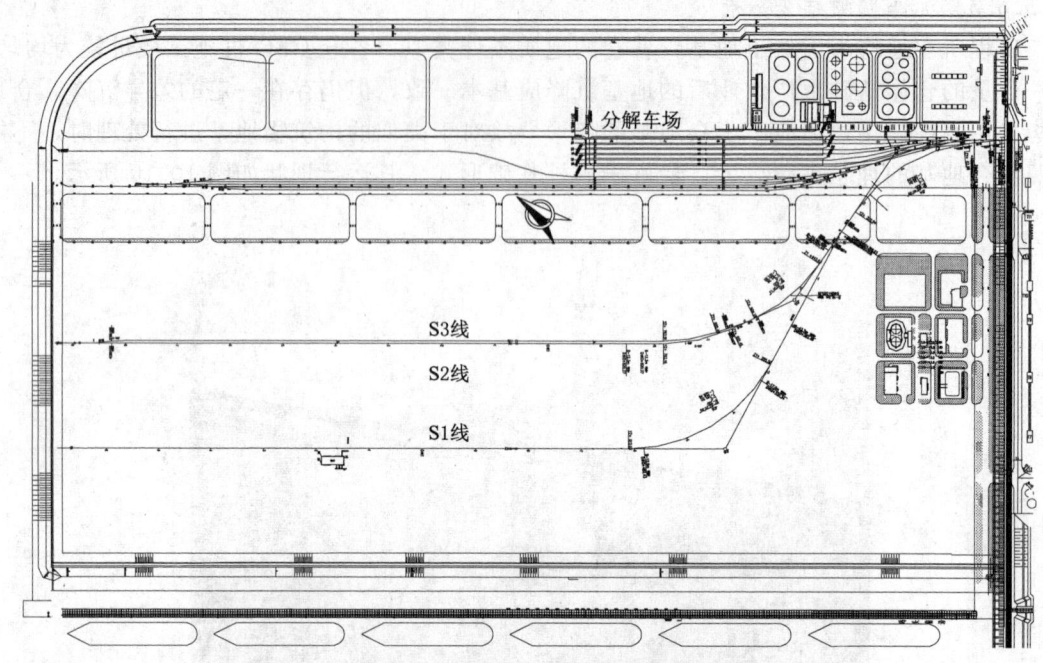

图 10.11 某港池散货堆场铁路线平面位置图

分布。层底埋深 3.3~12.1m，层厚 1.3~11.4m，层底标高 -7.3~1.2m。标贯 $N=3$~6 击，承载力标准值 $f_k=70$kPa。

②-2 淤泥质粉质黏土：灰黑色，流塑~软塑，高压缩性，分布连续，吹填形成。层底埋深 3.6~12.4m，层厚 1.5~10.1m，层底标高 -8.1~1.0m。标贯 $N=0$~1 击，承载力标准值 $f_k=40$kPa。

③淤泥混砂：灰黑色，流塑~软塑，混有多量贝壳和细砂，分区内普遍分布，属于原海底表层。层底埋深 14.2~17.6m，层厚 1.6~5.8m，层底标高 -12.3~-8.3m。标贯 $N=0$~3 击，承载力标准值 $f_k=40$kPa。

④粉质黏土：灰色~灰黄色，软塑~可塑状态，中等压缩，中等干强度，中等韧性。分布连续，普遍存在，层底埋深大于 20.5m。层底埋深 15.6~18.8m，层厚 0.6~3.0m，层底标高 -14.2~-10.1m。标贯 $N=6$~11 击，承载力标准值 $f_k=140$kPa。

10.4.3 加固方案

整体道床基础下地基采用"振冲碎石桩＋CFG 桩"组合型复合地基，即由刚性的 CFG 桩与柔性的碎石桩、桩间土及砂石垫褥垫层共同组成。CFG 桩进入吹填土底下的相对硬层，碎石桩仅加固上部吹填的部分。CFG 桩布置在道床轨下相邻两根碎石桩之间，CFG 桩对复合地基的承载力和沉降变形起控制作用。

铁路线道床两侧 10m 左右的范围单独采用振冲碎石桩进行加固。碎石桩对提高复合地基的承载力和控制变形有一定的作用，同时还对改善不良的工程地质特性，调整不均质地基的刚度及增强软弱地基的稳定性起到一定的作用。

铁路线直线段振冲碎石桩和 CFG 桩布点如图 10.12 所示。

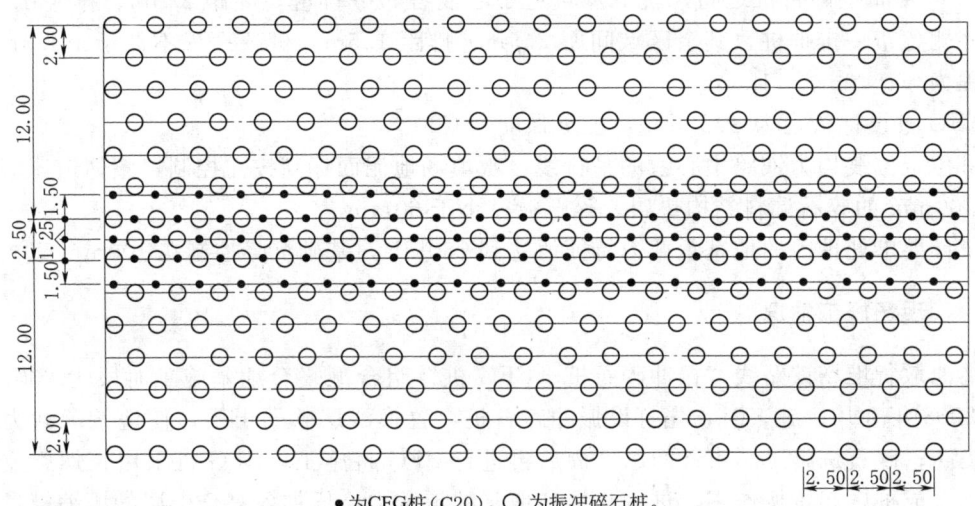

(a) S1 线

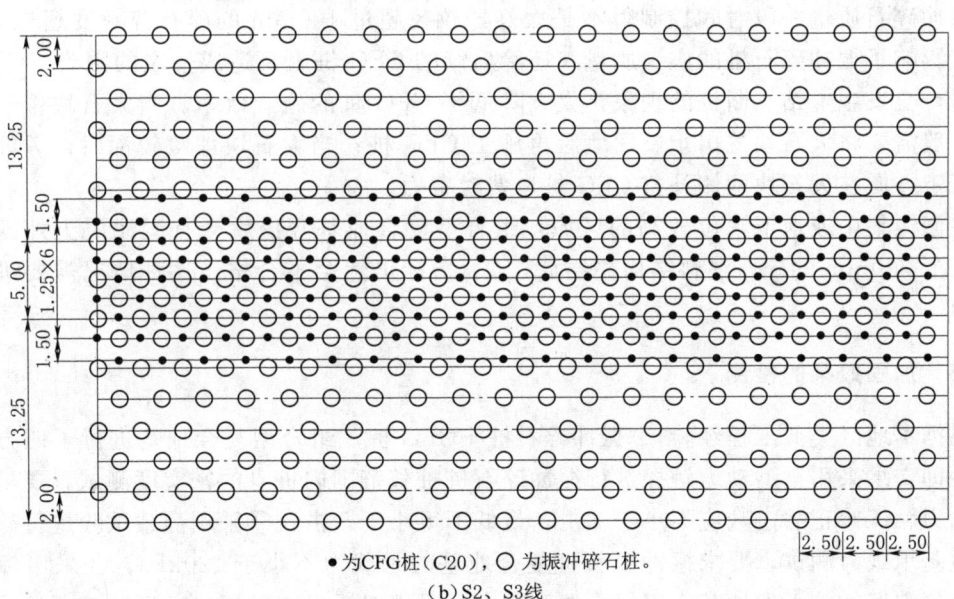

●为 CFG 桩(C20)，○为振冲碎石桩。

(b) S2、S3 线

图 10.12 某港池铁路线组合型地基加固布点图（单位：m）

1. 振冲碎石桩

轨道下及轨道中心线各布一排桩，间距 2.5m、排距 1.25m，其余区域间距 2.5m、排距 2.0m。桩顶高程不低于＋4.6～＋5.0m，桩底高程轨中心线两侧 4.5m 范围－10.8～－4.0m，其余区域－10.8～－3.0m。铁路线道床两侧碎石桩桩长略短于整体道床下。

振冲碎石桩桩径 $\phi 1000$mm，碎石粒径 30～60mm，最大不超过 100mm。

2. CFG 桩

CFG 桩布设碎石桩之间，轨下及轨道中心线各布一排桩，间距 2.5m、排距 1.25m，轨道外侧各布一排护桩，其余区域间距 2.5m、排距 1.5m。桩顶高程不低于+4.3m，桩底高程为-15.0~-11.0m。

CFG 桩设计桩径为 $\phi 450$mm，桩身强度为 C20。

桩位定位线均为铁路中心线的平行线，吹填场地泥面标高按需控制，整体道床底部铺设厚 300mm 的碎石混料结构垫层，碎石粒径小于 60mm。

设计要求处理后的地基承载力特征值达到 150kPa，基础沉降控制在 100mm 以内。

10.4.4 现场施工情况

港池散货堆场铁路线"振冲碎石桩+CFG 桩"组合型复合地基施工时段为 2007 年 8 月至 2008 年 9 月。施工时，先打设振冲碎石桩，置换浅层软弱土层，使地基承载力得到一定提高；碎石桩施工结束并间歇 2 周后再进行 CFG 桩施工，CFG 桩采用长螺旋成孔压灌混凝土成桩，起置换作用，进一步提高地基的承载力，增加各复合土层的压缩模量，减小加固区范围地基的沉降变形。

振冲碎石质量一段时间控制得不是太好，粒径超过 100mm 的碎石曾一度超过 25%，这不仅影响了振冲碎石桩的施工质量，还给后续的 CFG 桩施工造成一定的困难。CFG 桩施工时，会发生卡钻、断桩的现象，大大降低了 CFG 桩的施工效率。当大石块位于浅层时，一般需要将大石块挖出重新回填后再施工 CFG 桩；当大石块埋藏较深时，只能沿着轨道行走方向在大石块两侧补打 CFG 桩，费时费力。

在淤泥集中或地下水位较高的区域，组合型复合地基开挖后会有淤泥质土外露的现象，铺上 300mm 的碎石混料结构垫层后，K_{30} 指标仍然会不合格，这种情况需要进行局部换填。

10.4.5 加固效果的检测

根据本地区类似工程经验，"振冲碎石桩+CFG 桩"组合型复合地基进行了四方面的检测，即：①采用重型动力触探进行振冲碎石桩桩长范围内桩身的密实度测试，要求桩身重型动力触探修正后击数应不小于 7 击，最低不得小于 5 击；②采用静载试验进行碎石桩复合地基承载力测试，要求振冲碎石桩复合地基的承载力不小于 120kPa；③采用标准贯入试验确定振冲前天然地基土表层土的承载力，采用双桥静力触探进行振冲碎石桩施工后桩间土的强度测试，要求振冲后桩间土的侧摩阻值应大于天然地基的侧摩阻值；④采用低应变法进行 CFG 桩桩长及桩身结构完整性测试，要求 CFG 桩平均桩径大于 450mm、桩身完整、桩长满足设计要求，计算单桩极限承载力大于 650kN。

CFG+振冲碎石桩复合地基的承载力通过试验区获得的经验值和相关关系，结合以上检测数据综合判定不小于 150kPa；加固后整体道床下组合型复合地基的工后沉降小于 100mm。

各施工分区检测结果如下。

(1) 碎石桩桩身密实度。振冲碎石桩的桩身密实度不仅与振冲施工的工艺有关，还与原状土的强度有很大关系。淤泥质土体本身强度低，对形成桩体的碎石约束力非常小，在这种土中要求振冲碎石桩达到很高的密实度是一件非常困难的事情。表10.6中将各施工分区振冲碎石桩的桩身重型动力触探试验结果进行了分段统计，结果表明部分区域达不到设计要求的密实度。

表 10.6　　　　　　　　　　　重型动力触探试验结果统计表

检测区域	大于5击合格率/%	大于7击合格率/%	检测区域	大于5击合格率/%	大于7击合格率/%	检测区域	大于5击合格率/%	大于7击合格率/%
STL01	95.5	85.1	STL23	82.1	50.4	STL45	85.4	57.5
STL02	92.1	71.4	STL24	94.5	80.4	STL46	39.0	23.3
STL03	97.7	91.1	STL25	98.0	80.2	STL47	48.3	32.9
STL04	90.9	83.8	STL26	98.3	83.5	STL48	84.1	51.9
STL05	93.3	80.5	STL27	91.9	77.6	STL49	66.8	37.5
STL06	96.2	84.7	STL28	94.8	82.5	STL50	95.7	71.6
STL07	95.0	86.8	STL29	77.8	57.6	STL51	31.6	/
STL08	97.0	86.7	STL30	97.3	90.1	STL52	65.9	25.2
STL09	90.3	70.0	STL31	95.2	67.2	STL53	69.5	44.7
STL10	91.9	72.0	STL32	74.9	33.6	STL54	54.6	/
STL11	94.3	78.1	STL33	78.7	54.7	STL55	88.9	68.9
STL12	97.2	85.3	STL34	58.8	35.1	STL56	70.2	33.0
STL13	96.1	85.4	STL35	46.7	31.7	STL57	81.9	45.7
STL14	97.7	83.1	STL36	74.0	39.6	STL58	62.4	32.1
STL15	86.6	60.6	STL37	78.6	33.1	STL59	84.3	59.8
STL16	97.5	79.8	STL38	80.3	55.4	STL60	74.6	39.2
STL17	84.5	66.0	STL39	97.2	83.8	STL61	89.6	53.4
STL18	98.1	81.2	STL40	95.0	80.0	STL62	49.4	22.2
STL19	82.7	70.3	STL41	67.6	30.3	STL63	61.4	41.2
STL20	93.5	82.1	STL42	80.4	46.4	STL64	60.8	32.1
STL21	98.7	84.8	STL43	90.2	60.1	STL65	88.5	57.9
STL22	98.3	86.0	STL44	70.4	31.7			

（2）振冲碎石桩复合地基承载力。振冲碎石桩单桩承载力特征值为254～519kPa，桩间土承载力特征值为65～100kPa，实际置换率为20.9%～29.4%，碎石桩单桩复合地基承载力为108～153kPa。其中STL51、STL54和STL62施工分区振冲碎石桩复合地基达不到设计大于120kPa的要求，后续施工时增加CFG桩进行局部补强。

（3）CFG桩单桩载荷试验结果。现场对比试验表明，CFG单桩静载荷试验结果普遍要高于相应的桩间土双桥静力触探试验计算结果，故大面积检测时可以用双桥静力触探试验来代替桩的静载荷试验，这样可以节省大量的检测费用、缩短检测时间。根据场区试验结果，振冲碎石桩后再进行CFG桩施工时，CFG桩实际的侧壁摩阻值有了较大的增长，实际增长系数要大于 1.5。

(4) CFG 桩桩径、桩长及完整性。CFG 桩平均桩径大于 450mm；STL47、STL48 和 STL49 施工分区 CFG 桩桩长比设计桩长短 10～25cm，其余分区满足设计桩长；各个施工分区的 I 类桩和 II 类桩的比例超过 85%，整体完整性较好。

(5) 组合型复合地基综合评价。组合型复合地基承载力计算见表 10.7。由表 10.7，根据双桥静力触探试验结果计算的 CFG 桩单桩极限承载力为 513.7～1073.8kN，"振冲碎石桩＋CFG 桩"组合型复合地基承载力为 274～535kPa，远远大于 150kPa 的设计要求。

表 10.7 组合型复合地基承载力计算表

检测区域	碎石桩复合地基承载力/kPa	CFG 单桩承载力/kN	组合型地基承载力/kPa	检测区域	碎石桩复合地基承载力/kPa	CFG 单桩承载力/kN	组合型地基承载力/kPa	检测区域	碎石桩复合地基承载力/kP	CFG 单桩承载力/kN	组合型地基承载力/kPa
STL01	158	707.1	376	STL23	161	774.7	461	STL45	139	797.9	387
STL02	141	718.8	364	STL24	160	767.3	430	STL46	121	815.0	376
STL03	151	653.9	353	STL25	131	932.3	423	STL47	123	642.3	322
STL04	159	675.9	396	STL26	133	725.9	359	STL48	121	639.4	319
STL05	173	768.1	442	STL27	135	796.0	383	STL49	133	712.9	354
STL06	163	702.5	434	STL28	129	846.5	393	STL50	138	563.5	311
STL07	177	784.3	479	STL29	138	943.6	433	STL51	115	534.5	280
STL08	190	832.1	482	STL30	124	732.6	352	STL52	137	578.1	315
STL09	135	622.4	354	STL31	137	957.5	436	STL53	133	560.4	306
STL10	162	726.2	386	STL32	124	870.6	396	STL54	108	535.5	274
STL11	128	603.6	315	STL33	129	826.7	387	STL55	131	600.5	316
STL12	137	633.0	333	STL34	122	693.5	338	STL56	125	536.9	290
STL13	148	681.4	359	STL35	123	664.7	329	STL58	132	698.7	349
STL14	132	607.6	320	STL36	136	669.4	343	STL59	129	695.6	344
STL15	138	928.4	428	STL37	124	659.3	329	STL60	128	536.9	293
STL16	153	1073.8	535	STL38	128	754.5	363	STL61	129	608.4	317
STL17	129	931.3	460	STL39	125	975.4	431	STL62	119	679.2	330
STL18	143	861.0	411	STL40	130	975.9	436	STL63	125	562.6	298
STL19	145	873.8	454	STL41	144	749.8	377	STL64	124	513.7	282
STL20	149	753.5	414	STL42	153	827.2	410	STL65	126	547.5	294
STL21	136	702.5	354	STL43	134	915.0	420				
STL22	151	912.4	474	STL44	145	767.9	383				

10.4 某港池散货堆场铁路线

散货堆场铁路线（图10.13）建成后，3条线路的工后沉降量均小于50mm，这表明采用"振冲碎石桩＋CFG桩"组合型复合地基处理类似地质条件的铁路线地基是可行的。

图10.13 散货堆场铁路线现貌

参 考 文 献

[1] 中华人民共和国交通部. 中国水运建设 60 年——建设成就卷 [M]. 北京：人民交通出版社，2011.
[2] 季则舟，杨兴宴，尤再进，等. 中国沿海港口建设状况及发展趋势 [J]. 中国科学院院刊，2016，31 (10)：1211-1217.
[3] 魏汝龙. 软黏土的强度和变形 [M]. 北京：人民交通出版社，1987.
[4] 杜东菊，杨爱武，刘举，等. 天津滨海吹填土 [M]. 北京：科学出版社，2010.
[5] 福冈正已. 最新软弱地基处理方法 [M]. 丁玉琴，译. 北京：中国铁道出版社，1988.
[6] 中华人民共和国国家标准. 吹填土地基处理技术规范（GB/T 51064—2015）[S]. 北京：中国计划出版社，2015.
[7] 丛建. 30m 直径筒仓 CFG 桩复合地基运营初期沉降与稳定分析 [R]. 南京瑞迪建设科技有限公司，2013.
[8] 中华人民共和国国家标准. 建筑地基基础设计规范（GB 50007—2011）[S]. 北京：中国建筑工业出版社，2012.
[9] 华东水利学院土力学教研室. 土工原理与计算 [M]. 北京：水利电力出版社，1982.
[10] 谢康和，等. 等应变条件下的砂井地基固结解析理论 [J]. 岩土工程学报，1989，11 (2)：3-17.
[11] 中华人民共和国国家标准. 土工试验方法标准（GB/T 50123—1999）[S]. 北京：中国计划出版社，1999.
[12] 中华人民共和国国家标准. 水工建筑物抗震设计规范（GB 51247—2018）[S]. 北京：中国计划出版社，2018.
[13] 李国英，曹永琅，丛建. 营口港鲅鱼圈港区一港池矿石堆场应力应变及稳定分析 [R]. 南京水利科学研究院. 2008.
[14] 龚晓南. 地基处理手册 [M]. 3 版. 北京：中国建筑工业出版社，2008.
[15] 娄炎，何宁，娄斌. 高速公路深厚软基工后沉降控制成套技术 [M]. 北京：人民交通出版社，2011.
[16] 中华人民共和国行业标准. 塑料排水板质量检验标准（JTJ/T 257—96）[S]. 北京：人民交通出版社，1996.
[17] 中华人民共和国行业标准. 塑料排水板施工规程（JTJ/T 256—96）[S]. 北京：人民交通出版社，1996.
[18] 丛建. 真空预压加固软土地基的效果研究 [D]. 南京：河海大学，2007.
[19] 娄炎. 真空排水预压法加固软土技术 [M]. 2 版. 北京：人民交通出版社，2013.
[20] 丛建，荣传威，金洪亮. 强夯法加固港口粘性土吹填地基的试验研究 [J]. 海岸工程，2006，25 (4)：48-54.
[21] 何广讷. 振冲碎石桩复合地基 [M]. 北京：人民交通出版社，2001.
[22] 李继才. 大型储罐 CFG 桩复合地基变形性状和设计方法研究 [D]. 南京：南京水利科学研究院，2017.
[23] 丛建. 降水强夯法加固吹填土地基试验报告 [R]. 南京水利科学研究院，2015.
[24] 聂庆科，李华伟，胡建敏，等. 新近吹填土地基处理新技术及工程实践 [M]. 北京：中国建筑工业出版社，2012.

参 考 文 献

[25] 李继才，丛建，曹军，等. 振冲碎石桩与 CFG 桩组合桩型复合地基试验研究 [J]. 水运工程，2017，(6)：182-188.

[26] 丛建，曹永琅，杨成军，等. 真空预压联合碎石桩加固港口吹填堆场地基试验研究 [J]. 海岸工程，2007，26，(No)：141-47.

[27] 张婉璐，陈龙. 淤泥就地固化关键设备的引进与技术研究报告 [R]. 南京：河海大学，2015.

[28] 中华人民共和国建设部，中华人民共和国国家质量监督检验检疫总局. 岩土工程勘察规范（GB 50021—2001）（2009 版）[S]. 北京：中国建筑工业出版社，2009.

[29] 中华人民共和国住房和城乡建设部. 建筑地基处理技术规范（JGJ 79—2012）[S]. 北京：中国建筑工业出版社，2013.

[30] 中华人民共和国住房和城乡建设部. 建筑桩基技术规范（JGJ 94—2008）[S]. 北京：中国建筑工业出版社，2008.

[31] 中交天津港湾工程研究院有限公司. 水运工程地基设计规范（JTS 147—2017）[S]. 北京：人民交通出版社股份有限公司，2017.

[32] 南京水利科学研究院土工研究所. 土工试验技术 [M]. 北京：人民交通出版社，2003.

[33] 罗骐先. 桩基工程检测手册 [M]. 北京：人民交通出版社，2004.

[34] 林宗元. 岩土工程试验监测手册 [M]. 北京：中国建筑工业出版社，2005.

[35] 任建喜，年廷凯. 岩土工程测试技术 [M]. 武汉：武汉理工大学出版社，2009.

[36] 娄炎，何宁. 地基处理监测技术 [M]. 北京：中国建筑工业出版社，2015.